Baedeker

Allianz Reiseführer



# Oberbayern

## Bayerisches Alpenvorland

www.baedeker.com

Verlag Karl Baedeker

# TOP-REISEZIELE ★ ★

**Sehens- und Erlebenswertes gibt es im südlichen Bayern fast ohne Zahl. Für einen Überblick haben wir Berühmtes und weniger Bekanntes – Landschaften und Städte, Naturschönheiten und große Kunst – zusammengestellt.**

**1 ★★ Lindau**
Ein besonders hübscher Winkel ist das Südwesteck Bayerns: Malerische Insel im Bodensee mit traumhafter Umgebung
► **Seite 236**

**2 ★★ Oberstdorf**
Der bekannteste und beliebteste Urlaubsort des Allgäus mit beeindruckender Bergwelt und hervorragenden Skirevieren
► **Seite 306**

**3 ★★ Residenz Kempten**
An Prachtentfaltung ließen es die selbstbewussten Fürstäbte nicht fehlen – da konnte die Freie Reichsstadt kaum mithalten.
► **Seite 218**

**4 ★★ Schloss Neuschwanstein**
Wo Oberbayern und das Allgäu zusammentreffen, stehen die weltberühmten Königsschlösser ► **Seite 334**

**5 ★★ Auerberg**
Ein bescheidener Buckel auf der Grenze zwischen Schwaben und Bayern mit legendärem Panorama, Wallfahrtskirche und Gasthaus ► **Seite 245**

**6 ★★ Wieskirche**
Die schönste Rokoko-Kirche Bayerns, Hauptwerk des genialen Wessobrunner Baumeisters Dominikus Zimmermann
► **Seite 348, 350**

### 7 ✶✶ Rottenbuch

J. und F. X. Schmuzer, M. Günther und F. X. Schmädl gestalteten die Stiftskirche, ein Juwel des Pfaffenwinkels.
► Seite 329

### 8 ✶✶ Altenstadt

Der bedeutendste romanische Kirchenbau in Oberbayern, nicht weniger eindrucksvoll ist der »Große Gott von Altenstadt«. ► Seite 328

### 9 ✶✶ Peißenberg

Ein fast 200 km umfassendes Panorama eröffnet die »bayerische Rigi«, sehenswert ist aber auch die Gnadenkapelle.
► Seite 373

### 10 ✶✶ Wessobrunn

Alter kultureller Mittelpunkt im Pfaffenwinkel und Ursprung der Wessobrunner Baumeister und Künstler. Das Kloster demonstriert an Ort und Stelle, warum sie so hohes Ansehen genossen.
► Seite 374

**Trachten und bunte Feste**
*Beim Musikfest in Reit im Winkl*

### 11 ✶✶ Dießen

Hübsch am Südwestufer gelegener Hauptort des Ammersees, überragt von einer der schönsten Kirchen des Fünf-Seen-Lands
► Seite 135

### 12 ✶✶ Andechs

Der »Heilige Berg« am Ostufer des Ammersees zieht große Pilgerscharen an, sei es zur Wallfahrt oder zur Einkehr in Bräustüberl und Biergarten. ► Seite 133

### 13 ✶✶ Fünf-Seen-Land

Ammersee, Wörthsee, Pilsensee, Weßlinger See und Starnberger See: das große Ausflugsparadies südwestlich von München. Auf dem Programm stehen Baden, Schiffchenfahren, Spaziergänge und Radltouren zu zünftigen Wirtschaften. Kunstfreunde kommen auch nicht zu kurz. ► Seite 131, 341

### 14 ✶✶ Schloss Linderhof

Im stillen Graswang-Tal ließ sich Ludwig II. ein relativ bescheidenes Lustschloss erstellen – in verschwenderischem Rokoko mit einigen Verrücktheiten wie Venusgrotte und Hundinghütte.
► Seite 300

**15 ✶✶ Oberammergau**
Weltberühmte Passionsspiele, Herrgottsschnitzer und prachtvolle Lüftlmalerei, dazu eine »wanderbare« Umgebung
► Seite 295

**16 ✶✶ Ettal**
Kaiser Ludwig der Bayer gründete im Mittelalter ein Benediktinerkloster, im Rokoko gestalteten es die vorzüglichsten Künstler ihrer Zeit prunkvoll neu.
► Seite 299

**17 ✶✶ Zugspitze**
Das höchste Ausflugsziel und Skigebiet Deutschlands ist verkehrsmäßig bestens erschlossen. Kenner bezwingen die Zugspitze aber zu Fuß. ► Seite 379

**18 ✶✶ Freilichtmuseum Glentleiten**
Auch wenn der bäuerliche Alltag hart war: Heute sind die alten Bauernhöfe die pure Idylle. ► Seite 227

**19 ✶✶ Benediktbeuern**
Vor der Kulisse der Benediktenwand liegt eines der ältesten Klöster Oberbayerns. Außer seiner Kirche ist das Trachten-Informationszentrum des Bezirks Oberbayern einen Besuch wert. ► Seite 154

**20 ✶✶ Kloster Fürstenfeld**
Seine böse Tat büßte Ludwig der Strenge mit der Gründung eines Klosters – Kurfürst Max Emanuel machte das »bayerische Escorial« daraus, mit einer der großartigsten Kirchen des Landes.
► Seite 193

**21 ✶✶ München**
Heimliche Hauptstadt Deutschlands, Weltstadt mit Herz, Millionendorf: Prüfen Sie, was sich hinter so schönen Titeln verbirgt. ► Seite 253

**Wilparting**
*Ein Inbegriff voralpiner Szenerie*

**Benediktbeuern**
*Prachtvolle Kirchen aus Barock und Rokoko sind aus Bayern nicht wegzudenken.*

### 22 ** Tegernsee
Eine Ferienlandschaft für sich, mit renommierten Kurorten, einem See zum Baden und Segeln, aussichtsreichen Bergen zum Wandern und Skifahren ▸ Seite 352

### 23 ** Weyarn
Kleiner Ort mit großer Kunst: Die Statuengruppen von Ignaz Günther zählen zum schönsten, was das Rokoko schuf.
▸ Seite 247

### 24 ** Irschenberg
Neben der Autobahn eine andere Welt. Eine wunderschöne Szenerie gibt es obendrein. ▸ Seite 248

### 25 ** Wendelstein
Eine fantastische Aussicht und schöne Wanderrouten bietet der trutzige Felsberg beim schönen Bayrischzell. Ein Genuss für sich ist die Fahrt mit der Zahnradbahn von Brannenburg aus. ▸ Seite 152, 169

### 26 ** Wasserburg am Inn
Die Lage in einer engen Flussschleife ist einzigartig. Das alte Städtchen selbst wartet mit malerischen Laubengängen auf. ▸ Seite 365

### 27 ** Chiemsee
Weiter See in sanfthügeligem Land vor den Bergen, zauberhafte Inseln mit altem Kloster und dem »bayerischen Versailles«. ▸ Seite 175

### 28 ** Altötting
Wer den ältesten und bedeutendsten Wallfahrtsort des Landes nicht besucht hat, kennt Bayern nicht wirklich.
▸ Seite 126

### 29 ** Burghausen
Die alte Stadt an der Salzach-besitzt die größte Burganlage Deutschlands. Aus aller Welt kommen Musiker zur Internationalen Jazzwoche im Frühjahr. ▸ Seite 170

### 30 ** Berchtesgaden
Allein die fantastische Umgebung – mit Watzmann, Maria Gern und der Ramsau – würde den Besuch schon rechtfertigen. Für sich ist es ein beliebter Klimakurort mit Solebad. ▸ Seite 156

### 31 ** Königssee
Ein echtes Erlebnis ist die Fahrt auf dem See zwischen himmelhoch aufragenden Felswänden zur schönsten Ikone der oberbayerischen Idylle: St. Bartholomä vor den Wänden des Watzmanns.
▸ Seite 163

# DIE BESTEN BAEDEKER-TIPPS

**Aus den Tipps in diesem Band haben wir einige besonders interessante zusammengestellt – erleben Sie das Land zwischen Boden- und Königssee von seiner schönsten Seite.**

**Fasten auf bayerisch**
Was das heißt, lässt sich im Bräustüberl des Klosters Andechs besonders gut studieren. ► **Seite 135**

**Die Nase rümpfen ...**
bei Wolfgang Hofmann in Bad Tölz nur Banausen. ► **Seite 147**

**Inntal-Runde**
Ein Leckerbissen für Motor- und Sportradfahrer zwischen Wendelstein und Kufstein am Inn ► **Seite 153**

**Berchtesgadener Land**
*Eine Hochgebirgslandschaft wie aus dem Bilderbuch präsentiert sich hier.*

**Winterzauber**
Zu Fuß – das heißt ohne Ski – auf Hüttenwanderung gehen ist ein seltenes Vergnügen. ► **Seite 156**

**Wandern an der Pipeline**
Wo früher die Sole floss, genießt man heute die Landschaft. ► **Seite 162**

**Schwarzreiter**
In der Hand des Fischermeisters Amort verwandeln sich Saiblinge zu einer besonderen Spezialität. ► **Seite 164**

**Königliche Ruhe**
Für Romantiker kann's kaum was Schöneres geben. ► **Seite 177**

**Chiemsee Seconds**
Teure Klamotten preiswert erstehen ► **Seite 183**

**Blumenstadt**
Außer Kunst- und Bierfans werden auch Gartenfreunde in Freising fündig. ► **Seite 190**

**Abenteuer und Natur**
Auf der wilden Tiroler Ache raften oder geruhsam durch die Kendlmühlfilze streifen ► **Seite 207**

**Langer Grat**
Prächtiger Aussichtsbalkon am Alpsee ► **Seite 213**

**Hechelmanns Visionen**
Im Schloss zu Isny kann man die Märchenbilder des bekannten Grafikers bewundern. ► **Seite 215**

**Strandcafé Walchensee**
An schönem Platz bei vorzüglichem Kuchen den Windsurfern zuschauen ► **Seite 229**

**Badefreuden**
Unter den schönen Bädern der Bodenseestadt sind zwei besonders charmant. ► **Seite 240**

**Eine soziale Institution**
*ist auch der Biergarten zu Füßen des Chinesischen Turms in Münchens Englischem Garten.*

*Alter Raddampfer auf dem Ammersee*
▸ Seite 131

# HINTERGRUND



# PRAKTISCHE INFORMATIONEN VON A BIS Z



*Bad Tölz bezaubert mit einem besonders reizvollen Stadtbild.*
▸ Seite 146

*Für jeden Geschmack gibt es in den Allgäuer und den Bayerischen Alpen die passenden Bergtouren.*
▶ **Seite 108**

## TOUREN



*Viehscheid in Gunzesried: Ländliche Traditionen werden großgeschrieben.*
▶ **Seite 339**

# REISEZIELE VON A BIS Z



*Sommerferien, wie sie sein müssen – zum Beispiel am Starnberger See*
► **Seite 341**

*Das Antiquarium in der Münchner Residenz, der größte und schönste Renaissance-Saal nördlich der Alpen*
▶ Seite 446





## PREISKATEGORIEN

▶ **Hotels**
2 Personen im Doppelzimmer mit Bad und Frühstück:
Luxus: ab 125 €
Komfortabel: ab 85 €
Günstig: bis 85 €

▶ **Restaurants**
Preise für ein Hauptgericht:
Fein & teuer: ab 20 €
Erschwinglich: ab 12 €
Preiswert: unter 12 €

# Hintergrund

PRÄCHTIGE LANDSCHAFTEN,
EINE INTERESSANTE GESCHICHTE,
GROSSE KUNST UND
LEBENDIGE TRADITION:
EIN KLEINES PORTRÄT
DES BAYERISCHEN
SÜDENS

# WEN GOTT LIEBT ...

**den lässt fallen er in dies Land – was Ludwig Ganghofer über das Berchtesgadener Land sagte, darf für den ganzen Süden Bayerns gelten. Eine wunderbare und abwechslungsreiche Landschaft zwischen idyllisch gelegenen Seen und schroffen Gebirgen, eine für ihre Lebensart berühmte Metropole und fantastische Kunstwerke machen ihn zum beliebtesten Urlaubsziel Deutschlands.**

Seit vielen Jahren liegt Bayern in der Gunst der in- und ausländischen Feriengäste ganz vorn. Wobei unter Bayern – nach der in aller Welt verbreiteten vereinfachenden Ansicht – vor allem Oberbayern zu verstehen ist, und selbst dieses nicht ganz, sondern nur der südliche Teil: zwischen dem Bodensee, München, dem Chiemsee und dem Watzmann. Der Westteil mit Lindau und dem Allgäu, der zu Schwaben gehört, wird dabei großzügig miteingerechnet.

**Zauberhafte Szenerien**
*Polznkasparhaus mit der Martinskirche in Garmisch*

Es lässt sich sogar auf den Tag genau angeben, wann die Geschichte des südlichen Bayerns als Ziel des Pauschaltourismus begann: am Pfingstsonntag des Jahres 1933, als in Ruhpolding ein Urlauberzug aus Berlin eintraf. Und ebendort nahm man den Faden 15 Jahre später mit den Sonderzügen der Touropa wieder auf. Den Boden dafür bereiteten im 19. Jh. der Adel inklusive des Münchner Hofs, begüterte Bürger und viele Maler, die die Berge und ihre vermeintlich »unverdorbenen« Bewohner entdeckten und gerne mit der Kutsche in die Sommerfrische fuhren. Einen größeren Aufschwung nahm der Fremdenverkehr dann mit der Eisenbahn; die Hauptstrecken zwischen Lindau und Salzburg waren bis 1860 gebaut, Oberstdorf, Ruhpolding und Berchtesgaden waren etwa dreißig Jahre später angeschlossen.

## Ein Paradies ...

»Wenn es auf der Welt ein Fleckchen Erde gibt, das als Abglanz des Paradieses gelten könnte, dann müsste auch immer Bayern genannt werden«, meinte einst der bayerische Ministerpräsident Edmund Stoiber. Und auch der kühle Hanseat Thomas Mann bezeichnete das Land als »notorisch wundervoll«. Es muss also etwas daran sein an

← *Raisting*

**Land unterm Maibaum**
*Vom alten Frühlings- und Fruchtbarkeitssymbol zum Zeichen des Bürgerstolzes. In Miesbach (wie hier), München und anderswo trifft man sich auf dem Markt unterm Maibaum.*

**Barocker Überschwang**
*Was wäre Bayern ohne seine prachtvollen Barock- bzw. Rokoko-Gotteshäuser? Selten vereinen sich Natur und Kunst zu einem so selbstverständlichen Bild wie hier. Ein Blick in die Stiftskirche von Rottenbuch.*

**Winterfreuden**
*Natürlich sind die bayerischen Alpen ein Wintersportgebiet par excellence. Am Fellhorn bei Oberstdorf und an vielen anderen Plätzen finden sich Pisten für jeden Geschmack.*

**Gipfelziele**

*Ob vom höchsten Berg Deutschlands oder von bescheideneren Höhen wie dem Falkenstein bei Pfronten: Atemberaubende Aussichten sind garantiert.*

**Märchenschlösser**

*Den Träumen des unsterblichen »Kini« Ludwig II. verdankt Bayern einige der größten Attraktionen. Im abgeschiedenen Graswang-Tal steht sein »französisches Lustschloss« Linderhof.*

**Lebensfreude, bairisch**

*Man muss nicht unbedingt Mitglied eines Trachtenvereins sein, um das Leben zu genießen wie beim Waldfest der »Leonhardstoana« in Kreuth.*

diesem Landstrich, der auf die Kürze nur in Postkartenmotiven zu beschreiben ist: weißblauer Wölkchenhimmel über sattgrünen Wiesen mit zwiebelturmüberragtem Dorf und gezackten Bergen im Hintergrund; der auf so anrührende Weise verrückte »Kini« Ludwig II. mit seinen ebenso kitschigen wie atemberaubenden Schlössern; Biergartenidylle mit überschäumenden Maßkrügen; gstandene, gamsbartbehütete Mannsbilder in Lederhosen, dazu resche Madln in prachtvollen Dirndln. Die Möglichkeiten, einen gleichzeitig geruhsamen und aktiven Urlaub zu verbringen, sind vielfältig: relaxen an großen und kleinen Seen, vor herrlichen Bergpanoramen durch Moore und über bucklige Viehweiden wandern, staunen über die verschwenderische Pracht barocker Kirchen und Residenzen, die habhaft-bodenständige Küche in alten Gasthöfen genießen, kuren und kraxeln, und – zur Abwechslung – die große Münchner Welt kennen lernen. Allerdings, das darf nicht übergangen werden, hat die Beliebtheit der Idylle weithin zugesetzt. Längst sind die Fremdenverkehrsorte in die Umgebung hinausgewuchert, sind die Gebirgstäler zersiedelt, der alpine Einheitsstil beherrscht das Bild. Besonders weh tut es, wenn ein noch intaktes altes Haus von einer Beton-Bank-Drogeriemarkt-Apotheke oder einem mehrfach so großen neuzeitlichen Hotelkomplex erdrückt wird.

**Metropole München**
*Die »italienischste« Stadt Deutschlands*

## ... mit seltsamen Bewohnern

Die vielen Besucher, normale Touristen ebenso wie anspruchsvolle Feingeister, ließen bzw. lassen sich von ihrer Wahl nicht dadurch abhalten, dass im Süden Bayerns – wie es der bekannte Kabarettist Bruno Jonas zusammenfasst – ein »haferlbeschuhtes, immer brünftig-griabiges, jodelndes, wuid umanand bieselndes Naturvolk« hausen soll. Die Tradition, sich abfällig über die Bayern und ihr Land zu äußern, ist jahrhundertealt, und die Buchbranche verdient gut an immer neuen Blütenlesen, scharfsinnigen Charakterstudien und geistreichen »Gebrauchsanweisungen« für Bayern. Das kann man alles mit viel Spaß zur Kenntnis nehmen – und vergessen. Es ist – bestenfalls – Kunde von gestern und hat eher Folklore-Wert. Eher verlasse man sich auf die Erkenntnis, dass Bayern in erster Linie kein geografischer Begriff ist, sondern ein Zustand, eine seelische Verfassung, die man gern als »Leben und leben lassen« umschreibt. Vielleicht ist es dies, was jenseits aller Angebote der Tourismusindustrie die Anziehungskraft Bayerns ausmacht.

# Fakten

**Wie sind die Berge und ihr seenreiches Vorland entstanden, das Hauptkapital der beliebtesten Ferienregion Deutschlands? Welche Rolle spielt der Lech in Geschichte und Gegenwart, und wie steht es mit dem Milchvieh und seinen Produkten, die ebenfalls nicht aus dem Süden Bayerns fortzudenken sind? Wissenswertes über Land und Leute, Natur und Wirtschaft.**

# Natur und Umwelt

## Ein Ausflug in die Erdgeschichte

**Die Entstehung der Alpen**

Wo heute die Alpen liegen, breitete sich einst das Tethysmeer aus, in dem sich in über 200 Mio. Jahren – im Wesentlichen in Trias und Kreide – diverse Gesteine ablagerten. Als die Afrikanische Platte sich gegen Ende der Kreidezeit (vor 60 bis 2 Mio. Jahren) nordwärts bewegte, wurden diese Gesteinsschichten in vielfältigster Form zusammengeschoben, emporgehoben, zerbrochen und über weite Entfernungen übereinandergeschoben. Gleichzeitig veränderte die Verwitterung ihre Oberfläche, das abgetragene Material lagerte sich nördlich der Alpen ab und formte die schmale Flyschzone, die selbst noch von der Faltung erfasst wurde, und das große Molassebecken (von lateinisch »molere«, »mahlen«), das etwa bis zur Donau reicht.

**Die Eiszeiten**

Im Pleistozän (vor 2 Mio. bis 10 000 Jahren) schoben sich, während mehrerer Eiszeiten, große Gletscherströme aus den Alpentälern in die Ebenen, z. T. bis nach Erding nordöstlich von München. In Bayern waren dies v. a. der Iller-Lech-Gletscher, der Loisach-Isar-Gletscher, der Inn- und der Salzachgletscher. Die Eiszeiten gaben auch den Alpen ihre Gestalt. Höhere Gipfel, die aus den Eismassen herausragten, blieben als schroffe Pyramiden (Watzmann, Hochkalter) oder Kämme (Wetterstein) erhalten. Lokale Gletscher hobelten Kare in die Felsflanken, die heute zum Teil Hochseen oder großartige Talschlüsse bilden (z. B. am Obersee beim Königssee). Mächtige Eisströme füllten die Täler noch am Gebirgsrand bis zu 1500 m Höhe aus, etwa das Loisachtal bei Garmisch-Partenkirchen und das Isartal bei Mittenwald. Dadurch entstanden steile Talflanken, über denen heute eine flachere Alpzone liegt. An Schliffspuren wie bei Fischbach im Inntal und bei Inzell ist die Wirkung des Eises noch erkennbar.

## Die Alpen

Innerhalb der Nördlichen Kalkalpen sind die bayerischen Alpen ein ca. 260 km langer und 10 – 30 km breiter Streifen, bestehend aus den Allgäuer Alpen zwischen Bodensee und Lech, den Oberbayerischen Alpen östlich des Lechs (mit Wettersteingebirge, Ammergauer Alpen, Karwendel, Bayerischen Voralpen und Chiemgauer Alpen) und den Berchtesgadener Alpen.

**Allgäuer Alpen**

Nicht zufällig gehört diese Gebirgsgruppe zu den beliebtesten Tourengebieten. Die außergewöhnliche geologische Vielfalt hat ein sehr abwechslungsreiches Landschaftsbild zur Folge und darüber hinaus

*← Blick über die Weiden von Schlattan bei Garmisch-Partenkirchen. Im Hintergrund die Soiern-Gruppe*

*Auf dem Gottesackerplateau unter dem Hohen Ifen*

eine prachtvolle, vielfältige Flora. Einzigartig im Alpenraum sind die **Grasberge**, auch Steilgrasberge genannt, deren Flanken bis zu 70° geneigt und sehr schwierig zu begehen sind. Sie bestehen aus Lias-Gestein, berühmte Vertreter sind der Schneck (2268 m) und die Höfats (2258 m) südöstlich von Oberstdorf. Als die schönste Molasse-Gebirgskette der ganzen Alpen gilt die **Nagelfluhkette** im westlichen Oberallgäu mit Hochgrat und Stuiben. Die südlich anschließende Gruppe der **Hörner** (Riedberger Horn, 1787 m) mit sanft-runden Formen besteht aus leicht verwitterndem Flysch. Ein ganz anderes Bild bieten die scharfkantig-zerklüfteten **Schrattenkalke** der Kreidezeit: v. a. der Besler und der Hohe Ifen mit dem Gottesackerplateau westlich von Oberstdorf. Diese Karststöcke enthalten Höhlen, darunter die einzige Schauhöhle des Allgäus (Sturmannshöhle bei Obermaiselstein). Ein hochalpines Felsgebirge ist der aus hartem Hauptdolomit bestehende **Allgäuer Hauptkamm** im östlich-südöstlichen Teil, zwischen dem Schrofenpass im Süden und Oberjoch im Norden; die höchsten Gipfel: Großer Krottenkopf (2657 m), Hohes Licht (2651 m), Hochfrottspitze (2648 m), Mädelegabel (2645 m), Biberkopf (2599 m), Trettachspitze (2595 m) und Hochvogel (2593 m).

**Bayerische Alpen**

In den Oberbayerischen Alpen bildet das älteste und widerstandsfähigste Gestein, der Wettersteinkalk, das Massiv des **Wettersteins** südlich von Garmisch mit dem höchsten Gipfel Deutschlands, der Zugspitze (2964 m). Ihm vorgelagert ist das **Ammergebirge** zwischen dem Lech im Westen und dem Loisachtal im Osten. Das waldreiche, ehemals königliche Jagdrevier ist mit geringen Höhen (Kreuzspitze 2185 m, Säuling 2047 m) ein ideales Wandergebiet, in dem vereinzelte Kalk-und Dolomitfelsen Akzente setzen. Östlich des Wettersteins folgt der **Karwendel**, der größtenteils zu Österreich gehört; mächtige, brüchige Kalkbänke sorgen für ein wildes Klettergebiet, etwa an den Wänden des Laliderers. Die **Bayerischen Voralpen** zwischen der Loisach im Westen und dem Inn im Osten sind als die »Hausberge« Münchens beliebte Ausflugsziele. Zu ihnen gehören das Estergebirge mit dem Herzogstand (1731 m) und dem Heimgarten (1790 m), die Benediktenwand (1801 m) und das Mangfallgebirge mit dem Wendelstein (1838 m). Hier bewirkte der Wechsel harter und weicher Schichten eine regelmäßige Faltung und die Ausbildung ost-westlich verlaufender Kämme und Täler. Auch die **Chiemgauer Alpen** zwischen dem Inn und dem Zwiesel bei Bad Reichenhall zählen zu den bevorzugten Wochenendzielen der Münchner. Aus den verschiedensten Gesteinen des alpinen Mesozoikums aufgebaut – Buntsandstein, Muschelkalk, Wettersteinkalk, Kössener Mergel, Jurakreide – bieten sie ein sehr abwechlungsreiches Bild. Kletterer finden v. a. an Kampenwand (1664 m), Hörndlwand (1684 m) und Steinplatte Reviere; höchster Gipfel ist das Sonntagshorn (1961 m) bei Ruhpolding. In den majestätischen **Berchtesgadener Alpen** mit dem Watzmann (2713 m) widerstanden die bis 2000 m mächtigen Dachsteinkalke der Faltung, und es blieben große Schollen wie die Reiter Alpe oder der Untersberg erhalten. Die Wasserlöslichkeit des Gesteins brachte bizarre Karstformen mit Karrenfeldern hervor, so v. a. im Steinernen Meer südlich des Königssees.

**Höhenstufen**

Flora und Fauna der Alpen, ihr Vorkommen und ihre Verbreitung, sind abhängig von den Vegetationszonen. Auf der Alpennordseite unterscheidet man fünf Höhenstufen, deren Grenzen allerdings je nach den kleinklimatischen Verhältnissen variieren:

– die **Hügelstufe** (bis 600 m ü. d. M.) mit Obst- und Gemüseanbau

– die **Bergstufe** bis zur Laubwaldgrenze (1200 m) mit Laubmischwald (Buche, Eiche, Ahorn) und Weidewirtschaft

– die **Untere Alpenstufe** bis zur Baumgrenze (1800 m), gekennzeichnet durch Nadelwald (Fichten, Weißtannen, Föhren)

– die **Obere Alpenstufe** bis zur Schneegrenze (bis 2300 m) mit Sommerweiden, Einzelbäumen (Lärchen, Arven), Legföhren (Latschen) und einer besonders reichhaltigen, prächtigen Blumenflora

– die **Schneestufe** (über 2300 m) mit Schutt- und Geröllhalden, Schneefeldern und Gletschern.

**Flora und Fauna**

Besonders artenreich ist die **Alpenflora**, die z. T. unter schwierigen Verhältnissen gedeiht. In der kurzen Vegetationszeit kann intensive Sonne über 40 °C erwärmen, nachts kann auch im Sommer Frost auftreten; das Biotop kann wüstenartig oder auch sumpfig-nass sein. Zu den typischen Arten – die meisten stehen unter Naturschutz – zählen v. a. die Alpenrose, die ganze Buschflächen bilden kann, Enziane, Alpenveilchen, Primeln, Türkenbund, Trollblumen, Alpenmohn, Silberdistel und Eisenhut. In der Schneestufe leben hauptsächlich Moose, Flechten und Algen; zu den wenigen Blütenpflanzen

*Stachelige Silberdistel*

dort gehört das seltene Edelweiß. Auf der Reiter Alpe im Berchtesgadener Nationalpark ist das größte Vorkommen von Arven (Zirbelkiefern) in den deutschen Alpen zu finden. Einige Vertreter der **Tierwelt**: In den höheren Bergregionen sind putzige Murmeltiere zu sehen, die bei Gefahr mit gellendem Pfiff in ihrem Bau verschwinden. Als kühne Flieger zeigen sich die kleinen schwarzen Alpendohlen. Ab und zu sind Steinadler zu entdecken. Meist nur mit dem Fernglas kann man Rotwild sowie Gemsen und Steinböcke beobachten, die leichtfüßig an den Felswänden herumkraxeln. Selten geworden sind Schneehase, Schnee-, Birk- und Auerhuhn sowie der schwarze Alpensalamander. Im Frühsommer 2006 sorgte der Besuch eines Braunbärs (»Bruno«) im Werdenfelser Land für Aufregung, am frühen Morgen des 26. Juni wurde er im Spitzingseegebiet erschossen.

## Das Vorland

**Moränenlandschaften**

Die wunderbare Szenerie des Alpenvorlands – mit dem vielfachen Wechsel von Wiesen, Wald, Mooren und Seen gehört dieser Teil Bayerns zu den schönsten Landschaften Deutschlands – ist ein Produkt der eiszeitlichen Gletscher. Das vom Eis transportierte Material lagerte sich an den Rändern der Gletscher als **Seiten- und Endmoränen** ab; heute grasen auf dem wellig-hügeligen Grünland die Milchkühe. Aus Moränenschutt bestehen die **Drumlins**, kleine Hügel, deren längliche Form noch die Fließrichtung des Eises erkennen lässt. Sie treten meist in Feldern auf, so zwischen Ammersee und Starnberger See, im östlichen Chiemgau und im Hinterland von Lindau. Am Ende der Eiszeit blieben **Gletscherseen** zurück, Ammersee und Starnberger See, Chiemsee und Waginger See sind die größten (auch wenn z. T. verlandet). Einige Gletscherseen – Wolfratshausener See, Rosenheimer See, Salzach-See – sind verschwunden; sie wurden durch die Flüsse Isar, Inn und Salzach zum Ausfließen gebracht oder mit Sedimenten verfüllt. Auf den wasserundurchlässigen Seeböden stocken heute noch große Moore, so das Murnauer Moos und die Kendlfilze südlich des Chiemsees. Einige kleine Seen, wie die Osterseen südlich des Starnberger Sees und die Eggstätter Seen nördlich des Chiemsees, sind **Toteisseen**: Sie gehen auf Eisblöcke zurück, die am Ende der Eiszeit zurückblieben und langsamer abschmolzen. Über die Ebene ragen sog. Vorberge, der Auerberg und der Peißenberg, die einen herrlichen Ausblick bieten; sie bestehen wie die Nagelfluhkette im Allgäu aus Konglomeraten des Molassemeers. Besonders im Allgäu sind teils riesige Felsblöcke zu sehen, sog. **Findlinge**, die von den Gletschern an ihren heutigen Platz verfrachtet wurden.

Schotterebenen

Die Schmelzwässer der Gletscher transportierten große Mengen Gestein nach Norden und lagerten sie als große Schotterfluren im Vorland ab. Bekannteste und größte ist die **Münchner Schotterebene**, die leicht abfallend von Holzkirchen südlich München bis nach Freising reicht und durch das Isartal unterteilt wird. Noch heute dominieren auf den mageren Böden Fichtenwälder, die südlich und östlich von München einen dichten Waldgürtel bilden. Im Norden, an der Grenze zum Tertiär-Hügelland, bildeten sich aufgrund des zutage tretenden Grundwassers zwischen Dachau und Erding große Moore.

## Die Flüsse

Lech

Der Lech, der heute noch recht deutlich die Grenze zwischen den schwäbischen und baierischen Dialekten markiert, entspringt in der Nähe von Lech am Arlberg, tritt bei Füssen in deutsches Gebiet und mündet nach ca. 260 km in die Donau. Sein Name rührt vom lateinischen »Licus« bzw. keltischen »Lik«, was »der Reißende« bedeutet, das glasartig-smaragdgrüne Aussehen seines Wassers von der niedrigen Temperatur und dem hohen Kalkgehalt. Ist der Fluss in Österreich ein ungezähmtes Wildwasser, so wird er in Deutschland bis zur Grenze des Möglichen zur Energiegewinnung genützt; er liefert Strom für 400 000 Haushalte. Allein auf den 100 km zwischen Füssen und Landsberg liegen 15 Kraftwerke. Den Auftakt bildet der Forggensee, Bayerns fünftgrößter See; der Stausee fasst 150 Mio. m³ und wurde 1954 in Betrieb genommen, wobei der Weiler Forggen unter-

*Die Jachenau, ein schönes Tal des Isarwinkels – mit Blick auf die Zugspitze*

ging. Der Lech-Höhenweg (► S. 109) folgt dem windungsreichen Lauf des Flusses und erschließt eine eindrucksvolle Landschaft.

**Isar** Die Isar, früher ebenfalls als wilder Fluss bekannt (das keltische Wort »Isara« bedeutet »reißend«), entspringt am Karwendel und mündet nach 295 km (davon gut 260 km in Deutschland) in die Donau. Zwischen Lenggries und Bad Tölz tritt sie ins Alpenvorland, durchfließt das Wolfratshausener Becken und die Münchner Ebene. Sie wurde schon in der ersten Hälfte des 19. Jahrhunderts gezähmt. Nördlich von Mittenwald wird ein großer Teil des Wassers entnommen und zum Walchensee geleitet (Kraftwerksspeicher). Südlich von Lenggries wird der Fluss zum 40 Mio. $m^3$ fassenden Sylvensteinsee gestaut, der dem Hochwasserschutz dient und ein Kraftwerk versorgt. Auch hier versank ein Weiler im Wasser: Fall, der Schauplatz in Ludwig Ganghofers Roman »Der Jäger von Fall«. Zwischen Bad Tölz und Schäftlarn erstreckt sich eine schöne, ursprünglich gebliebene Flusslandschaft mit Kiesbänken, Steilufern und Auwäldern (Pupplinger und Ascholdinger Au). Und auf Münchner Stadtgebiet, auf 14 km Länge, stellen die Isarauen ein höchst beliebtes Naherholungsgebiet: Die Überschwemmungswiesen und Kiesbänke sind ein Dorado zum Sich-Sonnen, Spazierengehen und Radeln.

**Inn** Der Inn, der bedeutendste Nebenfluss der oberen Donau, entspringt am Maloja in der Schweiz und mündet nach gut 500 km in die Donau. Bayerisches Gebiet erreicht er hinter Kufstein. Er durchquert zunächst das Rosenheimer Becken; bis zur Einmündung der Salzach, seines längsten Nebenflusses, bei Burghausen bildet er die Westgrenze des Chiemgaus und des Rupertiwinkels. Für 2000 Jahre war der Inn ein wichtiger Transportweg für Personen und Handelsgüter, insbesondere Salz, weshalb sich im Mittelalter bedeutende Städte entwickelten: v. a. Rosenheim, Wasserburg, Mühldorf und Neuötting. Die Verbindung mit Italien lässt das typische, sehr reizvolle Bild dieser Städte erkennen (»Inn-Salzach-Stil«, ►S. 67).

## Naturschutzgebiete

Von den 2017 $km^2$, die in Bayern als Naturschutzgebiete und Naturparks ausgewiesen sind, liegen 1330 $km^2$ in den Alpen bzw. im Vorland, im oberbayerischen Teil 980 $km^2$, im schwäbischen 350 $km^2$. Allein die alpinen Schutzgebiete – die größten und bedeutendsten sind der Naturpark Berchtesgaden, die Allgäuer Hochalpen und das Ammergebirge – machen etwa 950 $km^2$ aus. Der nächstwichtige Typ sind die Moore; hier sind v. a. das Murnauer Moos (23,5 $km^2$), die Kendlmühlfilze südlich des Chiemsees (7,5 $km^2$), die Osterseen und die Eggstätt-Hemhofer Seenplatte zu nennen. Hervorragende Biotope bieten auch die Flüsse: an der Isar Pupplinger und Ascholdinger Au (16,5 $km^2$), am Lech die Litzauer Schleife, die Mündung der Tiroler Achen, Ammerleite und Ammerschlucht, die Innleite bei Marktl. Vo-

*Werdenfelser Land bei Wallgau: Geroldsee mit Karwendel*

gelfreunde besuchen die Moore, darüber hinaus die Freistätten an Ammersee (Ampermoos und Südufer) und Eggelburger See, am Innstausee bei Attel und an der Salzachmündung. Eine echte Rarität ist der Eibenwald bei Paterzell mit 800-jährigen Bäumen.

## Klima

Das Klima unterliegt in Südbayern mehreren Faktoren: der West-Ost-Lage, der Höhe über dem Meer, der Nähe der Alpen oder größerer Seen. Im Westen überwiegt atlantisches, im Osten kontinentales Klima. Begünstigt sind vor allem Lindau am Bodensee, die Chiemseeregion und die Gebiete an Inn und Salzach. Die Nähe der Berge äußert sich im Vorland durch große Temperaturunterschiede zwischen Sommer und Winter sowie Tag und Nacht.

**Niederschläge**

Die von Nordwesten kommenden atlantischen Luftmassen steigen am Alpenwall an und geben dort ihre Feuchtigkeit ab. Im Jahresdurchschnitt beträgt der Niederschlag in München über 900 mm, am Alpenrand etwa 1200 mm und im Gebirge über 2000 mm. In München fällt der meiste Regen in den Monaten Mai bis Juli.

**Schnee**

Seit Ende der 1980er-Jahre macht sich die Klimaerwärmung bemerkbar, die milde, schneearme Winter verursacht. Beschneiungsanlagen werden weiterhin installiert, besonders in niedrig gelegenen Bereichen. Als schneesicher kann man inzwischen erst Regionen über 1600 m bezeichnen. Ewiger Schnee liegt nur auf den höchsten Gipfeln, echte Gletscher sind selten (Zugspitze, Blaueis am Hochkalter). Sonnengeschützte Firnflecken können auch in tiefer Lage den Sommer überdauern, so die Eiskapelle beim Königssee (868 m).

## *Oberbayern* Regionaltypische Klimastationen

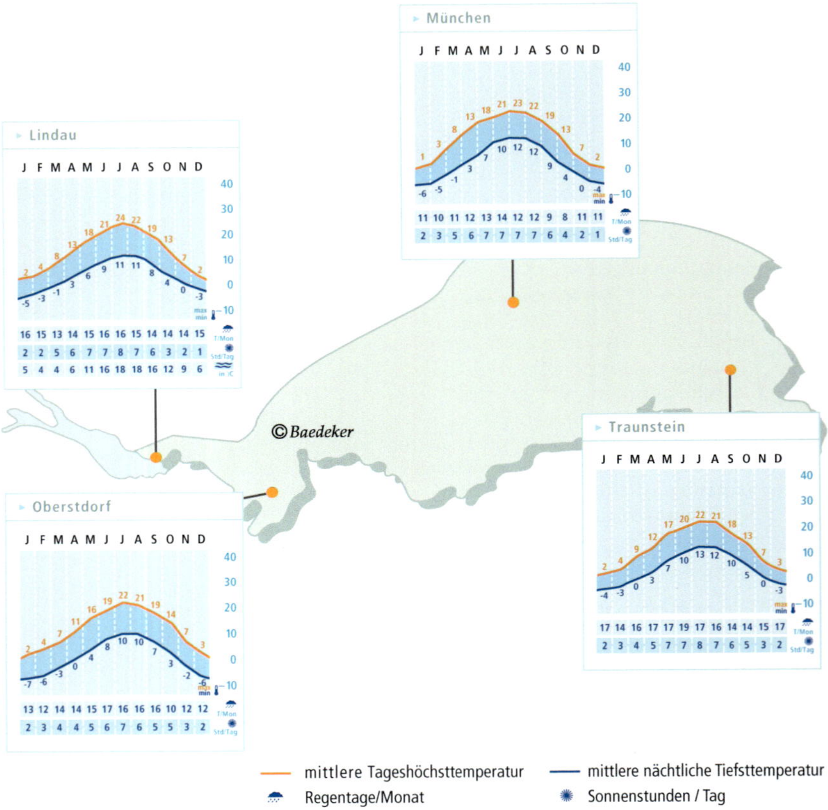


**Heilklima** Die teils starken Temperaturschwankungen wirken als Reizklima, in höheren Lagen kommen die intensive Sonneneinstrahlung und die saubere Luft hinzu; Höhen von über 1500 m sind eine Zuflucht für Pollengeplagte. In den Tälern und am Alpenrand gibt es fast keinen Ort, der sich nicht mit dem Etikett »Luftkurort« schmückt. Strengen Bewertungen und langfristigen Messungen – mit denen der Deutsche Wetterdienst beauftragt ist – unterliegt hingegen das Prädikat »Heilklimatischer Kurort«, das im Allgäu Bad Hindelang, Fischen, Isny, Oberstaufen, Oberstdorf, Scheidegg und Schwangau, in Oberbayern Bad Heilbrunn, Bad Tölz, Berchtesgaden, Garmisch-Partenkirchen, Kreuth, Rottach-Egern und Tegernsee tragen.

**Berg- und Talwind**

Kennzeichnend für das Bergklima ist der regelmäßige Wechsel von Berg- und Talwind an schönen Tagen. Tagsüber wirken die erwärmten Berghänge wie ein Schornstein; die Luft strömt an ihnen talaufwärts und löst die Wolken auf; nachts strömt die kalte Luft ins Tal und weit in die Ebene hinaus, oft bis München – ein willkommener Effekt in sommerlichen Hitzeperioden.

**Föhn**

Den einen bringt er Kopfschmerzen, die andern macht er »high«: der Föhn, der bis zu 100 km/h heftig übers Land fegt. Großräumige Luftdruckunterschiede lassen feuchtwarme Luft an der Alpensüdseite aufsteigen, wobei sie sich abkühlt; die Feuchtigkeit kondensiert und regnet ab. Durch die freiwerdende Kondensationswärme kühlt sich die Luft beim Aufsteigen weniger ab als sie sich jenseits des Alpenkamms wieder erwärmt – mit dem Ergebnis, dass sie warm und trocken ankommt. Zu den sichtbaren Effekten des Föhns gehören die »Föhnmauer« (eine Wolkenbank auf dem Alpenkamm), linsenförmige Wolken (»Föhnfische«) über dem Vorland, die Aufheiterung und die gute Fernsicht.

> ! *Baedeker* TIPP
>
> **Über den Wolken**
>
> Wenn im Winter über dem Voralpenland viele Tage eine zähe Nebeldecke liegt, gibt's nur eines: hinauf auf den Berg! Die »Inversion« sorgt dafür, dass über dem Kältesee die Sonne scheint; auf der Zugspitze oder auf dem Nebelhorn (!) ist es dann oft wärmer als in München. Wer zweifelt, kann sich via Webcam informieren.

# Bevölkerung und Wirtschaft

**Oberbayern und Schwaben**

Das Gebiet dieses Reiseführers hat Anteil an den bayerischen Regierungsbezirken Oberbayern und Schwaben. Ihre Grenzlinie bildet seit Hunderten von Jahren der **Lech**, und es ist verblüffend, wie heute noch ein Flusslauf – den man als automobiler Mensch nicht registriert – Sprache und andere Gewohnheiten wie die Hausformen voneinander scheidet. Damit verbinden sich auch die Selbstdefinition und die räumliche Orientierung: Im Regierungsbezirk Schwaben, dem schmalen Streifen zwischen Altbayern und Württemberg, vom Bodensee bis zum Ries, ist München »weit weg«, während für Oberbayern München nicht nur formell die Landeshauptstadt ist. Denn erst seit 200 Jahren, seitdem Napoleon das alte Europa über den Haufen warf und die bayerischen Kurfürsten zu Königen machte, gehört das Allgäu zu Bayern, und man legt heute noch Wert auf eigene Art und Kultur. Soweit jedenfalls nicht der allgemeine Traditionsverlust und der Massentourismus nivellierend wirken: So muss es nicht wundern, wenn bei einem »Heimatabend« im Allgäu bayerisch gewandete Burschen einen Schuhplattler aufführen, und längst ist auf Allgäuer Speisekarten der Knödel genauso heimisch wie die Spätzle.

Allerdings ist das alles nicht so einfach, wie der seinerzeit heftige Streit um die Allgäuer Tracht zeigte (►S. 64).

**Der Mythos von den Bayern**

Was wäre Bayern und besonders Oberbayern (im Ausland ist das sowieso identisch) ohne die unsterblichen bzw. unausrottbaren Attribute seiner »Identität«, ohne den »Kini«, den Maibaum, das Bier, die CSU und die katholische Kirche? Tatsächlich wird im ländlichen Alltag Tracht durchaus noch getragen, tatsächlich hat praktisch jedes Dorf seine Blasmusik und andere Musikanten, doch wenn der Kfz-Mechaniker mit der Lehrerin einen Zwiefachen tanzt, dann ist das weder Zeichen für Zurückgebliebenheit noch »Brauchtumspflege«, sondern einfach Spaß an der Freud. Das negative Bild von den Bayern ist jahrhundertealt. Den Anfang machte wohl der Historiker Aventinus, der in seiner Bairischen Chronik um das Jahr 1530 schrieb: »trinkt ser, macht vil kinder«, und: »sitzt tag und nacht bei dem wein, schreit singt tanzt kart spilt«. Der Berliner Buchhändler und Schriftsteller Friedrich Nicolai meinte 1785: »Die Baiern sind rohe Kinder der Natur … voll Trieb.« Besser weg kommen da die Allgäuer: Sie »sind staader [stiller] als die Burschen im Altbayerischen mit ihrer sakrischen Schneid. Ihr Wesen ist mehr behaglich …, ähnlich dem Charakter der Landschaft, die mit Ausnahme der Bergmasse auch mehr anmutig als großartig ist« (F. J. Bronner, Bayerisch' Land und Volk, 1910).

*Wappen des Regierungsbezirks Oberbayern*

Das, was man heute als bayerische bzw. schwäbische Identität bezeichnen will, hat seine Wurzeln im großen Durcheinander der Völkerwanderungszeit (► S. 36). Während die Bajuwaren sich erst im Lauf mehrerer Jahrhunderte als »Stamm« konstituierten, können sich die Allgäuer ihre alamannische Abstammung zugute halten. Doch wurde auch hier im Lauf der Zeit einiges aufgenommen, was z. B. Wörter aus römischer Zeit wie »Föhl« oder »Fähl« für »Mädchen« (von lat. »filia«) zeigen. Dass das Bayernland heute über so kräftige Kennzeichen seiner Identität verfügt, ist aber kein Ergebnis seiner »Natur«, sondern einer wechselvollen Geschichte, in der auch das bayerische Königshaus, vor allem König Max II. und Prinzregent Luitpold, eine maßgebliche Rolle spielte (► S. 63). Das Wunder dabei bleibt aber, dass

*Wappen des Regierungsbezirks Schwaben*

## *Zahlen und Fakten* Bayerische Alpen und Alpenvorland

### Geografische Daten

- West-Ost-Ausdehnung: 260 km
- Nord-Süd-Ausdehnung: ca. 120 km
- Fläche:
  Bayern 70 549 km², davon
  München 310,5 km²
  Alpen und Vorland ca. 18 000 km²
- Einwohner:
  Bayern 12,5 Mio., davon
  München 1,33 Mio.
  Alpen und Vorland ca. 3 Mio.

### Verwaltung

- Bundesland: Bayern
- Regierungsbezirke:
  Oberbayern (Sitz: München)
  davon 17 Landkreise und 2 kreisfreie Städte (München, Rosenheim)
  Schwaben (Sitz: Augsburg)
  davon 3 Landkreise und 1 kreisfreie Stadt (Kempten)

### Wirtschaft

- Bruttoinlandsprodukt:
  Bayern 444,8 Mrd. € (2008), davon
  Region München 125 Mrd. €
  Alpen und Vorland 35 Mrd. €
- Anteil der Wirtschaftssektoren (Bayern):
  Dienstleistungen 68 %, Produzierendes Gewerbe 31%, Landwirtschaft 1%
  Arbeitslosenrate: 4,7% (Juni 2009)

### Tourismus

- Bayern: 26,7 Mio. Gäste
  davon München 4,8 Mio.
  Alpen und Vorland 11,8 Mio.
  Gäste aus dem Ausland: 22,5%

sich all die vielzitierten Versatzstücke der oberbayerisch-allgäuerischen Szenerie – vom weißblauen Himmel über die prächtigen Feste und den Biergarten bis zu den grasenden Kühen vor der Kulisse der Alpen – zu einem Bild zusammenschließen, das irgendwie genau so sein muss, wie es ist.

**Zuagroaste und Reigschmeckte**

Diese schwierig zu verstehenden und auszusprechenden Wörter bezeichnen auf Bairisch bzw. Schwäbisch dasselbe, nämlich Menschen von Woandersher. Und nicht nur in grauer Vorzeit kamen Menschen ins Land. Im 19. Jh. verdingten sich »Itaker« als billige Arbeitskräfte in diversen Gewerben, eine Tradition, die in den 1950er-, 1960er-Jahren mit überaus weitreichenden Folgen wieder aufgenommen wurde. Zu Ende des 2. Weltkriegs kamen viele Tausend Flüchtlinge,

*Tradition gleich Rückständigkeit?*

in den Jahren danach etwa 1,7 Mio. Heimatvertriebene aus Böhmen und Schlesien nach Oberbayern und ins Allgäu. Seit der deutschen Wiedervereinigung zog es über eine halbe Million aus den neuen Bundesländern ins Alpenvorland. Gegenwärtig weist die Statistik für Oberbayern 13 % Ausländer auf, für Schwaben 9 %, die bzw. deren Nachkommen großenteils einmal wirklich dort zu Hause sein werden – was ist also »der« Bayer oder Allgäuer?

## Wirtschaft

**»Laptop und Lederhose«**

Es ist richtig: Im Vergleich mit den anderen Bundesländern nimmt Bayern seit Jahren die Spitzenposition ein. Mit über 2 % Wachstum im Jahr 2006, der niedrigsten Pro-Kopf-Verschuldung und der (nach Baden-Württemberg) zweitniedrigsten Arbeitslosenquote präsentiert die 1945 gegründete und mit Ausnahme der Jahre 1954–1957 bis 2008 mit absoluter Mehrheit regierende CSU Bayern als das »Jobwachstumsland Nummer 1 in Deutschland«. Was sie sich als ihr Verdienst anrechnet, hat seine Basis in günstigen natürlichen und historischen Bedingungen, besonders in der Attraktivität Münchens und seines Umlands. Zudem war Bayern 1945 keineswegs ein »rückständiges« Land, das nur von der Landwirtschaft lebte. Es hatte schon eine bedeutende Technik- und Industriegeschichte vorzuweisen; so war es in den Branchen Elektrotechnik/Stromversorgung und Verkehrswesen/Eisenbahn bereits im 19. Jh. führend. Bedeutend ist auch, dass Oberbayern und das Allgäu mit ihrer wunderbaren Landschaft und – wenn auch verkitschten – bäuerlichen Idylle damals schon Magneten waren. Der massive Umbau der Wirtschaft vor allem in den 1970er- und 1980er-Jahren konnte also auf ein Kapital zu-

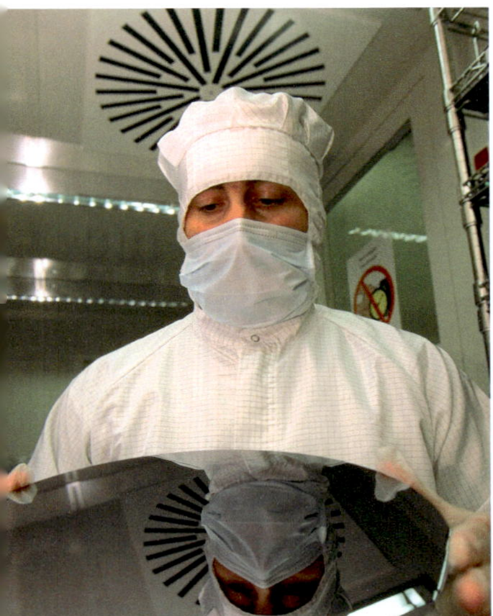
*Waferproduktion bei Wacker in Burghausen*

rückgreifen, das sich zusammen mit der weltweiten Nachfrage nach High-Tech-Produkten als sehr vorteilhaft erweist – das überstrapazierte Schlagwort von »Laptop und Lederhose« gibt diese so erfolgreiche Kombination der harten und weichen Standortfaktoren ausgezeichnet wieder, über die Bayern heute verfügt.

**Wirtschaftszentrum München**

München und sein Umland – in einem Radius von ca. 30 km, etwa dem S-Bahn-Bereich entsprechend – bilden eines der bedeutendsten Wirtschaftszentren Europas. Eine maßgebliche Rolle spielen High-Tech-Industrien: Elektronik und Datenverarbeitung, Auto- und Maschinenbau, Luft- und Raumfahrt sowie Biotechnologie. Die Bayerische Motorenwerke AG (BWM), die an 23 Standorten in sieben Ländern 105 000 Menschen beschäftigt, hat in München ihre Zentrale und ein Werk mit 10 000 Arbeitskräften. Weitere große Namen: Siemens, EADS, Apple und Microsoft, Linde, Krauss-Maffei, MAN, Rohde & Schwarz. Nach Frankfurt a. M. ist München der wichtigste Finanzplatz in Deutschland, mit Börse und den Zentralen großer Banken und Versicherungen. Die Medienbranche ballt sich ebenfalls hier, mit ca. 300 Buch- und Zeitschriftenverlagen und der TV-Stadt Unterföhring (Bayerischer Rundfunk, ZDF, ProSieben, Sat.1, Sky). Martinsried an der südwestlichen Peripherie schließlich ist Zentrum der deutschen Bio- und Gentechnik; um das Max-Planck-Institut für Biochemie und Institute der Ludwig-Maximilians-Universität haben sich ca. 60 Unternehmen dieser »Zukunftsbranche« angesiedelt.

**Landwirtschaft**

Bayern, und in ganz besonderem Maß das südliche Oberbayern und das Allgäu, ist Bauernland, ein Land der Vieh- und Milchwirtschaft. So hat es zumindest den Anschein. So wichtig die grünen Wiesen und die grasenden Kühe für das Heimatgefühl und die Attraktivität als Urlaubsland sind, so marginal ist jedoch ihr unmittelbarer Anteil am Bruttoinlandsprodukt: 1,5 % in Oberbayern (ohne München, das allein ca. 40 % des BIP liefert und praktisch über keine Landwirtschaft verfügt), in Ober- und Ostallgäu 2,5 %. Noch arbeiten in Ober- und Unterallgäu etwa 6 % der Erwerbstätigen in der Landwirtschaft (in Gesamtbayern 3 %). Die Tendenz ist dramatisch negativ, unter dem Druck der EU-Gesetze und der Großabnehmer, praktisch also der Handelsketten, machen gegenwärtig pro Jahr etwa 3 % der Bauern ihre Stalltür zu, während sich die Zahl der Betriebe mit über 30 ha Land in den letzten 25 Jahren verdreifacht hat. Selbst Betriebe mit 80 Kühen und mehr wirtschaf-

*Käsen auf der Alpe Laufbichl bei Hindelang*

ten am Rand der Rentabilität. Auch wenn die CSU-Regierung und der Deutsche Bauernverband (mit einem bayerischen Präsidenten) in Berlin und Brüssel die Interessen der Bauern zu wahren versuchen, sieht es nicht gut aus. Vielleicht wird das Allgäu, das erst im 19. Jh. vom blauen Flachsland zum grünen Grasland wurde, in Zukunft gelb sein: als Produzent von Rapsöl für die Treibstoffversorgung.

**Alpen und Almen** So heißen im Allgäu bzw. in Oberbayern die landwirtschaftlichen Betriebe in den Bergen. Diese uralte Wirtschaftform wurde ursprünglich dazu genutzt, das Jungvieh, das noch nicht gemolken werden muss, den Sommer über zu versorgen und das Gras in den Tälern für den Winter zu horten. Mit der beträchtlichen Ausweitung der Käseproduktion im 19. Jh. kamen dann auch Milchkühe und Senner auf die Alpen. Der dreimonatige Alpsommer war hart, entbehrungsreich und wenig lukrativ, so dass im Zug der Industrialisierung der Milchwirtschaft etliche Alpen nicht mehr »bestoßen« wurden. In heutigen Zeiten gelten handwerklich hergestellte Lebensmittel aus zuverlässigen, unverdorbenen Quellen wieder etwas, und so verzeichnet man eine Renaissance der Alpen/Almen und kleinen Sennereien, die gerne auch den Weg der Direktvermarktung nützen.

**Tourismus** Nicht nur imagemäßig, sondern auch in harter Münze floriert das Tourismusgewerbe; Bayern rangiert in der Beliebtheit noch vor der Nord- und Ostseeküste. Gegenwärtig zählt man in Bayern insgesamt

*Heuernte im Allgäu*

*Der Wendelstein, ein (zu Recht) beliebtes Ausflugsziel*

pro Jahr rund 26,7 Mio. Gäste, davon entfallen auf München 4,8 Mio., auf die oberbayerischen Landkreise dieses Führers rund 11 Mio. und auf die Allgäuer knapp 3 Mio. Nimmt man die durchschnittliche Aufenthaltsdauer als Maßstab (mindestens 4 Nächte), ergibt sich in absteigender Folge: Oberallgäu, Berchtesgadener Land, Traunstein, Garmisch-Partenkirchen, Rosenheim, Lindau, Bad Tölz und Ostallgäu. Im Oberallgäu trägt der Fremdenverkehr über 30 % zur Wertschöpfung bei, in Oberstdorf sogar 50 – 60 %.

Die Beliebtheit als Urlaubsziel hat jedoch ihre Schattenseiten. Die Idylle, mit der in den Fremdenverkehrsprospekten geworben wird, ist vor allem in den größeren Orten nur mehr zum Teil anzutreffen, stattdessen muss man sich mit massivem Autoverkehr, uniformen Häusern im alpenländischen Jodelstil, Fußgängerzonen mit Beton-Blumenkübeln, den weltweit gleichen Plastikstühlen und den üblichen Super- und Baumärkten an der Peripherie anfreunden. Alteingesessene Geschäfte schließen zugunsten der überall anzutreffenden Billigketten, dafür werden selbst in renommierten Orten wie Mittenwald die Zentren außerhalb der Haupturlaubszeiten zu Geisterstädten. Nicht überall beginnt man zu realisieren, dass das Heil nicht in der Ausweitung des Tourismus liegen kann, sondern in einer Begrenzung und Umorientierung, und zwar in Zusammenarbeit mit den ums Überleben kämpfenden Bauern: in Richtung Landschaftsschutz und -pflege, in Richtung hochwertiger Produkte und deren lokaler Vermarktung. Immerhin hat – zum Beispiel – das Allgäu heute die größte Dichte ökologisch arbeitender Betriebe in Bayern.

# Geschichte

**Wer waren die Bajuwaren, die Agilolfinger und die Wittelsbacher? Was hat es mit der Sendlinger Mordweihnacht auf sich, und wie kam das Königreich Bayern zustande? Stationen auf dem Weg der bayerischen Lande vom Stammesherzogtum zum Freistaat und Hightech-Standort.**

# Vor- und Frühgeschichte

| | |
|---|---|
| **bis 2000 v. Chr.** | Jungsteinzeit: Erste Siedlungsspuren |
| **8. Jh. v. Chr.** | Keltische Besiedlung |

**Steinzeit**

Erst nach der letzten Eiszeit, in der Jungsteinzeit (um 3500 bis ca. 2000 v. Chr.), sind Siedlungen südlich der Donau nachzuweisen, zunächst in den fruchtbaren Lößlandschaften an Isar und Amper, dann auch an Lech, Inn und Salzach sowie im Umkreis der oberbayerischen Seen. Keramik und andere Bodenfunde bezeugen schon regionale Sonderkulturen (Rössener Kultur, Münchshöfener Kultur etc.).

**Bronze- und Eisenzeit**

Im 2. und 1. Jt. v. Chr. erreicht die Siedlungstätigkeit das Alpenvorland, wie Hügelgräber im Gebiet von Starnberger- und Ammersee belegen. Die Hallstattzeit am Übergang von der Bronze- zur Eisenzeit (ab 8. Jh. v. Chr.) bringt Neuerungen in Siedlung, Bestattung und Gebrauchgegenständen. Technische Neuerungen (Töpferscheibe) und Schmuckformen (Zierfibeln) aus dem Mittelmeerraum werden v. a. im Südwesten Bayerns übernommen. Mit den **Kelten** der Latènezeit (ab 5. Jh. v. Chr.) werden in antiken Quellen erstmals Bewohner des bayerischen Raums benannt. Die Kelten bildeten schon vor dem 5. Jh. v. Chr. das beherrschende Bevölkerungselement: Vindeliker im Alpenvorland, Raeter im Alpenraum und Noriker östlich des Inntals. Münzen, Bronzefibeln und Glasschmuck, die Reste befestigter Siedlungen (u. a. Fentbachschanze bei Weyarn, Auerberg bei Marktoberdorf) und Viereckschanzen zeugen von der hohen Kultur. Sprachliche Spuren haben sich in Namen wie Lech, Isar, Inn, Kempten, Partenkirchen und Prien erhalten.

# Römische Zeit

| | |
|---|---|
| **ab 15 v. Chr.** | Besetzung des Alpenvorlands durch die Römer. Gründung der Provinz Raetia |
| **3./4. Jh. n. Chr.** | Eindringen der Germanen |
| **5. Jh. n. Chr.** | Rückzug der Römer aus den Donauprovinzen |

**Frühe und mittlere Kaiserzeit**

Mit der unter Kaiser Augustus 15 v. Chr. beginnenden Eroberung des Alpenraums werden die keltischen Gebiete bis zur Donau dem Römischen Reich einverleibt und später in der **Provinz Raetia** ver-

← *Joseph Graf von Montgelas (1759–1838), der als »Superminister« unter König Max I. Joseph das Bayern der Neuzeit schuf. Porträt von Joseph Hauber, 1806.*

einigt. Die späte Kaiserzeit (3./4. Jh. n. Chr.) sieht als Grenzen der »Raetia secunda« Donau und Iller im Norden und Westen, im Osten den Inn. Straßen werden gebaut und gesichert, v. a. zwischen Bregenz und Gauting bzw. Salzburg sowie die Via Claudia Augusta, die von Rom über den Reschenpass nach Augsburg führt. Neue Ansiedlungen werden gegründet, bestehende wie Bregenz, **Kempten (Cambodunum)** und Salzburg ausgebaut. Die keltische Bevölkerung vermischt sich mit den Eroberern aus allen Teilen des Römischen Reichs, der römische Kultus setzt sich, angereichert mit keltischen Traditionen, durch, ehe er im 4. Jh. vom Christentum abgelöst wird.

**Spätantike** Verstärkte Einfälle germanischer Völker (Alamannen, Franken) ab dem 3. Jh. läuten das Ende der römischen Herrschaft ein. Das Land wird weithin entvölkert, die noch vorhandenen Bewohner verarmen. Die Absetzung des Kaisers Romulus Augustulus durch den germanischen Heerführer Odoaker 476 bedeutet das Ende des Weströmischen Reichs; die Donauprovinzen werden geräumt, Teile der römischen oder romanisierten Bevölkerung kehren nach Italien zurück.

# Früh- und Hochmittelalter

| | |
|---|---|
| **536/537** | Gründung eines alamannischen Herzogtums |
| **um 550** | Früheste Nachricht von den »Bajuwaren« |
| **739** | Gründung der Bistümer Regensburg, Salzburg, Passau und Freising |
| **1158** | Gründung Münchens durch Heinrich den Löwen |
| **1180** | Pfalzgraf Otto VI. (I.) von Wittelsbach wird baierischer Herzog |

**Bajuwaren und Alamannen** Ende des 5. Jh.s lassen sich Elb- und Ostgermanen – hauptsächlich aus Böhmen, wovon die Bezeichnung »Bajuwaren« abgeleitet ist – zwischen Bayerischem Wald und Alpen nieder. Als »Baibaros« bezeichnet der Geschichtsschreiber Jordanes in seiner Gotengeschichte (551) die Bewohner des Alpenvorlands, »Baiuaria« nennt der Kleriker Venantius Fortunatus um 570 das Land am Lech. Lange hegte die Geschichtswissenschaft die für das bayerische Selbstwertgefühl verlockende Idee, dass die Bajuwaren als ein geschlossener Stamm einwanderten. Heute besteht kein Zweifel mehr daran, dass die sog. **Stammesbildung der Baiern** als ein längerer Prozess der Verschmelzung verschiedener germanischer Gruppen und Resten der Provinzialbevölkerung zu verstehen ist. Das Gebiet westlich des Lechs, das heutige Bayerisch-Schwaben, besiedeln die **westgermanischen Alamannen**, die ab dem 3. Jh. am Rhein nachgewiesen werden können und im 6. Jh. den Lech erreichen.

**Die Agilolfinger**

Nach dem Ende der Ostgotenherrschaft 553 fällt der baierisch-alamannische Raum den Franken zu. Sie setzen Herzöge ein, die relativ unabhängig regieren. Das baierische Herzogtum wird über 250 Jahre vom Geschlecht der **Agilolfinger** geführt, von Garibald I. (ca. 548 bis 595) bis Tassilo III. (ca. 749–788). Das von Wäldern, Sümpfen und Mooren geprägte Land wird kultiviert. Zahlreiche Ortsnamen zeugen noch von diesen Anfängen, wie Sauerlach, Allach und Großhesselohe. Die Kodifizierung des baierischen Rechts (Lex Baiuvariorum) zwischen dem 6. und 8. Jh. lässt ein Stammesbewusstsein erkennen. Einen wichtigen Beitrag zur zivilisatorischen Durchdringung des Landes leistet die Kirche: Die Agilolfinger holen Missionare (Emmeram, Rupert, Korbinian) ins Land, Kirchen entstehen, so die heutige Gnadenkapelle in Altötting. 739 errichtet der hl. Bonifatius vier Bistümer (Regensburg, Salzburg, Passau und Freising), das Gebiet westlich des Lechs gehört zum noch in der Spätantike gegründeten Bistum Augsburg. Die **Bischofssitze und Klöster** – u. a. Herren- und Frauenchiemsee, Schäftlarn, Wessobrunn, Polling, Benediktbeuern und Tegernsee – werden Zentren der Kultur und Bildung; Literatur, Buchmalerei und Kunsthandwerk erleben dort eine Blüte. Mit dieser Rolle der Klöster werden Traditionen begründet, die Land und Leute bis zur Säkularisation prägen sollten. 788 wird der letzte agilolfingische Herzog, Tassilo III., von Karl dem Großen verbannt; Baiern, das im Osten bis zur Enns, im Süden bis ins heutige Südtirol reicht, wird für über ein Jahrhundert fränkisch regiert. Kultur und Geistesleben haben Teil am Aufschwung des Karolingerreichs; bedeutende literarische Zeugnisse sind das »Muspilli« und das »Wessobrunner Gebet«. 817 wird zum ersten Mal das Allgäu (»Albigowe«) schriftlich erwähnt.

*Tassilokelch, gestiftet von Herzog Tassilo um 780*

**Luitpoldinger, Welfen und Staufer**

Als die fränkische Zentralgewalt bröckelt, erhält Baiern 907 mit Arnulf aus dem fränkisch-baierischen Markgrafengeschlecht der **Luitpoldinger** wieder einen Herzog, der eine eigenständige Politik betreibt. Doch schon 947 wird der Herzog von der nun sächsischen Reichsgewalt bestimmt, rekrutiert aus dem eigenen Geschlecht der Ottonen, um die Loyalität Baierns zu sichern. Baiern wird 1002 »Kronland« und Machtzentrale im Reich (Königskrönung des baierischen Herzogs ottonischer Abstammung Heinrich IV./II., 1002 bis 1024). Auch unter den salischen Königen bleibt das baierische Herzogtum eng an das Königshaus gebunden. Erst mit der Einsetzung Welfs IV. (I.) 1070 kann sich wieder eine Dynastie für längere Zeit

*Belehnung Ottos von Wittelsbach mit dem Herzogtum Bayern im Jahr 1180 (Tafelbild von 1685)*

die baierische Herzogswürde sichern. In Schwaben regieren ab 1079 die **Staufer**, die im 12./13. Jh. zu Königen und Kaisern aufsteigen. Baiern wird durch die nach der Krone strebenden fränkisch-schwäbischen Welfen in einen Konflikt mit dem staufischen Königtum gezogen, das auch die Teilung des Herzogtums 1156 zur Folge hat (Abtrennung der Ostmark, des künftigen Herzogtums Österreich). 1158 gründet der Welfenherzog **Heinrich der Löwe** (1156–1180) unter rechtswidrigen Umständen den Markt München (► S. 255). Selbstbewusst setzt er die landesherrliche Gewalt gegenüber den Großen durch. Sein Ambitionen sind der Grund für seinen Fall: 1180 wird er von Kaiser Friedrich I. Barbarossa geächtet. Mit dem Herzogtum wird Pfalzgraf **Otto VI. (I.) von Wittelsbach** belehnt, dessen Geschlecht über 738 Jahre das Geschick des Landes bestimmen wird.

**Vom Stammesherzogtum zum Territorialstaat**

Im Hochmittelalter emanzipieren sich Grafen, Bischöfe, Äbte und Städte von der Herzogsgewalt, bilden eigene Territorien und fühlen sich nurmehr dem Reich verpflichtet. Auch König bzw. Kaiser und Herzog unterliegen diesem Prozess: Königsgut wird der herzoglichen Hoheit entzogen und als Reichsgut verwaltet; der baierische Herzog sucht seinen Besitz durch Heirats- und Erbpolitik und die Übernahme von Gerichts- und Grundherrschaften zu erweitern (1214 Erwerb der Pfalzgrafschaft bei Rhein). Aus dem Amtsherzogtum wird ein auf den wittelsbachischen Kernbereich beschränktes, aber von reichsunmittelbaren Herrschaften (Hochstifte, Reichsklöster, Reichsgrafschaften etc.) durchsetztes **Territorialherzogtum**, das faktisch zum Besitz der Herzogsdynastie wird. Gleichzeitig gehen große Teile des Nordgaus und die Steiermark (1180) verloren, das »Land Tirol« verselbständigt sich im 13. Jh., die Bischöfe festigen ihre Rolle als Landesherren. Eine andere Folge des gewandelten Herrschaftsverständnisses ist die **Teilung** des herzoglichen Territoriums. Erstmals 1255, nach dem Tod Ottos II., wird Baiern unter den Erben in unabhängige

Herzogtümer aufgeteilt. Schwaben zerfällt nach dem Tod des letzten Staufers Konradin 1268 in kleine weltliche und geistliche Territorien sowie Freie Reichsstädte wie Lindau und Kempten.

# Spätmittelalter · Frühe Neuzeit

| | |
|---|---|
| **1329** | Trennung der Wittelsbacher in eine baierische und eine pfälzische Linie |
| **1472** | Gründung der Landesuniversität Ingolstadt |
| **1525** | Niederwerfung des Bauernaufstands in Schwaben |
| **1623** | Baiern wird Kurfürstentum |
| **1777** | Aussterben der baierischen Linie der Wittelsbacher |

**Die baierischen Teilherzogtümer**

Im Jahr 1255 wird das Herzogtum unter den zwei Erben Ottos II. aufgeteilt: Oberbaiern (mit der Pfalz) und Niederbaiern mit Residenzen in München und Landshut. Unter Ludwig IV. von Oberbaiern, der 1314 als erster Wittelsbacher die deutsche Königswürde erlangt (1328 Kaiserkrönung) und als **Ludwig der Bayer** in die Geschichte eingeht, gelingt noch einmal die Vereinigung (1340). Nach seinem Tod 1347 erfolgte eine neue Teilung in drei, zeitweilig sogar vier Herzogtümer. Erst 1505 kann der Herzog von Baiern-München, Albrecht IV. der Weise, Herzog von Baiern-München, im Landshuter Erbfolgekrieg (1504/1505) die Landesteile dauerhaft vereinen.

**Bauernkrieg und Reformation**

1524/25 erheben sich die schwäbischen Bauern – in Baiern spielt der Bauernkrieg kaum eine Rolle – unter dem Einfluss der Reformation gegen ihre Feudalherren (»Zwölf Artikel« 1525); ihr Aufstand wird von Georg Truchsess von Waldburg-Zeil im Auftrag des 1488 gegründeten Schwäbischen Bundes grausam niedergeworfen. Während sich bis zum **Augsburger Religionsfrieden** 1555 die Lehre Luthers in den schwäbischen Territorien z. T. und in den meisten Freien Reichsstädten durchsetzt, stellen sich die baierischen Herzöge auf die Seite des Papsttums. Unter Albrecht V. (1550–1579) und seinen Nachfolgern wird Baiern zur führenden Macht der **Gegenreformation**. Sie holen die Jesuiten ins Land, die mit ihrer Lehrtätigkeit an der 1472 gegründeten Ingolstädter Landesuniversität und ihren städtischen Kollegien (u. a. in München) die Politik der Landesherren unterstützen. Neue Kirchen und Wallfahrten entstehen, die Volksfrömmigkeit schlägt sich im Wiederaufleben der Fronleichnamsprozession nieder, in Marienkult und Heiligenverehrung. Unter Herzog Maximilian I. (1597/1598–1651) als Haupt der Katholischen Liga tritt Baiern 1619 an der Seite Habsburgs in den Krieg gegen die Protestantische Union ein. Unter Tilly siegt das kaiserliche Heer 1620 in der Schlacht am

*Die Sendlinger Bauernschlacht (Votivtafel von 1707 in St. Laurentius, Rottach-Egern)*

Weißen Berg bei Prag; Baiern wird 1623 mit der pfälzischen Kurwürde und 1628 mit der Oberpfalz belohnt. Mit dem Kriegseintritt Schwedens unter Gustav Adolf (1630) wendet sich das Kriegsglück, 1632 stehen die Schweden in München. Am Ende des Dreißigjährigen Kriegs 1648 ist die Bevölkerung auf etwa die Hälfte geschrumpft, Bauernhöfe sind verlassen, Wüstungen entstanden. Die Nachwirkungen des Kriegs sind bis an die Wende zur Neuzeit spürbar.

**Absolutismus und Aufklärung**

Das Kurfürstentum entwickelt sich zum absolutistischen Staat nach französischem Vorbild. Barocke Schlösser wie Schleißheim entstehen, Schloß Nymphenburg und die Münchner Residenz werden im Stil des höfischen Rokokos umgestaltet. Vor allem aber gibt die **sakrale Architektur** (► S. 53) dem Primat des Katholizismus im südbayerischen Raum glanzvoll Ausdruck. Kurfürst Max Emanuel (1679 bis 1726), berühmt durch seine Leistung bei der Abwehr der Türken, treibt Baiern 1701 in den **Spanischen Erbfolgekrieg** an der Seite Frankreichs gegen Habsburg. Nach der vernichtenden Niederlage bei Höchstädt 1704 flieht er in die Niederlande und überlässt Baiern den österreichischen Besatzern. Hohe Steuern, Einquartierungen und Zwangsrekrutierungen bilden 1705 / 1706 den Hintergrund für eine Bauernerhebung. In den Schlachten von Sendling (heute ein Teil Münchens) – als »Mordweihnacht« in den bayerischen Seelenhaushalt eingegangen – und Aidenbach (Niederbayern) wird sie blutig niedergeschlagen. Erst 1715 kehrt Max Emanuel in sein ausgeblutetes Land zurück. 1777 geht mit dem Tod Max' III. Joseph, des letzten Wittelsbachers ludovizischer Linie, Baiern an die Pfälzer Linie. Hatten sich im Kurfürstentum schon zuvor Gedanken der **Aufklärung** verbreitet (Rechts- und Bildungsreformen, Gründung der Bayerischen Akademie der Wissenschaften 1759, Aufhebung des Jesuitenordens 1773, Förderung von Wissenschaft und Wirtschaft), so zieht mit dem neuen Herrscher Karl Theodor ein weiteres aufklärerisches

Element in München ein. Infrastruktur und Gesundheitswesen werden verbessert, der Englische Garten in München angelegt und erstmals Klöster teilweise enteignet.

# Königreich Bayern

| | |
|---|---|
| **1803** | Reichsdeputationshauptschluss. Geistliche und weltliche Territorien kommen zu Baiern |
| **1805/1806** | Zugewinn weiterer ostschwäbischer Gebiete, u. a. des Fürstentums Lindau |
| **1.1.1806** | Erhebung Baierns zum Königreich (ab 1825 »Bayern«) |
| **1871** | »Kaiserbrief«: Bayern wird Teil des Deutschen Reichs unter preußischer Führung |
| **1918** | Novemberrevolution. Ausrufung des »Freistaats Bayern« |

**Bayern wird Königreich**

Als Max IV. Joseph 1799 seine Regierung antritt, befindet sich Baiern im Krieg gegen das revolutionäre Frankreich. 1796 marschierten französische Truppen im Kurfürstentum ein, die baierische linksrheinische Pfalz ist französisch besetzt. Am 3. Dez. 1800 wird die antinapoleonische Koalition in der entscheidenden Schlacht bei Hohenlinden geschlagen. Baiern nähert sich nun Frankreich an: 1805 wird der Bündniswechsel fixiert, der französische Kaiser zieht triumphal in München ein. Am 1. Jan. 1806 wird Baiern zum Königreich erhoben (ab 1825 »Bayern« geschrieben). Das Land, das sich durch territoriale Zugewinne an der Seite Frankreichs, aufgrund Säkularisierung und Mediatisierung (1803) sowie in der Folge des Wiener Kongresses (1815) erheblich vergrößert – unter den neuen Gebieten ist **Ostschwaben mit dem Allgäu** –, bezahlt einen hohen Preis für seine Treue zu Napoleon: Es ist ausgeplündert, vom Russlandfeldzug 1812 kehren von fast 36 000 baierischen Soldaten nur etwa 6000 zurück.

**Das neue Bayern**

Mit der Gründung des Deutschen Bundes (1815–1866) ist die Neuordnung im ehemaligen Reich abgeschlossen. Bayern kann sich der Integration der neuen Landesteile widmen. Dies betrifft vor allem die fränkischen und schwäbischen Gebiete, aber auch reichsunmittelbare Territorien im altbayerischen Raum wie das Hochstift Freising und die Fürstpropstei Berchtesgaden. In einer »Revolution von oben« reformiert Minister **Graf Montgelas** unter Max I. Joseph (1806–1825) das Königreich: Abschaffung von Adelsprivilegien, Rechtsgleichheit, Gleichstellung der christlichen Konfessionen. Der moderne bayerische Staat in seiner noch heute weitgehend gültigen Verwaltungsgliederung entsteht. 1818 fixiert der Monarch in einer der ersten deutschen Verfassungen die bürgerlichen Grundrechte.

## ? WUSSTEN SIE SCHON ...?

- König Ludwig I. dekretierte im Okt. 1825, dass das neue Reich, das ja etwas anderes war als das Kurfürstentum Baiern, als »Bayern« zu bezeichnen sei. Der gebildete Monarch – der »Hellene auf dem bayerischen Thron«, dessen Sohn griechischer König wurde – importierte das Y aus dem griechischen Alphabet. Heute verwendet man die Schreibweise »bairisch« für alles, was mit dem altbayerischen Gebiet zwischen Inn und Isar zu tun hat, vor allem aber für seine Geschichte und seine Sprache.

Allerdings bewirkt die Aufhebung von Fürstentümern und Klöstern eine Provinzialisierung des Landes, das seiner Bildungs- und Kulturzentren beraubt wird. München hingegen erhält unter Ludwig I. (1825 – 1848) königlichen Zuschnitt. Das Allgäu erlebt in dieser Zeit den Strukturwandel von der **Leinen- zur Käseproduktion**. 1827 wird im Gunzesrieder Tal der erste Allgäuer Emmentaler hergestellt, 1830 in Wilhams der erste Limburger Käse (► S. 71). Ludwig II. (1864 – 1886) verleiht dem Alpenvorland seine berühmtesten Wahrzeichen: die **Königsschlösser** Herrenchiemsee, Linderhof und Neuschwanstein.

**Deutsche Einigung**

Das Zusammenwachsen der deutschen Staaten im 19. Jh. wird von Ludwig I. gefördert (Deutscher Zollverein, Bau des Main-Donau-Kanals, Eisenbahnbau). Der deutschnational orientierte, aber autokratisch und in Abwehr der republikanischen Bewegung zunehmend konservativ regierende König sieht sich durch die **Revolution von 1848**, die sich in Bayern an seiner Affäre mit Lola Montez entzündet, zur Abdankung gezwungen. Erst jetzt wird die Grundherrschaft abgeschafft, die Bauern werden Herren ihres Landes. Ludwigs Sohn

*Eine Idylle? Mittenwald zu Anfang des 20. Jahrhunderts*

Maximilian II. (1848 – 1864), Förderer der Wissenschaften und der Kunst, führt die Politik eines »Dritten Deutschlands« unter bayerischer Führung weiter, das gleichberechtigt neben Preußen und Österreich stehen soll. Dies geht jedoch an den politischen Realitäten vorbei: Ludwig II. muss 1871 die kleindeutsche **Reichseinigung** unter preußischer Führung akzeptieren. Bayern partizipiert am wirtschaftlichen Aufschwung der Gründerzeit. Die Epoche der Hochindustrialisierung beginnt, im Süden Bayerns jedoch hauptsächlich auf München beschränkt. Zahlreiche Bewohner des Alpenvorlands wandern als Arbeiter in die Industriezentren nördlich der Donau ab.

# 20. Jahrhundert

| | |
|---|---|
| **9. 11. 1923** | Hitler-Putsch: »Marsch zur Feldherrnhalle« |
| **1933** | Nationalsozialistische Machtübernahme. Einrichtung des ersten Konzentrationslagers in Dachau |
| **1943** | Hinrichtung der Mitglieder der »Weißen Rose« |
| **1. 12. 1946** | Verkündung der Bayerischen Verfassung |

**Erster Weltkrieg und Revolution**

Der Erste Weltkrieg bereitet einer äußerlich friedlichen, prosperierenden und künstlerisch produktiven Zeit – u. a. mit der Schwabinger Bohème – unter dem volkstümlichen Prinzregenten Luitpold (1886 – 1912) ein jähes Ende. Über 900 000 bayerische Soldaten ziehen in den Krieg, etwa 180 000 kehren nicht mehr heim. Am 7./8. November 1918 entladen sich die schon in der Prinzregentenzeit zunehmenden sozialen Spannungen unter dem Einfluss von Mangelwirtschaft und Kriegsmüdigkeit im **Sturz der Monarchie**. Der letzte Wittelsbacher König Ludwig III. (1912/13 – 1918) verlässt ohne Gegenwehr das Land und stirbt, ohne formell auf den Thron verzichtet zu haben, 1921 in Ungarn.

**Weimarer Republik**

Im Februar 1919 erlebt das zur Republik (»Freistaat«) erklärte Bayern eine zweite Revolution: Ministerpräsident Eisner wird am 21. Februar 1919 in München von Graf Arco-Valley ermordet, anarchistische linke Gruppierungen rufen in München die **Räterepublik** aus. Im Mai bereiten Reichstruppen und reaktionäre Freikorpsverbände der inzwischen kommunistischen Revolutionsregierung ein blutiges Ende. Revolution und bürgerkriegsähnliche Kämpfe zwischen »Roten« und »Weißen« sind für die Mehrheit der Bevölkerung prägend. Diese Erfahrungen begünstigen die rechtskonservative Wende in der Politik, die den Freistaat zur »Ordnungszelle« und zum selbsternannten Gegenbild zum »roten Berlin« werden lässt. Ein rechtsextremes Milieu findet hier seinen Nährboden und macht den Aufstieg der

*Soldaten der reaktionären Freikorps Anfang Mai 1919 am Münchner Stachus*

**Nationalsozialistischen Arbeiterpartei** möglich, von Lion Feuchtwanger in seinem Roman »Erfolg« plastisch beschrieben. Mit einem Staatsstreich im Münchner Bürgerbräukeller und dem Marsch zur Feldherrnhalle am 9. Nov. 1923 versucht **Adolf Hitler** die Macht an sich zu reißen. Im Frühjahr 1924 wird er zu nur 5 Jahren Festungshaft in Landsberg am Lech verurteilt, wo er sich der Niederschrift seiner Hetzschrift »Mein Kampf« widmet; schon Ende dieses Jahres wird er auf Bewährung freigelassen. Bayern indes stabilisiert sich unter dem katholisch-konservativen, bayerisch-eigenstaatlich orientierten Ministerpräsidenten Held, so dass der Aufstieg der NSDAP ab 1925 eher von anderen Reichsteilen ausgeht. Erst in der Folge der Wirtschaftskrise von 1929 wird Südbayern erneut von den Nazis erobert, und noch um die Jahreswende 1932/1933 erwägen die Regierung und konservativ-monarchistische Kreise die Erhebung Prinz Rupprechts zum König, um eine NS-Diktatur abzuwehren.

**Die Zeit des Nationalsozialismus**

Am 9./10. März 1933 übernehmen die Nationalsozialisten in Bayern als letztem deutschem Land die Macht. Bayern ist mit der NS-Herrschaft eng verbunden: München, Sitz der Parteizentrale, wird zur **»Hauptstadt der Bewegung«** erklärt, Parteibauten entstehen (»Braunes Haus«, »Führerbau«, Umgestaltung des Königsplatzes zum NS-Aufmarschgelände). In Dachau wird noch im März 1933 das **erste Konzentrationslager** eröffnet, das mit seinen der Industrie dienenden Außenlagern zum Modell für das NS-Lagersystem wird. Der »Traditionsgau München-Oberbayern«, erschlossen durch Reichsautobahn und Alpenstraße, wird Ziel des KdF-Massentourismus (1936 Olympische Winterspiele in Garmisch-Partenkirchen), die »Hitlerzelle« in der Landsberger Festung und Hitlers »Berghof« auf dem Obersalzberg bei Berchtesgaden avancieren zu Wallfahrtsorten der Bewegung. In Sonthofen wird eine monumentale Kaderschule (»Ordensburg«) errichtet. Der **Widerstand** gegen das verbrecherische

Regime führt in München im November 1939 zum Bombenattentat des schwäbischen Schreiners Georg Elser auf Hitler, 1942/1943 zu den Flugblattaktionen der studentischen Gruppe »Weiße Rose« mit den Geschwistern Scholl; die Widerständler werden hingerichtet. Die Bilanz des Naziregimes bei Kriegsende: Die großen Städte sind weithin zerstört, die jüdische Bevölkerung verschleppt und ermordet, Hunderttausende Soldaten gefallen oder in Gefangenschaft. Das Oberland ist überschwemmt von Evakuierten aus dem Reich, Flüchtlingen und Vertriebenen aus dem ehemals deutschen Osten.

### *Bayern gestern und heute*

Bayern, 1945 amerikanisch besetzt, geht – abgesehen vom Verlust der Pfalz – territorial unversehrt aus der Katastrophe hervor. Schon am 1. Dezember 1946 gibt sich der **Freistaat** eine Verfassung. Die CSU wird stärkste Partei, seit 1962 regiert sie das Land ununterbrochen. Eine große Leistung ist die Aufnahme und Integration von ca. 1,7 Mio. Vertriebenen, damals etwa 23 % der Bevölkerung. Die Gruppe der Sudetendeutschen avanciert zum »vierten Stamm« Bayerns (neben Altbayern, Franken und Schwaben), 1954 übernimmt die Staatsregierung für sie die »Schirmherrschaft«. Die wirtschaftliche Entwicklung ist vom Übergang des überwiegend agrarisch geprägten Landes zum **Industrie- und High-Tech-Standort** geprägt. Dabei setzt die bayerische Politik auf eine Verbindung von Tradition und Fortschritt. Als Vertreter einer auf die Eigenständigkeit des Freistaats abhebenden Politik profiliert sich Ministerpräsident Franz Josef Strauß (1978 – 1988). Aber auch der Münchner SPD-Oberbürgermeister Hans Jochen Vogel verkörpert dieses **bayerische Eigenbewusstsein**. Unter ihm werden 1972 die Olympischen Spiele in die Landeshauptstadt gebracht, die bald zum multikulturellen »Millionendorf« wird. Im letzten Viertel des 20. Jh.s und zu Beginn des 21. Jh.s erlebt Oberbayern eine wirtschaftliche Blüte, zu deren Landmarken u. a. der neue Großflughafen im Erdinger Moos (1992) sowie die Allianz Arena (2005) in München werden. Doch ab Herbst 2008 werden auch in Bayern die Folgen der weltweiten Finanz- und Wirtschaftskrise spürbar; bei der Landtagswahl im September verliert die CSU nach jahrzehntelanger Alleinherrschaft ihre absolute Mehrheit.

# Kunst und Kultur

**Wie wenige andere Gegenden Deutschlands sind Oberbayern und das Allgäu von lebendigen Traditionen geprägt. Die barocken Kirchen mit ihren Zwiebeltürmen, ihrem überwältigendem Stuck-, Figuren- und Freskenschmuck gehören einfach zur Landschaft vor den Bergen, ebenso wie die prächtigen Trachten, Häuser und Festbräuche.**

# Kunstgeschichte

## Römische Zeit

Unter römischer Herrschaft (15 v. Chr. – um 400 n. Chr.) gehörte Oberbayern zum größeren Teil zur Provinz Raetia, das Land östlich des Inns zur Provinz Noricum. Dieser Streifen des Oberlands war vorwiegend ein Durchgangsland, und so sind relativ wenige Funde erhalten. Die bedeutendste Stadt war **Cambodunum** (Kempten), im 1. Jh. n. Chr. wahrscheinlich das Verwaltungszentrum der Raetia. Die Ausgrabungen lassen die an den Hauptachsen »decumanus« und »cardo« orientierte römische Bauweise erkennen. Die Grundmauern von Forum, Basilika und Statthalterpalast mit Thermen sind im Archäologischen Park Cambodunum konserviert. Am Fuß des Tegelbergs bei Schwangau wurde eine römische Villa entdeckt, die vielleicht einem Bergwerksunternehmer gehörte. Die Wandmalereien aus dem Badehaus, für Oberbayern einzigartig, sind in der Archäologischen Staatssammlung München zu sehen. Reste einer römischen Villa sind auch in Tittmoning erhalten: Mosaiken, Fresken und Stuck (im Burgmuseum und im Fußboden der Stadtpfarrkirche).

## Frühes Mittelalter

Nach dem Abzug der Römer werden die Spuren künstlerischer Produktion erst unter den in Regensburg residierenden Agilolfinger-Herzögen (ca. 568 – 788) deutlicher, die gegen Ende des 6. Jh.s den christlichen Glauben annehmen. Nach der Einteilung des Landes in Bistümer (739) durch Bonifatius werden die Bemühungen der Herzöge, besonders Tassilos III., um die Verbreitung des Christentums in der **Gründung zahlreicher Klöster** erkennbar: Einige der ehrwürdigsten Abteien Bayerns wie Schäftlarn, Wessobrunn, Polling, Benediktbeuern, Tegernsee und Schliersee wurden im 8. Jh. gegründet.

**Architektur und Malerei**

Der älteste frühmittelalterliche Sakralbau in Bayern ist wohl die Gnadenkapelle in Altötting, erbaut vermutlich in der 2. Hälfte des 8. Jh.s. als Taufkapelle, und zwar nach dem spätantiken Muster des Zentralbaus. Auf die Zeit um 860 wird die doppelstöckige Torhalle des **Klosters Frauenchiemsee** datiert. Im Chor ihrer Michaelskapelle sind Unterzeichnungen von Wandmalereien mit Engeln erhalten, Fragmente der ältesten christlichen Fresken in Altbayern. Aus der Agilolfinger- und frühen Karolingerzeit sind noch illuminierte **Handschriften** vorhanden. Zwar wird bei der Mehrzahl eine Entstehung in Salzburg oder in österreichischen Klöstern angenommen, doch können auch Verbindungen zu Skriptorien in Freising, Benediktbeuern und Tegernsee gezogen werden. Die vorwiegend in der Bayerischen

← *Zauber des Rokokos: die Wieskirche, ein Fest der Farben und Formen*

Staatsbibliothek München verwahrten Handschriften dürften zwischen 750 und 830 entstanden sein. Die berühmteste enthält das »Wessobrunner Gebet« (►S. 374).

## Romanik

Im 12. und in der ersten Hälfte des 13. Jh.s betrieben die aufstrebenden Welfen-Herzöge eine Politik der Städte- und Klostergründung. 1180 übernahmen die Wittelsbacher Herzöge die Macht, was sich im Ausbau der Stadtresidenzen niederschlug.

**Architektur** Nachdem 1159 der **Freisinger Dom** niedergebrannt war, entstand ein neuer, erstmals in Altbayern in Ziegelbauweise (1205 geweiht). Er repräsentiert das in der alpennahen Region verbreitete Schema romanischer Basiliken: im Westen eine schlichte, dominierende Zweiturmfront, innen gehen drei Schiffe – ohne ein Querhaus – in die gestaffelte Apsidengruppe des über der Krypta erhöht liegenden Ostteils über. Da der Dom, wie viele andere Kirchen, im 18. Jh. umgestaltet wurde, lässt sich der alte Raumeindruck nur mehr zum Teil beurteilen. Allein die eindrucksvolle Hallenkrypta besitzt noch ihre romanische Gestalt. Den geschlossensten Eindruck eines romanischen Kirchenbaus gibt die Basilika **St. Michael in Altenstadt** bei Schongau (um 1180 / 1200), die als eine der ersten Kirchen Kreuzgratgewölbe erhielt und mit schönen Pfeilern besticht. In Steingaden sind noch Teile der 1146 bis 1176 errichteten Klosteranlage erhalten. Ihr Kreuzgang wie auch derjenige der Stiftskirche in Berchtesgaden geben mit ihren zierlichen Säulen und Kapitellen einen Eindruck von der vielfältiger werdenden Steinmetzkunst.

**Skulptur** Der Dom zu Freising ist auch für die frühe Steinskulptur zu Ende des 12. Jh.s in unserem Bereich von Bedeutung. Am Westportal wurden stämmige Skulpturen eingefügt, die Kaiser Friedrich Barbarossa, Bischof Albert von Freising und Kaiserin Beatrix zeigen. In der Krypta schuf ein anderer Steinmetz die **Bestiensäule** mit ihrer für die Romanik typischen Darstellung des Kampfes von Mensch und Tier gegen Drachen. Ihre Ostseite zeigt eine erhabene Frauengestalt mit einer Blüte in Händen, gedeutet als Ecclesia, die über den Teufel siegende Kirche; manche vermuten einen Hintergrund in den Schriften des hochgebildeten Freisinger Bischofs Otto I. († 1158), der – vom Investiturstreit schockiert – glaubte, dass der entscheidende Kampf zwischen den göttlichen und den teuflischen Kräften angebrochen war. Gelegentlich scheint in der bayerischen Steinskulptur italienischer Einfluss durch, etwa in den Portallöwen an der 1228 geweihten Kirche St. Zeno in Reichenhall.

Bei den Holzskulpturen dominieren die großen Kruzifixe, die Christus als königliche Gestalt zeigen. Die jüngsten Untersuchungen datieren den Kruzifixus in der Hl.-Kreuz-Kirche Schaftlach auf etwa 970, der zu einer Triumphkreuzgruppe gehörende große **Kruzifixus in**

*Die karolingische Torhalle auf Frauenchiemsee wurde um 860 errichtet.*

**Altenstadt** dürfte um 1220 entstanden sein. Die eigenwillig stilisierte, um 1230 geschaffene Sitzmadonna in der Pfarrkirche von Ruhpolding gilt als Spätwerk des romanischen Stils.

**Malerei**

Auch in der Malerei sind weitgespannte künstlerische Beziehungen zu erkennen. Die auf 1110 – 1130 datierten ältesten Fresken im oberen Chorbereich des Münsters **Frauenchiemsee** zeigen die Kenntnis byzantinischer Kunst: in der Hell-Dunkel-Modellierung der Inkarnate und mehr noch in der strengen Stilisierung der Augenpartien (Kopien sind in der Torhalle zu sehen). Ähnlichkeiten mit der Salzburger Buchmalerei geben einen Hinweis auf den Vermittlungsweg der mediterranen Kunst in den Alpenraum. In der kleinen Kirche von **Urschalling** nahe Prien am Chiemsee ist ein weniger qualitätvoller Freskenzyklus (um 1170) erhalten, der eine Vorstellung vom Umfang romanischer Wand- und Deckendekoration gibt. In der Buchmalerei, die besonders in den Klöstern Tegernsee und Benediktbeuren gepflegt wurde, ragt die Anfang des 13. Jh.s in Südtirol entstandene Sammlung der »Carmina Burana« heraus. Die in der Bayerischen Staatsbibliothek München verwahrte Handschrift wurde durch Carl Orff berühmt, der mehrere Texte vertonte (Uraufführung 1937).

## Gotik

Die Gotik erreichte das Alpenvorland relativ spät, erst ab 1400 ist ein Aufschwung festzustellen. Der größer werdende Werkbestand des 15. Jh.s lässt auch erstmals eine Scheidung der Kunstregionen Oberschwaben und Oberbayern erkennen, mit dem Lech als Grenze.

**Architektur** König Ludwig IV. ließ 1330, auf dem Rückweg von seinem Italienzug, in den abgeschiedenen Ammergauer Bergen das **Kloster Ettal** gründen. Der Bauplan der Kirche ist eine Besonderheit: bis zur Veränderung im Barock ein Zwölfeckbau mit Mittelstütze. In der Gotik setzte sich in Bayern ein neuer Bautyp durch, die Hallenkirche mit drei etwa gleich hohen Schiffen. Die Stiftskirche in **Laufen** an der Salzach (1330/1340) ist die früheste Hallenkirche in Südbayern. Anregungen gaben wahrscheinlich Zisterzienserkirchen in Österreich. Im 15. Jh. wurde diese Form von der Landshuter Bauschule weiterentwickelt, die für ihre Backsteinkirchen bekannt ist. Die schön gewölbte **Wasserburger St.-Jakobs-Kirche** und die wegen ihrer feinen Profilierung bemerkenswerte Pfarrkirche von Neuötting sind mit Landshuter Baumeistern zu verbinden. Die im Wesentlichen zwischen 1468 und 1488 errichtete **Münchner Frauenkirche** ist die größte und gleichzeitig die späteste der altbayerischen Hallenkirchen.

*Deckplatte des Grabmals Kaiser Ludwigs des Bayern*

Erstmals sind auch Profanbauten erhalten. Der Alte Hof in München verfügt über Teile aus dem 13. Jh.; in **Burghausen** bauten die reichen Herzöge von Landshut im 15. Jh. an einer Burg, die mit über 1 km Länge zu den größten in Mitteleuropa gehört. In der Festungsarchitektur dienen nun wehrhafte Stadttore auch der Repräsentation, etwa das Baiertor von Landsberg. Aus der wachsenden Bedeutung der Städte erklärt sich auch der Bau größerer Rathäuser. Das **Alte Rathaus in München** (um 1480) gehört noch ganz der Spätgotik an; bei dem von 1422 bis nach 1500 errichteten Rathaus von Lindau zeigen sich erste Elemente der Renaissance.

**Skulptur** In der Skulptur hielt die Gotik nur langsam Einzug. Aus der nicht erhaltenen Kapelle des Alten Hofs in München stammt ein Relief der Muttergottes mit Kaiser Ludwig dem Bayern und seiner Frau Margarethe (Bayerisches Nationalmuseum München). Von höherer Qualität ist eine stehende Madonna in der Klosterkirche Fürstenfeld. Ihre

Blüte erreichte die Skulptur in der Spätgotik, wobei schwäbische Meister führend waren. Die hölzerne Madonna in der Landsberger Stadtpfarrkirche (um 1440), ein Werk des Ulmers Hans Multscher, zeigt einen neuen Sinn für plastische Werte und vertritt eine realistische Richtung. Etwas abgeschnitten von den Entwicklungen im Westen zeigt sich die Skulptur im Südosten Bayerns. Das Rotmarmor-Tumbengrabmal des Pfalzgrafen Aribo I. in Kloster Seeon (um 1400) und die hölzerne Sitzmadonna des produktiven Meisters von Seeon (um 1430, Bayerisches Nationalmuseum München) sind Hauptwerke dieser Region. Gegen Ende des 15. Jh.s beginnt München endlich eine führende Rolle zu übernehmen. Die **Deckplatte des Grabmals Kaiser Ludwigs des Bayern**, die im Chor der neu erbauten Frauenkirche aufgestellt wurde und für das wittelsbachische Herrscherhaus hohen Symbolwert besaß, ist das hochrangige Werk eines unbekannten Meisters um 1480. Sie ist ein frühes Beispiel für ein in zwei Register unterteiltes Grabmal: oben der thronende Kaiser, unten die schön erzählte Aussöhnungsszene seiner Nachfahren, der Herzöge Albrecht und Ernst. Um 1480 tritt der vermutlich am Oberrhein ausgebildete **Erasmus Grasser** in München auf; einmalig sind seine Moriskentänzer, die für den Saal des Alten Rathauses in Auftrag gegeben wurden (Münchner Stadtmuseum). Den Ausklang der spätgotischen Skulptur erlebt man in Oberschwaben. In Kaufbeuren arbeitet **Jörg Lederer**; zu seinen charakteristischsten Werken zählt der 1519 datierte Altar von Hindelang-Bad Oberdorf: Die Gestaltung der Marienkrönung lässt erkennen, wie sich die spätgotische Ausdruckskraft einer immer sanfter fließenden Formensprache ergibt.

**Malerei**

In der Malerei des 15. Jh.s sind eigenartigerweise kaum Gemeinsamkeiten mit der Bildhauerkunst zu erkennen. Hauptwerk des Weichen Stils ist der kleine aus Schloss Pähl am Ammersee stammende Kreuzigungsaltar (um 1400/1410) im Bayerischen Nationalmuseum München. Es bleibt offen, ob die feine Malerei von einem bayerischen oder von einem böhmischen Wanderkünstler geschaffen wurde. In den 1440er-Jahren arbeitete der Münchner Gabriel Angler für das reiche Kloster Tegernsee an mehreren Altären. Die wertvollste Tafel ist die in Grisaille gemalte Lettnerkreuzigung (Alte Pinakothek München). Im Vergleich mit der schwäbischen Malerei eines Hans Holbein d. Ä. ist die späte Malerei in München, mit **Jan Polack** in führender Rolle, weniger kultiviert; oft mischen sich derbe Elemente in seine Bildgeschichten. Am wertvollsten ist sein Ensemble aus drei Altarbildern (1491) in der Kapelle des wittelsbachischen Landschlosses Blutenburg am Westrand von München. Große Zeugnisse gotischer Glasmalerei finden sich im Chor der Münchner Frauenkirche. Das heute in der Chorscheitelkapelle zu sehende Fenster wurde 1493 von Peter Hemmel von Andlau geschaffen, dem führenden Straßburger Glasmaler. Im Unterschied zur älteren Glasmalerei strebte man zu Komposition großer Bildfelder. So ist der Marienzyklus dieses Fensters auch aus der Ferne gut zu betrachten.

## Renaissance

Die Kunstproduktion der Renaissance blieb bis ins späte 16. Jh. weitgehend auf die Fürstenhöfe beschränkt. Ein Grund dafür könnte darin liegen, dass mit dem 15. Jh. eine große Phase der kirchlichen Ausstattungen zu Ende gegangen und der Bedarf erst einmal gedeckt war. Der Einfluss der bilderfeindlichen Reformation dürfte, zumindest im katholischen Altbayern, für den Rückgang nicht vorrangig verantwortlich zu machen sein.

**Architektur** Die ältesten erhaltenen Teile der Residenz in München gehören der Renaissance an. Überwältigend dort das **Antiquarium** (►S. 265), für dessen nördlich der Alpen einzigartige Architektur möglicherweise der italienische Architekt Jacopo Strada um 1570 Ideen lieferte. In derselben Zeit wurde im Festsaal von Schloss Dachau eine prunkvolle Holzdecke mit einem Grisaillen-Fries geschaffen. Die Schlossbauten verlieren zunehmend ihren wehrhaften Charakter zugunsten der repräsentativen Wirkung. Ein Beispiel ist Schloss Schwindegg bei Mühldorf, eine 1594 begonnene Vierflügelanlage mit Ecktürmen, die von seit der Renaissance beliebten Zwiebelkuppeln (»welsche Hauben«) bekrönt werden. Neue Kirchen entstanden in der Gegenreformation. Hauptwerk dieser Zeit ist die Jesuitenkirche **St. Michael in München** (1583 – 1597). Bau und Ausstattung wurden von Herzog Wilhelm V. gefördert, der die Kirche zur Grablege der Wittelsbacher bestimmte; als Baumeister sind Wendel Dietrich und der Niederländer Friedrich Sustris überliefert. Die Raumform, ein tonnengewölbter Saal mit Abseiten, lässt sich von italienischer Architektur herleiten; der Eindruck von Weite und Einheitlichkeit war nördlich der Alpen neu. St. Michael wurde zum Vorbild für zahlreiche barocke Wandpfeilerkirchen Süddeutschlands. Nach dem Dreißigjährigen Krieg wurde 1652 die **St.-Lorenz-Kirche in Kempten** begonnen, ein Werk des Vorarlbergers Michael Beer und des Graubündners Johannes Serro, das sich an oberitalienische Bauten des 16. Jh.s anlehnt. Ihr überraschendstes Element ist der achteckige Ostteil mit mehrstöckigen Arkaden und Tambourkuppel, möglicherweise eine Anspielung auf die karolingische Pfalzkapelle in Aachen.

**Skulptur** Die Renaissanceskulptur zeigt zwei Gesichter, ein einheimisches und ein italienisches. Ersteres vertritt der Landshuter Hans Leinberger. Mit dem überlebensgroßen Hl. Georg in der Münchner Frauenkirche und der Sitzmadonna der Klosterkirche Polling bewies er in den 1520er-Jahren gegenüber der Spätgotik ein reiferes Körperverständnis, blieb aber im Ausdrucksreichtum mittelalterlichen Traditionen verpflichtet. Die italienische Plastik entfaltete erst nach 1550 ihre Wirkung. In den 1590er-Jahren wirkte mit **Hubert Gerhard** ein niederländischer, in der Florentiner Werkstatt von Giambologna ausgebildeter Bronzeplastiker. Er schuf in München Brunnen und kirchliche Ausstattungsstücke. Sein Hauptwerk ist der Hl. Michael an der

Fassade der Michaelskirche, von besonderer Anmut ist der »Weihbrunnenengel« in der Kirche. Im östlichen Querschiff findet man eine herausragende Bronzeplastik von Giambologna, einen Kruzifixus, der zu einem projektierten Grabmal für Herzog Wilhelm V. gehörte.

**Malerei**

Der für Herzog Wilhelm IV. und seine Frau Jakobäa von Baden ausgeführte Historienzyklus bietet ein wahres Panorama süddeutscher Malerei der Renaissance. Sieben Maler arbeiteten an dem Zyklus, der für ein Lusthaus des Residenzgartens bestimmt war. Berühmtestes Werk ist die »Alexanderschlacht« des Regensburgers **Albrecht Altdorfer**, vollendet 1529. Das Kampfgeschehen wird durch einen stimmungsreichen Landschafts- und Himmelsausblick überhöht, der einen der großen Beiträge des Meisters zur altdeutschen Landschaftsmalerei darstellt. Ein Schüler Altdorfers, der v. a. in München wirkende Hans Mielich, gehört zu den Protagonisten der im 16. Jh. auflebenden Porträtmalerei. In Schwaben war der Memminger **Bernhard Strigel** ein vielbeschäftigter Porträtist. Die Bedeutung des bayerischen Herrscherhauses für die Kunst erkennt man erneut in Wandteppichen, die Herzog Maximilian I. zu Ehren Ottos I. von Wittelsbach, des ersten Herzogs der Dynastie, 1611 in Auftrag gab. Peter Candid besorgte die Entwürfe für die außergewöhnlich gut erhaltenen Arbeiten, die in den Steinzimmern der Münchner Residenz zu sehen sind.

*Die »Alexanderschlacht« von Albrecht Altdorfer*

## Barock und Rokoko

Für die süddeutsche Kunst war die Periode des Barocks, von ca. 1620 bis 1670, besonders fruchtbar – Bayern und Barock/Rokoko, das gehört zusammen. Die meisten Wallfahrtskirchen und Klöster wurden damals neu errichtet oder neu ausgestattet. Ebenso »bayerisch« sind die Fassaden mit barocker Lüftlmalerei (►S. 302).

**Architektur**

Zwei Kirchenbauten können als Beispiel für die Unterscheidung von Hoch- und Spätbarock (Rokoko) dienen, die Münchner Theatiner-

*Die Wieskirche, außen harmonisch-schlicht, innen ein Wunder des Rokokos*

kirche und die Stiftskirche in Dießen am Ammersee. Die **Theatinerkirche** entstand ab 1662 unter dem Bologneser Agostino Barelli, der sich am römischen Barock orientierte, was an der Fassade und innen an der Integration der Vierungskuppel sichtbar wird. Im Unterschied zur Münchner Michaelskirche sind die Wandglieder von stattlicher Proportion und besitzen die typisch barocke plastische Wirkung. Die **Klosterkirche in Dießen** (ab ca. 1730) ist ein Hauptwerk von **Johann Michael Fischer**, einem an böhmischer Baukunst geschulten Architekten. Erscheint die Fassade der Theatinerkirche noch fest gefügt, so zeigt sich die in Dießen sanft kurviert und von einem spitzwinkligen, leicht aufstrebenden Linienschnitt; das Monumentale ist eleganten Formen gewichen. Im Inneren wurde die italienische Lösung der Theatinerkirche mit den etwas eingeschnürten Öffnungen der Abseiten aufgegeben, stattdessen wurden große Arkaden geschaffen, so dass die Wandpfeiler auf drei Seiten frei und leicht in den Raum treten. Durch die Schönheit des Raumbilds nimmt die Dießener Kirche eine hervorgehobene Stellung unter den Wandpfeilerbauten ein.
Eine wichtige Architekturform des Barocks war der Zentralbau. Die 1717 begonnene **Pfarrkirche in Murnau** zeigt einen weit geschwungenen Acht-Arkaden-Raum. In der ebenmäßigen Ausführung der Arkaden bildet der wohl von einem Benediktiner aus Einsiedeln geplante Zentralbau den Auftakt zur geschmeidigeren Architektur des 18. Jh.s. Dominikus Zimmermann schuf ab 1745/1746 die **Wieskirche bei Steingaden** (►S. 348). Auf ovalem Grundriss wird durch die eingestellten Pfeilerpaare ebenfalls ein Acht-Arkaden-Raum gebildet. Die schöne Idee dieses Zentralraums besteht darin, dass die anmutige Pfeilerarchitektur mit der Kuppel eine innere Raumschale bildet.

Auch die Fürsten der Barockzeit bauten mit Ambitionen. Kurfürst Max Emanuel ließ ab 1701 bei München unter Enrico Zuccalli und Joseph Effner das Neue **Schloss Schleißheim** errichten, das vom Treppenhaus bis zum Viktoriensaal eine grandiose Raumfolge vorweist. Die seit dem 17. Jh. bestehende Anlage in **Nymphenburg** ließ Max Emanuel vergrößern und mit Lustschlössern ausstatten. Das bekannteste, die Amalienburg, wurde unter seinem Nachfolger Karl Albrecht um 1734 für höfische Gesellschaften erbaut; Architekt war der aus den südlichen Niederlanden stammende, an der Pariser Kunst geschulte François Cuvilliés d. Ä.

**Der Stuck**

Zum Glanz der Barockarchitektur trägt wesentlich der Stuck bei. Gegenüber der Steinmetzarbeit schneller auszuführen, diente er seit der Renaissance zur Gliederung von Decken und Wänden. Ein großer Vorrat an Ornamenten bot sich im italienischen Stuck der Münchner Theatinerkirche. Nach 1680 wurde die Technik der Abformung aus Schablonen (Zugarbeit) durch den »freien Antrag« abgelöst; zugleich trat das strenge Rahmensystem in den Hintergrund, und das Ornament wurde zum Leitmotiv. In München wirken die Brüder Asam, die 1723/1724 den Freisinger Dom gestalteten. Für den kurfürstlichen Hof arbeiten Joseph Effner und François Cuvilliés d. Ä., aus **Wessobrunn** stammen die großen Stukkatorenfamilien Schmuzer und Feichtmayr. Von der Kunst der Schmuzer zeugt ganz hervorragend der Tassilo-Saal in Wessobrunn (um 1695/1700). Ein Vergleich weiterer Werke dieser über mehrere Generationen tätigen Familie im Wessobrunner Gebiet, etwa in Polling (um 1626), Vilgertshofen (um 1690) und Rottenbuch (um 1740), gibt Einblick in die Entwicklung der Ornamentik. Johann Baptist Zimmermann, der vielseitige Bruder des Baumeisters Dominikus, arbeitete für den Münchner Hof. Ihr beider weltberühmtes Werk ist die Wieskirche, insbesondere das 1749 dekorierte Chorgewölbe: Die Öffnungen über den Emporen werden von unbeschwerten Formen umspielt, die organisch zur Decke überleiten. Der Leitgedanke spätbarocker Kunst, die Verschmelzung der Formen bis zum Gesamtkunstwerk aus Architektur, Stuck und Malerei, hat hier vollendeten Ausdruck gefunden.

*Stuck im Tassilo-Saal des Klosters Wessobrunn*

**Skulptur**

Zu den frühesten Zeugnissen bayerischer Barockplastik zählt die von **Hans Krumper** aus Weilheim geschaffene Bronzefigur der »Patrona Boiariae« an der Fassade der Münchner Residenz (1616). Bronze tritt

*Pietà von Ignaz Günther in Weyarn*

nun aber wieder hinter Holz zurück, hierzulande das am häufigsten verwendete Material der Bildhauer. Süddeutschland besitzt im 17. Jh. einige erstaunlich urwüchsige Schnitzfiguren, etwa an der Kanzel der Wasserburger Jakobskirche, geschaffen 1638/39 von den aus Oberschwaben zugewanderten Brüdern Martin und Michael Zürn. Demgegenüber ist im 18. Jh. eine stärkere Orientierung an einem verbindlichen Zeitideal festzustellen, da sich die großen Bildhauer gern in München ansiedelten. Gute Hochaltarfiguren schuf der in Rom geschulte **Egid Quirin Asam**, wie in der Johann-Nepomuk-Kirche (1746), der Münchner »Hauskirche« des vermögenden Meisters. Auch aus Porzellan, das in München ab 1754 hergestellt wurde, entstanden anspruchsvolle Kleinplastiken; unter Franz Anton Bustelli gewann die Nymphenburger Manufaktur Weltrang. Die eigentlichen Hauptmeister des 18. Jh.s sind **Johann Baptist Straub** und **Ignaz Günther**, der bei Straub gelernt hat. Schöne Statuen Straubs finden sich in den Klosterkirchen Tegernsee (um 1745) und Ettal (um 1760). Die Kunst Ignaz Günthers, die um manches feinsinniger ist als die seines Lehrers, zählt zur Spitze des europäischen Spätbarocks. In den 1764 entstandenen Figurengruppen der Pfarrkirche Weyarn offenbart sich seine Meisterschaft; in der Vielgestaltigkeit der Schnitzkunst unübertroffen ist seine Minerva aus dem Palais des Grafen La Rosée in München (um 1768, Bayerisches Nationalmuseum München).

**Malerei** Die Malerei diente ganz der Ausstattung der Kirchen. Im 17. Jh. dominieren die großen Hochaltarbilder. Zeigt Peter Candids 1620 für die Münchner Frauenkirche geschaffene »Himmelfahrt Mariens« noch Reste der späten Renaissance, so ist das um 1625 von Peter Paul Rubens für den Freisinger Dom gemalte »Apokalyptische Weib« bereits von der Lebendigkeit des Barocks erfüllt (Original in der Alten Pinakothek München). Ende des 17. Jh.s gewinnt die in Freskotechnik ausgeführte **Deckenmalerei** Bedeutung. Die Aufgabe, Szenen in Untersicht zu gestalten, stellte die Maler vor neue Herausforderungen. Frühe Beispiele schuf **Hans Georg Asam** um 1690 in der Tegernseer Klosterkirche. Seine Söhne unternahmen eine wirkungsreiche Studienreise nach Rom. Zehn Jahre später, 1723/1724, malte **Cosmas Damian Asam** in nur einem Jahr den Freisinger Dom aus. Die von einem warmen Goldton bestimmten Deckenfresken sind jochübergreifend dimensioniert; das größte zeigt in seiner perspektivisch verkürzten Scheinkuppel und der thronenden Madonna die italienischen Erfahrungen. 1731 vollendete Asam die umfangreiche Deckenmalerei in der Zisterzienserkirche Fürstenfeld. Bei dem etwas später tätigen **Johann Baptist Zimmermann** treten die umlaufenden Architekturen zurück; häufig integriert er idyllische Landschaften und wölbt darüber einen illusionistischen Himmel. Beispiele sind die Mitte der 1750er-Jahre entstandenen Deckenbilder in der Wieskirche und im Kloster Schäftlarn. Die Fresken von **Matthäus Günther**, der als Gehilfe von C. D. Asam begann, sind durch einen reifen Sinn für Farbgebung bestimmt, wirken oft wie von innen ausgeleuchtet. In der Klosterkirche Rottenbuch war er 1737 – 1746 mehrfach tätig, wodurch hier seine frühe und die mittlere Schaffensphase dokumentiert ist. Eine besonders schöne Erzählfolge gelang Günther mit dem an den Hochschiffwänden gemalten Zyklus des Lebens des hl. Augustinus. Unter seinen späteren Arbeiten ragt die große Kuppel (1763) in Kloster Rott am Inn mit der Glorie des Benediktinerordens hervor, in der lichte Grau- und Violett-Töne dominieren. Am Ende seines langen Schaffens steht der Maler, ähnlich wie der nicht mit ihm verwandte Bildhauer Ignaz Günther, am Ende des Spätbarocks.

## 19. und 20. Jahrhundert

Nach 1800 änderten sich in Bayern, wie in Europa, die Bedingungen für die Künstler. Die Säkularisation von 1803 beraubte die Klöster ihres Vermögens. Allein das ab 1806 bestehende bayerische Königshaus trat als Auftraggeber maßstabsetzend hervor. Nach etwa 1850 löste sich der Zeitstil als allgemeinverbindlicher Kanon allmählich auf. Es entstanden unterschiedliche Richtungen, das begüterte Bürgertum trat zunehmend als Käufer und Auftraggeber auf. Bis zum Ersten Weltkrieg spielte München eine zentrale Rolle als Kunststadt.

**Architektur im 19. Jahrhundert**

Unter König Ludwig I. erhielt München ab 1810 ein neues Gesicht. Mit dem Ausbau der Stadt beauftragte er die Architekten **Leo von Klenze und Friedrich von Gärtner**. Vorbilder waren die griechische Antike (Königsplatz) und die italienische Renaissance (Ludwigstraße). Mit der Glyptothek und der Alten Pinakothek entstanden um 1830 die ersten öffentlichen Museen. Unter Ludwigs Nachfolgern dominierte der historistische Zug in der Architektur. Ab 1867 erbaute G. Hauberrisser das Neue Rathaus in München im neogotischen Stil. König Ludwig II. vernachlässigte die Residenzstadt, dafür ersann er große »mittelalterliche« und »barocke« Schlossanlagen. Als Standort wählte er die schönsten Plätze im Oberland (►S. 208). Einen ähnlichen Zug zum Großen gewahrt man auch in den Stadtvillen, die sich die »Künstlerfürsten« in München bauen ließen. Der Maler Franz von Lenbach beauftragte 1887 **Gabriel von Seidl** mit einer italienischen Landvilla am Königsplatz, ab 1897 / 1898 entwarf der mit Lenbach rivalisierende Franz von Stuck seine Villa an der Prinzregentenstraße, deren schlichter Kubus neoklassizistisch ausgestaltet wurde. In beiden, heute als Museen dienenden Villen sind Teile der Inneneinrichtung erhalten. Auf Gabriel von Seidl gehen auch das Bayerische Nationalmuseum in München und die historisierende einheitliche Gestaltung der Marktstraße von Bad Tölz zurück.

**Malerei** Die Malerei wurde bis 1850 ebenfalls weitgehend durch die Münchner Projekte König Ludwigs I. bestimmt. In seinem Auftrag schuf Peter von Cornelius das große Weltgericht der Ludwigskirche (1839). Carl Rottmann arbeitete bis 1850 an griechischen Landschaften, die für die Arkaden des Hofgartens bestimmt waren (Neue Pinakothek München), und der Hofporträtist **Joseph Stieler** schuf 1827 – 1850 mit den nach Wünschen des Königs angefertigten Bildnissen schöner Frauen eine Galerie von biedermeierlicher Anmut (im Schloss Nymphenburg). Mit großen Gemälden tragischer Geschichtsereignisse feierte Carl Theodor von Piloty Erfolge. Die bayerische Hauptstadt wurde mehr und mehr zu einem Zentrum der Kunst, gleichzeitig verlor aber das Königshaus an Einfluss. Entschlossen verfolgten jüngere Künstler eigene Ziele. Carl Spitzweg schuf kleinformatige Bilder mit ironischen Idyllen. Wilhelm Leibls meisterhafte Maltechnik war vom Austausch mit französischen Malern wie Gustave Courbet und Edouard Manet geprägt. Lovis Corinth steht mit seinem kraftvoll-wilden Strich bereits am Übergang vom Spätimpressionismus zum Expressionismus; in die Moderne weisen v. a. seine nach 1910 am

*So sah Hofarchitekt Leo von Klenze seine Propyläen auf dem Münchner Königsplatz.*

*Der »Eselsfries« (1911) im Franz-Marc-Museum in Kochel*

Walchensee entstandenen Spätwerke. Den eigentlichen Beginn der Moderne markiert eine Ausstellung im Winter 1911/1912 in der Münchner Galerie Thannhauser, bei der sich der Russe Wassily Kandinsky, Franz Marc, Gabriele Münter und Alfred Kubin zusammentaten. Sie gaben sich den Namen **»Der Blaue Reiter«**. Ihre Kunst ist vom Weg in die Abstraktion und eine leuchtende Farbenwelt geprägt. Kandinsky und Münter lebten in Murnau, wo sie einen Künstlertreffpunkt bildeten. Der bedeutendste Teil des künstlerischen Nachlasses des Blauen Reiters gelangte durch die Schenkung Gabriele Münters in die Städtische Galerie im Lenbachhaus München.

**Architektur im 20. Jahrhundert**

Die bis heute expandierende Landeshauptstadt München besitzt außerhalb des alten Stadtkerns einige auffallende moderne Gebäude. In Schwabing dominieren großzügige Wohnhäuser des Jugendstils. Aus der Zeit des Nationalsozialismus ist u. a. das Haus der Kunst (Paul Ludwig Troost, 1937) erhalten. Der langgestreckte, mit einer nüchtern-kantigen Pfeilerreihe versehene Hausteinbau am Beginn der Prinzregentenstraße gilt als programmatisches Beispiel für die Selbstdarstellung des Hitler-Regimes. Das von Behnisch & Partner für die Sommerspiele 1972 gestaltete Olympiagelände ist wegen der Verbindung von Stadienbauten und Gartenarchitektur interessant; die geniale Konstruktion der Glasdächer steht im Wechselspiel mit den künstlichen Hügeln jenseits des Sees. Unter den Münchner Hochhäusern ragen der originelle »Vierzylinder« des BMW-Verwaltungsgebäudes (1973) und die martialische Hypobank in Bogenhausen heraus; eines der beeindruckendsten modernen Bauwerke ist die Herz-Jesu-Kirche in München-Neuhausen (2000), ein Holzwürfel in einem blauen Glaswürfel, dessen ganze Front sich in 14 m hohen Türflügeln öffnen lässt.

# DIE WITTELSBACHER

**Die Familie Wittelsbach geht auf das Geschlecht der Grafen von Scheyern (Schyren) zurück, deren Stammburg bei Pfaffenhofen an der Ilm stand. Ihre Mitglieder – Herzöge, Kurfürsten, Könige und Kaiser – regierten 738 Jahre lang in den bayerischen Landen.**

Durch Erbteilung bildeten sich mehrere Linien, deren wichtigste Vertreter hier vorgestellt werden (in Klammern die Regierungszeit).

## Bayerische Linie

Otto I. (1180–1183) wurde von Kaiser Friedrich Barbarossa mit dem Herzogtum Bayern belehnt, anstelle des in Ungnade gefallenen Heinrich des Löwen. Sein Sohn Ludwig I. (1183–1231) erhielt zusätzlich die Grafschaft bei Rhein, die heutige Rheinpfalz. Dessen Sohn Otto II. (1231–1253) konnte den ererbten Machtbereich erweitern, aber seine Söhne Ludwig II. (1253–1294) und Heinrich XIII. (1255–1290) teilten das Land in Oberbayern und Niederbayern auf. Infolge späterer Teilungen entstand neben diesen Hauptlinien eine Anzahl meist kurzlebiger Nebenlinien (s. unten). Der Sohn Ludwigs II., Ludwig IV. (1317–1347), wurde 1314 zum deutschen König und 1328 zum deutschen Kaiser gekrönt. Nach dem Tod Ludwigs IV. fanden weitere Erbteilungen statt, es entstanden neben der Linie München die Linie Landshut (im 16. Jh. erloschen) und Ingolstadt (im 15. Jh. erloschen). Die Linie München existierte bis ins 18. Jahrhundert. Einer der wichtigsten Herrscher aus dieser Linie war Albrecht IV. (1465–1508). Er erließ das **Primogenitur-Gesetz**, nach dem die Herzogswürde ungeteilt an den erstgeborenen Sohn überging. Sein Sohn Wilhelm IV. (1508–1550) erließ das **Reinheitsgebot für Bier**, das älteste heute noch gültige Lebensmittelgesetz der Welt. Unter seinem Großenkel Kurfürst Maximilian I. (1573–1651) blühte Bayern nach langen Jahren der Misswirtschaft wieder auf, aber der Dreißigjährige Krieg (1618–1648) verwüstete weite Teile des Landes. Sein Sohn Ferdinand Maria (1651 bis 1679) begann den Bau des Schlosses Nymphenburg in München. Sein Sohn Maximilian II. Emanuel (1679 bis 1726) besiegte die Türken in der Schlacht am Kahlenberg und erhielt dafür vom Habsburger Kaiser Karl II. die spanischen Niederlande zu Lehen. Sein Sohn Joseph Ferdinand wurde vom Kaiser zum Erben der spanischen Krone und ihres Besitzes bestimmt.

*König Max I. Joseph in einem Gemälde von 1818: Seine Hand ruht auf der Verfassung, zum Zeichen, dass die Konstitution den Kroninsignien gleichwertig sei.*

Weil Joseph Ferdinand aber sehr jung verstarb und der Kaiser Philipp von Anjou zum Erben Spaniens bestimmte, entbrannte der »Spanische Erbfolgekrieg«, der viel Leid über Bayern brachte. Karl Albrecht (1726–1745), ein weiterer Sohn Maximilians II. Emanuel, wurde 1742 zum deutschen Kaiser Karl VII. gewählt, was ihm und dem Land wenig Glück brachte. Sein Sohn Maximilian II. Joseph (1745 bis 1777) taktierte geschickt, so dass in Bayern wieder Friede und Wohlstand einkehrten. Er gründete die Münchner Akademie der Wissenschaften und die Nymphenburger Porzellanmanufaktur, in seinem Auftrag wurde auch das Cuvilliés-Theater in der Münchner Residenz erbaut. Mit seinem Tod am 30. Dezember 1777 erlosch die bayerische Linie.

## Andere Linien

Neben der bayerischen Linie gab es viele Nebenlinien wie Brandenburg-Tirol (erloschen im 14. Jh.), die schon genannten Linien Ingolstadt und Landshut, Straubing-Holland (im 15. Jh. erloschen) und Pfalz, begründet von Rudolf I. (1294–1319). Nach dem Ende der bayerischen Linie 1777 fiel aufgrund des **Hausvertrags von Pavia** das Land an die seit dem 16. Jh. bestehende Pfälzer Linie Sulzbach, und zwar an Karl IV. Philipp Theodor (1777–1799). Der liebte das Land aber nicht und hätte es am liebsten an Österreich verkauft. Als er 1799 kinderlos starb, ging das Erbe an Kurfürst Maximilian IV. Joseph (1799–1806) aus der Linie Birkenfeld-Bischweiler-Rappoltstein-Zweibrücken. Unter ihm blühte das Land auf. Am 1. Januar 1806 wurde er von **Napoleon** zum ersten König des neu gegründeten Königreichs Bayern eingesetzt. Als Maximilian I. Joseph (bis 1825) formte er aus dem verwüsteten und armen Land einen modernen, fortschrittlichen Staat. Sein Sohn Ludwig I. (1825–1848) führte die Arbeit weiter. In München entstanden die Glyptothek, das Nationaltheater, die Feldherrnhalle und die Ruhmeshalle mit der Bavaria. Außerdem ließ er bei Regensburg die Walhalla, bei Kelheim die Befreiungshalle und bei Aschaffenburg das Pompejanum erbauen. Nach der Revolution 1848 – nicht zuletzt aufgrund der Affäre mit der Tänzerin Lola Montez – dankte Ludwig I. zugunsten seines ältesten Sohnes Max ab. König Maximilian II.

(1848–1864) regierte das Land als Friedensfürst. Er reformierte das Bildungswesen und führte die Pressefreiheit ein. Nach seinem unerwarteten Tod 1864 musste sein ältester Sohn als Ludwig II. (1864–1886) mit 18 Jahren das schwere Amt übernehmen. Sein jugendliches Alter und die Probleme seiner Zeit – Gründung eines deutschen Nationalstaats, Aufbruch ins Industriezeitalter, Entstehung eines Proletariats und neuer Parteien – führten zu großen Schwierigkeiten in der Zusammenarbeit zwischen ihm, dem Parlament und der Ministerialbürokratie. Enttäuscht zog Ludwig II. sich vom politischen Geschehen zurück. Seine private Verschuldung und sein eigenwilliger Lebensstil waren für seine Familie und die Regierung der Anlass, ihn ohne jede ärztliche Untersuchung für geisteskrank und damit für regierungsunfähig zu erklären. Am 13. Juni 1886 fand er unter ungeklärten Umständen im Starnberger See den Tod. Otto I. (1886–1916), sein jüngerer Bruder, konnte die Regierung aus ähnlichen Gründen – er galt als geisteskrank – nicht antreten, und so wurde der älteste Agnat der Familie, sein Onkel Prinz Luitpold, zum Regenten berufen. Mit 65 Jahren übernahm Luitpold (1886–1912) dieses Amt; er hatte das Glück, in einer politisch verhältnismäßig ruhigen Zeit zu regieren. Unter ihm wurde 1900 das Bürgerliche Gesetzbuch eingeführt. Nach seinem Tod mit 92 Jahren ließ sich sein Sohn Ludwig 1913 als Ludwig III. zum König ausrufen, obwohl Otto I. noch bis 1916 lebte. 1918 wurde auch in Bayern die Monarchie gestürzt; der letzte König starb 1921 im ungarischen Exil.

## Die Wittelsbacher heute

Die Revolution 1918 ging mit den Wittelsbachern recht freundlich um, ebenso der danach gegründete Freistaat. Ihr Besitz wurde im Prinzip als Privateigentum betrachtet. 1923 wurde der **Wittelsbacher Ausgleichsfonds** gegründet, eine Stiftung, der ein großer Teil des Vermögens übertragen wurde; einiges blieb in echtem Privatbesitz, die berühmten Schlösser übernahm der bayerische Staat (nur Neuschwanstein spielt seine Kosten ein). Nach den Fährnissen der Inflationszeit ist der Ausgleichsfonds heute eine der größten Vermögensverwaltungen Deutschlands. Seine Erträge gehen an die diversen Zweige der Familie Wittelsbach, wobei angeblich das »Oberhaupt«, Herzog Franz – der Urenkel des letzten Königs –, die Hälfte davon erhält. Über die Höhe der Einkünfte und ihre Verteilung schweigt man diskret; zudem ist die Stiftung von der Prüfung durch den Bayerischen Rechnungshof befreit.

# Traditionen

## Trachten

**Oberbayern**

Man lasse den Zwiebelturm im Dorf: Die einzige im »Volk« wirklich verwurzelte Kleidung sind auch in Bayern die Jeans. Doch hat sich der Usus, Tracht zu tragen, in Oberbayern wesentlich stärker erhalten als sonstwo in Deutschland. Auf dem Dorf tragen im Alltag noch viele Männer Lederhose, Joppe und grünen Hut; bei den Frauen ist das Dirndl selten geworden, beschränkt auf Sonn- und Festtage, dann aber umso schöner. Auch in München fällt man in Tracht nicht als Exot auf, die »Stoderer« (Städter) selbst tragen ggf. vereinfacht-veredelte Stücke (übrigens gibt es auch eine echte Stadtmünchner Tracht). Zum Münchner Oktoberfest jedoch ist Tracht – besser gesagt: was dafür gehalten wird – »angesagt«: Hier meinen Menschen, die sonst mit Ländlichem oder Bairischem absolut nichts am Hut haben, sich verkleiden zu müssen. Dass Trachten hoffähig wurden und auch heute noch zu offiziellen politischen Anlässen getragen werden, geht in besonderem Maß auf **König Maximilian II.** zurück, der in den 1840er-Jahren »zur Hebung des Nationalgefühls« eine ganze Kampagne zur Stärkung der Traditionen startete; u. a. wies er 1853 Amtsträger an, die Bevölkerung bei Anlässen wie Hochzeiten, Wallfahrten oder Schulprüfungen zur Tracht anzuhalten. Allerdings wurden die Lederhosen im 19. Jh. allmählich von langen Tuchhosen verdrängt,

*Beim Waldfest – selbstverständlich in Tracht*

die als feiner galten. 1883 zog der Bayrischzeller Lehrer Josef Vogl die Notbremse und gründete den **ersten Trachtenverein**, den »Verein für Erhaltung der Volkstracht im Leitzachthale/Bayrischzell«. Heute unterscheidet man als große Gebirgs-Trachtenkreise Miesbach, Isarwinkel, Werdenfels, Inntal, Chiemgau und Berchtesgaden. Etwa 800 Trachtenvereine mit ca. 180 000 Mitgliedern sorgen dafür, dass die Kleiderordnung penibel eingehalten wird, was allerdings manchmal groteske Züge annimmt.

**Allgäu**

Im Allgäu trifft man auf zwei (Männer-)Trachten: die schwäbische mit weißem Hemd, roter Weste – hochgeschlossen, mit 16 oder 18 Silberknöpfen – und dunklen Stoffhosen, und die bayerische mit der auffällig kurzen oder knielangen Lederhose, wobei die Hosenträger mit Edelweißen bestickt sind. Bis 1969 tobte der Streit um die »wahre« Tracht; dabei tat sich der legendäre Heimatpfleger Alfred Weitnauer besonders hervor, der die schwäbische aus dem Unterland gegen den Widerstand der Oberallgäuer durchsetzen wollte. Doch konnten Letztere nachweisen, dass ihre Liebe zur Lederhose auf Prinzregent Luitpold zurückging, der Mitte des 19. Jh.s in der »Kurzen« im Allgäu auf die Jagd ging und seinen Helfern – die grobe Leinenhosen mit Stricken als Gürtel gewöhnt waren – ein menschenwürdiges Gewand mitbrachte.

## Musik und Tanz

**Lebendige Tradition**

In Bayern existiert noch eine echte Volksmusik – nicht als Medien- oder Tourismusinszenierung, sondern als selbstgemachtes Lebensmittel für Leib und Seele. (Von dem fragwürdigen Kunstprodukt der »volkstümlichen Musik« soll hier nicht weiter die Rede sein.) Wer einmal Gelegenheit hatte, bei einem Volkstanz, einem »Hoagascht« (das ist ein geselliger Abend, bei dem Musik gemacht wird) oder einem Adventssingen dabei zu sein, weiß, dass sie nichts mit Folklore zum Mitklatschen zu tun hat. Er wird berührt sein von ihrer eigentümlichen Schönheit und Unmittelbarkeit. Dabei wird sie keineswegs museal zelebriert, sie lebt im Heute. So wie früher, als der **Roider Jackl** (1906 – 1975) in seinen meisterlichen Schnaderhüpfln oder die vielen erzählenden Lieder – etwa die vom »Boarischen Hiasl« – kirchliche und weltliche Obrigkeit aufs Korn nahmen. Gespielt und gesungen wurde auf der Straße, in der Stube und im Wirtshaus; dort ließ man auch mit deftiger Sozial- und Gesellschaftskritik Dampf ab. Als Wirtshaussänger wurde z. B. der **Kraudn Sepp** (Josef Bauer, 1896 – 1977) aus Gaißach bei Bad

! *Baedeker* TIPP

### Bairisches zum Reinhören

Für Neugierige zum Kennenlernen einige Tipps für alte und neue Volksmusik: Kraudn Sepp, »Sonntag« (Trikont); Wastl Fanderl, »Stubenmusi«, »Bairische Tanzmusi« (Ariola/BMG); Bairisch Diatonischer Jodelwahnsinn, »Aus tiefster Brust« (Lawine / BMG); Biermösl-Blosn, »Grüß Gott mein Bayernland« und »Wo samma« (Mood).

*Gelegenheit zum Musikmachen gibt es immer.*

Tölz bekannt. Noch heute drücken normale Menschen ihren Ärger in neu getexteten Liedern aus, wie in den 1990er-Jahren die »Moritat vom Scharnholz« im Chiemgau zeigte. Der große Erfolg der Brüder bzw. Schwestern Well, bekannt als die **Biermösl-Blosn** (www.biermoesl-blosn.de) bzw. die **Wellküren**, mit ihren ätzenden Texten, oder der **Fraunhofer Saitenmusik** spricht für sich.

**Historische Stationen**

Dass Volksmusik und-tanz noch so lebendig sind, bedurfte immer wieder bewusster Initativen, eine wichtige Rolle spielte auch der Austausch zwischen Land und Stadt bzw. dem Hof. Schon Anfang des 18. Jh.s holten sich die Kurfürsten zur Faschingszeit ländliche Musikanten. Die Kampagne von König Max II. (► S. 63) umfasste auch das Volklied (»Königsbüchl« mit der Sammlung Franz von Kobells). **Herzog Maximilian in Bayern**, der Vater der österreichischen Kaiserin Sisi, sammelte um 1840 »Alpenlieder« und gestaltete sie neu, er machte auch die bäuerliche Zither populär, weshalb er als »Zithermaxl« bekannt war. Städtisch-bürgerliche Kreise entdeckten die »Alpenmusik«, in den Salons fand der Landler Eingang; andererseits nahmen in der Stadt beliebte Tänze wie Polka und Mazurka den Weg aufs Land. In den 1920er-Jahren sammelte der aus München gebürtige **Kiem Pauli** (1882 – 1960) mündlich tradierte Instrumentalstücke und Lieder; er löste damit eine Volksliedbegeisterung aus, an die man nach dem 2. Weltkrieg anknüpfte, als man Bedarf nach einer heileren, schöneren Welt hatte. Hier spielte **Wastl Fanderl** (1915 bis 1991) eine tragende Rolle. Die Aufnahmen für Rundfunk und Fernsehen sorgten für eine Perfektionierung, die zuvor nicht bekannt war. Neben die ein- oder zweistimmigen Wirtshauslieder trat die neue Form des »Drei-« oder »Viergesangs« (z. B. Waakirchner Sänger, Fischbachauer Sängerinnen). Schon gegen Ende des 19. Jh.s hatten die neuen Trachtenvereine den wilden Schuhplattler der Dorfburschen zum Vorführtanz gezähmt. Die Belebung des geistlichen Volkslieds durch **Annette Thoma** (1886 – 1974) brachte u. a. das heute so beliebte »Adventssingen« in die Dörfer.

**Blas-, Stuben- und Tanzmusik**

Die bekannteste Musikform ist die **Blasmusik** mit Klarinette, Trompete und Flügelhorn, Tenorhorn und »Bombardon« (Basstuba), die bei Festen und Prozessionen, aber auch zum Tanz spielt. Den Grundstock der seit den 1930er-Jahren beliebten **Stubenmusik** (bairisch: Stubnmusi) bilden Zither, Harfe, Gitarre, Kontrabass und das chromatische Hackbrett als Melodieinstrument. Seit den 1950ern spielt die **»Tanzlmusi«** auf: Georg von Kaufmann (1907–1972, vulgo Kaufmann Schorsch) belebte die vom Aussterben bedrohten bäuerlichen Tänze (z. B. »Hirtamadl«) und stellte sie neben Rundtänze wie Walzer, Landler, Polka, Boarischer, Schottischer, Münchner Française und Zwiefacher. Letzterer ist mit seinen vertrackten Wechseln zwischen Zweier- und Dreiertakt besonders reizvoll.

## Häuser

**Bauernhöfe**

Während im inneralpinen Bereich aufgrund der Geländebedingungen die Mehrhausanlage vorherrscht, ist an der Alpennordseite der **Einfirsthof** typisch. Wohntrakt, Stall und Scheune sind unter einem durchgehenden Dach vereint, was sich in den strengen Wintern bewährt hat; meist sind die Höfe mit der Scheune nach Westen ausgerichtet, der Hauptwetterseite. Zu den schönsten und berühmtesten gehören die Häuser im Raum Miesbach / Tegernsee / Schliersee. Meist ist auf einen gemauerten ein- oder zweigeschossigen Unterbau ein hölzerner Blockbau oder Giebel gesetzt. Flache Satteldächer, früher mit Legschindeln gedeckt, ragen weit über eindrucksvolle, von Blumen überquellende Balkone. Giebel und Wirtschaftstrakt sind häufig im »Bundwerk« ausgeführt, bei dem die tragenden Balken andreaskreuzförmig außen liegen. Im östlichen Oberbayern verbreitet ist der stattliche Vierseithof, häufig in Alleinlage auf einer Hügelkuppe. Die Höfe und Häuser im Allgäu waren traditionell mit Holzschindeln verkleidet. Heute muss man allerdings genauer hinschauen, um unter der Einheitsarchitektur im mehr oder weniger geschmackvollen alpinen »Jodelstil« echte

*Schönes Haus in Sachrang*

Beispiele alter Baukunst oder gute moderne Weiterentwicklungen zu finden. Die Bauernhausmuseen Amerang, Jexhof bei Fürstenfeldbruck und Glentleiten am Kochelsee zeigen, wie's wirklich aussah.

**Inn-Salzach-Bauweise**

In den Inn-Salzach-Städten bildete sich ein besonderer Haustyp aus: Die langen Stadtplätze beherrschen mehrgeschossige Fassaden mit kleinen Fenstern und oben waagrecht abschließenden »Vorschussmauern«, hinter denen Grabendächer verborgen sind. Vor allem im Inntal besitzen sie zur Straße hin offene, überwölbte Laubengänge.

## Bräuche und Feste

Die wichtigen Termine des Jahres – zum großen Teil bestimmt durch kirchlich-religiöse Feste und bäuerliche Jahreszeiten – werden mit großer Freude begangen. Tradition ist auch, dass sie in mindestens demselben Maße ganz unmittelbar irdischen Freuden dienen.

**Pferdeprozessionen**

Ein besonders prachtvoller Brauch sind die Georgi- und Leonhardiritte. Der hl. Georg und der hl. Leonhard werden als Schutzheilige der Pferde und des Viehs verehrt. Der Georgiritt findet am Georgstag (23. April) selbst statt, etwa auf dem Auerberg und in Tittmoning, oder am Ostermontag wie in Traunstein und in Ascholding bei Wolfratshausen. Leonhardi ist am 6. November, auch er wird an diesem Tag oder an einem nahen Sonntag gefeiert. Begleitet von Musikkapellen, reiten in Festtagstrachten gewandete Männer auf herausgeputzten Pferden; bei den Leonhardifahrten nehmen noch schöner anzusehende Frauen auf bemalten »Truhenwagen« teil. Auch zu Ehren der Heiligen Michael, Martin und Wendelin finden solche Ritte statt.

**Frühjahr**

Bevor der Frühling kommen kann, muss der **Winter ausgetrieben** werden. Zwischen Dreikönig und Lichtmess (2. Febr.) ist der Rupertiwinkel Zentrum des Aperschnalzens, mit bis 6 m langen Goaßln (Peitschen) machen junge Burschen einen Höllenlärm. Vor der Fastenzeit schlägt man über die Stränge: Im alemannischen Allgäu und im Werdenfelser Land wird **Fasnacht** (Fasnet) im »Häs« (Kostüm) und mit grotesken Holzmasken gefeiert; die hohe Zeit ist vom »Unsinnigen/Gumpigen/Schmutzigen Donnerstag« bis Fasnachsdienstag, dann gibt's auch auf den Skipisten Mummenschanz, in München tanzen die Marktfrauen auf den Viktualienmarkt. Im Allgäu werden am ersten Fastensonntag Hexen aus Stroh in großen Feuern verbrannt, auch dies ein heidnischer Brauch, der Böses abwenden und Fruchtbarkeit fürs neue Jahr bringen soll. In der Mitte der Fastenzeit beginnt in Bayern die »fünfte Jahreszeit«, die **Starkbierzeit**, eingeläutet vom Salvator-Anstich auf dem Münchner Nockherberg: Nach klösterlicher Tradition frönt man dem 7,5 % starken Bier (►S. 88). Die **Karwoche** von Palmsonntag bis Ostersonntag wird überall feierlich begangen, von der Weihe der Palmbuschen über Passionsprozessionen (Oberammergau) und Heilige Gräber (Fischbachau, Höglwörth) bis zu diversen Osterbräuchen. Richtig Frühling ist es, wenn am **1. Mai** der Maibaum aufgestellt wird, ein Brauch, der auch im Allgäu Fuß gefasst hat. Der Baum ist oft weiß-blau bemalt, mit Gewerbesymbolen und Trachtenfiguren geschmückt und mit einem Kranz bekrönt. Aufgerichtet wird er von unverheirateten jungen Männern, und zwar (fast) nur mit Muskelkraft; vorausgesetzt, man konnte Diebstahlsversuche abwehren. Der Mai ist als »Marienmonat« auch die wichtigste Wallfahrtszeit in Bayern. **Christi Himmelfahrt** wird besonders in Mittenwald und in Altenmarkt festlich begangen.

**Sommer** **Fronleichnam** am 2. Donnerstag nach Pfingsten ist eines der prachtvollsten Feste des Jahres. Prozessionen bewegen sich, vorbei an blumengeschmückten Altären, durch Städte und Fluren. Das Fest der Verehrung des Leibes Christi geht auf ein Blutwunder im italienischen Bolsena zurück und wurde anno 1264 offiziell angeordnet, schon neun Jahre später fand in Benediktbeuern die erste Prozession in Bayern statt. Besonders zu erwähnen sind die Prozessionen in Altötting, bei Seehausen auf dem Staffelsee und im Oberland, wo etwa in Mittenwald, Lenggries und Benediktbeuern die »Antlasschützen« Böller krachen lassen; in Lenggries wird die 14,5 m hohe »Hochwürdig-Gut-Fahne« mitgeführt. Die heidnischen Sonnwendfeuer sind wieder im Kommen, verpackt als **Johannisfeuer** am 14. Juni. Der Juli ist kein Festmonat, jedenfalls nicht im bäuerlichen Umkreis. Dafür finden in den ehemaligen Freien Reichsstädten wie Lindau **traditionsreiche Kinderfeste** statt, anderswo wird mit Stadt- und Volksfesten Unterhaltung geboten. Am 15. August, zum Höhepunkt des Sommers, ist wieder ein Marientag zu feiern: **Mariä Himmelfahrt** ist der »Große Frauentag«, an dem Kräuterbuschen geweiht werden. Viele Wallfahrtskirchen feiern ihr Marien-Patrozinium, etwa in Altötting, Birkenstein, Ettal, Andechs und Dießen am Ammersee. In Dießen gibt es auch das nasse Spektakel des Fischerstechens.

**Herbst** Im September geht der dreimonatige Sommer auf den Almen – bzw. Alpen im Allgäu – zu Ende. Ist alles Vieh wohlbehalten geblieben, werden die Kühe mit prächtigem Kopfschmuck ins Tal getrieben und auf dem »Scheidplatz« an ihre Besitzer verteilt. Im Allgäu findet der **Viehscheid** meist an traditionell festgelegten Tagen zwischen dem 10. und 24. Sept. statt, der Almabtrieb im Berchtesgadener Land zu Michaeli (30. Sept.). Als schönster und größter Viehscheid gilt der in Gunzesried; einzigartig ist die Heimkehr von den Almen am Königssee mit Hilfe flacher Boote. Am 1. Sonntag im Oktober wird Erntedank da und dort noch mit festlichen Gottesdiensten gefeiert. Auch **Kirchweih**, das seit 1868 am 3. Oktober-Sonntag begangen wird, ist im Grund ein Dankfest, an dem sich die Familien und Sippen bei Speis & Trank, bei Musik & Tanz treffen; religiöse Dinge sind zweitrangig vor der Frage, wie das Kirchweih-Ganserl schmecken wird. In der Scheune wird die »Kirtahutschn« aufgehängt, eine Mehr-Personen-Schaukel, die von ein, zwei Burschen heftig in Bewegung gesetzt wird. (Auch in den Bauernhofmuseen Glentleiten und Jexhof wird Kirchweih gefeiert.) Anfang Nov. ist die hohe Zeit der Leonhardiritte (►S. 67), und zu Martini (11. Nov.) langt man bei der Martinsgans vor dem Adventsfasten nochmal richtig zu.

**Winter**

Advent ist im Bayrischen die »stade Zeit« – der Weihnachtsrummel, die inflationären Christkindlmärkte und kommerziellen Weihnachtskonzerte lassen von Stille und Besinnung allerdings wenig übrig. Ein **Adventssingen** in einer Dorfkirche sollte man sich aber nicht entgehen lassen. Wie überall ist am 6. Dez. der hl. **Nikolaus** unterwegs, wobei er im Bereich der Alpen von besonders schreckerregenden Gestalten begleitet wird: vom Krampus bis zu den Berchtesgadener Buttmandln. Heidnisches steckt auch im Allgäuer Klausentreiben. Das **Klöpfeln** an Adventsdonnerstagen wurde neu belebt: Kinder ziehen von Haus zu Haus und werden für ihren Vers beschenkt. In den **Rauhnächten** zwischen 21. Dez. und 6. Jan. sind böse Geister unterwegs, weshalb Wohnräume und Stall mit Weihrauch ausgeräuchert werden; die »wilde Jagd« wird da und dort im Perchtenlaufen realisiert. Zu **Weihnachten** werden prachtvolle geschnitzte Krippen aufgestellt. Im Berchtesgadener Land begrüßen am Weihnachtsabend die Böllerschützen das Christkind; sehr laut geht es dort auch an **Silvester** zu, wenn das neue Jahr »eingeschossen« wird.

*Alles aufs schönste geschmückt: Leonhardifahrt in Benediktbeuern*

# Berühmte Persönlichkeiten

**»Wir sind Papst«, das können besonders die Bayern sagen … während es Franz Josef Strauß nicht bis zum Bundeskanzler schaffte. Wer aber kann mit den Namen Carl Hirnbein und Oskar von Miller etwas verbinden? Eine kleine Ruhmeshalle für Menschen, die in Bayern und darüber hinaus bedeutende Spuren hinterlassen (haben).**

## Egid Quirin Asam · Cosmas Damian Asam

**Baumeister und Künstler**

Das Brüderpaar Egid Quirin (1692 – 1750) und Cosman Damian Asam (1686 – 1739) darf als Mitbegründer und Hauptvertreter des bayerischen Spätbarocks (Rokokos) gelten. Beide zeichnete eine vielfältige gestalterische Begabung aus: Egid Quirin war Bildhauer, Maler, Stuckator und Architekt, Cosmas Damian Maler und Architekt. Ihr Vater war der selbst bedeutende Maler des Klosters Benediktbeuern, Hans Georg Asam, bei dem sie ihr Handwerk lernten; ab 1711 studierten sie in Rom, wo sie sich von den Werken Berninis beeindrucken ließen. Die Asams, die meist gemeinsam arbeiteten, statteten viele Kirchen und Klöster im süddeutschen Raum aus, so in München, Freising und Fürstenfeldbruck. In München sind, unter anderem, zwei prachtvolle Hauptwerke Egid Quirin Asams zu bewundern, die »Asamkirche« in der Sendlinger Straße und sein Wohnhaus daneben.

*Cosman Damian Asam*

## Prinz Luitpold von Bayern (1821 – 1912)

**Prinzregent**

Geboren als fünftes Kind König Ludwigs I. von Bayern, hatte Prinz Luitpold keinerlei Thronambitionen. Bayerischer König wurde sein Bruder Maximilian, Bruder Otto wurde König von Griechenland. Luitpold durchlief eine Militärzeit, war später Reichsrat und vertrat seinen menschenscheuen Neffen Ludwig II. bei offiziellen Anlässen. Zum Jagen ging er v. a. nach Oberstdorf, das ihm praktisch zur Heimat wurde. Im Rentenalter, mit 65, fiel ihm als ältestem männlichem Mitglied der Königsfamilie zu, nach dem geheimisumwitterten Tod Ludwigs II. »des Königreiches Bayern Verweser« zu werden Es dauerte seine Zeit, bis er nicht mehr als Königsmörder galt; mit seiner bescheidenen, leutseligen Art erwarb er sich große Sympathie, und als er am denkwürdigen Datum des 12.12.12 starb, trauerte das Land aufrichtig. Ein Politiker mit Ideen und Statur war Luitpold hingegen nicht, was in den schwierigen Zeiten durchaus problematisch war; so hätte er vor allem dem mörderisch-selbstmörderischen Wilhelminismus Widerpart bieten müssen. Seine persönliche Liebenswürdigkeit

*← Ludwig II., von 1864 bis 1886 König von Bayern, in Generalsuniform. Gemälde 1865 von Ferdinand Piloty d. J. (► Baedeker Special S. 208)*

konnte politische Substanzlosigkeit nicht wettmachen. Dass in der Revolution 1918 Bayern so rasch von der Monarchie Abschied nahm, dürfte zu einem guten Teil Prinzregent Luitpold zuzurechnen sein.

## Joseph von Fraunhofer (1787 – 1826)

**Glastechnologe und Optiker**

MP3-Player sind heute in aller Ohren – die dahinterstehende Computertechnik ist ein Produkt der 1949 gegründeten »Fraunhofer-Gesellschaft zur Förderung der angewandten Forschung e. V.«, der größten Organisation für Forschungsdienstleistungen in Europa mit Sitz in München. Sie benannte sich nach Joseph von Fraunhofer, weil er in einzigartiger Weise praktische technische Entwicklung mit exakter wissenschaftlicher Forschung verband. Nach einer Glasschleiferlehre trat er in das Optische Institut von J. v. Utzschneider in Benediktbeuern ein, wo er Schleifmaschinen und Gläser für optische Geräte entwickelte, die den Fernrohrbau revolutionierten. 1814 gelang ihm seine bedeutendste Entdeckung, die Absorptionslinien im Sonnenspektrum; mit einem Beugungsgitter aus Glas, in das pro Millimeter 300 Linien geritzt waren, konnte er ihre Wellenlängen bestimmen. 1824 fertigte Fraunhofer ein astronomisches Objektiv mit fast 2,5 m Öffnung, im selben Jahr wurde er in den Adelsstand erhoben. 1826 starb er an Tuberkulose, bestattet ist er in München.

## Ludwig Ganghofer (1855 –1920)

**Romanschriftsteller**

»Wenn ich a Büchl lies, möcht ich mei' Freud dran haben! Daß ich's ganze Sauleben drüber vergessen kann!« Dieser Satz aus einem seiner berühmtesten Romane, dem »Schweigen im Walde«, begründet Ganghofers einzigartigen Erfolg ebenso wie das Verdikt seiner Kritiker: Trivial-sentimentale, naiv-gemütvolle Heimatromane habe er geschrieben, die mit ihrer Verklärung des kraftvollen Bergbauerntums das Muster reaktionärer Kritik der modernen Gesellschaft liefere. Im schwäbischen Kaufbeuren geboren, lebte Ganghofer ab 1882 in Wien, ab 1893 in München; nach Tätigkeit als Kriegsberichterstatter zog er 1919 nach Tegernsee. Von seinem Haus am Leeberg hatte er es nicht weit zu seinem Freund Ludwig Thoma, beide sind in Rottach-Egern begraben. Sicher nicht unbedeutend ist, dass er seinen Durchbruch mit dem »Herrgottschnitzer von Ammergau« ausgerechnet in Berlin erlebte; er wurde einer der erfolgreichsten Schriftsteller des wilhelminischen Deutschlands und einer der meistverfilmten Autoren, wie wenige andere prägte er das Bild von Oberbayern. Für den Heimatfilm der 1950er-Jahre waren seine Romane ideale Vorlagen. Von Vorteil war dabei, dass er seine Figuren in einem diffusen Kunstdialekt mit oberbayerischen und schwäbischen Elementen reden ließ, was bei einem breiten nichtbayerischen Publikum für Verständlichkeit und ein Flair von Bodenständigkeit sorgte. Trotz alldem sollte man sich einmal einen oder mehrere Romane zu Gemüte führen: denn immerhin schildert er auch das »Sauleben«.

## Carl Hirnbein (1807 – 1871)

**Schöpfer des »grünen« Allgäus**

Dass das Allgäu nicht seit eh und je ein grünes Land mit Kühen und Weiden ist, kann man sich kaum vorstellen. Ebenso, dass es hier keinen Romadur-Käse gibt. Und doch ist dies ein Ergebnis der Tätigkeit eines Unternehmers: Carl Hirnbein, geboren in Wilhams bei Immenstadt, genannt der »Patriarch des Allgäus«, der »Notwender, Zwingherr und Alpkönig«. Damals lebte man vor allem von der Produktion hochwertiger Leinwand (blühende Flachsfelder färbten das Allgäu im Sommer blau), die mühsam und langwierig war und längst nicht mehr das Auskommen sicherte. Hirnbein – später Landtagsabgeordneter, der mit den Ideen der 1848er-Revolution sympathisierte – stellte 1830 in Wilhams den ersten Limburger Käse aus Allgäuer Milch her. Dazu holte er Fachleute aus Belgien und begründete ein Vertriebssystem mit Niederlassungen in Mannheim, Kassel und Stuttgart. 1844 besaß er nicht nur 100 Sennereien, sondern auch fast den ganzen Grünten. Dort baute er 1852 das erste Hotel der deutschen Alpen, das Grüntenhaus, er druckte auch den ersten Werbeprospekt für das Allgäu – er war also sowohl Initiator der Allgäuer Milch- und Käsewirtschaft als auch des Allgäu-Tourismus.

## Sebastian Kneipp (1821 –1897)

**Der Wasserpfarrer**

Sebastian Kneipp, der den Kurtourismus in Oberbayern und im Allgäu nachhaltig prägen sollte, lernte als Sohn eines armen Webers früh, sich durchzubeißen. Bevor er, als 23-Jähriger, das Gymnasium besuchen konnte, arbeitete er als Knecht. Als man ihm später immer wieder die »Kurpfuscherei« austreiben wollte, beeindruckte ihn das wenig. Während seines Theologiestudiums in München an Tuberkulose erkrankt, kurierte er sich mit Bädern in der eiskalten Isar, auch einem Kommilitonen half er so. Inspiriert hatte ihn dazu die Lehre von J. S. Hahn, der als Begründer der Wassertherapie gilt. Ab 1855 Pfarrer des Dominikanerinnenklosters in Wörishofen, stellte er nicht nur dessen Betrieb auf eine feste wirtschaftliche Basis, er behandelte auch die Gäste, die in wachsender Zahl zur Sommerfrische kamen. Kneipp beschrieb sein Konzept einer gesunden Lebensführung – ausgewogene Ernährung, körperliche Tätigkeit und seelische Ordnung, ergänzt durch die Heilkraft von kaltem Wasser und Kräutern – in den Büchern »Meine Wasserkur« (1886) und »So sollt ihr leben« (1889), die Millionenauflagen erlebten und seiner Kur weltweite Anerkannung verschafften. Er wurde 1893 mit dem Titel eines Päpstlichen Geheimkämmerers geehrt und starb 1897 an einem Bauchtumor, den er nicht operieren ließ.

## Oskar von Miller (1855 – 1934)

**Ingenieur**

Als Sohn des Königlichen Erzgießers Ferdinand von Miller – aus seiner Werkstatt stammt die berühmte Bavaria auf der Münchner Theresienhöhe – war Oskar von Miller daran gewöhnt, die Ärmel aufzukrempeln. Bayerns Weg zum modernen Industriestaat wurde vor allem durch den gelernten Ingenieur geprägt, der früh die Bedeutung der Elektrizität und der öffentlichen Hand für eine flächendeckende Stromversorgung erkannte. Durch die Pariser Elektrizitätsausstellung 1881 »elektrisiert«, machte er mit der Illumination der Müncher Frauentürme Furore – ihm gelang als Erstem die Übertragung von Strom über ca. 60 km von Miesbach nach München, und 1884 baute er in München das erste Elektrizitätswerk Deutschlands. Nach seiner Zeit als Direktor der Deutschen Edison Gesellschaft (später AEG) betrieb er ein Ingenieurbüro, das für zwei weitere Großtaten steht: die Übertragung von 20 000-Volt-Drehstrom über 176 km, was den Durchbruch des Hochspannungsnetzes bedeutete, und den Bau des damals größten Speicherkraftwerks der Welt am Kochelsee. Nach Jahren hartnäckiger PR-Arbeit, bei der er seine Beziehungen zu wichtigen Personen in Wissenschaft, Industrie und Politik nutzte, konnte er 1906 das Deutsche Museum in München eröffnen. Dieses ist heute das größte naturwissenschaftlich-technische Museum der Welt.

*Oskar von Miller (um 1930)*

## Joseph Ratzinger (Papst Benedikt XVI.)

**Theologe und Papst**

Als Joseph Kardinal Ratzinger nach nur zweitägigem Konklave am 19. April 2005 zum 265. Papst der katholischen Kirche gewählt worden war, waren alle überrascht. Er selbst, weil er sich nicht um das Amt gerissen hatte und weil ihm die hohe Verantwortung bewusst war; der Klerus, weil der Präfekt der Glaubenskongregation – Nachfolgerin der Inquisition – nicht unbedingt als Wunschpapst galt; und die Welt, weil sich der hochintellektuelle Professor für Theologie als warmherziger Oberhirt entpuppte. 1927 in Marktl am Inn (bei Altötting) geboren, verbrachte er seine Kinder- und Jugendjahre in Tittmoning und Traunstein. Nach dem Studium in Freising und München war er Professor in Freising, Bonn, Münster, Tübingen – als Kollege des später mit Lehrverbot belegten Hans Küng – und Regensburg. 1977 wurde er zum Erzbischof von München und Freising und zum Kardinal ernannt, ab 1981 prägte er als Präfekt der Glaubenskongregation wesentlich die eiserne Haltung des Vatikans in Streitfragen wie Empfängnisverhütung, Priesterehe, gleichgeschlechtliche Partnerschaft und »Befreiungstheologie«. Im ersten Jahr seines Pontifikats verblüffte er mit Versöhnlichkeit: vom Besuch der Kölner Synagoge über das Gespräch mit Hans Küng und die Betonung der kollegialen Führung der Kirche bis zur ersten Enzyklika »Deus caritas est« (»Gott ist Liebe«). Im Skandal um sexuellen Missbrauch Schutzbefohlener durch katholische Priester hielt er sich jedoch sehr bedeckt, und wie früher ignoriert er den immer drängender werdenden Ruf nach Reformen, v. a. nach Abschaffung des Zwangszölibats.

## Franz Josef Strauß (1915–1988)

**Politiker**

Der in München geborene Sohn eines Metzgers wurde zu einer der markantesten Figuren der deutschen Nachkriegsgeschichte. Er bediente wie kein anderer das Klischee des »urbayerischen Kraftmenschen«; unvergessen sind seine verbal wie nonverbal wenig zimperlichen Auftritte im Bundestag, in bayerischen Bierzelten und beim »Politischen Aschermittwoch«. Der studierte Altphilologe, Historiker und Volkswirtschaftler gehörte von 1949 bis 1978 dem deutschen Bundestag an. Unter Adenauer war er Minister für Sonderaufgaben, dann Minister für Atomfragen und schließlich Verteidigungsminister. Die Spiegel-Affäre und der Nachweis, dass er das Parlament belogen

*Franz Josef Strauß am Patronatstag der Werdenfelser Gebirgsschützen (1983)*

hatte, führten 1962 zu seinem Sturz. Vier Jahre später kehrte er als Finanzminister der Großen Koalition von CDU / CSU und SPD ins Rampenlicht zurück (SPD-Wirtschaftsminister Schiller und er wurden als »Plisch und Plum« karikiert). 1978 zog er sich als bayerischer Ministerpräsident nach München zurück; zwei Jahre später verlor er die Kanzlerwahl gegen Helmut Schmidt. Strauß bewegte sich öfter in politisch bzw. juristisch zweifelhaften Bereichen, von der Affäre um den »Witwenmacher« Starfighter über den Bau des Rhein-Main-Donau-Kanals bis zum Besuch beim chilenischen Diktator Pinochet; er schreckte auch nicht davor zurück, Mao Zedong zu besuchen und der DDR einen Milliardenkredit zu verschaffen. Nach der deutschen Wiedervereinigung erwarb das Bayerische Landesamt für Verfassungsschutz Dossiers der Stasi und vernichtete sie mit der Begründung, das Andenken des einstigen Landesvaters schützen zu wollen.

## Ludwig Thoma (1867 – 1921)

**Rechtsanwalt und Schriftsteller**

Ludwig Thoma wurde in Oberammergau geboren und starb in Rottach-Egern, wo er den größten Teil seines Lebens ansässig war. In seiner Zeit als Rechtsanwalt in Dachau und München lernte er seine Mitbürger gut kennen, so dass er gut gewappnet war, als er 1899 die Schriftleitung des legendären Satireblatts »Simplizissimus« übernahm. Mit Thomas Namen sind lebenspralle Schilderungen oberbayerischer und anderer Kleingeister verbunden. In Gedichten, Romanen, Erzählungen und Theaterstücken, auf Hochdeutsch und Bai-

*Ludwig Thoma in seinem Haus auf der Tuften am Tegernsee (1913)*

*Karl Valentin stützte sich in vielem auf Liesl Karlstadt. Foto um 1930*

risch, karikierte er Doppelmoral und »Obrigkeit«, wobei unsterbliche Figuren entstanden: der Dienstmann Alois Hingerl (»Ein Münchner in Himmel«), der Kindlein (in den autobiografischen »Lausbubengeschichten«) oder der Ökonom und Abgeordnete Josef Filser (»Jozef Filsers Briefwexel«). Einer seiner größten Erfolge war der Einakter »Moral«. Weniger bekannt und ruhmreich sind seine antisemitisch geprägten Tiraden gegen die Sozialdemokratie und die Regierung in Berlin, die der »Miesbacher Anzeiger« anonym abdruckte.

## Karl Valentin (1882 – 1948)

**Querdenker**

»Schwer ist leicht was«, dieser berühmte Satz des in der Münchner Vorstadt Au geborenen Kabarettisten und Komikers bringt seine Kunst ebenso auf den Punkt wie seine Lebensgeschichte. Valentin Ludwig Fey, wie er mit bürgerlichem Namen hieß, brachte in seinen Sketchen, unterstützt durch ein skurriles Äußeres, seine Mitmenschen schier um den (ihren) Verstand: Seine Impertinenz, anscheinende Dummheit und himmelschreiende Hilflosigkeit deckt eingefahrene Sprech- und Denkgleise auf. Seinen Durchbruch hatte der »Wortzerklauberer« 1911 mit Liesl Karlstadt (Elisabeth Wellano), seinem »Alter Ego«; später war er mit Bertolt Brecht befreundet. Über 30 Sketche wurden mit Valentin verfilmt. Finanziell blieb er erfolglos; immer wieder wirtschaftlich ruiniert, starb er am Rosenmontag 1948, durch Unterernährung entkräftet, an einer Erkältung Noch 1953 wollte die Stadt München seinen Nachlass nicht kaufen, und erst in den 1960er-Jahren wurde er wiederentdeckt. Im Münchner Isartor erinnert das Valentin-Musäum, das sein Faible für Gruseliges und Nonsens aufnimmt, an den Philosophen des Grotesken.

# Praktische Informationen

WANN UND WO FINDEN SCHÖNE FESTE STATT? WAS MUSS MAN IN DEN BERGEN BEACHTEN? UND WIE GEHT MAN MIT EINER WEISSWURST UM? WISSENSWERTES FÜR EINEN GELUNGENEN URLAUB

# Anreise · Reiseplanung

**Mit dem Auto** In München bzw. auf seinem Autobahnring treffen Autobahnen aus allen Richtungen zusammen: von Lindau die A 96, von Ulm (Stuttgart/Würzburg) die A 8, von Nürnberg die A 9 (auf die die A 93 von Regensburg stößt). Von München führt die A 8 durch den Chiemgau nach Salzburg, bei Rosenheim zweigt die A 93 nach Kufstein (Innsbruck) ab. Die A 95 verbindet München mit dem Starnberger See und Garmisch. Von Ulm bzw. Memmingen aus sorgt die A 7 für die direkte Verbindung ins Allgäu nach Kempten / Nesselwang. Bedenken: Zu Ferienbeginn und -ende sind auf A 8 und A 9 kilometerlange Staus die Regel.

**Mit der Bahn** Als Zentrum des Bahnverkehrs in Süddeutschland ist München aus dem In- und Ausland mit ICE, IC und EC praktisch im Stundentakt zu erreichen. Viele Fernzüge halten auch in München-Pasing bzw. im Münchner Ostbahnhof, was für Anschlüsse vorteilhaft sein kann. Von München aus fährt man dann mit Regionalzügen weiter, und zwar ebenfalls weitgehend im Stundentakt (► Verkehr, S. 106). Besonders bequem ist die Anreise über Nacht mit DB-CityNightLine und EuroNight. Autozüge nach München-Ost fahren von Berlin, Hamburg, Hildesheim und Düsseldorf.

*← Der Gipfel der Zugspitze*

*Internationale Verkehrsdrehscheibe: Flughafen Franz Josef Strauß (MUC)*

## INFORMATIONEN ANREISE

► **Straßenverkehr**
ADAC Verkehrsservice
Mobilnetz Tel. 22 4 11
Festnetz Tel. 0900 11 22 4 11
(1,10 bzw. 1,39 €/Min.)
ADAC Stau-Info
Mobilnetze Tel. 22 4 99
Festnetz Tel. 0900 11 22 4 99

► **Deutsche Bahn**
Reiseservice Tel. 01805 99 66 33
(14 Ct/Min. aus dem Festnetz)
www.bahn.de
Nachtzüge:
www.citynightline.de
Autoreisezüge:
www.dbautozug.de

► **Flughafen München**
Flugauskunft
Tel. (0 89) 9 75-00
www.flughafen-muenchen.de

**Mit dem Flugzeug**

Der internationale **Flughafen Franz Josef Strauß**, ca. 35 km nordöstlich von München im Erdinger Moos gelegen, ist aus dem In- und Ausland bestens erreichbar. Die Anreise ist auch über den Flughafen **Friedrichshafen** am Bodensee möglich. Von allen Flughäfen gelangt man problemlos ins bayerische Alpenland.

# Auskunft

Im Urlaubsland Oberbayern / Allgäu ist das System der Tourismusorganisationen auf regionaler und lokaler Ebene bestens ausgebaut. Ihre Prospekte, Websites und Telefondienste lassen keine Frage unbeantwortet. Das Internet ist eine fast unerschöpfliche Informationsquelle, es gibt kaum einen Punkt des Landes, ein Verkehrsmittel, einen Reiseveranstalter, ein Museum, ein Event oder eine Nächtigungsmöglichkeit, die nicht vertreten wären.

## ADRESSEN AUSKUNFT

### DACHVERBÄNDE

► **Bayern Tourismus**
Leopoldstr. 146
80804 München
Tel. (0 89) 21 23 97 - 0
www.bayern.by

► **Tourismusverband München Oberbayern**
Radolfzeller Str. 15
81243 München
Tel. (0 89) 82 92 18 - 0
www.oberbayern.de

► **Tourismusverband Allgäu / Bayerisch-Schwaben**
Schießgrabenstr. 14
86150 Augsburg
Tel. (08 21) 45 04 01-0
www.bayerischschwaben.de

► **Allgäu Marketing**
Allgäuer Str. 1
87435 Kempten
Tel. 0800 257 36 78
www.allgaeu.info

## MÜNCHEN

► **Tourismusamt München**
80313 München
Tel. (0 89) 23 39 65 00
www.muenchen.de/tourismus

## REGIONALVERBÄNDE

► **Tourismus Landkreis Lindau**
Stiftsplatz 4
88131 Lindau
Tel. (0 83 82) 2 70-1 55
www.landkreis-lindau.de

► **LAG Westallgäu**
Bahnhofstr. 8
88161 Lindenberg
Tel. (0 83 81) 8 91 64-83
www.westallgaeu.de

► **Oberallgäu Tourismusservice**
Hindelanger Str. 35
87527 Sonthofen
Tel. (0 83 21) 80 04-5 40
www.oberallgaeu.de

► **Tourismusverband Ostallgäu**
Schwabenstr. 11
87616 Marktoberdorf
Tel. (0 83 42) 9 11-3 13
www.ostallgaeu.de

► **Tourismusgemeinschaft Zugspitz-Region**
Richard-Strauss-Platz 1 a
82467 Garmisch-Partenkirchen
Tel. (0 88 21) 1 80-4 84
www.zugspitz-region.de

► **Tourismusverband Pfaffenwinkel**
Bauerngasse 5
86956 Schongau
Tel. (0 88 61) 77 73
www.pfaffen-winkel.de

► **Tourismusverband Starnberger Fünf-Seen-Land**
Wittelsbacherstr. 2 c
82319 Starnberg
Tel. (0 81 51) 90 60-0
www.sta5.de

► **Tourismusverband Ammersee-Lech**
Hauptplatz 152
86899 Landsberg
Tel. (0 81 91) 1 28-247
wwww.ammerseelech.de

► **Tölzer Land Tourismus**
Prof.-Max-Lange-Platz 1
83646 Bad Tölz
Tel. (0 80 41) 5 05-206
www.toelzer-land.de

► **Alpenregion Tegernsee Schliersee**
Hauptstr. 2, 83684 Tegernsee
Tel. 0 80 22) 92 73 89-0
www.tegernsee-schliersee.de

► **Chiemsee-Alpenland Tourismus**
Felden 10
83233 Bernau am Chiemsee
Tel. (0 80 51) 9 65 55-0
www.chiemsee.de

► **Chiemgau Tourismus**
Leonrodstr. 7
83278 Traunstein
Tel. (08 61) 90 95 90-0
www.chiemgau-tourismus.de

► **Berchtesgadener Land Tourismus**
Bahnhofsplatz 4
83471 Berchtesgaden
Tel. 01805 86 52 00
www.berchtesgadener-land.com

► **Tourismusregion Berchtesgaden-Königssee**
Königsseer Str. 2
83471 Berchtesgaden
Tel. (0 86 52) 9 67-0
www.berchtesgadener-land.info

► **Tourismusgemeinschaft Inn-Salzach**
Kapellplatz 2 a
84503 Altötting
Tel. (0 86 71) 50 62 28
www.inn-salzach.com

# Mit Behinderung unterwegs

In den Kur- und den frequentierten Urlaubsorten sind die meisten Einrichtungen behindertengerecht ausgestattet. Auch in München ist die Situation i. A. gut. Hier unterstützt der Club Behinderter und ihrer Freunde, der auch Führungen, Ausflüge etc. veranstaltet. Im Escales-Verlag (Talstr. 58, 77887 Sasbachwalden, Tel. 0 78 41 / 6 84 11 33, http://handicapped-reisen.de) erscheint der umfangreiche Ratgeber »Handicapped-Reisen«, Informationen geben auch die Tourismusverbände und -ämter.

## INFORMATIONEN FÜR BEHINDERTE

► **BSK-Reiseservice**
Altkrautheimer Str. 20
74238 Krautheim
Tel. (062 94) 42 81-50
www.bsk-ev.de

► **Club Behinderter und ihrer Freunde**
Johann-Fichte-Str. 12
80805 München
Tel. (0 89) 356 83 08
www.cbf-muenchen.de

# Essen und Trinken

Preiskategorien s. S. 11

Wie jede traditionelle regionale Küche weisen die bayerische und die Allgäuer Küche nur eine kleine Zahl typischer Gerichte auf. Die billigen Zutaten, die immer und in großer Menge vorrätig waren, bestimmen den Charakter: Mehl, Milch, Eier, Käse und – jedenfalls in neuerer Zeit – Fleisch. Gemüse konnte in einem Land mit mehr oder weniger rauem Klima nicht dieselbe Bedeutung entwickeln, und so gibt es das geflügelte Wort: »Der Bayer isst ein ›Gmias‹ ganz gern – vorausgesetzt, ein Schwein hat sich erst davon genährt.« Verblüffend aber ist, in wie vielen Varianten die einfachen Zutaten zu herzerwärmenden Köstlichkeiten – den »Schmankerln« – verarbeitet werden.

**Der Biergarten** Zunächst ein Wort zu der zentralen bayerischen Institution des Biergartens – manchmal noch Keller genannt –, diesen wunderbaren Ort ruhiger Lebensfreude unter mächtigen Kastanien. Er hat seinen Ursprung in dem früheren Verbot, den Sommer über Bier zu brauen, weshalb die Brauer ihr Bier in kühlen Kellern unter schattenspendenden Bäumen lagerten, die häufig am Stadtrand lagen. Dort wurde der Gerstensaft denn auch gleich ausgeschenkt. Dazu war aber eine Schankerlaubnis nötig, und weil die Zunft der Wirte etwas gegen die Konkurrenz hatte, gewährte König Ludwig I. 1830 dieses Recht unter der Auflage, dass kein Essen verkauft werden durfte. Deshalb muss man in einem echten Biergarten (im Gegensatz zum Wirtsgarten) nur die Getränke kaufen, und viele Leute bauen sich aus mitgebrachten Sachen eine veritable Tafel auf. Meist gibt es in einem Biergarten auch einen Bereich mit gedeckten Tischen, an denen man restaurantmäßig zu essen und trinken bestellt.

*Im Biergarten des Münchner Hofbräuhauses*

**Die Brotzeit** Eine eigene Kategorie – vor allem fürs zweite Frühstück beliebt – bildet die berühmte Münchner **Weißwurst**, die »schön gekurvte Tellerzier«, die 1857 das Licht der Welt erblickte. Sie besteht aus Kalbsbrät und Schweinespeck, gewürzt mit Pfeffer, Zwiebeln, Zitrone und Petersilie. Dazu gehören Brezen und süßer Senf. (Tipp: Wenn Ihnen der süße Senf zu sanft ist, mischen Sie ein wenig scharfen drunter.) Dass sie das Mittagsläuten nicht erleben darf, ist Schnee von gestern, Unsinn ist auch, dass der Kenner sie »auszuzelt«. Das ist für den Esser wie den Zuschauer bestenfalls unästhetisch. Sehr einfach und absolut comme il faut: Die Weißwurst quer halbieren, dann eine Hälfte mit der Gabel festpieksen, der Länge nach von oben bis auf die unten liegende Haut durchschneiden und die freie Hälfte der Fülle mit dem Messer von der Haut schaben. Sehr beliebt im Biergarten ist die neuzeitliche Errungenschaft der **Spare Ribs**, die mit einer Sauce auf der Basis von Ketchup und Curry kredenzt werden. Als **Steckerlfisch** werden meist fette Makrelen über Holzkohle gebraten. Der **Leberkäs** enthält weder Leber noch Käse, sondern Rinder- und Schweinebrät, Speck und Zwiebeln. Er wird gebacken, so dass er eine schöne braune Kruste bekommt, und am besten ist er, wenn er gerade frisch aus dem Ofen kommt. Den **Wurstsalat** (mit Zwiebeln, Öl und Essig) macht man meist aus den dicken Regensburgern; kommt Emmentaler dazu, heißt er Schweizer Wurstsalat. Den **Pressack** aus Schweinefleisch und Schwarten gibt's in Weiß und Rot (Letzterer mit Blut), häufig mit Majoran gewürzt. Der **Obatzte** – hochdeutsch »Zu Matsch

Angerührte« – entsteht aus reifem Camembert und Butter, dazu kommen Zwiebeln, Paprika und Kümmel. Als würzige Beigabe zu all dem dient der **Radi** (großer weißer Rettich), als Ziehharmonika oder Spirale in dünne Scheiben geschnitten und gesalzen.

Suppen

Als Vorspeise gibt es fast immer eine Fleisch- bzw. Knochenbrühe mit einer Einlage: einem Leberknödel (aus Rinderleber, Semmeln, Zwiebeln und Majoran), Grießnockerln oder Eierstich, im Allgäu mit Flädle (Pfannkuchenstreifen) oder als Käsesuppe.

Fleisch

Die ehernen Säulen der bayerischen und heute auch der Allgäuer Küche sind der Schweinsbraten und die Haxe. Zum **Schweinsbraten** (nicht »Schweinebraten«) aus der Schulter – am besten mit krachend-knuspriger Schwarte – gehören Semmel- und/oder Kartoffelknödel, als Gemüse ein Krautsalat (roh mariniertes Weißkraut, gewürzt mit Kümmel) oder im Winter Sauerkraut. Die **Haxn**, vom Schwein oder vom Kalb, werden im Ofen gebraten oder gegrillt und ebenfalls mit Knödel sowie Kraut serviert. Für ein **Tellerfleisch** wird Rindfleisch in Brühe gesotten, in Scheiben geschnitten und mit frischem Kren (Meerrettich) und scharfem Senf serviert. Die **Fleischpflanzl**, im übrigen Deutschland als Frikadellen oder Buletten bekannt, schmecken am besten mit Kartoffelsalat. Kenner schätzen das **Saure Lüngerl** mit Semmelknödel und das in Konsistenz und Geschmack ähnliche **Beuschel** (in München auch Voressen genannt); außer Lunge kommen hier noch Herz und Milz dazu. Zu den Winterfreuden gehört die **Schlachtschüssel** mit gekochtem Wammerl (Bauch), Leber- und Blutwurst und Züngerl, dazu – wie zu erwarten – Sauerkraut, Kartoffelpüree oder Knödel. Nur für hungrige Holzknechte geeignet ist der gebackene Kalbskopf. Das **Böfflamott** wurde vom Allgäu nach Bayern importiert: Das Bœuf à la mode der napoleonischen Besatzung ist ein Stück gutes Rindfleisch, das sauer mariniert und mit Wein und Wurzelwerk geschmort wird. Nicht zu vergessen **Geflügel und Wild**: ob als Hirschgulasch, Rehragout (mit »gschecklter Milli«, d. h. mit Buttermilch) oder als Gamskeule, ob als **Ganserl** zur Kirchweih und zu Martini erfreuen sie sich größter Beliebtheit.

*Handfester Klassiker: Schweinshaxe mit Knödeln*

**Würste** Die Weißwurst haben wir schon kennengelernt. Die herzhaft mit Majoran gewürzten **Schweinswürstl** werden gebraten oder besser auf Holzkohle gegrillt und mit Sauerkraut und Senf genossen. Die **Gschwollnen**, auch als Wollwürste bezeichnet, bestehen aus feinem Kalbsbrät und besitzen keine Haut; sie werden in der Pfanne gebraten und mit Sauce und Kartoffelsalat serviert. **Regensburger**, dicke, kurze Schinkenwürste, werden nur in Wasser heiß gemacht. Nicht jedermanns Fall ist die **Milzwurst** (aus Kalbsbries und -milz, daher auch »kälberne Briesmilzwurst«), die in dicke Scheiben geschnitten und gebraten wird. **Leoni** heißt in Bayern die Lyoner.

**Mehlspeisen** Hier hat die Allgäuer Küche ihre große Stunde mit den **Knöpfle** (klein und rund) bzw. **Spätzle / Spatzen** (mehr oder weniger groß und wurmförmig). Traditionell kommen in den Teig, der kaugummiartig zäh sein muss, keine Eier; heute nimmt man doch ein paar Eier aufs Kilo Mehl. Man kann den Teig variieren (z. B. mit Spinat) oder die fertigen Spätzle mit diversen Zutaten kombinieren: zu **Kässpatzen** mit viel geraffeltem Käse (am besten würziger Bergkäse oder je zur Hälfte Emmentaler und Romadur) und braun gebratenen Zwiebeln, oder zu **Krautspatzen** mit Sauerkraut. Die Kombination von (Nudel-)Teig und Kraut gibt's auch als **Krautkrapfen**. Vereint man gekochte Kartoffeln und Mehl, macht man daraus **Schupfnudeln** (Allgäu) und Bauchstecherln bzw. Drahdiwixpfeiferln (Bayern) – gebraten als Beilage oder nur mit einem grünen Salat ein Gedicht.

**Süßes** Der Ursprung der **Bayerischen Creme**, als Bavarois ein Gericht der französischen Küche, ist unklar; vielleicht wurde sie zu Ehren Isabellas von Bayern so benannt, der Gemahlin des französischen Königs Karl VI. Für sie wird eine Creme aus Eigelb, Zucker und Milch mit Gelatine gefestigt und mit Schlagsahne vermengt; durch Zugabe pürierter Früchte kann sie variiert werden. Für **Dampfnudeln** werden Hefeteigklöße in einem Milch-Fußbad gedämpft (besonders begehrt ist das Ramerl, die karamellig-knusprige Kruste), dazu gibt's Vanillesauce oder ein Dörrobstkompott. Bäckt man die Hefeteigklöße, entstehen **Rohrnudeln**. Schmalzgebackenes ist beliebt, als Schmalznudeln oder **Auszogne**: Für sie wird ein rundes Hefeteigstück so auseinandergezogen, dass es in der Mitte papierdünn ist. Für dem Prinzregenten Luitpold kreierte ein Hofkonditor die **Prinzregententorte**: Sieben (ursprünglich acht) Biskuitschichten – die die Regierungsbezirke symbolisieren – werden mit Schokoladenbuttercreme gefüllt und dick mit Schokolade überzogen. Im ganzen Alpenland schätzt man den **Strudel**, dünn ausgerollter Nudelteig, der mit Äpfeln oder Topfen (Quark) gefüllt wird, im Allgäu auch mit Sauerkraut zu den erwähnten Krautkrapfen. Zur Fasching beliebt sind die altbekannten **Krapfen**, in heißem Fett ausgebackener Hefeteig, traditionell mit Marmelade gefüllt. Als herbstlicher Genuss ist der saftig-säuerliche **Zwetschgendatschi** zu empfehlen, ein Zwetschgenkuchen aus dünnem Hefeteig; sehr gut dazu ist kalte, leicht gesüßte Schlagsahne.

*Schöne junge Frauen beim Fronleichnamsfest in Gaißach bei Bad Tölz*

### Das Bier

Bayern und Bier, das gehört zusammen. Bier ist hier ein Grundnahrungsmittel, mit über 200 l pro Kopf (über 16-Jährige) und Jahr liegt Bayern an der Spitze des Verbrauchs in der Bundesrepublik. Auf bayerischem Boden wurde schon in keltisch-römischer Zeit Bier gebraut. Die Erwähnung eines Hopfengartens beim Kloster Freising im Jahre 768 ist das älteste Zeugnis für den Hopfenanbau im Abendland. Im 14. Jh. entwickelten sich größere Brauereien, die meist von Klöstern und Fürstenhöfen betrieben wurden. Zu Beginn der Neuzeit begründeten zwei Ereignisse die Qualität und die führende Stellung des bayerischen Biers: Im 15. Jh. kam die untergärige Brauweise auf, die haltbareres und daher transport- und lagerfähiges Bier ergab, und im Jahr 1516 erließ Herzog Wilhelm IV. das heute noch gültige Reinheitsgebot, nach dem Bier nur aus Gerste, Hopfen und Wasser hergestellt werden darf. Vorzügliches Bier erzeugen außer den großen Münchner Brauereien eine unübersehbare Zahl von Brauhäusern in Oberbayern und Schwaben, u. a. in den altehrwürdigen Klöstern Andechs und Reutberg, in Holzkirchen und Tegernsee.

### Kleine Bierkunde

Die beiden großen bayerischen Spezialitäten sind das Weißbier und das Helle. Das säuerlich-frische **Weißbier** wird aus Weizen obergärig gebraut und vorzugsweise mit dem vitaminreichen Hefesatz (Hefeweißbier) abgefüllt. Zu den untergärigen Bieren zählen das milde, süffige **Helle** und das herbere Pils. Liebhaber malziger Aromen greifen zum **dunklen Bier** mit seiner interessanten Balance zwischen leichter Süße und hopfiger Bittere. Alle diese Sorten haben 4,5 – 5 %

Alkohol. Klösterlicher Tradition sind die besonders kräftigen **Fastenbiere** zu verdanken (Bock mit über 6 %, Doppelbock über 7 % Alkohol); jede Brauerei hat für sie einen eigenen Namen, der immer auf »ator« endet. Das älteste ist der seit 1634 gebraute Salvator der Münchner Paulaner-Brauerei; der Anstich im Paulanerkeller auf dem Nockherberg in der Fastenzeit ist heute ein großes Medienspektakel. Mit dem Anstich des **Maibocks** Ende April, der vom Münchner Hofbräuhaus mit einer deftigen Politikerschelte zelebriert wird, hat die Biersaison einen weiteren Höhepunkt.

**Durstlöscher mit Bier**

Das **Radler** (Helles mit Zitronenlimo) soll, der landläufigen Legende zufolge, 1922 der Wirt der Gaststätte Kugler-Alm 15 km südlich von München erfunden haben, als Fahrradausflügler seinen Biervorrat zu rasch zu dezimieren drohten. Tatsächlich aber war es, nach dem Zeugnis der Schriftstellerin Lena Christ (►S. 94), schon um 1900 bekannt. Als Kind der Revolution von 1918 gilt der **Russen** (Russn), die Radler-Variante mit Weißbier. »Russen« hießen im Münchner Volksmund die Anhänger der Räterepublik; bei ihren Zusammenkünften streckten sie das Bier, um länger einen klaren Kopf zu behalten.

# Feiertage, Feste und Events

In Bayern werden das ganze Jahr über unzählige traditionelle Feste gefeiert, häufig religiöser Art, immer aber auch um sich zu treffen und sich miteinander des Lebens zu freuen. München dominiert die »Kulturszene«, doch glänzt auch die Provinz mit vielen hochkarätigen Veranstaltungen (► S. 92). Ergänzt wird das Programm durch Sport, Stadt- und Kinderfeste und diverse neuzeitliche Events. Die regionalen und örtlichen Tourismusbüros informieren gerne.

## TERMINKALENDER

### FEIERTAGE

1. Jan.: Neujahr
6. Jan.: Heilige Drei Könige
Karfreitag
Ostermontag
1. Mai: Tag der Arbeit
Christi Himmelfahrt
Pfingstmontag
Fronleichnam
15. Aug.: Mariä Himmelfahrt
3. Okt.: Tag der deutschen Einheit
1. Nov.: Allerheiligen
25./26. Dez.: Weihnachten

### FESTE UND EVENTS

► **Januar**

Vierschanzentournee im Skispringen, Oberstdorf / Garmisch-Partenkirchen. Gaißach (Bad Tölz) und Garmisch: Hörnerschlittenrennen. Perchtenlaufen in Bad Reichenhall. Ballonwoche Inzell, Montgolfiade in Bad Wiessee.

► **Februar**

Fasching / Fasnacht, mit Umzügen an vielen Orten. Großes Narren-

*Das Mittelalter lebt bei den Kaltenberger Ritterspielen mit prächtigen Turnieren.*

treffen in Scheidegg. Taubenmarkt in Wasserburg am Inn.

**März**
Jazzwoche Burghausen.

**April**
Georgiritte, u. a. von Stein nach St. Georgen (bei Traunreut) und Tittmoning.

**Mai**
Aufstellen des Maibaums, an vielen Orten. Oldtimer-Rallye am Rossfeld (Berchtesgaden). Trachtenwallfahrt von Siegsdorf nach Maria Eck. Pfingsten: Fest der Bergknappen in Berchtesgaden. Fronleichnamsprozessionen an vielen Orten. Hofdult in Altötting. Maimarkt in Immenstadt. Bodensee-Festival Lindau.

**Juni**
13. Juni: Gedenkfeiern zum Tod Ludwigs II., v. a. in Berg am Starnberger See. 24. Juni: Johannis-Bergfeuer, an vielen Orten.

**Juli**
Trachtenjahrtag Berchtesgaden. Kaltenberg: Ritterspiele. Burghausen: Burgfest. Kinderfeste in Lindau, Isny und Landsberg (Letzteres alle 4 Jahre). Gautrachtenfest des Chiemgaus, an wechselnden Orten. Ulrichsritt auf den Kreuzberg bei Steingaden. Feste am Staffelsee. Bozner Markt in Mittenwald (alle 5 Jahre, wieder 2012). Oberstdorf: Berglar-Kirbe auf dem Fellhorn; Wilde-Mändle-Tanz (alle 5 Jahre, wieder 2015).

**August**
Mariä Himmelfahrt (15. Aug.): Viele Wallfahrten, u. a. von Maria Alm übers Steinerne Meer nach St. Bartholomä. Dießen am Ammersee: Fischerstechen. Kocheler Heimattag. König-Ludwig-Feuer in Oberammergau. Kaiserfest Füssen. Allgäuer Festwoche Kempten. Internationales Käsefest in Lindenberg. König-Ludwig-Fest in Oberammergau. Herbstfest in Rosenheim.

*Großer Viehscheid in Gunzesried*

**► September**
Kaltblutfohlenmarkt Rottenbuch. Georgiritt in Ruhpolding. Tegernseer Kulturwoche. Oberlandausstellung in Weilheim. Pferdeschauen im Hauptgestüt Schwaiganger bei Murnau. Münchner Oktoberfest (16 Tage, bis zum ersten Okt.-So.). Viehscheid im Allgäu, Almabtrieb im Berchtesgadener Land. Michaeli-Markt in Immenstadt.

**► Oktober**
2. So.: Kolomansfest in Schwangau. 3. So.: Kirchweihfeste überall. Simonmarkt Lindenberg. Ende Okt. Leonhardiritte, u. a. in Fürstenfeldbruck, Grassau, Roßholzen bei Aschau und Unterammergau.

**► November**
Um den 6. Nov. Leonhardiritte und -fahrten, u. a. in Bad Tölz, Benediktbeuern, Kreuth, Murnau, Rottenbuch, Schliersee, St. Leonhard am Wonneberg. Korbiniansfest in Freising.

**► Dezember**
5./6. Dez.: Krampuslaufen in Bad Reichenhall, Buttmanndllaufen in Berchtesgaden, Klausentreiben im Allgäu. In Berchtesgaden wird an Weihnachten und Silvester das Christkind bzw. das neue Jahr mit Böllerschießen begrüßt. Adventssingen und Christkindlmärkte in vielen Orten.

## Geld

**Öffnungszeiten** Die Filialen von Banken und Sparkassen sind unterschiedlich geöffnet, als Kernzeit kann 8.30 – 12.30, 14.00 – 16.00, Do. bis 18.00 Uhr gelten. An den Geldautomaten kann man mit Bank- oder Kreditkarte und Geheimnummer rund um die Uhr Geld abheben.

**Bank- und Kreditkarten** Die meisten Hotels, Restaurants und Geschäfte akzeptieren die Bankarte, mit Kreditkarten kann man eher nur in größeren Betrieben bezahlen. Einen Verlust von Bank- oder Kreditkarte meldet man bei seinem Geldinstitut oder bei den jeweiligen Zentralen. Dafür sind unbedingt vor der Reise Kartennummer, Kontonummer und Bankleitzahl zu notieren.

**i Geldkarte verloren?**

- Zentraler Sperrnotruf Tel. 116 116
- MasterCard Tel. 0800 819 10 40
- Visa Tel. 0800 811 84 40

# Gesundheit

**Apotheken**

Die Öffnungszeiten der Apotheken sind unterschiedlich, als Kernzeit kann Mo. – Fr. 8.30 – 12.30, 14.00 – 18.00, Sa. 8.30 – 13.00 Uhr gelten. Am Eingang jeder Apotheke ist die nächstgelegene Apotheke mit Nacht- und Sonntagsdienst genannt.

**Gesundheitsvorsorge**

In größeren Höhen ist die Sonneneinstrahlung besonders intensiv – auch bei bedecktem Himmel! –, weshalb man immer auf guten Schutz achten sollte. Wer sich ausgiebig in freier Natur aufhalten möchte, sollte über eine Tetanus-Impfung (maximal 8 Jahre alt) verfügen und sich über die Zeckengefahr informieren; bei hoher Gefährdung ist eine Impfung gegen FSME in Betracht zu ziehen.

# Mit Kindern unterwegs

**Ferienregion für Kinder**

Viel wunderbare Natur, Berge und Seen sind die großen Attraktionen im südlichen Bayern, und für Kinder gibt es kaum etwas Schöneres, als mit Papi und Mami auf Tour zu gehen, auf der Wiese und im Stall Entdeckungen zu machen oder am Wasser zu tollen. Entsprechend gut und umfangreich sind die Angebote für Familien, von den »Ferien auf dem Bauernhof« (►S. 104) über die Berghütten des DAV (► S. 110) bis hin zu feinen Hotels. Viele Orte bieten Kinderprogramme unterschiedlichster Art an, wie Reiten, Brotbacken, Spielnachmittage, Naturführungen und Kletterkurse.

**Erlebnisse für Kinder**

In München sind – neben einigen Kinos und Theatern, die Kinderprogramme bieten – der Tierpark Hellabrunn, das Deutsche Museum (mit Verkehrszentrum und Flugwerft Schleißheim), das BWM-Museum, die Bavaria-Filmtour und ein Ausflug zum Flughafen die großen Attraktionen. Auch das Paläontologische Museum und das Deutsche Jagd- und Fischereimuseum zeigen interessante Dinge. Ein schönes Erlebnis ist immer der Besuch eines der Bauernhofmuseen (Amerang nördlich des Chiemsees, Illerbeuren bei Memmingen, Jexhof bei Fürstenfeldbruck, Glentleiten am Kochelsee). Pferdefreunde finden viele Möglichkeiten zum Reiten, ein Schmankerl wäre ein Besuch des Hauptgestüts Schwaiganger nahe Murnau (im September werden dort große Pferdeparaden veranstaltet). Großen Spaß macht das Schlittenfahren, im Winter auf einem der vielen Rodelwege oder im Sommer auf einer Stahlbahn. Im Allgäu liegen bzw. von dort für einen Tagesausflug gut zu erreichen sind der Freizeitpark Illerparadies (bei Kempten), der Skyline-Park an der A 96 nahe Bad Wörishofen, das Legoland Günzburg und das Ravensburger Spieleland (Meckenbeuren bei Ravensburg).

# Konzert und Theater

Die herrlichen Klöster, Kirchen und Schlösser sind geradezu prädestiniert für kulturelle Ereignisse aller Art. Wohl der berühmteste Theaterort der Welt ist Oberammergau mit seinen Passionsspielen, aber auch an anderen Orten hat das Volkstheater eine lange, lebendige Tradition, wie in Kiefersfelden, Altusried, Schliersee oder Flintsbach. Ein riesiges Programm das ganze Jahr über bietet die Landeshauptstadt München. Sehr beliebt und frequentiert sind natürlich auch die diversen Freilichtevents, etwa am Chiemsee, in München im Olympiapark oder in Kempten auf der Burghalde.

## ORTE, TERMINE, VERANSTALTER

### KONZERTORTE

**Schloss Amerang**
Konzerte (Klassik, Jazz, Volksmusik; ganzjährig)

**Kloster Andechs**
Klassik, »Orff in Andechs« (Mai – Dez.)

**Baad**
Internationales Alphorn-Festival (Sept.)

**Benediktbeuern**
Konzerte in Basilika und Festsaal

**Burghausen**
Internationale Jazzwoche (März)

**Chiemsee**
Herrenchiemsee (»Festival unter Sternen«, Juni; Festspiele, Juli)
Steinbruch Rohrdorf (populäre Klassik)
Chiemsee Reggae Summer in Übersee (Aug.)

**Dachau**
Schlosskonzerte

**Dießen**
Konzerte im Marienmünster

**Fürstenfeldbruck**
Konzerte in der Basilika

**Füssen**
Fürstensaalkonzerte (Juni – Sept.)

**Garmisch-Partenkirchen**
Richard-Strauss-Tage (Juli), Kultursommer (Aug./Sept.)

**Kempten**
Jazz-Frühling (April/Mai)
APC-Sommer (Juni – Sept.)

**Kreuth**
Oleg-Kagan-Musikfest (Juli)

**Landsberg**
Orgelsommer

**Marktoberdorf**
Kammerchor-Wettbewerb (Pfingsten, ungerade Jahre)
Musica Sacra International (Anf. Juni), Jugend jazzt (Dez.)

**München**
►S. 260

**Schloss Neuschwanstein**
Klassikkonzerte (Sept.)

**Oberammergau**
Theater im Passionsspielhaus (Juli – Sept.)

**Oberaudorf**
Reisacher Musiktage (Juni)

**Oberstdorf**
Musiksommer (Klassik, Juli/Aug.)

**Polling**
Konzerte in der Klosterbibliothek

**Starnberg**
Musiktage (April)

**Tutzing**
Brahms-Tage (Nov.)

**Steingaden**
Konzerte im Welfenmünster und in der Wieskirche

### KONZERTREIHEN

**Musiksommer Loisachtal**
Waldhauser Str. 1 a, Beuerberg
Tel. (0 81 79) 87 25
www.musiksommerloisachtal.de
Konzerte u. a. in Beuerberg, Fischbach, Benediktbeuern, Habach und Bad Tölz.

**Musik im Pfaffenwinkel**
Weinstraße 20, 86956 Schongau
Tel. (0 88 61) 93 58-0
www.musik-im-pfaffenwinkel.de
Konzerte u. a. in der Wieskirche, im Tassilosaal in Wessobrunn und in der Kirche auf dem Peißenberg.

**Musiksommer zwischen Inn und Salzach**
Landratsamt Traunstein
83276 Traunstein
Telefon (08 61) 58-70 53
www.musiksommer.info
Viele Orte, u. a. Frauenchiemsee, Raitenhaslach, Seeon, Baumburg.

### VOLKS- UND FREILICHT-THEATER

**Altusried**
Allgäuer Freilichtbühne
Tel. 01805 59 22 00

**Berchtesgaden**
Bauerntheater
Tel. (0 86 52) 28 58

**Chiemgauer Volkstheater**
(Tourneebühne)
Tel. (0 86 28) 98 78 33

**Flintsbach**
Komödienstadel
Tel. (0 80 34) 83 33

**Kiefersfelden**
Volkstheater
Tel. (0 80 33) 97 65-27

**Mittenwald**
Bauerntheater
Tel. (0 88 23) 12 31

**Oberammergau**
Passionsspiele, Theater

**Schliersee**
Bauerntheater
Tel. (0 80 26) 60 55-0

## Kur und Wellness

Alles für die Gesundheit

Heilbäder und Kurorte – im Gebiet dieses Führers sind es 25, ohne die vielen Luftkurorte – helfen mit modernen Einrichtungen, qualifiziertem Personal und den Gaben der Natur, Krankheiten und Verletzungen zu kurieren oder einfach etwas für die Gesundheit zu tun. Insbesondere rheumatische Beschwerden, Herz-Kreislauf-Probleme, Magen-Darm-Krankheiten, Stoffwechselprobleme, Atemwegserkrankungen und seelische Probleme können hier erfolgreich angegangen werden. Dazu werden klassische Anwendungen wie Moor und Fango, Trink- und Badekuren, Kneipp- und Schroth-Kuren mit Therapieformen wie Autogenes Training kombiniert. In Zeiten von Well- und Fitness gibt es darüber hinaus kaum ein größeres Hotel, das nicht eine Reihe entsprechender Angebote im Programm hätte, von Ayurveda über Heupackungen und diverse Diäten bis zur Thalasso-Therapie. Außer den regionalen und örtlichen Tourismusverbänden und -büros informiert der Bayerische Heilbäder-Verband (Rathausstraße 6 – 8, 94072 Bad Füssing, Tel. 0 85 31 / 97 55 90) über alle Orte, Angebote und die formellen Bedingungen für eine Kur.

# Literaturempfehlungen

**Land und Leute**

**Robert Roßmann (Hrsg.)**: Mythos Bayern. München 2004. Eine facetten- und faktenreiche Landeskunde. Ebenso liebevoll wie ironisch wird der »bayerische« Charakter erkundet.

**Georg Queri:** Kraftbayrisch. Wörterbuch der erotischen und skatologischen Redensarten der Altbayern (1912). dtv, München 1981. Für seine Einblicke in die Abgründe der bayerischen Volksseele wurde dem Journalisten (erfolglos) der Prozess gemacht.

**Johann Lachner:** 999 Worte Bayrisch. Eine kleine Sprachlehre für Zugereiste, Fremde, Ausländer und Eingeborene. München o. J. (um 1930). Immer noch der Klassiker unter den Bairisch-Lehrbüchern: zuverlässige Sprachwissenschaft und heitere Volkskunde in einem.

**Rudolph Moshammer:** Mein geliebtes München. München 2002. Als »Mosi«, skurriler Herrenausstatter, Ludwig-II.-Reinkarnation und Patron der Münchner Obdachlosen, 2005 zu Tode kam, trauerte die ganze Stadt.

**Rupert Hacker:** Ludwig II. in Augenzeugenberichten. München 1986
**Hans Nöhbauer:** Auf den Spuren Ludwigs II. München 1995
Zwei sehr informative Bücher für alle, die mehr über den Märchenkönig, seine Seelenwelt und seine Realität wissen wollen.

**Katharina Adler:** Lebenslandschaft Allgäu. Eggingen 2000. Eine Liebeserklärung an die »Heimat« und das Allgäu, ohne Verklärung und Mythos (Bild-Text-Band).

**Literarisches**

**Lena Christ:** Erinnerungen einer Überflüssigen (1912). Rumplhanni (1916). Leben »ganz unten« im Bayern des 19. Jh.s, bewegend und voller Sprachkraft geschildert.

**Carl Amery:** Die Wallfahrer. München 1987. Der urbayerische Linkskatholik und konservative Rebell über die unheilige Allianz zwischen klerikalen Organisationen und Politik in Bayern.

**Oskar Maria Graf:** Das bayerische Dekameron (1928, viele Ausgaben). Boshaft-frivole Schwänke um das ewige Thema Nummer eins.

**Ludwig Thoma:** Lausbubengeschichten (1905). Moral (1909). Jozef Filsers Briefwexel (1912). Drei unsterbliche bayerische Klassiker. Der »Briefwexel« ist allerdings schon für Bayern schwer zu lesen.

**Nicola Förg:** Schussfahrt. Köln 2003. Einer der besten aus der wachsenden Reihe von »Allgäu-Krimis«, Heimatkunde einmal anders.

# Medien

**Radio**

Bayern wird – außer von privaten Sendern wie Antenne Bayern und Radio Charivari – vom Bayerischen Rundfunk versorgt. Bayern 1 bringt Regionales und Volkstümliches, Bayern 2 Radio ist der Feuilleton-Kanal mit interessanten Berichten und Magazinen, Bayern 3 der

»junge« Sender mit Popmusik; Bayern Klassik spielt klassische Musik, Bayern 5 bringt Nachrichten. Alle strahlen Verkehrsmeldungen aus, am aktuellsten sind Bayern 3 und Bayern 5.

**Zeitungen**

Alle Zeitungen bringen, vor allem zum Wochenende, Informationen wie Kinoprogramme, Veranstaltungshinweise und Ausflugstipps. In München erscheinen die Süddeutsche Zeitung, die bedeutendste überregionale Zeitung Deutschlands, und der regional orientierte Münchner Merkur. Beide haben ihre Münchner Boulevard-Ableger (Abendzeitung, tz) und Regionalausgaben für praktisch das ganze südliche Oberbayern. Im Allgäu beherrscht die zur Augsburger Allgemeinen gehörende Allgäuer Zeitung (Sitz in Kempten) mit ihren Lokalausgaben (»Heimatzeitungen«) die Szene. Die Lindauer Zeitung gehört zur Schwäbischen Zeitung (Leutkirch).

# Museen

**Besuch**

Ein Großteil der Museen legt den Ruhetag auf Montag. Viele Einrichtungen in kleinen Orten schließen außerhalb der Hauptreisezeiten oder sind dann nur am Wochenende geöffnet. Kinder, Schüler, Studenten, Arbeitslose und Senioren bekommen meist Ermäßigung. OberbayernCard ►S. 96.

**Infopoint München**

Die ganze Fülle der Museen in Bayern erschließt der Infopoint in München, der von der Landesstelle für die nichtstaatlichen Museen in Bayern zusammen mit den großen staatlichen Einrichtungen unterhalten wird. Hier bekommt man Infos und Tipps aller Art. Infopoint Museen & Schlösser, Alter Hof 1, 80331 München, Tel. (0 89) 21 01 40-50 (Mo.–Sa. 10.00–18.00 Uhr), www.museen-in-bayern.de.

# Notrufe

- **Polizei**
  Tel. 110
- **Notarzt / Feuerwehr**
  Tel. 112
- **Bergrettung**
  Tel. 112
- **ADAC-Pannendienst**
  Tel. 01802 22 22 22
  Vom Mobiltelefon ohne Vorwahl.
- **ACE-Pannendienst**
  Tel. 01802 34 35 36
- **AvD-Pannendienst**
  Tel. 0800 9 90 99 09

# Post und Telekommunikation

**Öffnungszeiten** Die Filialen der Deutschen Post haben unterschiedliche Öffnungszeiten, als Kernzeit kann 8.30 – 12.00, 14.00 – 17.00, Sa. 9.00 – 12.00 Uhr gelten. Nur in großen Städten und auf dem Münchner Flughafen gibt es Filialen, die durchgehend bzw. länger geöffnet sind.

**Telefonieren** Öffentliche Telefone sind fast ausschließlich mit Karten nützbar. Das Mobilnetz ist zwar gut ausgebaut, dennoch kann es in engen Tälern und abgelegenen Regionen der Alpen zu Funklöchern kommen.

**Internet** Viele Hotels bieten einen Internet-Zugang über einen Anschluss oder einen Hotspot an. Außer in München sind die Cafés, in denen man gegen Gebühr surfen und E-Mails schreiben kann, dünn gesät. Eine Liste ist unter www.worldofinternetcafes.de zu finden.

# Preise und Vergünstigungen

**Essen** Bewährte Einheiten für den Vergleich sind die Preise für die »Grundnahrungsmittel« Schweinsbraten und Bier. In einer normalen, guten Wirtschaft kostet ein Schweinsbraten mit Knödel und Krautsalat etwa 7 – 10 €, die Halbe Bier 2,80 – 3,50 €; touristische oder szenige Etablissements verlangen gerne 12 – 14 bzw. 3,50 – 4,50 € und mehr. Man muss dazu sagen, dass der Schweinsbraten immer der (teils bei weitem) billigste Hauptgang ist. Das gilt auch für München und seinen Speckgürtel; hier sind die Preise im Allgemeinen ein wenig höher, jedoch keineswegs in dem vielleicht erwarteten Maß.

**OberbayernCard** Inhaber dieser vom Tourismusverband Oberbayern herausgegebenen Chipkarte erhalten für über 100 touristische Einrichtungen und Angebote Ermäßigung, wie Bergbahnen, Führungen, Bäder, Museen, Theater, Schiffsfahrten, kulturelle Veranstaltungen u. v. m.; ausgenommen sind jedoch die staatlichen Schlösser – d. h. auch Attraktio-

## WAS KOSTET WIE VIEL?

**Einfaches Doppelzimmer**
ab 60 €

**Einfache Mahlzeit**
ab 5 €

**Drei-Gänge-Menü**
ab 20 €

**0,2 l Wein**
3 – 6 €

**1 Tasse Kaffee**
1,50 – 2 €

nen wie Neuschwanstein, Linderhof und Herrenchiemsee – und die Schiffe der Bayerische Seenschifffahrt (Starnberger See, Ammersee, Tegernsee, Königssee). Es gibt sie in drei Versionen: für 48 Std., 3 frei wählbare Tage in 2 Wochen oder 6 Tage im Jahr. Der »Freizeitführer« verzeichnet alle teilnehmenden Betriebe. Zu bekommen ist die OberbayernCard in den Tourismusbüros.

Allgäu-Walser-Card

Die kostenlose Gästekarte des Oberallgäus und des Kleinwalsertals (Oberstdorf gibt eine Spezialversion heraus) umfasst eine große Zahl von Gratisleistungen und Ermäßigungen, u. a. auch für Bahnen und Parkplätze. Zu bekommen bei den Gastgebern.

Übernachten

► dort

Bahnfahren

► Verkehr

# Reisezeit

Ein Ziel für alle Jahreszeiten

Das südliche Bayern hat fast immer Saison. Im Frühling, wenn frisches Grün das Land überzieht und das Wetter einigermaßen sonnig ist, kann man im Vorland wandern und Rad fahren, besonders schön ist die Obstblüte in der zweiten Aprilhälfte am Bodensee und bei Bad Feilnbach. Im Juni wird es auch in höheren Lagen Frühling. Für hochalpine Bergwanderungen muss man jedoch bis in den Sommer (Juli) warten; die beste Zeit ist August bis Oktober. Die Monate Juli – September sind natürlich Hauptreise- und Ferienzeit, an den Seen und in den Alpentälern wird es dann ziemlich turbulent. Die Herbstwochen ab Mitte / Ende September eignen sich mit beständigem Wetter, guter Fernsicht und zauberhaften Farben wieder besonders für Wander- und Radtouren. Die Wintersaison dauert von Weihnachten bis März, als schneesicherster Monat in den bayerischen Alpen gilt der Februar. In der Zwischensaison, den vom Wetter benachteiligten Wochen zwischen Ende Februar und Ostern sowie zwischen Ende Okt. und Weihnachten, ist es besonders ruhig; viele Hotels bieten preiswerte Pauschalen an, ideal für Menschen, die ausspannen und etwas für die Gesundheit tun wollen.

# Shopping

Trachten

Das schönste (und teuerste), was man aus einem Oberbayernurlaub mitbringen kann, ist ein Trachtenanzug oder eine Kombination von **Lodenjoppe** und **Lederhose** (als Kniebundhose oder Kurze) bzw. ein

**! Baedeker TIPP**

**Königliche Krawatten**

Wer ein »bayerisches«, aber feineres, geschmackvolles Mitbringsel sucht, wird in den Läden der Schlösser und der Museen zur bayerischen Geschichte fündig, z. B. in der Residenz oder im Bayerischen Nationalmuseum in München.

einfaches oder festliches **Dirndl.** Allerdings ist nun wirklich nicht jeder der Typ für ein alpenländisches Outfit, und außerhalb Bayerns wirkt man damit ziemlich exotisch. Wer trotzdem etwas in dieser Richtung sucht, fährt gut mit einem bayerisch angehauchten Lodenmantel/-janker oder einem vereinfachten Dirndl. Man sollte beim Einkauf aber darauf hinweisen, dass man keine »Landhausmode« sucht – die hat mit Tracht nichts zu tun. In München haben die Kaufhäuser Trachtenabteilungen, daneben gibt es, wie fast in allen größeren Orten, Spezialgeschäfte. Wer es besonders edel haben will, kann sich nach Maß eine handbestickte Lederhose oder ein Dirndl anfertigen lassen.

**Kunsthandwerk**

Oberammergau ist für seine Holzschnitzereien berühmt, Dießen für seine Gegenstände aus Zinn und Keramik. In Murnau kann man Hinterglasmalerei erstehen, wunderbar bemalte Puppen und filigrane Spanschachteln gibt es in Berchtesgaden (»Berchtesgadner War«).

**Kulinarisches**

Geistreiche Spezialitäten sind der echte Enzian aus Berchtesgaden und der mehr oder weniger alkoholische Likör aus Ettal. Gute Obstschnäpse werden am Bodensee und in Bad Feilnbach gemacht. Kurzlebig, aber für die Freunde zu Hause interessant wären ein paar Flaschen dunkler Doppelbock aus Andechs. Die Sennereien verpacken ihren herrlichen Rohmilchkäse auch gerne unter Vakuum.

# Sport & Fun

Urlaub in den bayerischen Alpen und ihrem Vorland, das heißt in erster Linie mehr oder weniger sportliche Betätigung in schönster Landschaft. Ob man es gemütlich angehen lassen oder sich so richtig austoben will, den Möglichkeiten sind praktisch keine Grenzen gesetzt. Wandern und Radfahren, Klettern und Skifahren, Windsurfen und Paragliding, Golfen und Reiten sind nur die wichtigsten. Die regionalen und lokalen Tourismusbüros geben Auskunft über das riesige Angebot und die vielen Veranstalter.

**Zuschauersport**

Fußballfans lassen einen Besuch der **AllianzArena** in München-Fröttmaning nicht aus, in der die Clubs FC Bayern und TSV 1860 ihre Matches austragen. Auf der **Pferderennbahn** in München-Riem treffen sich nicht nur passionierte Wetter. Den **Eishockey** dominierten viele Jahrzehnte die Vereine SC Riessersee, EC Bad Tölz, EV Füssen (heute Bundesleistungszentrum) und SB Rosenheim; auch wenn sie nicht mehr in der Bundesliga spielen, sind sie immer für spannende Kämpfe gut. Die Wettbewerbe im **Alpinskilauf**, im **Langlauf/Biathlon** und im **Skispringen** (v. a. in Oberstdorf und Garmisch-Partenkirchen bei der Vierschanzentournee) sind große Events. Die Hochburg des Eisschnelllaufs ist Inzell, Oberstdorf ist das Bundesleistungszentrum für den Eiskunstlauf.

**Angeln**

Das südliche Bayern verfügt über fischreiche Bäche und Flüsse, Weiher und Seen. Zum Angeln benötigt man den staatlichen Fischereischein und einen Erlaubnisschein für das Fischwasser, den man meist bei den Tourismusbüros erhält. Diese informieren auch über Fischbestände, Fangzeiten und weitere Vorschriften.

**Badeseen**

Viele idyllische Weiher und Seen laden in Oberbayern und im Allgäu zum Bade. Allein über 100 Gewässer werden vom Bayerischen Landesamt für Gesundheit nach EU-Richtlinien überwacht, die nicht nur sauberes Wasser verlangen, sondern auch freie Zufahrt und Parkplätze, sanitäre Einrichtungen, Kioske/Geschäfte, Überwachung durch Rettungsschwimmer und Erste-Hilfe-Stationen. Badeplätze sind in den Topographischen Karten (►S. 108) verzeichnet.

**Baden in Flüssen**

Trotz (bzw., bei sommerlicher Hitze, wegen) der niedrigen Wassertemperatur sind auch die Flüsse beliebte Badeplätze. Zwar hat sich die Wasserqualität stark verbessert, viele Flussabschnitte wurden auch wieder zu naturnahen Lebensräumen für Pflanzen und Tiere; doch schwankt die Wasserqualität erheblich, und Badeverbote sollten beachtet werden. Besser ist die Situation an der Isar aufgrund der natürlichen Verhältnisse und der strikten Abwasserreinigung. Ein erhöhtes Infektionsrisiko besteht hier v. a. nach starken Regenfällen.

**Ballonfahren**

Über den Allgäuer Bergen, den Königsschlössern oder dem Fünf-Seen-Land zu schweben, ist immer ein eindrückliches Erlebnis. Zwischen Lindau und Berchtesgaden gibt es eine große Zahl von Veranstaltern. Einige bewährte Adressen: Bavaria Ballonfahrten, 87637 Seeg, Tel. (0 83 64) 98 60 68, www.bavaria-ballon.de; Ballonsport Alpin, 87527 Sonthofen, Tel. (0 83 21) 70 91, www.ballonsport-alpin.de; Jonathan Ballooning, 83339 Chieming, Tel. (0 86 69) 79 09 80, www.jonathan-ballooning.de. Weitere ►S. 355.

**Bergsport**

►Wandern und Klettern

**Drachen- und Gleitschirmfliegen**

Insbesondere die Berge am Nordrand der Alpen bieten herrlichste Flugmöglichkeiten, und viele sind mit Seilbahnen zu erreichen. Die beliebtesten Startberge, von West nach Ost: Hochgrat (Oberstaufen), Breitenberg (Pfronten), Tegelberg (Schwangau), Wank u. a. (Garmisch-Partenkirchen), Jochberg (Kochel), Brauneck (Lenggries), Wallberg (Rottach-Egern), Wendelstein (Bayrischzell), Hochries (Samerberg-Grainbach), Kampenwand (Aschau), Rauschberg (Ruhpolding). Wer einmal als Passagier Herzklopfen bekommen oder es selber lernen will, kann unter einer ganzen Reihe von Veranstaltern und Schulen wählen. Info beim Deutschen Hängegleiterverband.

**Motor- und Segelflug** Von Lindau-Wildberg, Kempten-Durach, Bad Wörishofen, Jesenwang, Unterwössen und Salzburg aus kann man sich die Pracht, von den Seen über die Königsschlösser bis zur Zugspitze, von oben ansehen, auch im gecharterten Flieger oder als Passagier (► S. 103).

**Floßfahrten** Auf der Isar fahren Flöße zwischen Anfang Mai und Mitte September (Näheres ► Wolfrathausen). Wochenendtermine für Gruppen sind oft über Monate hinweg ausgebucht, Chancen für ein kurzfristiges Floßvergnügen bestehen unter der Woche. Vermietet werden meist ganze Flöße, aber auch Einzelbuchungen sind möglich.
Etwas für Naturfreunde ist die geruhsame Fahrt durch das malerische Landschaftsschutzgebiet an der oberen Alz von Seebruck nach Truchtlaching, zwischen Anfang Juli und Anfang Oktober. Vermietet werden nur ganze Flöße (bis 30 bzw. 60 Personen).

**Golf** In traumhaft schöner Landschaft zu spielen macht doppelt Spaß. Im Alpenvorland, in den Bergtälern, ja selbst auf verschneiten Bergplateaus gibt es eine große Zahl schöner Plätze. Eine Übersicht vermitteln die Golf-Journal-Spezialhefte »Golf in Bayern« und »Golf im Allgäu«, die »40 schönsten« stellt der GolfGuide Bayern vor (Verlag c/c/c). Im Allgäu haben sich einige Golfclubs und Hotels zur »Golfregion Allgäu« zusammengeschlossen (www.golfurlaub-allgaeu.de).

**Radfahren** Das südliche Bayern bietet für jeden Geschmack das richtige Gelände, von gemütlichen Genusstouren bis zu schweißtreibenden Bergstrecken. Für Radurlauber ist hervorragend gesorgt. Der Allgemeine Deutsche Fahrradclub (ADFC) zertifiziert **radlerfreundliche Hotels** und Gasthäuser (Verzeichnis »Bett & Bike« beim ADFC) und gibt viele wichtige Tipps rund ums Radeln, die regionalen und örtlichen Tourismusbüros informieren über schöne Routen. Fahrräder kann man in nahezu allen Ferienorten mieten, die DB bietet in Zusammenarbeit mit lokalen Firmen **Vermietstationen** in München und vielen anderen Orten (Adressen unter http://www.bahn.de/p/view/service/fahrrad/rad_vermiet.shtml, Tel. 01805 99 66 33). Info für die **Fahrradmitnahme im Zug** unter www.bahn.de/fahrrad-bayern.

Fernradwege ► Die landschaftlichen und kulturellen Schätze lassen sich auf Fernrouten »er-fahren«: Bodensee-Königssee-Radweg (Lindau – Berchtesgaden, 415 km, www.bodensee-koenigssee-radweg.de), Allgäu-Radweg (Isny – Schongau, ca. 120 km), Ammer-Amper-Radweg (Oberammergau – Moosburg, 115 km), Ammersee-Radweg (100 km, Bad Wörishofen – München), Radlring München (170 km rund um die Landeshauptstadt), Isar-Radweg (Mittenwald – Moosburg, ca. 190 km; bis Niederalteich 300 km), Inn-Radweg (von Kiefersfelden bis Marktl ca. 150 km, bis Passau 250 km) und viele andere mehr. Der

*Wenn man erst einmal in der Luft ist … (Am Wallberg beim Tegernsee)*

**Benediktweg** folgt als von Altötting ausgehender Rundweg den Spuren von Papst Benedikt XVI. im Südosten Oberbayerns (248 km; siehe auch Touren, S. 122). Informationen gibt das »Bayernnetz für Radler« (www.bayerninfo.de), bei dem auch Übersichtskarten, Tourenplaner, gpx-, ovl- und mdb-Daten etc. erhältlich sind. Radkarten und Radtourenführer zu jeder Gegend gibt es im Buch- und Zeitschriftenhandel der Touristenorte.

**Reiten**

Gelegenheit zum Reiten gibt es an vielen Orten, für Reitferien wie für gelegentliche Ausritte, mit dem eigenen oder einem gemieteten Pferd. Über die Angebote, z. B. für Kinder, informiert außer den Tourismusbüros der Bayerische Reit- und Fahrverband.

**Segeln und Windsurfen**

Die große Zahl von kleineren und größeren Seen sind hervorragende Reviere für Segler und Windsurfer. Bei Letzteren genießt der Walchensee wegen seiner Windverhältnisse einen besonderen Ruf. Schulen und Boots- bzw. Board-Verleihe gibt es fast überall. Berüchtigt ist der plötzliche **Wetterumschwung** aufgrund der Nähe zu den Bergen; die Sturmwarnung ist unbedingt zu beachten: 40 Blitze / Min.: Vorwarnung, starke Böen möglich, Wetter beobachten; 90 Blitze / Min.: unmittelbare Sturmgefahr, See sofort verlassen.

**Wildwasserfahren**

Die Flüsse in den Alpen – Iller, Ostrach, Loisach, Partnach, Isar, Tiroler Achen etc. –, aber auch Strecken im Vorland (v. a. die Ammerschlucht) stellen ausgezeichnete Reviere für Kajak- und Schlauchbootabenteurer. Informationen gibt G. Burghart, Kanu-Wanderführer für Bayern, hrsg. vom Deutschen Kanuverband (2005).

**Wandern**

►Wandern und Klettern

**Wintersport** Der größte und bekannteste Wintersportort im **Allgäu** ist Oberstdorf mit dem Nebelhorn (Talabfahrt 7,5 km!) und Fellhorn/Kanzelwand, zur Abwechslung geht man ins Kleinwalsertal. Oberstaufen besitzt ein gutes Skigebiet an Hündle und Hochgrat. Beide Orte haben auch in puncto Après-Ski einen Ruf. Die weiteren Areale – v. a. Hindelang-Oberjoch, Balderschwang, Fischen, Grünten und Pfronten/Nesselwang (Breitenberg) – eignen sich gut für Familienferien. Langläufer finden im Allgäu ein vorzügliches Revier: Oberstdorf im Illertal mit Loipen zwischen Sonthofen und Spielmannsau, Superloipe Alpsee – Waldsee (Oberstaufen), Balderschwanger Tal, Hintersteiner Tal, Grüntensee u. a. m. In **Oberbayern** konzentrieren sich die Abfahrtspisten in vier Gruppen: Garmisch-Partenkirchen/Mittenwald mit der Zugspitze, das Oberland zwischen Lenggries und dem Wendelstein, Chiemgau mit Reit im Winkl, Berchtesgadener Land. Die beiden Ersteren genießen das »Privileg«, von München aus mit Auto oder Zug in etwa 1 Std. erreichbar zu sein, weshalb sie an Wochenenden meist rappelvoll sind (wegen der großen Kapazitäten ist's unter der Woche umso angenehmer). Auf dem Zugspitzplatt dauert die Saison etwa von Nov. bis Mai. Die Kandahar in Garmisch, die Karwendel-Abfahrt in Mittenwald und die Laber-Abfahrt in Oberammergau gelten als die knackigsten Pisten. Brauneck (Lenggries), Wallberg (Tegernsee), Spitzingsee und Sudelfeld/Wendelstein (Bayrischzell), die Reviere des Oberlands, bieten für alle Ansprüche etwas; bei Reit im Winkl im Chiemgau fühlen sich auf Winklmoosalm und Steinplatte v. a. Genussfahrer wohl. Das prächtige Berchtesgadener Land ist mit Alpinpisten bemerkenswert schlecht versorgt, dafür gilt der Jenner als Skiberg für Könner. Die langen, idyllischen Täler Oberbayerns erfüllen alle Wünsche von Langläufern, hier nur einige Highlights:

*Schneeschuhwandern erfreut sich zunehmender Beliebtheit.*

Graswangtal (Ettal/Linderhof) und Ammertal (Oberammergau), Isar- und Loisachtal, Jachenau (bei Lenggries), Weißachtal (Kreuth), 40 km lange Chiemgau-Marathonloipe zwischen Inzell und Reit im Winkl. Die gemütlichen oder rasanten Rodelbahnen, die es in großer Zahl gibt, finden bei Jung und Alt viel Zuspruch, und auf den vielen Seen und Weihern frönt man dem Eisstockschießen.

## INFORMATIONEN SPORT & FUN

### FLOSSFAHRTEN

► **Isar für Gruppen**
Michael Angermaier
83646 Arzbach
Tel. (0 80 42) 12 20
www.isarflossfahrten.de

Josef Seitner
82515 Wolfratshausen
Tel. (0 81 71) 7 85 18
www.flossfahrt.de

F. & R. Seitner
82515 Wolfratshausen
Tel. (0 81 71) 1 83 20
www.flossfahren.de

IPS München Events
Tel. (0 89) 8 71 23 99
www.isarflossfahrt.de
Einzelgäste für Fr.–So.

► **Isar für Einzelgäste**
Schrall IT & Event
Tel. (0 81 71) 4 83 19-0
www.flossfun.de

Freizeit-Spezial Hinreiner
Tel. (0 80 62) 42 96
www.freizeit-spezial.de

► **Alz**
Georg Niedermaier
Chiemseestr. 12
83376 Truchtlaching
Tel. (0 86 67) 5 08
www.alzflossfahrt.de

### FLUGSPORT

► **Luftsportverband Bayern**
Prinzregentenstr. 120
81677 München
Tel. (0 89) 45 50 32-0
www.lvbay.de

► **Deutscher Hängegleiterverband**
Postfach 88, 83701 Gmund
Tel. (0 80 22) 96 75-0
www.dhv.de

► **Deutsche Alpensegelflugschule**
Windseestr. 45, 83246 Unterwössen
Tel. (0 86 41) 69 87 87
www.dassu.de

► **Rundflüge**
*Lindau-Wildberg*
Franz Schnell, Tel. (0 83 89) 2 71
*Kempten-Durach*
Deutscher Alpenflug
Tel. (08 31) 5 70 04 14
*Bad Wörishofen*
Classic Wings Bavaria
Tel. 0700 35 92 52 77
*Jesenwang*
Air Charter Tel. (0 81 46) 14 44
*Salzburg*
Airlink Tel. (0043 / 662) 85 08 63-0

### GOLF

► **Bayerischer Golfverband**
Georg-Brauchle-Ring 93
80991 München
Tel. (0 89) 15 70 22 31
www.bayerischer-golfverband.de

## RADFAHREN

▶ **Bayernnetz für Radler**
www.bayerninfo.de

▶ **ADFC Bayern**
Kardinal-Döpfner-Str. 8, 80333 München, Tel. (0 89) 9 09 00 25-0
www.adfc-bayern.de

## REITEN

▶ **Bayerischer Reit- und Fahrverband e. V.**
Landshamer Str. 11
81929 München
Tel. (0 89) 92 69 67-250
www.brfv.de

# Übernachten

**Hotels und Gasthöfe**

Preiskategorien s. S. 11

Das Angebot an Nächtigungs- und Wohnmöglichkeiten lässt keine Wünsche offen, vom schlichten Landgasthof bis zum Fünf-Sterne-Wellness-Verwöhn-Hotel. Wie in allen Feriengebieten schwanken die Preise mit den Reisezeiten. Häufig wird für eine Übernachtung ein Aufschlag verlangt oder umgekehrt ab drei Übernachtungen ein Nachlass gewährt. Viele Betriebe bieten preisgünstige Pauschalarrangements in Verbindung mit Gesundheits-, Sport- oder Kulturprogrammen. Beachten: Zu Zeiten des Oktoberfests und während der Großmessen in München verlangen die Hotels im Großraum München (dazu zählt auch das Fünf-Seen-Land) deutlich höhere Preise.

**Ferienwohnungen und Privatzimmer**

Sehr beliebt und groß ist das Angebot an preiswerten Ferienwohnungen und Privatzimmern, die Häuser werden in den Broschüren der Tourismusbüros vorgestellt. Frühzeitige Anmeldung ist immer ratsam, besonders aber für die Ferienzeiten.

**Kurtaxe**

In den Kurorten kommt zum Übernachtungspreis eine Kurtaxe hinzu, aus deren Erlös allgemeine Einrichtungen wie Bibliotheken, Wanderwege und Buslinien unterhalten werden, die ggf. für Inhaber der Gästekarte gratis oder zu ermäßigten Preisen zu benutzen sind.

**Jugendherbergen**

Die deutschen Jugendherbergen bieten nicht nur preiswerte Übernachtung, sondern auch ein reichhaltiges Ferienprogramm. Erwachsene ab dem 27. Lebensjahr werden in bayerischen Jugendherbergen nur einzeln und »nachrangig« aufgenommen (d. h. wenn genug Platz ist); ausgenommen sind Erwachsene mit mindestens einem Kind.

**Ferien auf dem Bauernhof**

Nicht nur Familien mit Kindern fühlen sich auf einem Bauernhof wohl. Diese Urlaubsform ist nicht nur preiswert, man ist auch viel näher an der Natur und den Menschen dran. Angeboten werden sowohl Zimmer als auch Ferienwohnungen. Informationen geben die Tourismusbüros, der Landesverband »Urlaub auf dem Bauernhof in Bayern«, Verzeichnisse diverser Verlage (im Buchhandel) und die gute private Website www.bauernhofurlaub.de.

## INFORMATIONEN ÜBERNACHTEN

**BAUERNHOFURLAUB**

- **Landesverband »Urlaub auf dem Bauernhof in Bayern«**
  Max-Joseph-Str. 7 a
  80333 München
  Tel. (0 89) 55 87 36 70
  www.bauernhof-urlaub.com

- **DLG-Verlagsgesellschaft**
  Eschborner Landstr. 122
  60489 Frankfurt a. M.
  Tel. (0 69) 2 47 88-451
  http://shop.dlg-verlag.de

**JUGENDHERBERGEN**

- **Deutsches Jugendherbergswerk**
  Landesverband Bayern e. V.
  Mauerkircherstr. 5
  81679 München
  Tel. (0 89) 92 20 98-555
  www.jugendherberge.de

**Camping und Caravaning**

Im südlichen Bayern gibt es zahlreiche Campingplätze an landschaftlich schönen Stellen, viele stellen Plätze für Dauercamper zur Verfügung. Je nach Laune kann man einen Platz wählen, der Ruhe und Erholung, Gelegenheit zum Baden und/oder möglichst viel Unterhaltung bietet. Informationen geben die Camping- und Stellplatzführer des ADAC und des ACSI (Hallwag-Verlag).

# Verkehr

## Straßenverkehr

**Hohes Verkehrsaufkommen**

Die Autobahnen um München, von München nach Garmisch, Kufstein und Salzburg sowie die Autobahnen/Bundesstraßen im Raum Kempten/Sonthofen/Füssen sind stark frequentiert, zu Urlaubszeiten sind kilometerlange Staus die Regel. An Wochenenden sorgt der Ausflugsverkehr für Belastung, am Samstagvormittag (etwa 8 – 11 Uhr) von München nach Süden zu den Seen und in die Berge, am späten Sonntagnachmittag (ab etwa 16/17 Uhr) in umgekehrter Richtung.

**Parken**

In der Münchner Innenstadt und in den bekannten Urlaubsorten (sofern nicht ganz für den Verkehr gesperrt) ist Parkraum knapp bzw. nur in teuren Parkhäusern zu finden. Oft wurden große Parkflächen an den Ortsrändern angelegt.

## Bahnverkehr

**Großraum München**

Das zum Münchner Verkehrs- und Tarifverbund (MVV) gehörende S-Bahn-Netz der DB erschließt die Umgebung der Landeshauptstadt

*Schiffchenfahren gehört auf den bayerischen Seen zum Programm.*

im 20-/40-Min.-Takt. Ausflugsziele, die per S-Bahn zu erreichen sind v. a. Herrsching am Ammersee, Tutzing am Starnberger See, Schäftlarn/Wolfratshausen, Dachau und Freising.

**Deutsche Bahn** Die Hauptstrecken mit München im Zentrum sind Buchloe – Memmingen – Lindau (über Leutkirch oder via Kempten – Immenstadt – Oberstaufen), Rosenheim – Kufstein (– Innsbruck) und Rosenheim – Traunstein (– Salzburg). Von ihnen zweigen ab: Buchloe – Füssen, Kempten – Pfronten – Reutte in Tirol – Garmisch-Partenkirchen (die reizvolle Außerfernbahn über österreichisches Gebiet), München – Weilheim – Garmisch – Mittenwald – Innsbruck (mit Abzweig nach Oberammergau), Prien – Aschau, Traunstein – Ruhpolding, Freilassing – Berchtesgaden. Von Ulm gelangt man über Memmingen – Kempten nach Oberstdorf. Die Regionalzüge verkehren größtenteils im Stundentakt mit optimierten Umsteigemöglichkeiten. Preiswert fährt man mit dem Schönes-Wochenende-Ticket, dem Bayern-Ticket, dem Oberallgäu-Ticket und dem Werdenfels-Ticket. In den meisten Nahverkehrszügen in Südbayern ist die Fahrradmitnahme nicht kostenlos (Info Tel. 01805 99 66 33).

**Bayerische Oberlandbahn** Die Bayerische Oberlandbahn (BOB) fährt vom Münchner Hauptbahnhof nach Tegernsee, Bad Tölz / Lenggries und Bayrischzell. Sparne kann man mit BOB-MVV-Ticket, Oberland-Ticket und Mehrfahrten-Ticket. Die Fahrradmitnahme ist nicht kostenlos; die Tageskarte Bayern der DB gilt auch in der BOB und im MVV.

## Museumsbahnen

Historische Züge mit einer Tenderlok aus dem Jahr 1936 verkehren an einigen Sonntagen in Juni/Juli zwischen Tegernsee und Holzkirchen. Auskunft Bahnhof Tegernsee, Tel. (0 80 22) 93 79 65.

**Tegernsee-Bahn**

Im Sommer verbindet die älteste Dampfstraßenbahn der Welt (1887) den Bahnhof Prien mit dem Hafen in Stock. Info: Chiemsee Schifffahrt.

**Chiemsee**

Mit mittelaltem Gerät befährt die Chiemgauer Lokalbahn Mai – Anf. Okt. an Sonn- und Feiertagen die Strecke Bad Endorf – Obing. Info www.chiemgauer-lokalbahn.de, Tel. (0 86 21) 6 49 99 64.

**Chiemgau**

Die Wachtl-Bahn befördert Ausflügler mit zwei Krokodil-E-Loks von 1927/1928 auf dem 900-mm-Gleis eines Zementwerks zwischen Kiefersfelden und Wachtl nahe Thiersee in Tirol. Betriebstage Juli – Anf. Okt. Sa./So., Info unter www.wachtl-bahn.de und beim Verkehrsamt Kiefersfelden (►S. 222).

**Kiefersfelden**

## INFORMATIONEN VERKEHR

### BAHNEN

► **Deutsche Bahn**
►S. 81
www.bahnland-bayern.de

► **Münchner Verkehrsverbund**
►S. 260

► **Bayerische Oberlandbahn**
Service Tel. (0 80 24) 99 71 71
www.bayerischeoberlandbahn.de

### BUSSE

► **Regionalbus Augsburg (RBA)**
Tel. 01805 72 22 87
www.rba-bus.de

► **Regionalverkehr Allgäu (RVA) Regionalverkehr Oberbayern (RVO)**
Zentrale Tel. (0 89) 5 51 64-0
www.rvo-bus.de

► **Regionalbus Ostbayern (RBO)**
Tel. (09 41) 60 00-0, www.rbo.de

### SEENSCHIFFFAHRT

► **Bayerische Seenschifffahrt (Ammersee, Starnberger See, Tegernsee, Königssee)**
Seestraße 55
83471 Schönau am Königssee
Tel. (0 86 52) 96 36-0
www.seenschifffahrt.de

► **Chiemsee Schifffahrt**
Seestraße 108
83209 Prien
Tel. (0 80 51) 6 09-0
www.schiffahrt-chiemsee.de

► **Forggenseeschifffahrt**
87629 Füssen
Tel. (0 83 62) 92 13 63
www.tourismus-fuessen.de

► **Bodensee-Schiffsbetriebe**
Schützingerweg 2 (am Hafen)
88131 Lindau
Tel. (0 83 82) 2 75 84-0
www.bsb-online.com

### Busverkehr

Orte ohne Bahnanschluss werden von den Bussen der Regionalverkehrsgesellschaften RBA, RVO, RVA und RBO versorgt, die aus den früheren Bahn- und Postbusnetzen hervorgingen.

### Schiffsverkehr

In der schönen Jahreszeit bieten die Schiffsbetriebe außer ihrem Linienverkehr die unterschiedlichsten Sonderfahrten an: Mondschein-, Tanz-, Disco-, Volksmusik-, Gourmetfahrten etc. Auf Chiemsee, Tegernsee und Königssee verkehren die Schiffe ganzjährig (im Winter mit reduziertem Fahrplan und nach Möglichkeit). Auf dem Starnberger See und dem Ammersee macht man von Mitte Okt. bis Ostern Winterpause, auf dem Forggensee von Anfang Okt. bis Ende Mai, auf dem Bodensee von Mitte Okt. bis 1. April.

## Wandern und Bergsteigen

**Wanderkarten** Die beste Grundlage sind die Topographischen Karten des Bayerischen Landesvermessungsamts im Maßstab 1 : 50 000, vor allem die »Umgebungskarten« (Reihe UK) mit touristischen Informationen (Wander- und Radwege, UTM-Gitter, Naturdenkmäler, Schlösser, Burgruinen, Golfplätze etc.). Für Bergwanderungen sind die detaillierten Karten im Maßstab 1 : 25 000 (Reihe TK 25 N/W) sehr wertvoll. Ein großes Programm von Wanderkarten führt der Kompass-Verlag Innsbruck (www.kompass.at). Ihr Nachteil ist die oft schematische Darstellung des Geländes, so dass sie für die Orientierung abseits markierter Wege weniger geeignet sind.

**Wanderführer** Die Führer des Deutschen Alpenvereins, das Standardwerk der alpinen Literatur und für anspruchsvolle Bergwanderungen unverzichtbar, erscheinen im Bergverlag Rother, München (www.rother.de). Rother bietet darüber hinaus ein großes, differenziertes Programm handlicher Führer für alle möglichen Aktivitäten, vom Bergwandern übers Rad- bis zum Schlittenfahren. Gute Freizeitführer bringt der Verlag Bruckmann (München) heraus; gut gemacht sind auch die Führer des Kompass-Verlags. Darüber hinaus können die Buchhandlungen der Region mit Ratgebern für die unterschiedlichsten Interessen (z. B. Wirtshauswandern, Bier & Barock etc.) dienen. Es ist übrigens sinnvoll, verschiedene Führer zu einem Gebiet zu Rat zu ziehen, da sie sich in Auswahl und Anlage der Touren selten überschneiden.

**Weitwanderwege** Ein echter »Königsweg« ist der **Maximiliansweg** (360 km) von Lindau zum Königssee, benannt nach König Maximilian II., der im Jahr 1858 etwa auf dieser Route den Südteil seines Reichs kennen lernte.

*Schönste Wanderreviere – wie das Murnauer Moos – gibt es in großer Zahl.*

Einen königlichen Hintergrund hat auch der **König-Ludwig-Weg** von Berg am Starnberger See nach Neuschwanstein (120 km). Von Augsburg kommend durchquert der **Schwäbisch-Allgäuer Wanderweg** das Gebiet dieses Führers vom Kloster Irsee bis Sonthofen (100 km). Der Name des **Prälatenwegs** spricht für sich: Zwischen Marktoberdorf und Kochel am See (140 km) führt er durch den Pfaffenwinkel mit den herrlichsten Klöstern und Kirchen. Naturschönheiten genießt man auch auf dem **Lech-Höhenweg** (115 km), der von Zollhaus bei Landsberg an den Ufern des Lechs entlang nach Füssen verläuft. Auf dem **Münchner Jakobsweg** (250 km) wandert man von der Landeshauptstadt durch das Fünf-Seen-Land, den Pfaffenwinkel und das Allgäu nach Lindau am Bodensee. Der **Benediktweg** (250 km) verbindet als von Altötting ausgehender Pilger-Rundweg die Stätten der Kindheit und Jugend von Papst Benedikt XVI. Informationen über die Weitwanderwege geben die regionalen Tourismusbüros.

**Sicherheit in den Bergen**

Bergwandern und Klettern liegen »voll im Trend«, immer mehr (vor allem junge) Leute entdecken die Alpen. Allerdings nimmt auch die Zahl der alpinen Notfälle stark zu, wobei jedoch weniger die objektiven Gefahren des Geländes den Ausschlag geben, sondern schlechte Kondition, Unerfahrenheit und Selbstüberschätzung. Wer sich in die Berge begibt, sollte sich durch Training und Einholung von Informationen darauf einstellen. Besonders Anfänger sollten es vorsichtig angehen lassen; sehr sinnvoll ist es, beim Deutschen Alpenverein oder einer Bergschule einen Grundkurs mitzumachen. Das **Alpine Notsignal** ist immer noch wichtig: In 1 Minute 6 akustische oder optische

Zeichen in gleichmäßigem Abstand; 1 Minute Pause, dann wiederholen. Die Antwort besteht aus 3 Zeichen in der Minute.

**Ausrüstung** Auch bei leichten Bergwanderungen sollte bei der Ausrüstung ein Mindeststandard nicht unterschritten werden. Die unverzichtbare »Basis« sind hohe Bergstiefel mit steifer Profilsohle, und zwar eher zu schwer und fest als zu leicht und flexibel: Mit gut passenden Bergstiefeln geht man auch auf asphaltierten Straßen bequem, leichte, flexible Schuhe hingegen sind im rauen Gelände eine Tortur, von der Gefahr übler Zerrungen und Verstauchungen ganz zu schweigen. Als Schutz vor Wind, Kälte, Sonne, Regen und Schnee – das Wetter kann im Gebirge schnell umschlagen, selbst im Hochsommer kann es schneien – sind Pullover, Anorak, Mütze und Regenumhang notwendig. Mindestens 1 l Wasser und etwas Proviant gehören in den Rucksack, dazu Karte, Erste-Hilfe-Apotheke und Handy.

**Deutscher Alpenverein** Der Deutsche Alpenverein (DAV) ist eine Allround-Organisation für alles, was Aufenthalt und Betätigung in den Bergen angeht. Sein Programm an Kursen und Unternehmungen umfasst nicht nur den klassischen Bergsport in Sommer und Winter, sondern auch Trendiges wie Mountainbiken und Rafting. Auch für Familien und Kinder wird gut gesorgt. Im Bereich dieses Führers betreibt der DAV ca. 60 öffentlich zugängliche **Hütten**, die Mitgliedern und Nichtmitgliedern Verpflegung und Unterkunft, Informationen über Wetter und Wege sowie Hilfe bei Notfällen bieten.

In München unterhält der DAV das **Alpine Museum**, das Wissenswertes rund um die Alpen und das Bergsteigen vermittelt (geöffnet Di. – Fr. 13.00 bis 18.00, Sa./So. 11.00 bis 18.00 Uhr), mit hervorragender **Bibliothek** (Bücher, Führer, Karten, Zeitschriften; geöffnet Do. 12.00 – 19.00 Uhr), deren Katalog zur Recherche per Internet zugänglich ist.

*Klettersteig-Abenteuer – ein wenig Kitzel muss sein.*

## INFORMATIONEN WANDERN UND BERGE

► **Wandern**
www.wanderbares-bayern.de
www.fernwege.de
www.netzwerk-weitwandern.de

► **Deutscher Alpenverein**
Von-Kahr-Str. 2 – 4
80997 München
Tel. (0 89) 1 40 03-0
www.alpenverein.de

Alpine Auskunft
Tel. (0 89) 29 49 40

Alpines Museum
Praterinsel 5, 80538 München
Tel. (0 89) 21 12 24-0

► **Verband deutscher Berg- und Skiführer**
Bahnhofstraße 25
83646 Bad Tölz
Tel. (0 80 41) 79 38 60-6
www.bergfuehrer-verband.de

► **Bergwacht Bayern**
Am Sportpark 6, 83646 Bad Tölz
Tel. (0 80 41) 79 43 8-0
www.bergwacht-bayern.de

► **Wetterbericht**
Alpenvereinswetterbericht
Tel. (0 89) 29 50 70
Wetterberatung Innsbruck
Tel. (0043 / 512) 29 16 00

**Bergwacht** Die Bayerische Bergwacht stellt mit ihren ehrenamtlichen Helferinnen und Helfern den Rettungsdienst in den Alpen sicher.

**Bergschulen** Eine große Zahl von Bergschulen vermittelt die notwendigen Kenntnisse und veranstaltet Wander- und Klettertouren für alle Bedürfnisse. Die Adressen von Bergschulen und Bergführern in den bayerischen Alpen sind über den Verband deutscher Berg- und Skiführer und die Tourismusbüros zu bekommen.

# Touren

SANFTE WIESEN,
GROSSARTIGE GEBIRGE,
MALERISCHE SEEN,
BERÜHMTE BAU- UND
KUNSTWERKE: EINIGE VORSCHLÄGE FÜR
GENUSSREICHE TOUREN IN BAYERNS SÜDEN

# TOUREN IM ÜBERBLICK

**Lernen Sie die »Perlen« der bayerischen Alpen und ihres Vorlands kennen. Auf drei Routen, unter ihnen die Deutsche Alpenstraße, reihen sich wunderbare Landschaften, sehenswerte alte Städte, berühmte Schlösser und prächtige Kirchen. Nehmen Sie sich unterwegs auch Zeit für erlebnisreiche Ausflüge.**

**TOUR 1** **Deutsche Alpenstraße**
Vom Bodensee durchs Allgäu nach Neuschwanstein, eine Stippvisite zur Wieskirche im Pfaffenwinkel, über Oberammergau zum höchsten Gipfel Deutschlands, durchs malerische Oberland und den Chiemgau zur dramatischen Szenerie von Königssee und Watzmann: eine einzige, atemberaubende Folge von Höhepunkten. ► **Seite 116**

**TOUR 2** **Fünf-Seen-Land und Pfaffenwinkel**
Ein kleines Paradies auf Erden: einige der schönsten bayerischen Kirchen (nicht nur) aus Barock und Rokoko, zauberhafte Landschaft vor der eindrücklichen Kulisse der Berge. ► **Seite 120**

**TOUR 3** **Zwischen Chiemsee, Inn und Salzach**
Eine abwechlungsreiche Runde im Osten Oberbayerns, die – zum Teil auf den Spuren Papst Benedikts XVI. – durch schöne Landschaften und zu würdigen alten Städten führt. Auch Altötting, der älteste bayerische Wallfahrtsort, steht auf dem Programm. ► **Seite 122**

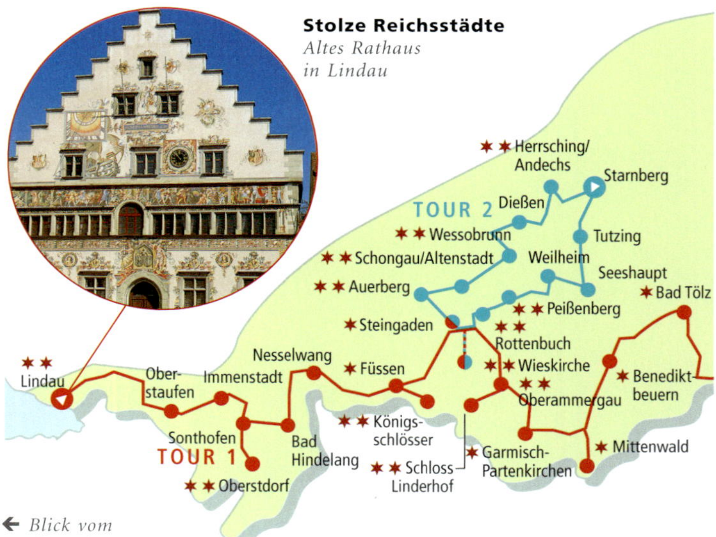


**Stolze Reichsstädte**
*Altes Rathaus in Lindau*

← *Blick vom Tegelberg bei Füssen*

# Im Alpenvorland unterwegs

**Das Auto mal stehen lassen!**

In unseren Zeiten ist man mit dem eigenen fahrbaren Untersatz unterwegs, mit Auto, Motorrad oder Campingmobil. Das ist am bequemsten und flexibelsten, sowohl für einen »nomadischen« Urlaub wie für Ausflüge und Erkundungen von einem festen Standort aus. Doch bringt das, besonders in den schmalen Tälern der Alpen, zu den Hauptreisezeiten auch Probleme mit sich: Zu viele sind es, die Bequemlichkeit und Flexibilität schätzen und sie damit verlieren, abgesehen von den negativen Effekten auf die Idylle, die wir doch so schätzen und gerade im Gebiet dieses Führers suchen. (Das Kleinwalsertal z. B. hat große Auffangparkplätze in Oberstdorf eingerichtet.) Daher hier der Appell, möglichst oft Bahn und Bus zu benützen. Das Streckennetz ist gut ausgebaut, und mit der Optimierung der Verbindungen durch Taktfahrpläne (Allgäu-Schwaben-Takt, Bayern-Takt) wurde der Reisegenuss deutlich verbessert. Der unmittelbare Gewinn ist das Urlaubsgefühl: sich ohne Parkplatz- und Stauprobleme chauffieren lassen, Zeit haben, auch viel zu Fuß gehen, und sich so stressfrei in der herrlichen Landschaft bewegen. Die im Folgenden vorgestellten Routen sind übrigens auch für Radreisen bestens geeignet (► S. 100), wobei man gegebenenfalls auf radelfreundliche Varianten und Nebenwege ausweicht.

**Berchtesgaden**
*unterm Watzmann, ein majestätisches Bild*

**Schlierseer Kirchtag**
*Hohe Festtage werden in schönen Trachten begangen.*

# Tour 1 Deutsche Alpenstraße

**Länge:** 535 km **Dauer:** 2 – 4 Wochen

**Die Deutsche Alpenstraße darf als »Königsweg« durch das südliche Bayern gelten. Auf über 500 Kilometer reihen sich traumhafte Landschaften, weltberühmte Kunstschätze und tausend Möglichkeiten, sich in herrlicher Natur zu bewegen.**

**Vom Bodensee nach Nesselwang**

Die Reise beginnt auf der zauberhaften Insel ❶ ✶✶ **Lindau**; nicht nur für die ehemalige Freie Reichsstadt, sondern auch für die idyllische Umgebung sollte man sich Zeit gönnen. Auf der B 308 geht es, mit schönem Blick auf den Pfänder, nach Scheidegg; unterwegs kurvt man die Serpentinen des Rohrachs hinauf. Nach der Stippvisite in **Lindenberg** hat man auf der Weiterfahrt wunderschöne Ausblicke zurück auf die Appenzeller Berge. Der Schroth-Kurort ❷ **Oberstaufen** ist Ausgangspunkt für Wandertouren über die ✶ **Nagelfluhkette**, auch Kunstfreunde werden in der Umgebung fündig. Durchs Tal der Konstanzer Ache und am Alpsee vorbei erreicht man ❸ **Immenstadt**, zusammen mit dem benachbarten ❹ **Sonthofen** das wirtschaftliche Zentrum am Eingang des Illertals. Lohnende Ausflüge führen auf den Grünten und ins Gunzesrieder Tal. ❺ ✶✶ **Oberstdorf** ist der größte und bedeutendste Ferienort des Allgäus, seine

**Lindau**
*Ferieninsel im Bodensee*

**Gipfelglück**
*Gerstruben mit der steilen Höfats*

großartige alpine Umgebung macht es zum Dorado für den Berg- und Wintersport; die Kunstdenkmäler in der Umgebung sollte man nicht auslassen, ebenso wie in Bad Oberdorf, das zum Kurort 6 **Bad Hindelang** gehört. Nun kurvt man die Jochstraße hinauf nach Oberjoch und steuert über Wertach **Nesselwang** an; die Alpenstraße führt südlich am Grüntensee entlang, wo man im »Alten Reichenbach« schön Rast machen kann.

**Von Nesselwang nach Mittenwald**

Nesselwang und Pfronten bieten viele schöne Ausflugsziele, v. a. Maria Trost und Maria Rain, Falkenstein und Breitenberg. Nach dem Besuch der Altstadt, des Schlosses und der Benediktinerabtei von 7 ✶ **Füssen** erwarten die herrlich gelegenen 8 ✶✶ **Königsschlösser** Hohenschwangau und Neuschwanstein Besucher, Letzteres eine der berühmtesten Sehenswürdigkeiten Deutschlands. Die B 17 führt nun nordöstlich – vorbei an der schön gelegenen Wallfahrtskirche St. Koloman – nach 9 ✶ **Steingaden**, womit der Pfaffenwinkel erreicht ist. Dieser zauberhaften Natur- und Kulturlandschaft ist die Tour 2 gewidmet. Die Deutsche Alpenstraße hingegen wendet sich – nach dem Abstecher zur 10 ✶✶ **Wieskirche** – nach Südosten; es wäre aber schade, die Tour nicht ein wenig auszuweiten, auch eine Schleife über Murnau wäre empfehlenswert. Nun aber kommen weitere

**Neuschwanstein**
*Traumschloss in den Lüften*

**Barocke Pracht**
*Lüftlmalerei in Oberammergau*

**Alte Klosterkultur**
*in Benediktbeuern*

**Beste Aussicht**
*vom Wendelstein*

Highlights wie Perlen auf der Schnur. ⓫ ✶✶ **Oberammergau** ist berühmt für sein prächtiges Ortsbild mit Lüftlmalereien, seine Holzschnitzer und die Passionsspiele alle zehn Jahre. Im abgeschiedenen Graswang-Tal ließ Ludwig II. sich das ⓬ ✶✶ **Schloss Linderhof** erbauen. Das benachbarte ✶✶ **Kloster Ettal** besitzt eine der bedeutendsten und schönsten Barockkirchen Bayerns. Im berühmten Olympia-Ort ⓭ ✶ **Garmisch-Partenkirchen** sind trotz der Wandlung zur Stadt und der touristischen Atmosphäre schöne Häuser und Kulturzeugnisse erhalten; ein echter »Höhepunkt« ist die Fahrt auf den höchsten Gipfel Deutschlands, die ✶✶ **Zugspitze**. Von Garmisch oder vom Geigenbauerort ⓮ ✶ **Mittenwald** aus lassen sich die Schönheiten des Werdenfelser Landes erkunden, so die Partnachklamm und das Schlösschen Ludwigs II. auf dem Schachen.

**Von Mittenwald zum Wendelstein**

Die erste Etappe des Ostteils der Alpenstraße führt von Mittenwald auf der B 11 nördlich zum Walchensee, einem »blauen Auge« inmitten grüner Berge, der zum Windsurfen und Baden geschätzt wird. Nach der Besteigung von Herzogstand oder Jochberg geht es auf der Kesselbergstraße hinunter ins Tölzer Land. Unverzichtbar ist der Abstecher zum ✶✶ **Freilichtmuseum Glentleiten**, bevor man ⓯ ✶ **Benediktbeuern** erreicht, eines der ältesten Klöster im Alpenvorland. Zentrum des Oberlands ist ⓰ ✶ **Bad Tölz** mit seiner malerischen Marktstraße; nicht versäumen sollte man den Ausflug zum Kloster

Reutberg, Kunstfreunde sehen sich die Kirche in Dietramszell an. Nun südlich ausholend im Isartal über **Lenggries** – dahinter wäre ein Abstecher in die Jachenau angezeigt – zum Sylvenstein-Stausee, dann östlich über den Achenpass und durchs Weißachtal nach Rottach-Egern am ⓱ ✶✶ **Tegernsee**; unter den kulturellen und landschaftlichen Schätzen am idyllischen See ragen das Gulbransson-Museum und der Wallberg heraus. Von Gmund am Nordende des Sees dann auf reizvoller Strecke nach Hausham. Die Alpenstraße nimmt den Weg nach Bayrischzell am ⓲ **Schliersee** entlang; schön ist auch die östliche Alternative über Fischbachau. Vom idyllisch gelegenen ⓳ **Bayrischzell** aus bezwingt man, zu Fuß oder per Seilbahn, den ✶✶ **Wendelstein**. Eine schöne Bergstraße führt dann über das Sudelfeld zum Tatzelwurm und hinunter ins Inntal nach ⓴ **Brannenburg**, von dem aus der Wendelstein mit der Zahnradbahn zu erreichen ist.

**Vom Wendelstein zum Watzmann**

Jenseits des Inntals tritt die Deutsche Alpenstraße in den Chiemgau ein. Hier lernt man den ㉑ ✶ **Samerberg** kennen, ein schönes Hochtal, bevor man von Prien aus den ㉒ ✶✶ **Chiemsee** und seine besonders sehenswerten Inseln erkundet: die Fraueninsel mit dem Kloster und die Herreninsel mit dem »Versailles« König Ludwigs II. Nun geht's auf der B 305, an den Kendlfilzen entlang, in die Berge. Von Grassau aus kann man die Hochplatte erwandern, bei Marquartstein sind die Schnappenkirche und der Hochgern lohnende Ausflugsziele.

Über den Masererpass erreicht man 23 **Reit im Winkl** mit seinem Skigebiet Winklmoosalm/Steinplatte. Zwischen Reit im Winkl und Ruhpolding passiert man das »Drei-Seen-Gebiet«, das Maler in Hunderten von Bildern verewigt haben, und das eindrückliche Holzknechtmuseum in Laubau. 24 **Ruhpolding** und das benachbarte Inzell sind die wichtigsten Ferien- und Sportorte im Chiemgau. Zum Schluss wartet die Deutsche Alpenstraße nochmal mit einem Feuerwerk auf. Am Eingang zum Berchtesgadener Land liegt der traditionsreiche Kurort 25 * **Bad Reichenhall** mit Sehenswürdigkeiten wie der Alten Saline und dem Gradierwerk. Und die Umgebung des Markt- und Kurorts 26 ** **Berchtesgaden** glänzt mit Königssee und Watzmann, Maria Gern und Ramsau. Den Abschluss der Tour bildet, nach dem Besuch des Dokumentationszentrums auf dem Obersalzberg, eine Runde auf der Rossfeldstraße.

# Tour 2 Fünf-Seen-Land und Pfaffenwinkel

**Länge:** 190 km **Dauer:** 2 – 3 Tage

**»Die Herrlichkeit auf Erden« verspricht man hier dem Gast. Mindestens seit 1750 nennt man das Land zwischen Starnberger See, Lech und den Bergen »Pfaffenwinkel«: Zur wohltuenden Landschaft vor der Kulisse des Zugspitzmassivs gehören über 150 Kirchen und Klöster, darunter Höhepunkte wie Altenstadt und die Wies.**

In 1 **Starnberg** gibt es außer der Josephskirche nichts »zu sehen«, aber ein Spaziergang an der Seepromenade (zum Museum Starnberger See) ist angezeigt; auch die Maisinger Schlucht sollte man nicht auslassen. Eine kurze Fahrt über die Höhe zwischen Starnberger und Ammersee bringt zum »Heiligen Berg« 2 ** **Andechs**, dem bedeutenden Wallfahrtsort mit fantastischer Rokoko-Kirche und berühmtem Bier(garten). Man könnte auch erst **Herrsching am Ammersee** ansteuern und die kleine Wanderung nach Andechs machen. Die Atmosphäre am See kann man auf dem kilometerlangen Uferweg vom Herrschinger Kurpark nach Norden genießen. Durch das moorige Ammertal südlich des Sees – links die Antennen von Raisting – geht es nach 3 ** **Dießen**, dessen Marienmünster die besten bayerischen Rokoko-Künstler schufen. Über Rott erreicht man einen weiteren Höhepunkt, das Dorf 4 ** **Wessobrunn**, geografisches Zentrum einer Ära der deutschen Kunstgeschichte; das Kloster demonstriert aufs schönste, was Wessobrunner Kunst ist. Weiter südlich liegt bei Paterzell der größte Eibenwald Deutschlands. Über St. Leonhard mit sehenswerter Kirche nach Westen zum schon schwäbischen 5 **Schongau** mit hübschem Stadtzentrum; im benachbarten ** **Al-**

**Schiffspartie**
*auf dem Ammersee*

**Wieskirche**
*Rokokojuwel in ländlicher Umgebung*

**tenstadt** ist die bedeutendste romanische Kirche Oberbayerns erhalten, ebenso beeindruckend dort der »Große Gott von Altenstadt«. Auch wörtlich ein Höhepunkt ist der 1056 m hohe 6 ✱✱ **Auerberg**, den man südwestlich über Bernbeuren erreicht: den »schwäbischen Rigi« mit legendärem Blick auf die Allgäuer Alpen und das Ammergebirge. Den Lech, die bairisch-schwäbische Grenze, bei Lechbruck querend – hier gibt es ein sehenswertes Flößermuseum – fährt man nach 7 ✱ **Steingaden**, dessen romanisches Welfenmünster mit frühem Wessobrunner Stuck glänzt. Von hier sollte man zu Fuß zur 8 ✱✱ **Wieskirche** gehen, dem weltberühmten Wunder des Rokokos; die Harmonie von Bauwerk und Landschaft erschließt sich so am besten. Östlich von Steingaden schwingt sich die **Echelsbacher Brücke** über die tief eingeschnittene Ammer; nach einem Spaziergang zu den Schleierfällen kann man in 9 ✱✱ **Rottenbuch** die nächste Rokoko-Kirche bewundern. Der 10 ✱✱ **Peißenberg**, der »bayerische Rigi«, eröffnet ein fast 200 km umfassendes Alpenpanorama; die Wallfahrtskirche dort ist ebenfalls einen Blick wert. Über ✶ **Polling**, dessen gotische Stiftskirche frühen Wessobrunner Stuck besitzt, erreicht man das städtische Zentrum des Pfaffenwinkels, ⓫ **Weilheim**; hier lohnt ein Besuch des Stadtmuseums. Die Schlussetappe der Tour führt von ⓬ **Seeshaupt** am malerischen Westufer des Starnberger Sees entlang. Nach dem Besuch des Buchheim-Museums im idyllischen Bernried macht man im Villenort ⓭ **Tutzing** nochmal Halt; der Gang auf die Ilkahöhe belohnt mit wunderbarem Panorama.

# Tour 3 Zwischen Chiemsee, Inn und Salzach

**Länge:** 230 km **Dauer:** 3 – 5 Tage

**Die sanfte, gewellte Bauernlandschaft östlich des Inns liegt zu Unrecht etwas im touristischen Schatten. Dabei kann man hier nicht nur wunderbar ausspannen, sondern auch beeindruckende alte Städte im Inn-Salzach-Stil, große Kunstschätze und den bedeutendsten Wallfahrtsort Bayerns kennen lernen.**

Ausgangs- und Endpunkt der Tour ist ❶ **Gstadt** am ✶✶ **Chiemsee**. Die zauberhafte Eggstätt-Hemhofer Seenplatte durchquerend geht es nach Höslwang, wo man für die »Schöne Aussicht« einen Stopp einlegt. In ❷ **Amerang** gibt es außer dem Schloss mit malerischem Renaissance-Hof zwei schöne Museen (für alte Autos und Bauernhäuser). Höchst pittoresk liegt die mittelalterliche Inn-Salzach-Stadt ❸ ✶✶ **Wasserburg am Inn** in einer Schleife des Flusses, hier sollte man sich das Museum Wasserburg und die Kanzel in St. Jakob nicht entgehen lassen. Bei der Weiterfahrt nordöstlich Richtung Babensham passiert man wieder eine »Schöne Aussicht«. Die nächsten Stationen am windungsreichen Fluss sind die Stiftskirche in ❹ **Gars am Inn** und das ebenso beeindruckende wie schön gelegene barocke **Kloster Au**. Über Waldkraiburg steuert man ❺ ✶ **Mühldorf** an mit seinem fast 500 m langen Stadtplatz in Inn-Salzach-Bauweise. Nahe dem südöstlich gelegenen Tüßling kann man (nicht zu ausgiebig) im Bräu im Moos Rast machen, bevor man in ❻ ✶✶ **Altötting** Quartier nimmt, dem berühmtesten Wallfahrtsort Bayerns; auch sein Nachbar Neuötting ist einen Besuch wert. Im östlich am Inn gelegene Marktl wurde Joseph Ratzinger geboren, der 2005 zum Papst Benedikt XVI. gewählt wurde. Dann geht es südlich zur Industriestadt ❼ ✶✶ **Burghausen**; den Besucher erwartet hier eine schöne Altstadt und die größte Burg Deutschlands. Eine lohnende Wanderung führt südlich am Inn entlang zur Wallfahrtskirche Marienberg und / oder zum Kloster Raitenhaslach. Weiter salzachaufwärts betritt man den **Rupertiwinkel** mit zwei interessanten Städten, Tittmoning und Laufen.

Auch ⑧ ✶ **Tittmoning** hat einen großen Inn-Salzach-Stadtplatz, in der Burg ist das sehenswerte Heimathaus Rupertiwinkel ansässig. In ⑨ **Laufen**, das in einer Schleife der Salzach liegt, ist v. a. die Stiftskirche sehenswert. Eine stattliche Brücke führt hinüber nach Oberndorf, wo das berühmteste Weihnachtslied – »Stille Nacht, heilige Nacht« – zum ersten Mal erklang. Als Sommerfrische beliebt ist das Gebiet des ⑩ **Waginger Sees**; Kunstliebhaber sehen sich die Guckh-Altäre von St. Koloman und St. Leonhard am Wonneberg an. Nach dem Besuch der Stadt ⑪ **Traunstein** wäre ein Ausflug südlich zur Wallfahrtskirche Maria Eck bei Bergen schön, bei der man den ganzen Chiemgau überblickt. Nun geht es an der Traun abwärts nach ⑫ **Altenmarkt** an der Alz, über dem die ✶ **Stiftskirche Baumburg** thront. Nach einer Stippvisite in ✶ **Trostberg** steuert man das Dorf Rabenden an der B 304 an, in dem das Hauptwerk des Meisters von Rabenden steht. In einem kleinen See liegt das ehemalige Kloster

**Amerang**
*Konzerte im Renaissance-Arkadenhof*

**Kloster Seeon**
*Kultur an idyllischem Ort*

# Reiseziele von A bis Z

VOM BODEN- BIS ZUM KÖNIGSSEE, VON MÜNCHEN BIS ZUR ZUGSPITZE: IN DEN BAYERISCHEN BERGEN UND IHREM VORLAND GIBT ES VIEL ZU ENTDECKEN

# ★★ Altötting

U 4

**Landkreis:** Altötting
**Einwohnerzahl:** 12 800
**Höhe:** 402 m ü. d. M.

**»Altötting ist das Herz Bayerns« – auch wenn diese populäre Behauptung ein wenig übertreibt: Der älteste und berühmteste Wallfahrtsort des Landes spielt seit den Agilolfingern eine wichtige Rolle im Seelenleben des Landes.**

Ganz im Osten Oberbayerns liegt Altötting etwa 3 km südlich des Inns auf einer Anhöhe. Eine Schwarze Madonna machte es zum bedeutendsten Marienwallfahrtsort Deutschlands; hinzu kommt die Verehrung des Bruders Konrad, eines populären bayerischen Heiligen. Über eine Million Pilger reisen im Jahr an, etwa 50 000 sollen es sein, die ihren Weg zu Fuß zurücklegen.

**Aus der Geschichte**

Ötting wurde erstmals im Jahre 748 als Besitz des Agilolfinger-Herzogs Tassilo III. genannt. Das Baptisterium – heute Gnadenkapelle – stand damals schon und ist somit einer der ältesten Sakralbauten Deutschlands. Karl der Große macht »Otinga« zur Königspfalz. Nach Errichtung eines Chorherrenstifts (876/877) durch König Karlmann wurde das Baptisterium auch Grablege. 1228 erneuerten die Wittels-

← *Kloster Ettal*

## *Altötting* *Orientierung*

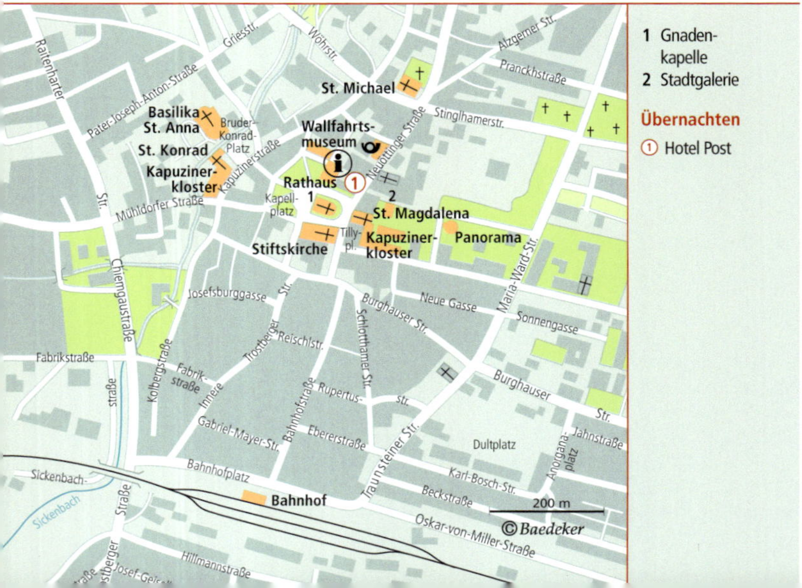

*Eine Wallfahrt ist am Ziel – der Gnadenkapelle auf dem schönen Kapellplatz*

bacher das Stift, gründeten aber in der Nähe eine neue Stadt – Neuötting –, wodurch Altötting an Bedeutung verlor. Nachdem mehrere Wunder geschehen waren, wurde es ab 1489 Ziel von Wallfahrten. Auch Kurfürst Maximilian I. pilgerte mehrmals zu Fuß nach Altötting. Und am 11. September 2006 suchte **Papst Benedikt XVI.** die Gnadenkapelle auf.

## Sehenswertes in Altötting

✶✶ **Gnadenkapelle**

Mittelpunkt der Stadt ist der etwa 1,7 ha große **Kapellplatz**, einer der schönsten Stadtplätze Deutschlands. Hier steht die Gnadenkapelle, ein kleines achtseitiges **Baptisterium** von Anfang des 8. Jh.s, an das 1494 ein Langhaus angefügt wurde. Das barock gestaltete Innere und der 1517 angebaute Umgang sind mit Votivtafeln austapeziert (u. a. 59 große spätgotische Mirakeltafeln, um 1520). In der östlichen Nische steht in einem silbernen Tabernakel (1645) **Unsere Liebe Frau von Altötting**, eine prunkvoll gewandete schwarze Madonna aus der Zeit um 1300. Die aus Lindenholz geschnitzte Figur ist vom Ruß der Kerzen geschwärzt. In silbernen Urnen werden die Herzen von 27 bayerischen Fürsten, u. a. Kaiser Karl VII. (Urne J. B. Straub, 1745) und Ludwig II., sowie dem kaiserlichen Feldherrn Tilly aufbewahrt.

**Stiftspfarrkirche**

Die zweitürmige Stiftspfarrkirche St. Philipp und St. Jakob (1499 bis 1511) ist die letzte gotische Hallenkirche, die in Süddeutschland gebaut wurde; ihre Vorhalle ist spätromanisch (1245). Man betritt sie durch das Nordportal mit meisterhaften Schnitzflügeln (1519). Bemerkenswert sind der Orgelprospekt (1725) und neben dem Nordportal die Schrankuhr, auf der der **Tod von Eding** (= Ötting) an die Pestzeit erinnert.

Tilly-Kapelle ► An den Kreuzgang schließen sich mehrere Kapellen an. Im Südosteck die gotische Tilly-Kapelle, benannt nach dem Feldherrn der Katholischen Liga im Dreißigjährigen Krieg, Johann t'Serclaes **Graf von Tilly** (1559 – 1632) und ab 1642 Grablege seiner Familie. Der Pernegger-sche Altar (1643) zeigt Tilly im Gebet vor dem Kreuz.

**Kirche St. Magdalena**

An der Ostseite des Kapellplatzes steht die Jesuitenkirche St. Magdalena (1697). Der kraftvolle Stuck zeigt italienischen Einfluss, das Bild im Hochaltar (1795) malte Christian Winck.

**Wallfahrts-museum**

Das Wallfahrts- und Heimatmuseum illustriert die Geschichte Altöttings und seiner Umgebung. Interessant sind auch das Stadtmodell nach dem Stand von 1670 und Exponate aus römischer Zeit.

✱✱ Neue Schatzkammer ► Hier ist auch die Neue Schatzkammer untergebracht; herausragend das **Goldene Rössl** (1404), ein Meisterwerk französischer Goldschmiede und Geschenk Isabellas von Bayern für ihren Gemahl, König Karl VI. von Frankreich, sowie das »Füllkreuz« aus Ebenholz (niederländisch, um 1580). Geöffnet Di. – So. 10.00 – 16.00, Führungen nach Vereinbarung (Tel. 0 86 71 / 9 24 20 15).

## ALTÖTTING ERLEBEN

### AUSKUNFT

Wallfahrts- und Verkehrsbüro
Kapellplatz 2 a
84503 Altötting
Tel. (0 86 71) 50 62-19, -38
www.altoetting.de

### WALLFAHRTEN UND FESTE

Von Palmsonntag bis Ostermontag werden Passion und Auferstehung Christi feierlich begangen. Hauptwallfahrtstage sind Dienstag nach Himmelfahrt und Pfingstsamstag. An Fronleichnam große Prozession; danach geht's auf die »Hofdult«, das große Volksfest in der Fronleichnamswoche. Im Sommerhalbjahr Sa. um ca. 21 bzw. 20 Uhr Lichterprozession. 14. Aug.: Große Lichterprozession. Anf. Okt.: »Kirta« (Kirchweih). Dez.: Christkindlmarkt auf dem Kapellplatz.

### ESSEN / ÜBERNACHTEN

► **Günstig**

***Graminger Weißbräu***
Graming 79, 84503 Altötting
(ca. 1 km südlich beim Freibad)
Tel. (0 86 71) 9 61 40, Do. geschl.
Gute traditionelle Küche, dazu das legendäre Bier aus eigener Brauerei. Schöner Biergarten und sehr preiswerte Zimmer.

► **Komfortabel / Luxus**

① ***Hotel Post***
Kapellplatz 2, 84503 Altötting
Tel. (0 86 71) 50 40
www.hotelpostaltoetting.de
Das noble barocke Haus – einst Hofwirtstaferne – ist ein Blickfang am Kapellplatz. Fein-gemütliche Restaurants, preiswertes Mittagsmenü (Mo. bis Fr.) im Bistro. Mit Wellnessbereich.

**Dioramenschau Altötting**

Im Haus des Marienwerks (Kapellplatz 18) wird mit über 5000 Figuren – geschaffen 1957–1959 von dem Bildhauer R. Zellner – die Geschichte des Orts und der Wallfahrt anschaulich gemacht. Zu sehen ist auch der Film »Unsere Liebe Frau«. Geöffnet Ostern – 1. Nov. Mo. – Do. 8.00 – 12.00, 13.00 – 17.00, Fr. 8.00 – 14.00, Sa./So. 9.30 bis 14.00 Uhr, sonst Mo. – Do. bis 17.00, Fr. bis 13.00, Sa./So. geschl.

**Bruder-Konrad-Kirche**

In dieser Kirche, ehemals Franziskanerkirche (1657 geweiht) und heute Kapuzinerkirche, ist der hl. Bruder Konrad in einem gläsernen Sarg bestattet. Am Bruder-Konrad-Platz weiter nördlich steht die neobarocke Basilika St. Anna, eine mächtige Wandpfeilerkirche (J. Schott, geweiht 1912), in der 6000 Menschen Platz haben.

◄ St.-Anna-Basilika

**Panorama der Kreuzigung Christ**

Auch heute noch wirkt das 1200 m² große Panoramagemälde mit der Passion Christi überaus eindrucksvoll, das Gebhard Fugel (1863 bis 1939) mit Mitarbeitern 1902/1903 schuf. Die faszinierende Illusionsmalerei ist die einzige ihrer Art in Deutschland und steht unter dem Schutz der UNESCO. Östlich des Kapellplatzes, geöffnet März bis Okt. tägl. 9.00 – 18.00, sonst Sa./So. 11.00 – 14.00 Uhr.

**Mechanische Krippe**

Oberammergauer Künstler schnitzten 1926 –1928 die 130 Figuren einer Krippe, die z. T. elektrisch bewegt werden. Auf 25 m² Fläche sind die Geburt Christi und Alltagsszenen aus Bethlehem dargestellt (Kreszentiaheimstr. 18, geöffnet März – Dez. 9.00 – 17.00 Uhr).

## Umgebung von Altötting

**Neuötting**

Ein ganz anderes Bild bietet Neuötting (8600 Einw.), auf einer Terrasse über dem Inn gelegen, mit seiner **Inn-Salzach-Bauweise**. Im 13. Jh. von den Wittelsbachern als Stützpunkt gegen die salzburgischen Städte gegründet, wurde es durch Schifffahrt und Salzhandel reich. Der 490 m lange **Stadtplatz** (Ludwigstr.) ist von prachtvollen **Bürgerhäusern und Arkadengängen** gesäumt, einige mit stimmungsvollen Renaissance-Höfen wie das Mauthaus (Ludwigstr. 95). Zu beachten sind das Rathaus (Ludwigstr. 60) und der angrenzende Getreidestadel. Im Zehenthaus des Klosters Baumburg (13. Jh.; Ludwigstr. 12) illustriert das **Stadtmuseum** die Neuöttinger Geschichte seit dem Mittelalter (geöffnet Di. – Fr. 10.00 – 12.00, 14.00 – 17.00, Sa./So. 14.00 – 17.00 Uhr). Ein beispielhaftes Werk der altbayerischen Backsteingotik ist die Hallenkirche **St. Nikolaus**; sie wurde 1410 von Hans von Burghauser begonnen, aber erst 1622 fertiggestellt (im 19. Jh. neogotisch gestaltet). Zu sehen sind gotische Holzfiguren und Tafelbilder, beachtenswert ist das Epitaph des Leonhard Bogner (1595).

**Tüßling**

8 km westlich von Altötting liegt Tüßling mit schönem **Renaissanceschloss** (1583; Privatbesitz, www.schloss-tuessling.de), im Sommer Rahmen für Konzerte und Gartentage, im Dez. für den Weihnachtsmarkt. 2 km südlich von Tüßling lohnt der Brauereigasthof **Bräu im Moos** mit seinem Brauereimuseum einen Besuch (Mo. geschl.).

**Marktl am Inn**

Als **Joseph Alois Ratzinger**, der am 16. April 1927 im ehemaligen Mauthaus am Marktplatz dieses Dorfes das Licht der Welt erblickte, 2005 zum Papst gewählt wurde ( S. 73), war die letzte oberbayerische Gemeinde am linken Innufer – 12 km östlich von Altötting – über Nacht weltberühmt. Das **Geburtshaus von Papst Benedikt XVI.**, ein denkmalgeschützter Bau von 1701, ist als Museum zugänglich (Öffnungszeiten: Ostern – 1. Nov. Di. – Fr. 10.00 – 12.00, 14.00 bis 18.00, Sa., So., Fei. 10.00 – 18.00 Uhr). Vor dem Haus steht die von Joseph Michael Neustifter geschaffene **Benedikt-Säule**, die der Heilige Vater anlässlich seines Besuchs am 11. September 2006 gesegnet hat. In der benachbarten Pfarrkirche St. Oswald wurde Joseph Ratzinger einst getauft.

✶ **Mühldorf am Inn**

Auch Mühldorf (17 700 Einw.), 13 km westlich von Altötting in einem Inn-Bogen gelegen, ist eine Inn-Salzach-Stadt mit ihrem charakteristischen Bild, insbesondere mit dem großartigen, fast 500 m langen und 40 m breiten **Stadtplatz** zwischen Münchner Tor (Nagelschmiedturm, 13. Jh.) und Altöttinger Tor. Im Sitzungssaal des **Rathauses** werden zwei Bildtafeln des »Meisters von Mühldorf« aufbewahrt (um 1515). Im Süden des Platzes ragt die **Frauenkirche** (1643) aus der Häuserfront. Die Pfarrkirche **St. Nikolaus** östlich des Stadtplatzes entstand im 15. und 18. Jh.; der markante Turm stammt noch aus frühgotischer Zeit. Innen sind die ausgezeichneten Deckenbilder von Martin Heigl (1772), Hochaltar, Kanzel, Chorgestühl und ein spätgotisches Steinrelief mit der Ölbergszene zu beachten. Im **Lodron-Haus** wenige Schritte nordwestlich (Tuchmacherstr. 7), dem um 1640 unter dem Salzburger Erzbischof Paris Graf Lodron erbauten Getreidespeicher, ist außer einer guten Gastwirtschaft das **Kreismuseum** ansässig; zu sehen sind hier auch ein Modell der Mühldorfer Innbrücke und ein hl. Rupert aus einer Salzburger Werkstatt des 17. Jh.s (geöffnet Di. – Do., So. 14.00 – 17.00 Uhr). Gepflegt speisen kann man im schönen Wasserschlössl am Stadtwall.

# Amerang

R 6

**Landkreis:** Rosenheim
**Einwohnerzahl:** 3500
**Höhe:** 520 m ü. d. M.

**Amerang, zwischen Rosenheim und Wasserburg am Inn, wartet mit zwei interessanten Museen und einer romantischen Burg auf.**

**Sehenswertes in Amerang**

Das **EFA-Automobil-Museum** (Wasserburger Str. 38) illustriert mit 220 Autos deutsche Automobilgeschichte. Ein Höhepunkt ist auch die größte Spur-II-Modellbahnanlage der Welt (geöffnet April – Anf. Nov. Di. – So. 10.00 – 18.00 Uhr). Im **Bauernhausmuseum** sind Höfe aus dem Gebiet zwischen Chiemsee, Inn und Salzach versammelt.

## AMERANG ERLEBEN

**AUSKUNFT**

Verkehrsamt
Bahnhofstr. 3, 83123 Amerang
Tel. (0 80 75) 91 97-28
www.amerang.de

**SCHLOSSKONZERTE**

Schloss 1
83123 Amerang
Tel. (0 80 75) 91 92 99
www.schlossamerang.de

Auch Stadel, Getreidekasten, Backhaus und Schmiede sind zu sehen, auf den Freiflächen werden alte Getreidesorten und Flachs angebaut. Geöffnet April – Anf. Nov. Di. – So. 9.00 – 18.00 Uhr.

**Schloss Amerang**

Das malerische mittelalterliche Schloss Amerang steht 1 km südlich auf bewaldeter Anhöhe. Im herrlichen »italienischen« **Arkadenhof** aus dem 16. Jh. – ein Werk der exilierten Scaliger, Herren von Verona – finden unterschiedliche Konzerte, Gartenfeste und andere romantische Events statt. Sehenswert sind die spätgotische Kapelle St. Georg (1513) und der Rittersaal. Das Schloss ist von Ostern bis Mitte Okt. Fr. – So. zugänglich (Führungen um 11.00, 12.00, 14.00, 15.00 und 16.00 Uhr, sonst nach Anmeldung Tel. 0 80 75 / 91 92-0).

★ **Höslwang**

Auf dem Höhenzug bei Höslwang (7 km südwestl. Amerang) lockt das Wirtshaus »Zur Schönen Aussicht«. Im Ort selbst gefällt die Rokoko-Pfarrkirche **St. Nikolaus** mit Wessobrunner Stuck (1749) und Altären des Burghausener Schnitzers J. G. Lindt (1777). Das Hochaltarbild zeigt den hl. Nikolaus und Höslwang.

# ★ Ammersee

K 5/6

**Landkreise:** Landsberg, Starnberg **Mittl. Wasserspiegel:** 533 m ü. d. M.

**Der drittgrößte See Bayerns bietet ländliche Idyllen und viel Natur – überwiegend, denn die Nähe zu München und die Attraktivität als Ferienziel hinterlassen auch hier ihre Spuren.**

Der Ammersee liegt ca. 35 km südwestlich von München und ist der nördlichste See des Alpenvorlands. Mit 16 km Länge, 3 – 6 km Breite

*Nach der Renovierung erstrahlt die 100 Jahre alte »Dießen« in neuem Glanz.*

und 47 km² Fläche füllt er ein 87 m tiefes eiszeitliches Gletscherzungenbecken. Umgeben ist er von teils bewaldeten Moränenhöhen; an wenig berührten Uferabschnitten leben Vögel der verschiedensten Arten. Das Südufer ist Vogelreservat, im Norden bilden die **Amperauen** ein wertvolles Naturschutzgebiet ( Fürstenfeldbruck).

## Sehenswertes am Ammersee

**Inning** Östlich der Nordspitze des Ammersees liegt Inning (4200 Einw.) mit einer schönen Rokoko-Dorfkirche. Das **Kaiserhaus** erinnert mit seinen Wandgemälden an Kaiser Heinrich II., der im Jahr 1021 auf seinem Italien-Feldzug durch Inning kam. Direkt am See liegt **Stegen**; ein schöner Platz ist das Restaurant Seehaus Schreyegg mit seinem Biergarten am Dampfersteg (Tel. 0 81 43 / 99 25 37). Die Alte Brauerei Stegen ist als Kultur- und Party-Location bekannt (mit Bistro).

**Wörthsee** Einer der **wärmsten Badeseen Oberbayerns** ist der 4 km lange und 2 km breite Wörthsee südlich von Inning. Auf der Insel Wörth, nach der er benannt wurde, steht ein Schlösschen. Südlich von Bachern ein Erholungsgelände mit öffentlichem Strand; ins Jahr 1913 geht das Strandbad Fleischmann am Nordufer zurück. Gut, preiswert und beliebt ist der »Augustiner am Wörthsee« in Steinebach (schöner **Pilsensee** Biergarten). Der Pilsensee ca. 2 km südlich des Wörthsees war einst eine Bucht des Ammersees (Naturschutzgebiet Herrschinger Moos).

**Seefeld** Die Landschaft östlich des Pilsensees wird vom stimmungsvollen **Schloss Seefeld** beherrscht, das ab dem 15. Jh. Sitz der Grafen Toerring war. Diverse kulturelle Veranstaltungen, das Kino Breitwand (www.breitwand.com) und das wunderschöne Bräustüberl ziehen viele Gäste an. Die Straße nach Weßling verläuft in einer prächtigen **Eichenallee**, die um 1778 angelegt wurde.

**Herrsching**

Herrsching am Ammersee (569 m, 10 000 Einw.) – am »Herrschinger Winkel«, der östlichen Ausbuchtung des Sees – ist ein beliebter Ausflugsort, der sich um den **Kurpark** mit der putzigen Scheuermann-Villa (1889; Sitz der Volkshochschule, Ausstellungen) gruppiert. Von hier kann man 10 km weit am Ufer entlang bis nach Stegen gehen – die längste Seepromenade Deutschlands. Auf dem Bergsporn über dem Kienbach steht die spätgotische Kirche St. Martin, das Wahrzeichen von Herrsching. Hier beginnt die klassische **Wanderung zum Kloster Andechs** (s. u.) über die waldige Höhe westlich des Kienbachs (ca. 1.30 Std.); zurück durch das Kiental (ca. 1.00 Std.).

★★ **Kloster Andechs**

Das Ostufer des Ammersees wird vom 180 m hohen »Heiligen Berg« von Andechs mit seinem Kloster beherrscht. Im Jahr kommen über 250 000 Wallfahrer hierher, und noch viel mehr, die sich im berühmten Bräustüberl, im Biergarten (beides am Wochenende besser meiden) oder im feinen Klostergasthof die Produkte der **Klosterbrauerei** schmecken lassen. Schon im 10. Jh. gab es hier eine Burg, und im 12. Jh. war sie Sitz der mächtigen Reichsgrafen von Andechs-Meranien. Das erste Kloster wurde gegründet, als man im 14. Jh. einen Reliquienschatz entdeckte, den der hl. Rasso († 954) aus Palästina mitgebracht haben soll. Das heutige Kloster wurde 1438 als Augustiner-Chorherrenstift gegründet und 1458 von Benediktinern übernommen. Die gotische Hallenkirche (um 1425) erhielt von 1751 bis 1755 durch J. B. Zimmermann und J. B. Straub ihre prachtvolle **Rokoko-Ausstattung**. Das Gnadenbild der Muttergottes im Hochaltar (um 1468) wird dem Münchner Schnitzer U. Neunhauser zugeschrieben. In der »Heiligen Kapelle« wird der **Klosterschatz** aufbewahrt: u. a. die Drei-Hostien-Monstranz (um 1435) und das Brautkleid der hl. Elisabeth, die aus dem Haus Andechs-Meranien stammte. In der Kirche ist der berühmte Komponist **Carl Orff** beigesetzt. Hauptwallfahrtszeiten sind die Woche um Christi Himmelfahrt und der vierte Sonntag nach Pfingsten (Dreihostienfest).

*Der Heilige Berg Andechs, uralter Wallfahrtsort mit berühmtem Bierstüberl – ein Magnet …*

## AMMERSEE ERLEBEN

### AUSKUNFT

Verkehrsbüro Herrsching
Bahnhofsplatz 3, 82211 Herrsching
Tel. (0 81 52) 52 27, www.sta5.de

Tourismusverband Ammersee-Lech
Hauptplatz 152, 86899 Landsberg
Tel. (0 81 91) 1 28-247
wwww.ammerseelech.de

### SCHIFFSVERKEHR

Bayerische Seen-Schiffahrt
Tel. (0 81 43) 9 40-21
www.seenschifffahrt.de
Auf dem See fahren u. a. zwei Schaufelradschiffe, die »Dießen« von 1908 und die »Herrsching« von 2002 (!).

### FESTE & VERANSTALTUNGEN

Dießen: Im Marienmünster Konzerte und Orgelmatineen (So. 11.30 Uhr). Himmelfahrt: Töpfermarkt in Dießen. Ende Juli: Schlossgartenfest in Herrsching. Anf. Aug.: Seefest in Dießen. Kloster Andechs: Mai – Dez. Konzerte in Kirche und Florianstadl; Juni – Aug. Carl-Orff-Festspiele (www.andechs.de, Karten: Tel. 0 81 52 / 3 76-400).

### ESSEN

#### ► Fein & teuer

***Seehaus***
Seeweg Süd 22, 86911 Riederau
Tel. (0 88 07) 73 00
Moderne Gourmetküche. Man speist auf der Terrasse am Ufer oder – ganz exklusiv – auf dem Bootssteg.

#### ► Erschwinglich

***Alte Villa***
Seestr. 32, 86919 Utting
Tel. (0 88 06) 617, Mo./Di. geschl.
Die gut 100-jährige Villa beherbergt ein feines Restaurant. Im schönen Biergarten am Ufer trifft man sich sonntags zum Dixie-Frühschoppen.

***Mühlfeldbräu***
Mühlfeld 13, 82211 Herrsching
Tel. (0 81 52) 55 78
In dem wunderbaren eingewölbten Gastraum genießt man hausgebrautes Bier zu traditionellen oder modernisierten Gerichten der Landesküche. Am Seeufer südlich des Zentrums.

***Gasthaus Sailer***
Landsberger Str. 30, 86938 Schondorf
Tel. (0 81 92) 74 28, Mo./Di. geschl.
Der geschmackvollen, wohltuend schlichten Gaststube entspricht die unprätentiöse bayerisch-schwäbische Küche aus besten Rohprodukten. Reservieren ist angezeigt.

### ÜBERNACHTEN

#### ► Komfortabel

***Maurerhansl***
Johannisstr. 7, 86911 Dießen
Tel. 0 88 07 / 92 29-0
Prächtiges Haus von 1580 in der Ortsmitte: kühn exotisch gestaltete Zimmer und schöne Ferienwohnung unterm Dach. Gehobene Küche in asiatisch-mediterran-karibischem Crossover. Eigene Liegewiese am See.

#### ► Günstig

***Landgasthof zum Sepperl***
Dorfstr. 35, 82229 Seefeld-Mailing
Tel. (0 81 53) 34 06
Gediegen-gemütliches, kinderfreundliches Refugium im Dorf östlich des Wörthsees. Gute bodenständige Küche, netter Wirtsgarten.

***Alter Wirt***
Hauptstr. 49, 82229 Hechendorf
Tel. (0 81 52) 98 92 20
Stattlicher Gasthof am Pilsensee mit 14 Gästezimmern. Gute bayerisch-österreichische Küche genießt man in der einladenden Wirtsstube.

**Schondorf**

Schondorf (3800 Einw.) liegt am nordwestlichen Ufer des Ammersees. Die Kirche St. Jakobus (Seekapelle) aus unverputztem Tuff, nahe der Schiffsanlegestelle, hat romanische Ursprünge (um 1150, barock umgestaltet) und ein kurioses Obergeschoß. Schön ist der Gang (ca. 3 Std.) auf dem **Ammersee-Höhenweg** von St. Anna oberhalb Schondorf südwestlich zum Plomberg und zum Gut Achselschwang, dann südwestlich weiter zur St.-Leonhards-Kirche (s. u.) und nach Utting.

! *Baedeker* TIPP

**Fasten auf bayerische Art**

Während der Fastenzeit wird in Bayern seit je ein besonders nahrhaftes Bier getrunken, das »Fastenbier«. Die Klosterbrauerei Andechs ist berühmt für den dunklen Doppelbock, einen mächtigen Stoff mit gut 7 % Alkohol. Führungen durch die Brauerei ab ca. 20. Juni bis ca. 20. Okt. Di./Mi. um 11.00/12.00 Uhr.

**Utting**

Utting (4000 Einw.) am Westufer hat sich zum Ferienort mit Strandbädern, Bootshafen und Reiterhöfen gemausert. Außer der spätgotischen Pfarrkirche Mariä Heimsuchung lohnt die barocke Wallfahrtskirche **St. Leonhard** mit ihrem charakteristischen Zwiebelturm einen Blick; sie besitzt wundervollen Wessobrunner Stuck (Hochaltar mit Bild »Hl. Leonhard in der Glorie«). Im südlich gelegenen Holzhausen ist der **Künstlersitz Gasteiger** (um 1910) am Seeufer interessant, ein einzigartiges Ensemble des Münchner Jugendstils (geöffnet Anf. April – Okt. So. 14.00 – 17.00 Uhr).

**Dießen**

★★

◄ Marienmünster

In Dießen (9900 Einw., 335 – 678 m) gründeten die Grafen von Dießen-Andechs 1132 ein Augustiner-Chorherrenstift. Dessen Kirche wurde 1720 im Wandpfeilerschema begonnen und 1732 – 1739 von J. M. Fischer vollendet. Die Ausstattung schufen die besten bayerisch-schwäbischen Künstler: 20 m hoher Hochaltar von F. Cuvilliés mit Gemälde von B. Albrecht, Figuren der Kirchenväter von J. Dietrich; das Gemälde im Sebastiansaltar schuf G. B. Tiepolo. Der schöne Stuck ist das Werk von F. X. und J. M. Feichtmayr. Die prächtigen Deckenbilder wurden 1736 von dem Augsburger J. G. Bergmüller gemalt (Chorkuppel mit **»Dießener Himmel«**). Am westlichen Ortsrand steht die spätgotische Kirche **St. Georg** mit barocker Ausstattung und einem Hochaltarbild von Matthäus Günther. Der Friedhof mit seinem

*Der berühmte »Dießener Himmel« in der Chorkuppel zeigt 28 Heilige und Selige aus dem Haus Dießen-Andechs.*

barocken Beinhaus zählt zu den ältesten Begräbnisstätten Bayerns. Im Rinkhof (Hofmark 3) illustriert das **Carl-Orff-Museum** Leben und Werk des berühmten Komponisten, der hier ab 1955 lebte (geöffnet Sa., So. 14.00 – 17.00 Uhr).

**Raisting** In Raisting südlich von Dießen ist die Dorfkirche **St. Remigius** bemerkenswert, erbaut um 1695 durch den Vorarlberger M. Natter und 1766 – 1782 neu gestaltet (u. a. Fresken von C. Winck im Chor und an der unteren Empore). Ein starkes Bild ( S. 12/13) – ein Symbol Bayerns – gibt die **Erdfunkstelle** ab, die südlich des Orts 18 Antennenschüsseln mit 7 – 32 m Durchmesser ins Weltall richtet. Den Kontrapunkt bildet die einstige Wallfahrtskirche **St. Johannes** (1725). Die 1964 fertiggestellte Antenne 1 in der kugelförmigen Traglufthalle (Radom) ist schon länger stillgelegt, 2006 wurde die ganze Anlage an ein US-Unternehmen verkauft. Gegenwärtig wird das Radom als Museum eingerichtet. Außenführungen Tel. (08 81) 26 91.

# Aschau im Chiemgau

S 7

**Landkreis:** Rosenheim
**Höhe:** 615 m ü. d. M.
**Einwohnerzahl:** 5500

**Der Luftkurort Aschau, im sanften Tal der Prien gelegen, ist Zentrum der Ferienregion südwestlich des Chiemsees, zwischen Kampenwand und Samerberg.**

## Sehenswertes in Aschau

**Niederaschau** »Aschau« gibt es erst seit 1966, als sich die Gemeinden Nieder- und Hohenaschau zusammenschlossen. Zum »Nobelvorort Münchens« wurde es durch den Sternekoch Heinz Winkler, der um 1990 die jahrhundertealte **Tafernwirtschaft Zur Post** am Kirchplatz zur »Residenz« umbaute. An dem Platz stehen auch die **Pfarrkirche** und der Pfarrhof. Die Kirche mit schönen Zwiebeltürmen geht ins 15. Jh. zurück und wurde 1752/53 durch den Hofbaumeister J. B. Gunezrainer umgestaltet. Hochaltar (1673) und Kanzel (1687) stammen noch aus der Barockisierung. Beachtung verdienen die Schutzmantelmadonna (um 1632) und mehrere Epitaphe. Der **Moorschwimmbad** und das Freibad liegen schön am nordöstlichen Ortsrand. Lohnende Wege führen nördlich über Höhenberg zum Bärnsee (1.30 Std.) und südwestlich in 3 Std. zum Hammerbach-Wasserfall.

**Schloss Hohenaschau** Eindrucksvoll vor den Chiemgauer Bergen ragt das Schloss Hohenaschau auf, eine der **größten Burganlagen Oberbayerns** mit mächtigem Bergfried (12. Jh.), Renaissance-Rittersaal und hochbarockem Preysing-Saal. Anfang des 20. Jh.s umgebaut, dient der Komplex der

*Schloss Hohenaschau über dem Tal der Prien*

Bundesfinanzverwaltung als Ferienheim. Führungen Mai – Okt. Di., Do. 13.30/15.00, Mi., Fr. 10.00/11.30, So. 13.30/15.00 Uhr. Im Mesnerhaus dokumentiert das **Prientalmuseum** die Geschichte der Herrschaft Hohenaschau und die Eisenindustrie im Priental (Öffnungszeiten wie Schloss, Öffnung 30 Min. vor der ersten Führung).

## Umgebung von Aschau

*✶ **Kampenwand***

Südöstlich von Aschau ragt die 1664 m hohe, wie ein Drachenkamm gezackte Kampenwand auf. Eine Kabinenbahn bringt vom Fuß des Schlossbergs auf 1450 m Höhe. Dann mit herrlichem Ausblick auf ebenem Weg – Autobahn für Turnschuhtouristen – zur Steinlingalm (20 Min., auch im Winter begehbar); in steilem Anstieg (1 Std., sehr anspruchsvoll) ist der Ostgipfel zu erreichen. Von dort über den Grat zur Hochplatte (1587 m), Abstieg nach Marquartstein.

***Hochplatte***

***Nördlich der Autobahn***

Fährt man von Aschau nördlich nach **Hittenkirchen**, eröffnet sich ein herrlicher Ausblick über den Chiemsee. 3 km westlich residiert auf **Schloss Wildenwart** Herzog Max in Bayern, Urenkel des letzten Königs Ludwig III. (Einkehr in der schönen Schlosswirtschaft; Mo./Di. geschl.). 2 km südwestlich steht in der Landschaft die **Wallfahrtskirche St. Florian**, ihr Schmuckstück ist ein spätgotischer Flügelaltar (um 1520) mit geschnitzter Florianslegende und gemalter Passion.

*✶ **Samerberg***

Der Samerberg westlich von Aschau, ein sanftes Hochtal, ist ein wunderschönes (d. h. oft überlaufenes) **Wandergebiet**. Die verstreuten Ortschaften – deren Kirchtürme keine barocken Zwiebeln, sondern gotische Satteldächer tragen – bilden die Gemeinde Samerberg. Mit Sessel- und Kabinenbahn kann man von Grainbach auf die **Hochries** (1568 m) fahren. Hauptort ist **Törwang**; am Dorfplatz bilden die spätgotische Pfarrkirche, der Gasthof Post (19. Jh.), der barocke Mesnerhof und das Schusterhäusl ein malerisches Ensemble. In 10 Min. steigt man zur Kapelle auf dem **Obereck** hinauf (herrliche Aussicht). In der Kirche von Törwang ist das wilde Kreuzigungsbild (um 1460) im südlichen Seitenaltar zu beachten, in derjenigen von **Roßholzen** das Relief mit dem Martyrium des hl. Bartholomäus.

**Sachrang** 9 km südlich von Aschau liegt im Hochtal der Prien vor der Kulisse des Zahmen Kaisers das hübsche Sachrang (738 m). Die Pfarrkirche **St. Michael** (1689) mit einer Tiroler Laternenhaube auf dem Turm zeigt prächtigen italienischen Stuck, am Chorbogen das Wappen des Stifters, des Fürstbischofs Graf Preysing-Hohenaschau. Sehenswert ist die **Ölbergkapelle St. Rupert** in Grenzhub, eine volkstümliche Wallfahrtsstätte, deren vier Räume auf verschiedenem Niveau aneinandergebaut sind (Hauptkapelle 1674). Ihre Erhaltung ist einem Uni-

## ASCHAU ERLEBEN

### AUSKUNFT

Tourist Information
Kampenwandstr. 38, 83229 Aschau
Tel. (0 80 52) 90 49 37, www.aschau.de

### FESTE UND EVENT

Sommer: Konzerte im Schloss Hohenaschau. 3. Sept.-So.: Wallfahrt zur Ölbergkapelle Sachrang. Um den 24. Sept.: Almabtrieb in Sachrang. Ende Okt.: Leonhardi-Ritt Roßholzen.

### ESSEN

**► Erschwinglich / Fein & teuer**

***Landgasthof Karner***
Nussbaumstr. 6, 83112 Frasdorf
Tel. (0 80 52) 17 97-0
Der über 500 Jahre alte Bauernhof ist heute ein »Flair Hotel«. Kreativ variierte regional-internationale Küche, serviert in fein-ländlichem Ambiente.

**► Preiswert / Erschwinglich**

***Duftbräu***
Duft 1, 83122 Samerberg, Tel. (0 80 32) 82 26. Beliebter Gasthof in herrlicher Alleinlage, schöne Terrasse mit Ausblick, gute Küche. April – Okt. Mi. bis So., sonst Fr.abend – So. geöffnet.

***Gasthof Brucker***
Schlossbergstr. 12, 83229 Aschau
Tel. (0 80 52) 49 87, Mi./Do. geschl.
Gediegener, echt bayerischer Gasthof, am Fuß des Schlosses an der Prien gelegen. Mit Biergarten.

### ÜBERNACHTEN

**► Luxus**

***Residenz Heinz Winkler***
Kirchplatz 1, 83229 Aschau
Tel. (0 80 52) 1 79 90
Luxuriöses Haus mit 19 Zimmern und 13 Suiten (den Dekorations-Overkill muss man allerdings mögen). Heinz Winklers Kochkunst ist dem Michelin zur Zeit 2 Sterne wert. Im VitalResort und im Laconium kann man alles für sein Wohlbefinden tun (lassen).

**► Günstig**

***Dreilindenhof***
Pölching 1, 83229 Aschau, Tel. (0 80 52) 24 38, www.hotel-dreilindenhof.de
Sehr ruhig 10 Min. westlich des Orts gelegenes uraltes Bauernhaus mit gut ausgestatteten Zimmern und Ferienwohnungen. Abendrestaurant in der schönen Zirbelstube.

*Gemütliche Wanderung unter den Zacken der Kampenwand*

versalgenie zu verdanken, dem »Müllner-Peter« (1766–1843), der auf dem Friedhof von St. Michael begraben ist. Eine 3-stündige Wanderung führt von Sachrang über die Mesner-Alm zum Spitzsteinhaus (1350 m), dann zum **Spitzstein** (1596 m, grandioser Blick u. a. auf den Zahmen Kaiser). Empfehlenswert auch die anderthalbtägige Wanderung von Hohenaschau über Hochries (Übernachtung), Predigtstuhl und Klausenberg zum Spitzstein (und nach Sachrang)

# Bad Aibling

Q 6

**Landkreis:** Rosenheim
**Höhe:** 498 m ü. d. M.
**Einwohnerzahl:** 17 600

**In der weiten Ebene des Mangfalltals westlich von Rosenheim liegt Bad Aibling, das älteste bayerische Moorheilbad.**

1846 wurde in Aibling – seit 1895 »Bad«, seit 2008 »Thermalheilbad« – ein Moorbad eröffnet. Moor und 39 °C warmes Thermalwasser werden bei Rheuma, Arthrose, Ischias, Frauenleiden und Bandscheibenschäden angewendet. Kurhaus und Kurpark liegen südlich der Ortmitte an der Glonn, weiter südlich am Triftbach eine Freizeitanlage mit Eislaufhalle und Schwimmbad; dort steht auch das 2007 eröffnete, großzügige Thermalbad mit vielfältigen Wellnessangeboten.

**Sehenswertes in Bad Aibling**

Mittelpunkt ist der Marienplatz mit der barocken Sebastianskirche. Hier steht auch das Wohnhaus (Nr. 7) des Malers Wilhelm Leibl (1844–1900), der ab 1878 hier und in der Umgebung lebte (s. u.). Vom Hofberg grüßt die Pfarrkirche Mariä Himmelfahrt. Ursprünglich spätgotisch, wurde sie 1755/1756 durch J. M. Fischer umgestaltet

## BAD AIBLING ERLEBEN

### AUSKUNFT

AIB-KUR
W.-Leibl-Platz 3, 83043 Bad Aibling
Tel. (0 80 61) 90 80-0
www.aib-kur.de, www.bad-aibling.de

### FESTE & VERANSTALTUNGEN

Maxlrainer Kultursommer, v. a. allerlei Musik an verschiedenen Orten und Aufführungen der Opernbühne Bad Aibling. Karten bei AIB-KUR (s. o.) und Tel. 0 80 61 / 90 79-31, www.kultursommer.maxlrain.de.

### ESSEN

► **Preiswert / Erschwinglich**

***Aumanwirt***
Mühlweg 34, 83075 Bad Feilnbach-Altofing, Tel. (0 80 66) 4 56
Kleine, gemütliche Wirtschaft, nicht zufällig bei Einheimischen beliebt: Probieren Sie z. B. den Tafelspitz oder das Wiener Schnitzel. Most und Säfte von eigenem Obst. Mo./Di. geschl.

### ÜBERNACHTEN

► **Komfortabel**

***Hotel Bihler***
Katharinenstr. 8, 83043 Bad Aibling
Tel. (0 80 61) 90 75-0
Hübsches nostalgisches Haus: eine alte Künstlervilla mit modernem Komfort, zentral und ruhig am Kurpark gelegen. Gediegenes Restaurant (bayerisch-internationale Küche) und Parkcafé mit zauberhafter Terrasse.

und erweitert. Die Heiligenfiguren im Chor, die Seitenaltäre und die Kanzel schuf J. Götsch. Im Heimatmuseum (Fr. 15.00 – 17.00, So. 14.00 – 17.00 Uhr) ist u. a. **Wilhelm Leibls »Bauernstuben-Atelier«** aus Kutterling bei Bad Feilnbach ausgestellt, in dem dieser große Maler des Realismus von 1892 bis zu seinem Tod lebte und arbeitete.

## Umgebung von Bad Aibling

**Maxlrain** In Maxlrain 6 km nördlich von Bad Aibling steht ein **Renaissance-Schloss**, dessen Kapelle schönen Stuck von J. B. Zimmermann besitzt. Es ist nicht zugänglich, im Gegensatz zur Schlosswirtschaft (»bayerische Nouvelle Cuisine«) und dem Bräustüberl. Im Schlosspark wird vor herrlicher Kulisse der Golfschläger geschwungen.

**Weihenlinden** Im Dorf Weihenlinden machen Zwiebeltürme auf die Wallfahrtskirche zur Hl. Dreifaltigkeit aufmerksam (um 1655, Stuck 1736). Eine »Wucht« ist die herrliche Kanzel (C. Pader, 1660). Auch der Klostergasthof mit seinem Biergarten lohnt den Abstecher.

**Beyharting** In Beyharting 8 km nördlich von Bad Aibling bezaubert die Kirche des 1803 säkularisierten Augustiner-Chorherrenstifts, die 1132 geweiht und 1730 von J. B. Zimmermann stuckiert und freskiert wurde; bemerkenswert der Kruzifixus aus dem Umkreis Ignaz Günthers. Stimmungsvoll ist der vierflügelige Kreuzgang mit Netzgewölben.

Tuntenhausen

Schon ein seltsames Geschick, dass sich hinter diesem Namen – im 10. Jh. als »Toutinhusa« erwähnt – **einer der ältesten Wallfahrtsorte** Oberbayerns verbirgt; nach einem Wunder 1441 begannen die Pilgerfahrten. Das wenig attraktive Landstädtchen (6700 Einw.) wird vom eigenartigen, doppelt behelmten Turm der Pfarrkirche Mariä Himmelfahrt überragt (1630, gotische Turmhalle). Im prunkvollen **frühbarocken Hochaltar** (1630) – mit dem Wappen des bayerischen Kurfürsten Maximilian I. und seiner Gemahlin Elisabeth I. von Lothringen – steht das Gnadenbild (um 1550). Beachtenswert sind auch die Kanzel (1633), das Kruzifix, die Muttergottes über dem Triumphbogen und die **Totentanzdarstellungen** (17. Jh.) im Ossarium.

Berbling

Im idyllischen Berbling 3 km südlich von Bad Aibling lebte **Wilhelm Leibl** von 1878 bis 1882. Für die hübsche Pfarrkirche (18. Jh.) schuf er in dieser Zeit sein berühmtes Gemälde **»Drei Frauen in der Kirche«** (Hamburger Kunsthalle; in der Kirche hängt eine gute Kopie).

Bad Feilnbach

Bad Feilnbach (514 m, 7200 Einw.) südlich von Bad Aibling ist bekannt als Moorheilbad und als Zentrum eines **Obstanbaugebiets**. Eine Anzahl von Brennereien macht hervorragende Schnäpse. Hübscher Spaziergang südöstlich nach **Kutterling**, wo Leibl seine letzten Jahre verbrachte. Die klassische Bergtour führt zum **Wendelstein** (vom Jenbach-Parkplatz, 5 km südlich von Bad Feilnbach): gemütlich in 4 Std. durchs Jenbachtal über die Aiblinger Hütte oder anspruchsvoll (ca. 5 Std.) über Schuhbräualm, Rampoldplatte, Hochsalwand (1625 m) und Reindler-Alm (1429 m). Abstieg zum Jenbach-Parkplatz (ca. 2.30 Std.) oder nach Bayrischzell. Zu empfehlen ist auch der Gang auf den **Farrenpoint** (ca. 2.30 Std.).

# ★ Bad Reichenhall

V 7

**Landkreis:** Berchtesgadener Land
**Höhe:** 470 m ü. d. M.
**Einwohnerzahl:** 17 000

**Das Bayerische Staatsbad mit Meran zu vergleichen liegt nahe. Umgeben von einer großartigen Gebirgsszenerie, mit einem milden Reizklima und der Atmosphäre eines Gründerzeit-Kurorts ist Bad Reichenhall ein attraktives Urlaubsziel.**

Bad Reichenhall liegt ganz im Osten Oberbayerns, nahe der österreichischen Grenze, im weiten Talkessel der Saalach. Wegen seiner geschützten Lage und der 16 Solequellen (Salzgehalt 0,5 bis 26 %) wird Reichenhall bei Rheuma, Asthma und Erkrankungen der Atemwege geschätzt; auch wenn im Zeichen der Gesundheitsreform die Gästezahlen deutlich schrumpfen, ist es mit fast 1 Mio. Übernachtungen im Jahr einer der beliebtesten bayerischen Kurorte.

*Bad Reichenhaller Atmosphäre: Kurgarten mit der alten Wandelhalle*

**Reichenhall gestern und heute** Seit dem 3. Jh. v. Chr. ist die Salzgewinnung in Reichenhall bekannt. Um 800 Gründung der Mönchszelle St. Zeno durch den Salzburger Erzbischof, der seitdem mit den bayerischen Herzögen um das Salzmonopol stritt. Ab dem 12. Jh. unterstanden die umliegenden Kirchen dem Augustiner-Chorherrenstift St. Zeno. Der Bau von Soleleitungen von Reichenhall nach Traunstein (1617 – 1619, Verlängerung nach Rosenheim 1811) und von Berchtesgaden nach Reichenhall (1817) sorgten für den Aufschwung der Salzproduktion. 1834 wurde Reichenhall durch Feuer zu drei Vierteln zerstört; danach entstand das historisierende Ortsbild. Die einzige Großsaline Bayerns (»Bad Reichenhaller Markensalz«) verarbeitet im Jahr ca. 250 000 m³ Sole zu Salz. Weltweit bekannt sind die Produkte der Confiserie Reber, insbesondere ihre Mozartkugeln. Die seit 1934 in Bad Reichenhall stationierten Gebirgsjäger sind ein wichtiger Wirtschaftsfaktor.

## Sehenswertes in Bad Reichenhall

**Stadtmitte** Das städtische Leben konzentriert sich an der Ludwigstraße und der Salzburger Straße, an der der **Kurgarten** mit Salzbrunnen, prächtigem Altem Kurhaus (1900) und Kurmittelhaus von 1829, Trinkhalle und Gradierwerk liegt. Das **Kurgastzentrum** ist kultureller und gesellschaftlicher Mittelpunkt der Region; nebenan die Spielbank. Süßmäuler werden im **Café Reber** (Ludwigstraße 10) glücklich. Jenseits des Rupertusparks bietet die moderne **Rupertus-Therme** alles, was sich mit Sole fürs Wohlbefinden tun lässt.

Das 160 m lange Gradierwerk wurde 1912 errichtet. Etwa 100 000 Schwarzdornbündel sind hier aufgeschichtet, an denen 150 000 Liter Sole pro Tag herabtropfen. Berieselt wird die dem Wind zugewandte Seite, an der Leeseite geht man zur Inhalation spazieren. **Gradierwerk**

Im Quellenbau der Alten Saline und im Salzmuseum bekommt man Einblick in die Salzgewinnung alter Zeiten. Zwischen 1498 und 1512 modernisierte der berühmte Münchner Schnitzer Erasmus Grasser die Saline. Das **Hauptbrunnhaus** mit einer Kapelle (Fenster von Moritz von Schwind) ist ein neoromanisches Prachtstück. Beeindruckende Ingenieurskunst verkörpern die mächtigen Pumpen in der **Maschinenhalle** von 1893. Geöffnet Mai – Okt. tägl. 10.00 – 11.30, 14.00 – 16.00, sonst Di. – Fr. und 1. So. im Monat 14.00 – 16.00 Uhr. ✶ **Alte Saline**

Das ehemalige Augustiner-Chorherrenstift St. Zeno wurde 1136 von dem Salzburger Erzbischof Konrad I. gegründet. Seine gewaltige romanische Kirche (90 m lang), die **größte im altbayerischen Raum**, wurde um 1150 begonnen und 1228 geweiht; nach dem Brand 1512 wurde sie als gotische Pfeilerbasilika erneuert. Ein schönes romani- ✶ **St. Zeno**

## *Bad Reichenhall* *Orientierung*

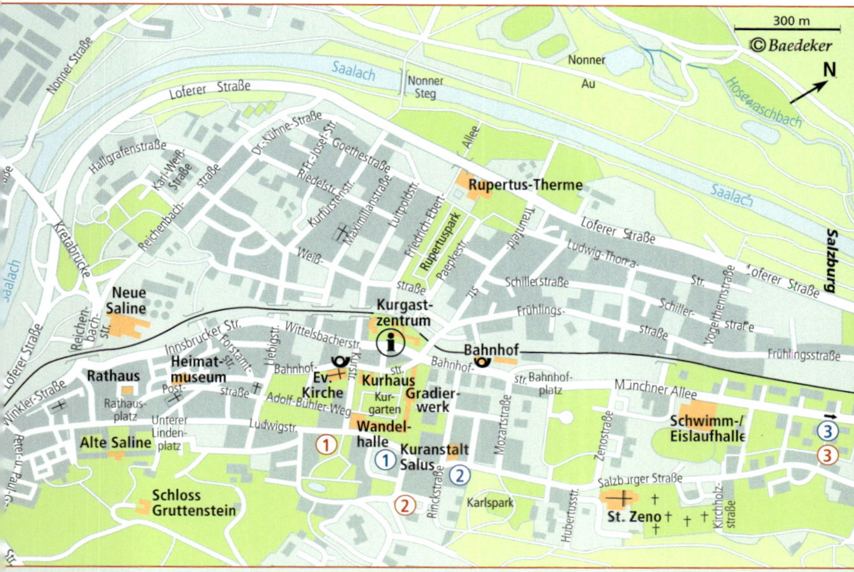


**Essen**

① Bürgerbräu
② Wieninger Schwabenbräu
③ Lohmayr Stub'n

**Übernachten**

① Steigenberger Axelmannstein
② Pension Erika
③ Berggasthof Johannishögl

sches **Portal** aus Untersberger Marmor, von Löwen flankiert, führt ins weite Innere. Beachtenswert sind im Hochaltar die Schnitzgruppe »Marienkrönung« (1520) und zwei gotische Flügelbilder, die Figuren am Chorgestühl und ein Taufstein mit geschnitztem Deckel (1522).

**Heimatmuseum** Das Heimatmuseum im städtischen Kornstadel von 1539 dokumentiert die Siedlungs- und Wirtschaftsgeschichte des Saalachtals, u. a. mit einem kompletten »Rundumkaser« (Almhütte mit umlaufendem Stall). Die bronzezeitlichen Funde sind die größten nördlich der Alpen. Die Wiedereröffnung nach der Sanierung ist für 2012 geplant.

**Schloss Gruttenstein** Auf der Anhöhe östlich der Alten Saline steht Schloss Gruttenstein, Rest einer baierischen Burganlage aus dem 13. Jahrhundert. Die Anlagen waren mit den Stadtmauern verbunden.

## BAD REICHENHALL ERLEBEN

### AUSKUNFT

Tourist-Info
Wittelsbacherstr. 15
83435 Bad Reichenhall
Tel. (0 86 51) 6 06-0
www.bad-reichenhall.de

### FESTE & VERANSTALTUNGEN

Konzerte der Bad Reichenhaller Philharmonie und anderer Ensembles. Anf. Jan.: Perchtenlaufen in Nonn und Karlstein. 1. Juli-Wochenende: Stadtfest. 5./6. Dez.: Krampuslaufen.

### ESSEN

#### ► Preiswert / Erschwinglich

① ***Bürgerbräu***
Rathausplatz, Bad Reichenhall
Tel. (0 86 51) 6 08-9
Brauereigasthof von 1633 mit herrlichen Gewölbestuben und Biergarten.

② ***Wieninger Schwabenbräu***
Salzburger Str. 22, Bad Reichenhall
Tel. (0 86 51) 96 95-0
Gemütliches, gutes Wirtshaus (leider recht laut) mit schönem Biergarten.

③ ***Lohmayr Stub'n***
Salzburger Str. 13, 83451 Piding
Tel. (0 86 51) 71 44 78
Schlichtes Restaurant mit exzellenter bayerisch-asiatisch-mediterraner Haute Cuisine zu fairen Preisen.

### ÜBERNACHTEN

#### ► Luxus

① ***Hotel Axelmannstein***
Salzburger Str. 2 – 6, Bad Reichenhall
Tel. (0 86 51) 7 77-0, 144 Z.
www.axelmannsteinresort.de
Grandhotel (seit 1849) in gepflegtem Park. Feine Küche im Parkrestaurant, Rustikales gibt's im Axel-Stüberl.

#### ► Günstig

② ***Pension Erika***
Adolf-Schmid-Str. 3, Bad Reichenhall
Tel. (0 86 51) 95 36-0 (März – Okt.)
www.hotel-pension-erika.de
Italienisches Flair: Palazzo von 1900 mit guter Mittelklasse-Ausstattung.

③ ***Berggasthof Johannishögl***
Johannishögl 3, 83451 Piding
Tel. (0 86 56) 3 97
www.berggasthof-johannishoegl.de
Stattlicher Hof auf der Höhe nördlich von Piding bei der Wallfahrtskirche. Bayerische Küche, herrlicher Ausblick.

**Florianiviertel**

In der südlichen Altstadt, die vom Stadtbrand 1834 verschont blieb, sind noch sehr hübsche Häuser aus dem 16./17. Jh. im alpenländischen Stil und in Inn-Salzach-Bauweise erhalten.

## Umgebung von Bad Reichenhall

**Nonn**

Auf der Höhe der Rupertustherme liegt jenseits der Saalach der Naturpark Nonner Au. Die idyllisch gelegene St.-Georgs-Kirche (12. Jh.) in Nonn besitzt einen bedeutenden **Flügelaltar** von 1513; interessant ist auch die **Außenkanzel** (1692).

**Marzoll**

In Marzoll nordöstlich von Reichenhall sind die St.-Valentins-Kirche (12. Jh., im 18. Jh. barockisiert) und das Schloss von 1530 einen Blick wert, das um 1840 zur romantischen »Burg« umgebaut wurde.

**Mauthausen**

In Mauthausen 3 km nördlich von Reichenhall ist die aus Tuffstein erbaute romanisch-gotische Kirche St. Laurentius mit Fresken der 14 Nothelfer interessant. Die weithin sichtbare gotische Burg Staufeneck ist nicht zugänglich; Anf. August findet ein Mittelaltermarkt statt.

**Bayerisch Gmain**

Von Bayerisch Gmain, 2 km östlich auf einem Hochplateau gelegen, führen Wanderwege in das Lattengebirge. Schöner, unschwieriger Aufstieg über den Alpgartensteig zum Predigtstuhl.

*** Predigtstuhl**

Hausberg Reichenhalls ist der 1613 m hohe Predigtstuhl, der mit der ersten Großkabinenbahn der Welt – von 1928 – zu erreichen ist (Talstation bei der Luitpoldbrücke). Von der Bergstation (1583 m) hat man einen **überwältigenden Blick**. Zu Fuß erreicht man den Gipfel in 3 Std. über die Schlegelalm oder in 3.30 Std. vom Gasthaus Baumgarten (südlich des Saalach-Sees) über die Röthelbachalm.

**Karlstein**
**Thumsee**

Im westlichen Vorort Karlstein stehen die Reste einer Burg der Grafen von Peilstein. Malerisch thront die Kapelle St. Pankratius über der Straße, die zum Thumsee führt (1,5 km). Im Seemösl am Ostrand des Sees blühen Seerosen. Eine schöne Rundwanderung (ca. 3 Std.) folgt vom Brunnenhaus Seebichl der alten **Soleleitung** in Richtung Traunstein, dann südwestlich zum Antoniberg, weiter entlang der B 305. Hinter der Brücke steigt man zur Höllenbachalm. Nach dem Aufstieg zum Joch am Hochrießel geht es zurück zum Thumsee.

*Das idyllisch gelegene Stift Höglwörth*

**Hochstaufen** Den 1771 hohen Hochstaufen (herrlicher Ausblick) erklimmt man in 3 Std. von der Padinger Alm über die Bartlmahd (leicht). Anspruchsvoller ist die Besteigung von der Staufenbrücke aus (Aufstieg 4 Std.); im oberen Teil ist der »Steinerne Jäger« zu passieren, der Trittsicherheit verlangt. Vom Reichenhaller Haus (1750 m, geöffnet Mitte Mai bis Mitte Okt.) sind es noch 5 Min. zum Gipfel.

✶ **Anger** Der Ort (4400 Einw.) liegt nördlich von Bad Reichenhall an der A 8 auf einem Plateau. Sein Schmuckstück ist der »Anger« mit einer Mariensäule und Häusern aus dem 18./19. Jahrhundert. Die hoch aufragende, aus Nagelfluh erbaute Pfarrkirche Mariä Himmelfahrt stammt aus spätgotischer Zeit und wurde 1717 barockisiert. Im Hochaltar gefällt eine Rosenkranzmadonne (1680), Beachtung verdient auch der geschnitzte »Gute Hirte« (18. Jh.). Die **Fronleichnamsprozession**, eine der schönsten in Bayern, führt zum Höglwörther See (s. u.).

✶ **Höglwörth** Idyllisch auf einer Halbinsel im Höglwörther See (1,5 km von Anger) liegt ein ehemaliges Augustiner-Chorherrenstift. 1817 wurde es samt seiner Brauerei an den Brauer Philipp Wieninger verkauft; der Klosterwirt hat einen hübschen Biergarten. Feines Rokoko zeigt die Stiftskirche (geweiht 1689), sehr schön sind der grün-goldene Stuck und die Deckenfresken von F. N. Streicher (1765). Alle 3 Jahre (wieder 2013) ist in der Karwoche das seit 1652 nachgewiesene, 5 m breite und 6 m tiefe Heilige Grab aufgebaut, das den ganzen Altarraum einnimmt. Es wird an Karfreitag und -samstag durch 172 Öllampen illuminiert, Wasserkraft setzt Sonnenrad und Engel in Bewegung.

✶✶ Heiliges Grab ▶

# ✶ Bad Tölz

N 7

**Landkreis:** Bad Tölz-Wolfratshausen **Höhe:** 670 m ü. d. M.
**Einwohnerzahl:** 17 400

**Spätestens seit dem »Bullen von Tölz« ist weithin bekannt, dass der Kurort an der Isar und sein Umland mit besonderen Schönheiten gesegnet sind.**

**Aus der Geschichte** Seit römischen Zeiten am Übergang einer Salzstraße gelegen, entstand im 12. Jh. eine Siedlung von Fischern und Flößern. Bis zur Eröffnung der Bahnlinie München – Tölz 1874 und des Walchenseekraftwerks 1924 – der die Isar zum zahmen Flüsschen machte – war die Flößerei bedeutend, die insbesondere München mit Holz, aber auch mit Bier und Möbeln aus Tölz versorgte. Erstmals 1160 als »Tolnze« genannt, wurde die Siedlung 1331 Markt; ein Brand zerstörte 1453 einen Großteil des Orts. Bis zur Verwüstung im Dreißigjährigen Krieg 1632 erlebte die auch für ihre Kunstschreiner bekannte Stadt eine Blütezeit. Der Kurort nahm 1856 den Betrieb auf.

*Das prächtige Alte Rathaus am oberen Ende der Marktstraße*

**Kur und Zeitvertreib in Tölz**

Seit 1899 darf Tölz sich »Bad« nennen, seit 1969 »Heilklimatischer Kurort«. Schon 1845 wurden die **Jodquellen** entdeckt, die v. a. bei Herz- und Gefäßerkrankungen, Bluthochdruck und Kreislaufstörungen eingesetzt werden. Im Königsdorfer **Moor** wird der Torf gewonnen, der als »Heilschlamm« bei Frauenleiden und rheumatischen Erkrankungen segensreich wirkt. Skifahren und rodeln (5,5 km) kann man am Blomberg (und am Brauneck bei Lenggries), in der Umgebung sind über 110 km Loipen gespurt. Die Leonhardifahrt am 6. Nov. ist eine der schönsten und berühmtesten in Bayern.

✶✶

◄ Leonhardifahrt

## Sehenswertes in Bad Tölz

✶ **Marktstraße**

Die berühmte »gute Stube« der Stadt ist die Marktstraße, die zur Isar hinunterführt. Kunstvoll mit Stuck, Lüftlmalerei und Sinnsprüchen verzierte Fassaden machen sie zu einem der eindrucksvollsten Straßenzüge Oberbayerns. Die Bausubstanz entstand im 15. – 18. Jh.; das heutige Bild, das als so »urbayerisch« erscheint, ist v. a. dem Architekten **Gabriel von Seidl** ( München, Bayerisches Nationalmuseum) zu verdanken, der um 1900 viele Häuser teils restaurierte, teils im »Heimatstil« neu gestaltete. Prominentestes Beispiel dafür ist das Alte Rathaus (Nr. 48). Hier ist das sehr sehenswerte **Stadtmuseum** ansässig, das

! *Baedeker* TIPP

**Tölzer Kasladen**

Über die Grenzen Deutschlands hinaus bekannt sind die »Affineure« (zu deutsch Käsereifer) Wolfgang und Susanne Hofmann. Im Tölzer Kasladen ist alles zu finden, was des Gourmands Herz begehrt. Zentrale: Königsdorfer Straße 22 (am Parkplatz P 4), Verkostung und Führung nach Anmeldung Tel. (0 80 41) 94 27.

## Bad Tölz *Orientierung*

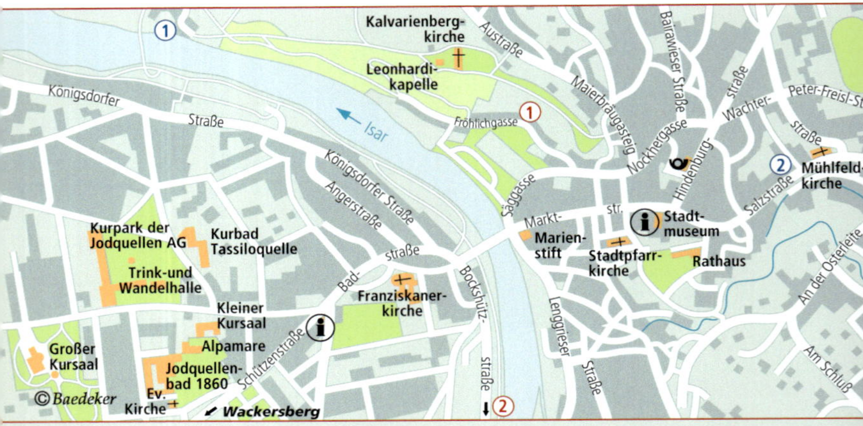


**Essen**
① Altes Fährhaus
② Zantl

**Übernachten**
① Kolbergarten
② Benediktenhof

mit Mobiliar, Gemälden, sakraler Kunst und einer geologischen Sammlung Geschichte und Kultur des Isarwinkels illustriert (geöffnet Do. – So. 10.00 – 16.00 Uhr).

**Mariä Himmelfahrt**

Die spätgotische Stadtpfarrkirche entstand nach dem Großbrand 1463 neu und wurde im 19. Jh. stark verändert (incl. Turmhelm). Zu beachten sind die am Chorbogen schwebende **Madonna im Strahlenkranz** (B. Steinle, 1611), ein Gemälde der Pestheiligen Sebastian und Rochus (1634) sowie die Epitaphien aus dem 16. Jahrhundert.

**Mühlfeldkirche**

In der Verlängerung der Marktstraße steht auf dem Mühlfeld die Wallfahrtskirche Maria Hilf, ein Werk des Wessobrunners Joseph Schmuzer; im Altarraum ist die Tölzer Pestprozession dargestellt, gemalt 1737 von Matthäus Günther.

**★ Kalvarienberg**

Ein Kreuzweg mit Kapellen führt von der Stadt hinauf zum Kalvarienberg über dem rechten Isarufer. Die zweitürmige **Kreuzkirche** (18. Jh.) ist ein interessanter Doppelbau mit einem Heiligen Grab und einer Heiligen Treppe. Nebenan die seit 1743 mit einer Kette – Attribut des Gefangenenpatrons – »gegürtete« **Leonhardikapelle**, errichtet 1718 von Tölzer Zimmerleuten zum Dank für die glückliche Heimkehr aus der Sendlinger Mordweihnacht 1705.

**Kurviertel**

Westlich der Isar liegt das Kurviertel, im 19. Jh. als Gartenstadt angelegt, mit seinen Einrichtungen: Trink- und Wandelhalle, Jodquellenbad 1860 und Großes Kurhaus (G. von Seidl) in großen Parks. Im **Alpamare** kann jeder etwas fürs Wohlbefinden tun.

**Weitere Kirchen**

In der Franziskanerkirche, einer einfachen Wandpfeilerkirche (1735) ohne Stuck, sind die Altäre mit Intarsien interessant, teilweise mit **Reliefs des Tölzers J. A. Fröhlich** (um 1740). In der Schützenstraße sollte man einen Blick in die evangelische Kirche werfen: Das Altarbild »Kreuzigung« stammt von **Lovis Corinth** (1858–1925), der ab 1918 am Walchensee lebte (Kochelsee).

## BAD TÖLZ ERLEBEN

### AUSKUNFT

Tourist-Information
Max-Höfler-Platz 1
83646 Bad Tölz
Tel. (0 80 41) 78 67-0
www.bad-toelz.de

### FESTE & VERANSTALTUNGEN

Der berühmte Tölzer Knabenchor singt einmal im Monat im Kurhaus. Bauernmarkt ist Fr.vormittag auf dem Fritzplatz. Juli–Sept.: Sommerkonzerte. Juli: Festwoche mit buntem Programm. Mitte Aug.: Kurparkfest. 6. Nov.: Leonhardifahrt. Dez.: Christkindlmarkt in der Marktstraße.

### ESSEN

**► Erschwinglich / Fein & teuer**

① ***Altes Fährhaus***
An der Isarlust 1, 83646 Bad Tölz
Tel. (0 80 41) 60 30, Mo./Di. geschl.
www.altes-faehrhaus-toelz.de
Nobles Gourmetrestaurant mit idyllischer Terrasse an der Isar. Französisch inspirierte Küche, besonders Fisch und Meeresfrüchte. Große Weinkarte. Mit fünf großzügigen Zimmern.

**► Preiswert / Erschwinglich**

② ***Gasthof Zantl***
Salzstr. 31, 83646 Bad Tölz
Tel. (0 80 41) 97 94, Do. geschl.
Schlichter, schöner Gasthof bei der Mühlfeldkirche, seit langem eine zuverlässige Adresse für gute bayerische Kost, aber auch für Vegetarisches und Vollwert. Mit preiswerten Zimmern.

***Jägerwirt***
83646 Bad Tölz-Kirchbichl
Tel. (0 80 41) 95 48, Mo./Do. geschl.
www.jaegerwirt-kirchbichl.de
Gediegenes Dorfgasthaus in schönster Umgebung 5 km nördlich von Tölz. Sagenhafte Schweins- und Kalbshaxen, auch für Wild gerühmt.

### ÜBERNACHTEN

**► Komfortabel**

① ***Hotel Kolbergarten***
Fröhlichgasse 5, 83646 Bad Tölz
Tel. (0 80 41) 78 92-0
www.hotelkolbergarten.de
Traumhaftes Ambiente am Rand der Altstadt: Romantisches Jugendstilhaus von 1905, persönlich geführt, liebevoll antik ausgestattete Zimmer.

**► Günstig / Komfortabel**

***Benediktenhof***
Alpenbadstr. 16, 83646 Arzbach
Tel. (0 80 42) 91 47-0
www.benediktenhof.de
Idyllische Landpension südlich von Bad Tölz: mit alter Stube von 1820 und Wintergarten, umgeben von viel Grün. Ebenso schön die Ferienwohnung im »Zuhäusl« in Wackersberg.

*Morgenstimmung am Kirchsee, mit dem Kloster Reutberg im Hintergrund*

## Umgebung von Bad Tölz

**Buchberg** Am Buchberg westlich von Tölz liegt der 9-Loch-Platz des Golfclubs Bad Tölz. Das abwechslungsreiche Gelände verlangt einiges an Können (bei Abschlag 7 großartiger Blick über die Stadt). Nebenan kann man im Strasserhof einkehren (österreichische Küche), dessen Geschichte ins 14. Jh. zurückgeht und der sogar eine eigene Kapelle (1720) hat. Vom Buchberg (800 m) schöner Ausblick.

**Ausflüge** Die Umgebung bietet eine Reihe reizvoller Wanderwege, v. a. in den Isarauen: Nördlich kann man bis Wolfratshausen gehen, südlich bis über Lenggries hinaus. Schön ist dieRunde über den **Wackersberg** (gesamt ca. 3 Std.); für die Einkehr sind das »Forsthaus« an der Straße vom Kurviertel Tölz nach Wackersberg und der »Altwirt« in Wackersberg mit seiner alten Gaststube zu empfehlen.

**Blomberg** Den 1237 m hohen Tölzer Hausberg erklimmt man einem Sessellift oder zu Fuß von der Talstation aus (1.30 Std.). Es gibt eine 1,2 km lange Sommerrodelbahn, im Winter schlittelt man vom Blomberghaus 5,5 km zur Talstation. Vom Blomberghaus braucht man noch 30 Min. auf den **Zwieselberg** (1348 m) mit umfassender Aussicht.

**Gaißach** Südöstlich von Tölz liegen die Ortsteile von Gaißach; auf der Höhe mit schönem Ausblick das hübsche Kircherl St. Michael (spätgotisch, im Rokoko umgestaltet). Um Ende Jan. findet am Lehener Berg das berühmte **Schnablerrennen** statt. Lohnender Gang von Grundnern
★ südlich von Gaißach auf den Sonntratn (1096 m, Aufstieg ca. 1 Std.):
Sonntratn ▶ bester Blick auf Benediktenwand und die Streifenfluren im Isartal.

**Bad Heilbrunn**

Bad Heilbrunn (682 m, 3700 Einw.) westlich von Tölz ist ein ruhiger Kurort mit starker Jodquelle, ab dem 17. Jh. bayerisches Hofbad. 1832 erhielt die Quelle den Namen »Adelheidquelle«, da die Kurfürstin Henriette Adelheid von Savoyen ( München, Schloss Nymphenburg) nach ihrem Aufenthalt 1659 den Thronfolger zur Welt brachte. Die schön gelegene **Parkvilla** (Gesundheitszentrum) erbaute Gabriel von Seidl 1912 für den Hofschlossermeister Höck.

**Königsdorf**

Der stattliche, 778 erstmals genannte Ort (625 m, 2900 Einw.) liegt nordwestlich von Bad Tölz im Loisachtal über dem Königsdorfer Moor, dem größten zusammenhängenden Hochmoor in Oberbayern. Die Pfarrkirche **St. Laurentius**, einst Mutterkirche des Isarwinkels, entstand in spätgotischer Zeit und wurde 1785 mit Wessobunner Stuck und von Chr. Winck mit Fresken ausgeschmückt.

*** Dietramszell**

In Dietramszell (3600 Einw.) 11 km nördlich von Tölz ist das ehemalige Augustiner-Chorherrenstift interessant, dessen Kirche zu den **schönsten barocken Gotteshäusern** Oberbayerns zählt. Gegründet wurde das Stift 1102 durch Tegernseer Mönche, seit 1831 wird es von Salesianerinnen genützt. Der Innenraum (1729 – 1741) – eine Wandpfeilerhalle nach den Vorbild von Beuerberg ( Wolfratshausen) – glänzt mit Stuck und Deckengemälden von J. B. Zimmermann; er schuf auch das Hochaltarbild (1745). Weitere Teile der Ausstattung, v. a. die Kanzel, stammen von dem Weilheimer F. X. Schmädl. Im südlichen Seitenschiff die spätgotische Figur des seligen Dietram († 1147), die wohl von einem Stifter-Hochgrab stammt.Nach der Einkehr in der schönen **Klosterschenke** (Di. geschl.) könnte man weitere schöne Kirchen besuchen. Südlich, einsam im Wald, die achteckige Wallfahrtskirche Maria Elend (1690); das Deckenfresko (1791) stammt von dem Weilheimer J. S. Troger, beachtenswert sind auch die Votivtafeln. An der Straße nach Linden (1 km nördlich von Dietramszell) steht einsam die spätbarocke Wallfahrtskirche**Ot. Leonhard** (1769). Das Kuppelfresko des Münchner Hofmalers Chr. Winck (1769) verherrlicht den Kirchenpatron.

*** Kloster Reutberg**

Eines der beliebtesten Ausflugsziele des Tölzer Lands ist das Kloster Reutberg, das bei Sachsenkam 8 km nordöstlich von Tölz auf einer Anhöhe thront. Die Produkte der **Klosterbrauerei** sind ausgezeichnet, ebenso der **Ausblick** vom Biergarten des Bräustüberls. Zu Josephi (19. März) wird der bernsteinfarbene, wunderbar süffige Josefibock gebraut. Die **Klosterkirche** (1729 – 1735) ist einen Blick wert: 1606 kam aus dem italienischen Loreto ein Marien-Gnadenbild hierher, für das eine Kapelle und ein Kloster errichtet wurden. Zur Weihnachtszeit wird das **Reutberger Jesuskind** verehrt, wahrscheinlich eine spanische Figur, die 1743 aus der Geburtskirche in Bethlehem hierher kam. Sommers kann man im nahen **Kirchsee** baden. Feine französische Küche pflegt die »Auberge Moar Alm« bei Sachsenkam, östlich jenseits der B 13 (Tel. 0 80 21 / 55 20, www.moar-alm.de).

# ✶ Bayrischzell

P 7

**Landkreis:** Miesbach
**Einwohnerzahl:** 1600
**Höhe:** 800 m ü. d. M.

**Vom Schliersee dringt das freundliche Leitzach-Tal ( S. 325) östlich bis zum Wendelstein und zum Großen Traithen vor: Dort liegt Bayrischzell, eines der hübschesten Dörfer Oberbayerns. Das Sudelfeld ist ein beliebtes Skigebiet, auch für Münchner, denn Bayrischzell ist mit der Bayerischen Oberlandbahn bequem erreichbar.**

**Sehenswertes in Bayrischzell**

Mit seinen in wunderbar parkartiger Landschaft verteilten blumengeschmückten Bauernhäusern nimmt der Luftkurort für sich ein; der Wendelstein (1838 m) im Norden, der Große Traithen (1852 m) im Südosten und der Seebergkopf (1538 m) im Südwesten bilden den eindrucksvollen Rahmen. Mittelpunkt des Orts ist die **Pfarrkirche St. Margaretha** mit spätgotischem Turm; der 1733/1734 entstandene Zentralbau glänzt mit farbenfrohem Rokoko. Im Hochaltar die Figuren der »drei heiligen Madl« Katharina, Margaretha und Barbara, bemerkenswert sind die Deckenfresken von Melchior Puchner.

## Umgebung von Bayrischzell

**✶✶ Wendelstein**

Unvergleichlich ist die Aussicht – bis München, an klaren Tagen bis zum Bayerischen Wald – vom »Glatzkopf Oberbayerns«, der mit Observatorium, Sendemasten, Windkraftwerk, Kircherl und Berggasthof ausgestattet ist. Auf den vier Wanderwegen des »Geo-Parks« (je 2 – 3

## BAYRISCHZELL ERLEBEN

### AUSKUNFT

Kur- und Tourist-Info
Kirchplatz 2, 83735 Bayrischzell
Tel. (0 80 23) 6 48
www.bayrischzell.de

### WENDELSTEIN-SEILBAHN

Talstation Osterhofen, Tel. (0 80 23) 7 82, www.wendelsteinbahn.de

### ÜBERNACHTEN / ESSEN

**► Günstig**

*Bergcafé Siglhof*
Hochkreut 3, 83735 Bayrischzell
Tel. (0 80 23) 6 79, www.siglhof.com
Café geöffnet Ende April – Okt.

Sehr empfehlenswert ist der Gang von Bayrischzell über die Hochkreut, die Sonnenterrasse am Wendelstein, nach Osterhofen. Brotzeit und Kaffee gibt's im Siglhof, auch kann man hier preiswert und komfortabel nächtigen.

**► Günstig / Komfortabel**

*Postgasthof Rote Wand*
Geitau 15, 83735 Bayrischzell
Tel. (0 80 23) 90 50
www.gasthofrotewand.de
Gediegener Gasthof mit freundlichem Service, ruhig im westlichen »Vor-Ort« gelegen. Gelobtes Restaurant (Di. geschl.) mit eigener Konditorei.

*Beherrschender Felsberg: der Wendelstein von Dorf bei Osterhofen aus gesehen*

Std.) werden das Panorama und seine geologischen Hintergründe erläutert. Von Osterhofen ist der Wendelstein mit einer Kabinenseilbahn zu erreichen, zu Fuß von Bayrischzell und von der Sudelfeldstraße aus (ca. 3,5 Std.). Von Brannenburg fährt eine Zahnradbahn auf den Berg. Die Busse der **Wendelstein-Ringlinie** verbinden die Talstationen der Bergbahnen mit den Orten rund um den Berg.

**Rotwand**

Die Rotwand (1884 m) bildet mit Taubenstein und Aiplspitz eine markante Gipfelgruppe des Mangfallgebirges. Beliebt und unschwierig ist ihre Überschreitung (mit Übernachtung im Rotwandhaus).

**Sudelfeld**

Das Sudelfeld (bis 1563 m) östlich von Bayrischzell ist mit Kabinenbahn, Sesselbahnen und Schleppliften bestens erschlossen. Im Sommer ist das Obere Sudelfeld mit einer Seilbahn und auf einer Straße zu erreichen. Legendär ist dort die **Speckalm** für ihre gute, handfeste Kost. In östlicher Richtung führt die **Sudelfeldstraße**, die auch bei Motorradfahrern beliebt ist, zum Tatzelwurm und weiter nach Brannenburg bzw. Oberaudorf ( Kiefersfelden), wobei letztere Straße besonders schön ist.

! *Baedeker* TIPP

### Inntal-Runde

Sehr reizvoll ist die knapp 60 km lange Rundfahrt von Bayrischzell aus: über das Sudelfeld (1100 m) zum Tatzelwurm und über Oberaudorf nach Kufstein, zurück im Tal der Thierseer Ache über den Ursprung-Pass (894 m). Unterwegs im Thiersee baden oder an der kühlen Ache picknicken. Für Radsportler mit ca. 800 m Gesamtanstieg eine lohnende Herausforderung.

# Benediktbeuern

M 7

**Landkreis:** Bad Tölz-Wolfratshausen **Höhe:** 640 m ü. d. M.
**Einwohnerzahl:** 3400

**Vor der herrlichen Kulisse der Benediktenwand liegt eines der ältesten und schönsten Klöster im Alpenvorland.**

**Geschichte** Das Kloster wurde um 739 gegründet, die erste Kirche 750 vom hl. Bonifatius geweiht. Adlige Stifter sorgten für frühen Reichtum, und durch die Armreliquie des hl. Benedikt, die Karl der Große für das Kloster erworben hatte, wurde es zum wichtigsten Kultort des Ordensgründers im deutschen Sprachraum. 1273 fand hier die **erste Fronleichnamsprozession in Bayern** statt. Die barocke Klosteranlage entstand 1669 – 1679; 1708 – 1718 kam der Maierhof, 1722 die Bibliothek hinzu. 1803 wurden in der Bibliothek die **Carmina Burana** (»Beuerner Lieder«) entdeckt, eine Sammlung von Vagantenliedern aus dem 13. Jh., die durch die Vertonung von Carl Orff (1936) weltberühmt wurde. 1930 bezogen Salesianer das Kloster, die eine Philosophisch-Theologische Hochschule betreuen; auch eine Katholische Fachhochschule für Sozialwesen ist hier ansässig, außerdem ein Zentrum für Umwelt sowie die größte Jugendherberge Deutschlands.

**✶✶ Klosterkirche** Die zweitürmige Kirche St. Benedikt, eine Wandpfeilerhalle mit Emporen und doppelgeschossigem Chor, wurde von dem Weilheimer Baumeister Kaspar Feichtmayr 1681 – 1686 in italienischem Hochbarock errichtet. Das reich stuckierte Innere ist mit Fresken von Hans Georg Asam geschmückt, dem Vater von Egid Quirin und Cos-

## BENEDIKTBEUERN ERLEBEN

### AUSKUNFT

Gästeinformation
Prälatenstr. 3, 83671 Benediktbeuern
Tel. (0 88 57) 248
www.benediktbeuern.de
www.kloster-benediktbeuern.de

### FESTE & VERANSTALTUNGEN

Fronleichnam: Älteste Prozession Bayerns. Sept.: Konzerte in der Basilika (Info Tel. 0 89 / 9 97 38 96, www.bvv-ev.de), auch der grandiose barocke Festsaal und der Maierhof sind Rahmen für Konzerte (S. 93). Um den 6. Nov.: Leonhardi-Fahrt.

### ESSEN

**► Preiswert**

***Klosterbräustüberl***
Tel. (0 88 57) 94 07
Zünftige große Wirtsstube mit der üblichen bayerischen Karte. Ein großer Biergarten gehört dazu.

### ÜBERNACHTEN

**► Günstig**

***Gasthof zur Post***
Dorfplatz 1, Tel. (0 88 57) 338
Hübsche, neu gestaltete Zimmer und sehr geschmackvolle Gaststuben (Mo. Ruhetag). An der Hauptstraße.

*Rast im Bräustüberl-Biergarten des ehrwürdigen Klosters*

mas Damian Asam. An der Nordseite des Chors liegt die **Anastasia-Kapelle**, ein Glanzstück des Rokokos mit elliptischem Grundriss, 1751 – 1758 errichtet von Johann Michael Fischer für die Reliquie der hl. Anastasia, mit plastischem Schmuck (in den Seitenaltären) von Ignaz Günther und Deckenfresko von Johann Jakob Zeiller

**Glashütte**

In den Wirtschaftsgebäuden befand sich 1803 – 1884 eine Glashütte und 1809 – 1819 das Optische Institut, in dem **Joseph von Fraunhofer** ( Berühmte Persönlichkeiten) die nach ihm benannten Absorptionslinien im Sonnenspektrum entdeckte. Klosterkirche und Glashütte sind tägl. 9.00 – 16.00 Uhr zugänglich.

**Trachten-Informationszentrum**

In den ehemaligen Stallungen des Klosters sind **herrliche Trachten** zu bewundern – das Trachten-Informationszentrum des Bezirks Oberbayern ist nicht nur Museum, es bietet auch Beratung, Vorträge und Nähkurse an. Geöffnet Do. 9.00 – 18.00 Uhr (außer 2. Aug.-Hälfte), Anmeldung zu einer Führung Tel. (0 88 57) 8 88 33.

## Umgebung von Benediktbeuern

**Benediktenwand**

Weithin zu sehen ist die eindrucksvolle Benediktenwand (1800 m) zwischen Lenggries und dem Kochelsee, ein Felsrücken mit 450 m hoch aufragender Nordflanke. Von Benediktbeuern aus geht man in 2 Std. über die Kohlstattalm (1027 m) oder – schöner – in 2.30 bis

3 Std. über den AV-Weg Nr. 456 zur **Tutzinger Hütte** (1327 m) unter der Nordwand. Aufstieg zum Gipfel über Ost- oder Westweg, teils drahtseilgesichert (ca. 1.30 Std). Vom Gipfel großartige Aussicht. Anspruchsvolle Wanderwege erschließen das ganze Massiv, das auch Kletterrouten aller Schwierigkeitsgrade aufweist.

✶ **Bichl** In Bichl (622 m, 2000 Einw.) nördlich von Benediktbeuern steht auf dem »Bichl« (Hügel) **eine der schönsten oberbayerischen Dorfkirchen**, die St.-Georgs-Kirche, die J. M. Fischer 1751/1752 errichtete. Die Deckenfresken mit der Georgslegende schuf J. J. Zeiller 1753; J. B. Straub schnitzte die schöne Hochaltargruppe des hl. Georg. Rast einlegen kann man im »Bayerischen Löwen« (Mo./Di. geschl.) und im Urthalerhof 3 km westlich von Bichl.

**Penzberg** In Penzberg 8 km nördlich von Benediktbeuern wurde schon im 16. Jh. Kohle abgebaut, 1966 fuhr die letzte Schicht ein. Heute ist der Ort bekannt als Standort von Roche Diagnostics, für seine ✶ **moderne Moschee** und die Campendonk-Sammlung im Stadtmuseum; Heinrich Campendonk (1889 – 1957) war Mitglied des »Blauen Reiters«. Das Stadtmuseum (Karlstr. 61) in einem Bergarbeiterwohnhaus von 1875 ist Mi., Do., Sa. 14.00 – 17.00, So. 11.00 – 17.00 Uhr geöffnet. Das kleine Bergwerksmuseum ist zur Zeit geschlossen, Führungen Tel. 0 88 56 / 38 61, 35 47 (www.bergknappenverein-penzberg.de).

Campendonk-Sammlung ▶

# ✶✶ Berchtesgaden

V/W 8

**Landkreis:** Berchtesgadener Land **Höhe:** 573 m ü. d. M.
**Einwohnerzahl:** 7700

**Wohl nirgends ist die oberbayerische Szenerie mächtiger und schöner als im südöstlichsten Winkel der deutschen Lande, an Königssee und Watzmann. Früh durch das Salz zu Wohlstand gekommen, empfängt der Kurort Berchtesgaden mit der Atmosphäre eines gediegenen, typischen südbayerischen Marktorts.**

Berchtesgaden liegt in einem weiten, von gewaltigen Bergmassiven umgebenen Talkessel. Beherrschend ragen im Süden die Felszähne des Watzmanns (2713 m) auf, der Hohe Göll (2522 m) und – an der Grenze nach Österreich – das Steinerne Meer. Als heilklimatischer Luftkurort und Solebad ist Berchtesgaden einer der meistbesuchten Fremdenverkehrsorte der bayerischen Alpen; im Frühjahr und im Herbst bleibt man von den Hunderten Autos und Bussen verschont.

**Nationalpark Berchtesgaden** Seit 1978 besteht der rund 210 km² große Nationalpark südwestlich von Berchtesgaden mit dem Königssee und dem Watzmann. Schon seit dem frühen 20. Jh. gab es das »Naturschutzgebiet Königssee«,

*Berchtesgaden am königlichen Watzmann, gesehen von Metzenleiten*

dessen Begründer besonders den Pflanzenschutz zum Ziel hatten. Später konnte man den Bau einer Seilbahn auf den Watzmann verhindern. Informationsstellen gibt es in Berchtesgaden, Schönau, Ramsau-Hintersee, an der Wimbachbrücke und auf der Kühroint, angeboten werden u. a. geführte Wanderungen mit Themen wie Natur, Vogelstimmen, Geologie und Volkskunde.

**Ein wenig Geschichte**

Im 11. Jh. hatte ein Aribone namens Perther hier im Waldgebiet ein einstöckiges Haus, einen »Gaden«; aus Perthersgaden wurde Berchtesgaden. Keimzelle des Marktorts war das im Jahr 1103 gegründete Augustiner-Chorherrenstift. Durch den Salzbergbau ab Ende des 12. Jh.s wurde das Stift wohlhabend und erlangte Reichsfreiheit; seine Pröpste wurden 1491 Reichsfürsten. Die Bauern erhielten Güter als Lehen, weshalb die Höfe heute noch so heißen. Der karge Boden hat seine Bewohner schlecht ernährt; eine zusätzliche Einnahmequelle war die »Berchtesgadener War«, von einfachem Holzspielzeug über schön bemalte Spanschachteln bis zu feinsten Bein-Schnitzereien.

## Sehenswertes in Berchtesgaden

**Marktplatz**

Der Marktplatz ist Mittelpunkt des bürgerlichen Zentrums und der einstigen Fürstpropstei. Die meisten Häuser gehen ins Spätmittelalter zurück; das Gasthaus Neuhaus entstand 1576 als Stiftstaferne. Das Hirschenhaus (Marktplatz 3) von 1594 besitzt zur Metzgergasse hin **originelle Fresken von 1610**: Affen parodieren menschliche Laster.

**Schlossplatz**

Der Schlossplatz mit der Stiftskirche St. Peter und St. Johannes und dem Königlichen Schloss ist ein eindrucksvolles Denkmal der 700-jährigen Geschichte der Fürstpropstei. Die einstige **Residenz der Fürstpröpste** erhielt ihre Gestalt Ende des 18. Jh.s, nach der Säkularisation war sie königliche Sommerresidenz (heute noch im Besitz des Hauses Wittelsbach). Im spätgotischen Dormitorium ist eine großartige Sammlung **wittelsbachischer Kunstschätze** ausgestellt: insbesondere Skulpturen aus dem 15. – 18. Jh (u. a. E. Grasser, V. Stoß, H. Yselin, T. Riemenschneider). Geöffnet 16. Mai – 15. Okt. So. – Fr. 10.00 bis 12.00, 14.00 – 16.00, sonst Mo. – Fr. 11.00 – 14.00 Uhr.

★ Schlossmuseum ►

**Stiftskirche St. Peter und St. Johannes**

Die spätgotische Hallenkirche besitzt eine romanische Doppelturmfassade (1865 erneuert) mit originalem Portal und einen frühgotischen Chor. Das beeindruckende **Chorgestühl** entstand im 14./15. Jh., der Hochaltar aus Untersberger Marmor 1663 – 1669. Langhaus und Chor sind mit prächtigen Grabsteinen der Fürstpröpste geschmückt. Im Süden schließt der stimmungsvolle **Kreuzgang** (um 1200) an, eine Rarität in Süddeutschland; den Eingang zum Schlossmuseum bewacht ein Löwe aus Adneter Marmor vom Westportal.

**Pfarrkirche St. Andreas**

Die Pfarrkirche von 1397 erhielt um 1700 ihre barocke Form; die Konstruktion des **Tonnengewölbes** – es ist am Dachstuhl aufgehängt – ist einzigartig in Deutschland. Beachtenswert sind das Epitaph mit einem »Jüngsten Gericht« (16. Jh.) und die Grabsteine außen.

## *Berchtesgaden Orientierung*

**Übernachten**
① Bio-Hotel Kurz
② Hotel Bavaria

*Stimmungsvolle Arkaden am Berchtesgadener Schlossplatz*

**Franziskanerkirche**

Die zweischiffige spätgotische Hallenkirche des Franziskanerordens (um 1480) besitzt schöne Sterngewölbe. Im Chor wird eine seltene **Madonna im Ährenkleid** (1500) aufbewahrt, eine Nachbildung des Gnadenbildes im Mailänder Dom. Gegenüber der Kirche stehen das Hotel Watzmann und das Berchtesgadener Bauerntheater.

**Nationalparkhaus**

Im Franziskanerkloster ist die zentrale Informationsstelle des **Nationalparks Berchtesgaden** untergebracht (geöffnet tägl. 9.00 – 17.00 Uhr, Tel. 6 43 43). Ausstellung, Filme, Bibliothek usw. informieren über den Park und die Berchtesgadener Landschaft; hier gibt es Wanderkarten, Broschüren etc.Am Südwestrand der Stadt (Gmundberg/Hanielstr.) wird 2012 das neue Nationalparkhaus eröffnet.

**Königliche Villa Kalvarienberg**

Maximilian II. ließ sich im Westen der Stadt 1849 – 1852 eine »italienische« Villa als Sommersitz erbauen. Am Kalvarienberg (1760) mit Stationskapellen und einer großen Kreuzigungsgruppe in einer Ädikula führt die **Soleleitung** nach Reichenhall vorbei. Der Gang vom Rathausplatz nordwestlich hinauf zum Lockstein belohnt mit herrlichem Ausblick (und einem Café). Bemalte Spanschachteln und anderes aus lokaler Produktion – die »Berchtesgadener War« – sind im Heimatmuseum im **Schloss Adelsheim** am nördlichen Stadtrand zu bewundern. Schön ist auch die Hinterglasmalerei. Geöffnet Di. – So. 10.00 – 17.00 Uhr. Es gibt hier auch Werkstätten und Verkaufsräume.

◀ Lockstein

◀ Heimatmuseum

★ **Erlebnisbergwerk Berchtesgaden**

Wahrlich ein Erlebnis ist der Besuch im **Salzbergwerk** (tägl. geöffnet, Mai – Okt. 9.00 – 17.00, 2. Nov. – April 11.00 – 15.00 Uhr; drunten ist es nur 12 °C warm!). Neuerdings fährt man im eleganten Overall mit der Grubenbahn ein, auf 40 m langen Rutschen gelangt man hinab ins Salzlabor, in die Schatzkammer und zum unterirdischen See, den man auf einem Floß überquert. Auf der **»Salzzeitreise«** erfährt man alles über die begehrten weißen Kristalle.

## BERCHTESGADEN ERLEBEN

### AUSKUNFT

Kur- und Tourismusverein
Kurhaus, Maximilianstraße
83471 Berchtesgaden
Tel. (0 86 52) 94 45-340
www.berchtesgaden.de

### FESTE & VERANSTALTUNGEN

2. März-Hälfte: Bergfilmfestival. Pfingsten: Bergknappenfest. Um den 10. Juli: Trachtenjahrtag. Ende Juli, Schönau: Seefest mit Feuerwerk. Um den 20. Aug., Schönau: Rosstag. Ende Aug.: Wallfahrt von Maria Alm übers Steinerne Feld nach St. Bartholomä; Kirchweih in St. Bartholomä. Anfang Okt.: Almabtrieb von der Salet-Alm über den Königssee. 2. Okt.-So.: Kirchweih Maria Gern. 1. Advents-So.: Buttmanndl-Laufen in Loipl. Weihnachten/Silvester: Böllerschießen auf dem Lockstein und an anderen Plätzen (»das Christkind wird angeschossen« und »das alte Jahr hinausgeschossen«).

### ESSEN / ÜBERNACHTEN

► **Erschwinglich**

***Bio-Hotel Kurz***
Locksteinstraße 1, Berchtesgaden
Tel. (0 86 52) 9 80-0
www.biohotel-kurz-de
Eine echte Oase ist das 500 Jahre alte, liebevoll gestaltete Haus. Hochwertige vegetarische Küche zu fairen Preisen (Restaurant tägl. geöffnet; Nicht-Hausgäste mögen reservieren).

► **Preiswert**

***Alpengasthof Vorderbrand***
Vorderbrandstr. 91, 83471 Schönau
Tel. (0 86 52) 20 59, www.berchtesgadenonline.com/vorderbrand
In traumhafter Kulisse auf 1070 m Höhe gelegenener Almgasthof mit 10 gemütlichen Zimmern und Matratzenlager. Traditionelle alpenländische Küche (Mo. geschl.).

***Oberwirt***
Im Tal 86, 83486 Ramsau, Tel. (0 86 57) 2 25, www.oberwirt-ramsau.de
Zur berühmten Ramsauer Kirche gehört natürlich auch ein guter, (500 Jahre) alter Gasthof. Altbayerische Stuben und schattiger Biergarten. Zimmer mit modernem Komfort.

### ÜBERNACHTEN

► **Komfortabel**

① ***Hotel Bavaria***
Sunklergässchen 11, Berchtesgaden
Tel. (0 86 52) 96 61-0
Nettes gründerzeitliches Haus, ruhig und zentral gelegen, mit romantischen, modern-rustikalen Zimmern. Umwerfender Blick von den Balkonen.

**Enzianbrennerei Grassl** Aus gelbem und lila Enzian macht die Firma Grassl in Unterau (an der B 305), Deutschlands älteste Brennerei, seit 1602 ihren herben Stoff. Besichtigung mit Kostprobe Mai – Okt. Mo. – Fr. 9.00 – 18.00, Sa. 9.00 – 16.00, sonst Mo. – Fr. 9.00 – 17.00, Sa. 9.00 – 12.00 Uhr.

## Umgebung von Berchtesgaden

**Obersalzberg** Nicht zufällig wählte Adolf Hitler den gut 1000 m hohen Obersalzberg östlich von Berchtesgaden zum Lieblingsaufenthalt, hat man hier doch einen grandiosen Ausblick. Nach der Machtübernahme 1933 entstand aus aufgekauften oder enteigneten Bauernhöfen und Villen die **zweite Machtzentrale des Nazi-Regimes** – auch Göring und Speer hatten hier Domizile –, in der Massenmord und Krieg geplant wurden. Von den (oberirdischen) Bauten ist heute nichts mehr zu sehen; was nach der Bombardierung 1944 und der Nutzung durch die Amerikaner bis 1996 übrig war, wurde abgerissen. 2005 wurde das (bislang defizitäre) Luxushotel **InterContinental Resort Berchtesgaden** auf dem Eckerbichl eröffnet, der einstigen Adolf-Hitler-Höhe. Die vom Münchner Institut für Zeitgeschichte betreute **Dokumentation Obersalzberg** informiert über die Geschichte des Orts und seine Bedeutung (geöffnet April – Okt. tägl. 9.00 bis 17.00, Nov. – März Di. – So. 10.00 – 15.00 Uhr). Im Bereich des Obersalzbergs gibt es viele bequeme Wanderwege, den Anstieg auf 1000 m Höhe kann man mit der Obersalzbergbahn bewerkstelligen. Im **Adlergehege** am Beginn der Kehlsteinstraße sind Beutegreifer, Schlangen und Murmeltiere zu sehen.

*Der Kehlsteinhaus wurde früher Adlernest genannt. Im Hintergrund das Lattengebirge.*

✱ Kehlstein

Auf den Kehlstein (1834 m) und zum Kehlsteinhaus führt die 6,5 km lange **Kehlsteinstraße**. Martin Bormann ließ sie zu Hitlers Geburtstag 1939 in 13 Monaten in den Fels sprengen. Die Straße ist für den öffentlichen Verkehr gesperrt; RVO-Busse fahren Mitte Mai bis Ende Oktober. Vom Parkplatz führt ein Tunnel zum alten, messingverkleideten Lift, der ins **Kehlsteinhaus** bringt (geöffnet Anf. Mai – Okt.): fantastische Aussicht und gute Wandermöglichkeiten.

✱ Rossfeld

Die mautpflichtige Rossfeld-Ringstraße östlich der Stadt (16,4 km, auch im Winter geöffnet) ist die **höchste deutsche Bergstraße** – sie wurde im Dritten Reich als End- und Glanzstück der Deutschen Alpenstraße begonnen und nach Kriegsende fertiggestellt. Sie eröffnet großartige Panoramen, auch ins österreichiche Salzachtal. Das Rossfeld ist ein beliebtes Skigebiet für Familien und Snowboarder.

Toter Mann

Westlich des Berchtesgadener Talkessels bietet der 1391 m hohe Tote Mann lohnende leichte Wanderungen. Eine Runde, teils entlang der Soleleitung (ca. 4 Std.): Vom Gasthaus Söldenköpfl oberhalb Engedey zum Gasthaus Zipfhäusl, über das Hirscheck zum Gipfel und wieder hinunter. Erleichtern kann man sich den Aufstieg mit der Hirscheckbahn, auch im Winter zum Genuss der 3,3 km langen Schlittenbahn.

*Barocke Wallfahrtskirche Maria Gern vor dem Untersberg*

★ **Maria Gern**

★★ Kneifelspitze ▶

Nördlich von Berchtesgaden bietet das Gerner Hochtal mit der Wallfahrtskirche Maria Gern ein zauberhaftes Bild. In 45 Min. geht man von Berchtesgaden zum Kircherl in alpenländischem Bauernbarock (1710) mit geschnitztem Gnadenbild von 1666. Von Maria Gern braucht man ca. 1.30 Std. zum Gipfel der Kneifelspitze (1189 m, mit Gasthaus), einem der besten Aussichtspunkte der Gegend: einmaliger Blick über Berchtesgaden zum Watzmann.

★ **Almbachklamm Ettenberg**

Zwischen Berchtesgaden und Marktschellenberg hat sich der Almbach eine wildromantische Schlucht gegraben. Man erreicht die Klamm (begehbar Mai – Anf. Nov.) von der **Kugelmühle** aus (gutes Gasthaus, Tel. 0 86 50 / 4 61), in der Marmormurmeln geschliffen werden. Unterhalb des 110 m hohen **Sulzer Wasserfalls** zweigt der Weg hinauf nach **Ettenberg** ab, auf einer Sonnenterrasse gelegen, mit der Rokoko-Wallfahrtskirche Mariä Heimsuchung (1724) und dem prächtigen Mesnerwirt (Tel. 0 86 50 / 2 45, Mo. geschl.). Am letzten Juli-So. findet hier das Annafest statt. Über den Hammerstielwandweg geht es wieder hinab zur Kugelmühle (Gesamtgehzeit ca. 3 Std.).

! *Baedeker* TIPP

**Entlang der Sole-Pipeline**

Die Sole aus dem Berchtesgadener Bergwerk wird über den Pass Hallthurm nach Bad Reichenhall gepumpt und dort zu Salz verarbeitet. Vorher floss sie über 100 Jahre lang durch die noch sichtbare Soleleitung über den Lockstein und das Söldenköpfl. Ihr folgt der »Soleleitungsweg«, der zu einem der schönsten Wanderwege im Berchtesgadener Land ausgebaut wurde.

Eine 1570 m hoch am Südabfall des Salzburger Hochthrons gelegene Höhle verzaubert mit glitzernder

**Schellenberger Eishöhle**

Eispracht.Aufstieg (ca. 3 Std.) vom Passthurm nördlich von Marktschellenberg über die Toni-Lenz-Hütte (3.30 Std. von der B 305, 1450 m, bewirtschaftet). Zugänglich Pfingsten – Ende Okt., Führungen stündlich 10.00 – 16.00 Uhr. Auf dem kühnen Thomas-Eder-Steig gelangt man in 1.30 Std. bequem und sicher – mit großartigem Ausblick – zum Geiereck (1805 m, Bergstation der Untersbergbahn).

**✶ Hochthron**

Der Berchtesgadener Hochthron (1972 m), die höchste Erhebung des Untersbergs, ragt mit seiner Südwand königlich auf. Kürzester Aufstieg von Hintergern über den Stöhrweg zum bewirtschafteten Stöhr-Haus (1894 m); von dort in 20 Min. zum Gipfel. Herrliches Panorama, eines der schönsten der Gegend.

**Bischofswiesen**

Der heilklimatische Kurort Bischofswiesen (8000 Einw.) liegt schön zwischen dem Lattengebirge im Westen, dem Untersberg im Norden und dem Toten Mann; südlich öffnet sich der Blick auf die **fantastische Gebirgsszenerie** von Berchtesgaden mit dem Watzmann. In Aschauerweiher gibt es ein Naturbad. Schöne Wanderung hinauf nach **Loipl** mit idyllisch verstreut liegenden Bauernhöfen und Wallfahrtskapelle (1.30 Std.). Skigebiet am Götschenkopf (Sessellift).

**? WUSSTEN SIE SCHON ...?**

- Autofahrer müssen in Loipl besonders achtgeben. Hier haben die Bauern das Recht der Freiweide, das heißt, das Jungvieh darf grasen, wo es will. Dabei hält es sich natürlich nicht an die Verkehrsregeln. Also: »De Kiah ham immer Vorfahrt!«

## ✶✶ Königssee

Ein absoluter Höhepunkt Oberbayerns ist der in eine großartige Gebirgsszenerie eingesenkte Königssee. 8 km lang und bis 1,2 km breit, ringsum von über 1500 m hohen Kalkwänden eingeschlossen – im Westen Watzmanngruppe, im Süden Steinernes Meer, im Osten Hagengebirge –, macht er den Eindruck eines Fjords. Als tektonischer Spaltensee entstand er lange vor der Eiszeit. Vom Seegrund (Tiefe 194 m) bis zur Spitze des Watzmanns sind es 2300 m Höhenunterschied. Zwei Welten stoßen am See aufeinander: zeitweise heftigster Tourismus und ein weithin menschenleeres Hochgebirge.

**Schönau am Königssee**

Am nördlichsten Punkt des Sees liegt der Ferienort Schönau. Der alte Bahnhof nahe der Seelände ist heute ein atmosphärereiches Restaurant mit schönem Wirtsgarten (bayerische Küche). Die berühmte **Kunsteis-Bobbahn** hält auch für normale Leute schweißtreibende Abenteuer bereit (»Rennbob-Taxi«, Tel. 0 86 52 / 97 60 69). Vom Ort Königssee führt ein Fußweg am Ostufer zum **Malerwinkel** (Café): herrlicher Blick auf St. Bartholomä und Watzmann. Das ganze Jahr über – wenn nicht der See zufriert – fahren die Elektroboote (www.seenschifffahrt.de); an den Felswänden des Westufers bläst der Schiffer auf dem Flügelhorn, und jeder lauscht gebannt dem **Echo**.

*Herrlich liegt St. Bartholomä vor den Wänden des Watzmanns.*

**★★ St. Bartholomä**

Zu Füßen des Kleinen Watzmanns ragt ein Schwemmfächer in den See hinaus, an dessen Ufer schon 1134 die »basilica Chunigesse« gegründet wurde. 1697/1698 wurde an ihrer Stelle die **Wallfahrtskirche St. Bartholomä** gebaut. Ihr kleeblattförmiger Grundriss hat wohl den Salzburger Dom zum Vorbild. Zu beachten sind ein Vesperbild (um 1600) und eine Statue der Muttergottes (1630). An die Kirche stößt das **Jagdschloss** an, das bis 1803 den Berchtesgadener Fürstpröpsten und 1811 – 1918 den Königen diente; schon 1382 als Fischerhaus erwähnt, erhielt es im 15. Jh. seine Gestalt. Seit 1919 ist es prachtvolles Gasthaus mit Biergarten (Tel. 0 86 52 / 96 49 37).St. Bartholomä ist nur per Schiff zu erreichen; für die Bergwanderung siehe unten.

**Wanderungen**

Ein schöner Weg führt von St. Bartholomä zur **Eiskapelle**, einem Schneerest am Fuß der 1800 m hohen Watzmann-Ostwand (2 Std.). Sehr anspruchsvoll ist der Aufstieg über den Rinnkendlsteig zur **Archenkanzel** (1342 m), einem großartigen Aussichtspunkt; über die Kühroint-Alm erreicht man dann den Ort Königssee (gesamt 4 – 5 Std.; man kann auch umgekehrt den leichten Weg von Königssee zur Archenkanzel absolvieren). Durch die »Saugasse« erreicht man in ca. 4 Std. das Kärlingerhaus am **Funtensee** (1633 m) im Bereich des Steinernen Meers. Der See ist der kälteste Punkt Deutschlands und weist eine »umgekehrte« Waldgrenze auf: Je näher man ihm kommt, desto spärlicher wird

! *Baedeker* TIPP

**Schwarzreiter**

Man sollte in St. Bartholomä die köstlichen, noch warmen Räucherfische des Fischermeisters Amort genießen. Und von Ende August bis Weihnachten gibt's die »Schwarzreiter«, über einem Haselnussrost geräucherte kleine Seesaiblinge.

die Vegetation. Der markante Kegel, der südöstlich des Sees aufragt, ist das 2225 m hohe Schottmalhorn. Von der Anlegestelle Salet-Alm am Südende des Königssees geht man zum **Obersee** zwischen schroffen Felswänden; am Ostufer liegt die Fischunkel-Alm, über einen Pfad am Südufer zu erreichen.

✶ **Jenner**

Der Jenner ist im Sommer eine beliebte Wanderregion und im Winter ein gutes Skigebiet (berühmt ist der steile Spinnergraben). Die Jennerbahn bringt von Königssee auf 1802 m Höhe, vom Gipfel (1874 m) hat man den Watzmann-Blick. Über das Schneibsteinhaus, die Branntweinbrennhütte, die herrlich gelegene **Königsbachalm** und die Gotzentalalm geht man zur Anlegestelle Kessel am Königssee. Man macht die Tour bergab, da man dann den Watzmann und den Königssee von sich hat. An der Jennerbahn beginnt die **Kleine Reibn**, eine bekannte Rundtour (6 Std.) über Schneibstein (2276 m), Seeleinsee und Königsbachalm zur Jennerbahn-Mittelstation.

✶ **Feuerpalfen**

Von der Gotzentalalm (1685 m) kann man in 1.30 Std. nach Süden zum Aussichtspunkt Feuerpalfen (1741 m) gehen: Von dort bietet sich ein grandioser Blick auf St. Bartholomä und den Watzmann. Einkehr und ggf. Übernachtung in der nahen Gotzenalm.

## ✶✶ Watzmann

Südwestlich von Berchtesgaden ragt in unvergleichlicher Majestät der Watzmann auf, das höchste Bergmassiv der Berchtesgadener Alpen. Nach Osten fällt er steil zum Königssee ab. Der Hauptkamm verläuft in Nord-Süd-Richtung und hat drei Gipfel: Hocheck (2651 m), Mittelspitze (2713 m) und Südspitze (2712 m). Von der Mittelspitze zieht der Felsgrat der »Watzmannkinder« zum Kleinen Watzmann (2307 m) hinüber. Der Name der fünf Bergspitzen verweist auf die Sage über die Entstehung des Bergstocks.

**Watzmann-Touren**

Eine Highlight für erfahrene Alpinisten ist die Überschreitung des **Watzmann-Grats**, von der Kühroint-Alm oder von der Wimbach-Brücke: über Mitterkaser-Alm zum Watzmann-Haus (1928 m, 3.30 Std.), über Hocheck, Mittelspitze und Südspitze; dann durch das Wimbach-Tal zurück zur Wimbach-Brücke (Gesamtgehzeit 12 Std.). Da die Tour sehr beliebt ist, sollte man das Wochenende meiden. Für trittsichere Normalverbraucher ist der Aufstieg zum Watzmannhaus und zum **Hocheck** machbar und lohnend. Für die Durchsteigung der **Ostwand** gibt es eine Reihe von Routen; meist entscheidet man sich für eine der Hauptrouten: Kederbachweg (die klassische), Berchtesgadener Weg (die einfachste und meistbegangene), Salzburger Weg. Sie sind mäßig schwierig, nur einige Partien erreichen den 3. Grad. Jedoch stellen die Länge der Touren und die Ausgesetztheit hohe Anforderungen an Kondition und Erfahrung. Bergführer vermittelt die Touristeninformation in Berchtesgaden.

## ✶ Ramsau

**Ramsauer Ache** Als das schönste Kleinod im reichen Schatz der Berchtesgadener Landschaft gilt vielen die Ramsau, das Tal der Ramsauer Ache, die westlich von Berchtesgaden zur Reiter Alpe vordringt. In **Ilsank** (bei Engedey) steht das Brunnhaus, in dem eine Pumpe von 1817 bis 1927 die Sole zum Söldenköpfl hinaufdrückte. Teile des Wegs entlang der Soleleitung Berchtesgaden – Reichenhall über die Schwarzbachwacht sind heute als **Ramsauer Höhenweg** eingerichtet.

**Wimbachtal** Südlich zweigt das karge Wimbachtal zwischen Watzmann und Hochkalter ab, einst ein Jagdgebiet der Wittelsbacher. Über die Wimbachbrücke gelangt man zur **Wimbachklamm** mit schönen Wasserfällen (begehbar ca. Anfang Mai – Mitte Okt.). Der Weg im Tal führt zum Wimbachschloss (937 m), einst königliche Jagdhütte, und zur Wimbachgries-Hütte (1327 m). Von hier in 2 Std. auf einfachem Weg auf die **Hirschwiese** (2114 m), einen beliebten Aussichtsberg.

**Ramsau (Ort)** Ramsau (668 m, 1800 Einw.) ist ein gut besuchter heilklimatischer Kurort. Sein Mittelpunkt ist das **Solegradierwerk** im Bergkurgarten, sein Wahrzeichen jedoch das vieltausendfach fotografierte Pfarrkircherl **St. Fabian und St. Sebastian** (1512, 1692 barock umgestaltet). An der Empore Schnitzfiguren von Christus und den Aposteln im Weichen Stil (um 1420). Zu beachten sind auch der Taufstein und eine Muttergottes sowie die alten **Grabkreuze** auf dem Friedhof.

✶ **Kunterwegkirche** Ein ungewöhnliches Bild bietet die schöne spätbarocke Wallfahrtskirche Maria am Kunterweg, 100 m über der Ramsauer Ache am Waldhang des Kunterwegkogels gelegen. 1731 – 1733 errichtet, birgt sie im

*Ramsau – mit der Kirche St. Fabian und dem Oberwirt – vor der Reiter Alpe*

Hauptaltar das geschnitzte **Gnadenbild von 1690**. In einer Nische sind Votivtafeln (»Taferln«) zu sehen, deren älteste mit 1709 datiert ist. Im Deckenbild des Langhauses ist die Vertreibung der Protestanten aus dem Berchtesgadener Land 1733 dargestellt.

Schwarzbachwacht

In ca. 2 Std. geht man von Ramsau am verschilften Taubensee vorbei zur Gaststätte Schwarzbachwacht auf der Passhöhe. Von hier kann man die Tour in die **Reiter Alpe** machen: auf der Grenze zwischen dem Nationalpark Berchtesgaden und dem Truppenübungsplatz in 3 – 4 Std. zur Neuen Traunsteiner Hütte (1560 m). Die Reiter Alpe bildet den Westrand der Berchtesgadener Alpen entlang der Saalach; ein ausgedehntes, im Nordteil mit Zirben und alpiner Vegetation bewachsenes Plateau beherrscht das Massiv.

Hintersee und Klausbachtal

Westlich von Ramsau führt ein Weg durch den **Zauberwald** – in dem Bergsturztrümmer verstreut sind – zum stimmungsvollen Hintersee, der für einige Bergfilme die Kulisse bot. In 45 Min. kann man den See umrunden, am Nordwestufer und im Südwesten gibt es Hotels und Ausflugslokale. Vom Hintersee gehen schöne Touren aus, so zur Neuen Traunsteiner Hütte (1560 m, 4 Std.) und zum Predigtstuhl (2004 m). Der RVO-Bus 847 fährt Mai – Okt. zum Hirschbichlpass hinauf (bis 26 % Steigung). An der Hirschbichlstraße wird Nov. bis April das Rotwild gefüttert. Auf der Bindalm im Talschluss (geöffnet Juni – Sept.) wurden vier »Rundumkaser« wieder hergerichtet.

Blaueisgletscher

Vom Hintersee kann man auch den **Hochkalter** (2606 m) erklimmen, der nach dem Watzmann als schönster Gipfel der Berchtesgadener Alpen gilt: über die Schärtenalm (1360 m) zur Blaueishütte (1680 m); Aufstieg (ca. 3.30 Std.), vorbei am Blaueisgletscher, zum Gipfel. Der Blaueisgletscher ist der nördlichste Gletscher der Alpen. Bis zur Blaueishütte guter Wanderweg, dann Kletterei bis 2. Grad.

# Brannenburg

Q 7

**Landkreis:** Rosenheim
**Einwohnerzahl:** 5600
**Höhe:** 509 m ü. d. M.

**Wo der Inn das Gebirge verlässt und ins weite Rosenheimer Becken eintritt, liegt Brannenburg, ein beliebter Luftkur- und Wintersportort. Sein ländlich-bayerischer Charakter und die erlebnisreiche Umgebung rund um den Wendelstein machen seinen Reiz aus.**

Sehenswertes in Brannenburg

Die spätgotische **Kirche Mariä Himmelfahrt** erhielt um 1780 ihre Rokokoformen; im Chor sind Fresken aus dem 16. Jh. erhalten, bemerkenswert sind auch die eine schöne Kanzel und die Epitaphien aus dem 15.–19. Jahrhundert. Nordwestlich in der Nähe liegt das **Schloss**

**Brannenburg**, das einstige Preysing-Schloss (16. Jh., um 1875 neu erbaut), das eine Internatsschule beherbergt. Vom Schloss gelangt man nordwestlich auf einem Kreuzweg zur schlichten **Wallfahrtskirche** Mariahilf und St. Johann Nepomuk (1763) in Schwarzlack, die wunderbar über dem Inntal liegt. Den gemalten Stuck und die Deckenfresken erhielt sie erst 1811. Im Hochaltar ist unter dem Gnadenbild Johann Nepomuk vor Brannenburg dargestellt (um 1765).

**Biber** Am Südrand des Ortsteils Degerndorf ragt die bewaldete Biber auf, ein 30 m hoher Nagelfluhklotz (Naturdenkmal) mit der Wallfahrtskirche **St. Maria Magdalena** (1630) und Resten einer Klause.Um den 20. Juli wird bei der Kirche das Magdalenenfest gefeiert.

## Umgebung von Brannenburg

**✶ St. Margarethen** Auf einer Anhöhe an der Straße zum Tatzelwurm ( unten) liegt das Dorf St. Margarethen. Vom Friedhof der gleichnamigen Kirche hat man einen schönen Blick. In der Kirche sind die spätgotischen Fresken und der barocke Hauptaltar zu beachten. Der Einfirsthof **Zum Gugg** nordwestlich der Kirche, 1542 errichtet, war ab 1654 im Besitz der bedeutenden **Baumeisterfamilie Dientzenhofer**; der 1655 hier geborene Christoph Dientzenhofer wurde zum »Vater« des böhmischen Barocks. Von Degerndorf führt eine Mautstraße hinauf zum **Tatzelwurm**, einer Klamm, in der ein Drache gehaust haben soll. Am Hotel »Feuriger Tatzelwurm« stößt man auf die reizvolle Sudelfeldstraße von Bayrischzell nach Oberaudorf ( Kiefersfelden).

*In einer halben Stunde erklimmt die Zahnradbahn den Wendelstein.*

**★★ Wendelstein**

Die Triebwagen der 1912 eröffneten **Zahnradbahn** erschließen das herrliche Wander- und Skirevier am Wendelstein. Von St. Margrethen erreicht man in 30 Min. die Bergstation in 1723 m Höhe. Weiteres Bayrischzell.

**Wanderungen am Wendelstein**

St. Margarethen ist Ausgangspunkt für lohnende Bergwanderungen. Leicht ist der Weg über Breitenberghaus (800 m) und Lechneralm (1258 m) zur Rampoldalm (1285 m; Aufstieg zur Rampoldplatte empfehlenswert), zurück über Schuhbräu- und Schlipfgrubalm (insgesamt ca. 5 Std.). Von der Lechneralm erreicht man über die Hochsalwand den Wendelstein-Gipfel (anspruchsvoll, Schliersee). Auch der Weg zur Mitteralm, der in etwa der Bahntrasse folgt, ist schön.

**Flintsbach**

Das reizvoll gelegene Flintsbach ist für den 1662 gegründeten »Komödienstadl« berühmt, das zweitälteste deutsche Dorftheater. Blickfang ist die Kirche **St. Martin** in frühem Rokoko (um 1735). Südlich liegt erhöht die **Ruine Falkenstein** mit Bergfried von 1300, und eine gute Stunde weiter oben, auf dem Felskopf »Kleiner Madron«, die Wallfahrtsstätte **Petersberg** mit der Kirche St. Peter und der Sebastianikapelle. Die Mönchszelle wurde im 10. Jh. gegründet, die Kirche entstand im 12. Jh., die Sebastianikapelle soll von ca. 925 datieren. Die Ausstattung stammt weitgehend aus dem 17. Jh.; besonders zu beachten ist die spätgotische Plastik des hl. Petrus im Hochaltar (1525). Im Propsteigebäude von 1696 kann man sich stärken, bevor man den Weg (1.00 Std.) fortsetzt zu den **Astenhöfen**, den höchstgelegenen Bauernhöfen Oberbayerns (Gasthof, Fr. geschl.).

**Gletscherschliff**

In Fischbach südlich von Flintsbach liegt am Inn ein 200 m breiter Riegel aus Wettersteinkalk, der vom Gletschereis geformt wurde.

## BRANNENBURG ERLEBEN

### AUSKUNFT

Verkehrsamt
Rosenheimer Str. 5
83098 Brannenburg
Tel. (0 80 34) 45 15
www.brannenburg.de

### WENDELSTEINBAHN

Talbahnhof Sudelfeldstr. 106
Betriebszeit: außer 8.11. – 21.12. tägl.
Auskunft: Tel. (0 80 34) 3 08-110
www.wendelsteinbahn.de

### FESTE & VERANSTALTUNGEN

Um den 20. Juli: Magdalenenfest auf der Biber. So. nach dem 15. Aug., Schwarzlack: Trachtenfest.

### ESSEN / ÜBERNACHTEN

**► Günstig / Komfortabel**

***Schlosswirt***
Kirchplatz 1, 83098 Brannenburg
Tel. (0 80 34) 70 71-0
www.schlosswirt.de
»Das« alte Wirtshaus im Ortskern, im 19. Jh. legendärer Künstlertreff. Geschmackvoll modernisiert mit komfortablen Zimmern und gefälligen Gaststuben. Idyllischer Biergarten unter alten Linden.

# ★★ Burghausen

U / V 4/5

**Landkreis:** Altötting
**Einwohnerzahl:** 18 200
**Höhe:** 362 m ü. d. M.

**Vor allem drei Dinge haben den Namen dieser alten Stadt an der Salzach berühmt gemacht: die größte Burg Deutschlands, ein herrlicher Stadtplatz im Inn-Salzach-Stil und die Jazzwoche im Frühjahr.**

Der schmale Bergrücken, der von der Salzach und dem Wöhrsee (vor langer Zeit der Salzachlauf) umschlossen wird, bot sich zur Anlage einer Burg an. Später kam die Stadt im tief ins Moränenland eingeschnittenen Tal der Salzach hinzu. Im Norden von Burghausen – im »Bayerischen Chemiedreieck« – glänzen hingegen die Anlagen der Firmen Wacker Chemie und OMV, dazu kommen u. a. Borealis Polymere und Linde AG. Die finanzielle und soziale Situation der Stadt ist gut, und die Kulturszene blüht dank reichem Sponsoring.

**Geschichte** Erstmals erwähnt wird Burghausen 1025. Ab 1255 gehörte es zu Niederbayern und war zusammen mit Landshut Residenz der Herzöge von Bayern-Landshut. Ab Mitte des 13. Jh.s lebte der Ort v. a. vom Salzhandel. Von 1393 bis 1503 dauerte die Glanzzeit unter den letz-

## *Burghausen Orientierung*

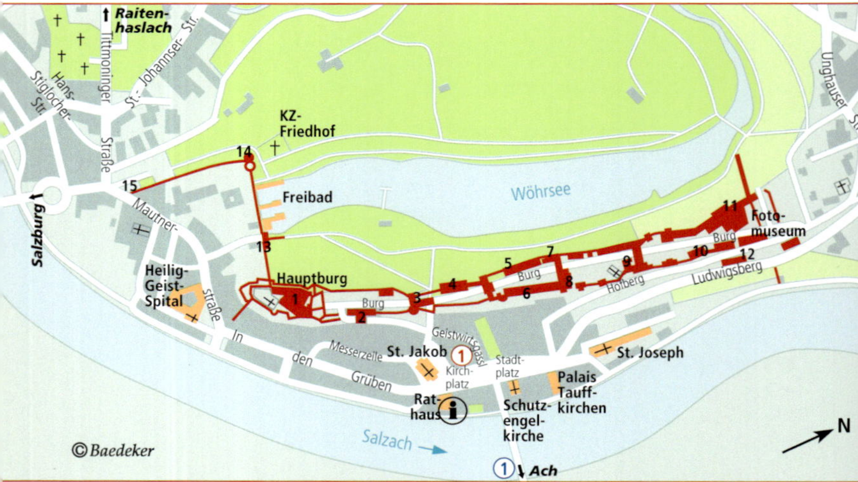


1 Heimatmuseum
2 Ehem. Brauhaus und Bäckerei
3 Georgstor
4 Zeughaus
5 Aventin-Haus
6 Haberkasten
7 Schergenturm
8 Fronfeste
9 Äußere Burgkapelle
10 Rentschreiberei
11 Forstmeisterei
12 Rentamt
13 Mühlturm
14 Eggenbergturm
15 Ehem. Johannestor

**Essen**
① Pachler

**Übernachten**
① Hotel Post

*Die mächtige Burganlage des 13. – 16. Jh.s gab der Salzachstadt den Namen.*

ten drei niederbayerischen Herzögen, genannt »die Reichen«; Ende des 15. Jh.s brachte Georg der Reiche die Burg in die Form, wie sich sich heute präsentiert. 1504 zerstörte ein Feuer große Teile der Stadt. Die Errichtung des herzoglichen Salzmonopols 1594 läutete den Niedergang der Stadt ein, der bis Anfang des 20. Jh.s anhalten sollte: 1779 Verlust des Innviertels als wirtschaftliches Hinterland (seitdem ist Burghausen Grenzstadt), Einstellung der Flussschifffahrt. 1915 siedelten sich dann die Wacker-Chemiewerke an, Beginn der heutigen Prosperität im Bayerischen Chemiedreieck zwischen Inn und Salzach (www.chemdelta-bavaria.de).

## Sehenswertes in Burghausen

** Stadtplatz

Der Stadtplatz gehört mit seinen großartigen **spätmittelalterlichen Häusern** zu den schönsten in Süddeutschland. Das **Rathaus** (Nr. 112 – 114) mit Barockfassade entstand aus drei Häusern des 14./15. Jh.s; zum Komplex gehört das spätgotische Wachszieherhaus mit Renaissance-Innenhof. Das stattliche **Palais Tauffkirchen** (Nr. 97), ab 1736 Sitz des »Vizedoms« und heute Amtsgericht, hat eine prunkvolle Rokokofassade. Drei Kirchen prägen das Bild des Stadtplatzes mit, v. a. die **Pfarrkirche St. Jakob** mit ihrem doppelzwiebelbekrönten Turm, eine querschifflose Basilika, erbaut ab ca. 1360 (neogotische Ausstattung, 19. Jh.). Das Institut der Englischen Fräulein nimmt die zugehörige **Schutzengelkirche** (1733) in die Mitte, die mit Régence-Stuck entzückt. Im Norden schließt den Platz die **Jesuitenkirche St. Joseph** ab (1631, nach dem Brand 1863 erneuert; Régence-Hochaltar um 1735). Bei der Jesuitenkirche das **Altstadtcafé** mit wunderbarem Garten an der Salzach.

**Grüben** Das südlich an den Stadtplatz anschließende Viertel, mit der **Messerzeile** und der »Flaniermeile« **In den Grüben**, war seit dem 13. Jh. die Stadt der Handwerker. Südlich unter der Hauptburg der Komplex des einstigen **Heilig-Geist-Spitals**; seine Kirche (um 1330) ist einer der wenigen Sakralbauten Oberbayerns aus dem 14. Jh. (schönes Netzgewölbe; um 1777 barockisiert). Einen Blick lohnt an der Straße nach Tittmoning die Pfarrkirche **Heiligkreuz** (1477), die als Leprosenkirche und Pesthaus diente, mit Kreuzigungsgruppe des 18. Jh.s.

## ✶✶ Burg

In steilem Anstieg durch das Geistwirtsgassl erreicht man das Wahrzeichen der Stadt, die mit 1043 m Länge größte Burg in Deutschland. An der Anlage wurde vom 13. bis ins 16. Jh. fast ständig gebaut. Im Spätmittelalter war die Burg Wohnsitz – besser Verbannungsort – der Gemahlinnen der »Reichen Herzöge« von Niederbayern.

**Hauptburg** Die Hauptburg (»Innerer Schlosshof«) rührt im Kern aus dem 13. Jh.; ein 8 m tiefer und 27 m breiter Graben mit prächtigem Torbau trennt sie vom ersten Vorhof. Das erste Obergeschoss des **Palas** bewohnte der Herzog, Möbel aus Gotik und Frührenaissance, Gemälde und Teppiche schmücken die Fürstenwohnung. In weiteren Geschos-

## BURGHAUSEN ERLEBEN

### AUSKUNFT

Burghauser Touristik
Stadtplatz 112, 84489 Burghausen
Tel. (0 86 77) 8 87-140
www.tourismus.burghausen.de

IG Jazz Burghausen, www.b-jazz.com
Tel. (0 86 77) 91 64 63-33

### FESTE & VERANSTALTUNGEN

2. Märzhälfte: Internationale Jazzwoche. Ende Mai/Anf. Juni: Mai-Wiesn. 2. Juli-Wochenende: Burgfest.

### ESSEN

► **Erschwinglich**

***Weinhaus Pachler***
Salzach 14, A-5122 Ach an der Salzach
Tel. 00 43 / (0)7727 / 22 06
Die Klassiker der österreichischen Küche genießen, in der Gewölbestube mit Kachelofen und alter Wirtshauseinrichtung oder mit Traumblick auf Burghausen. Mo./Di. geschl.

### ÜBERNACHTEN

► **Komfortabel**

① ***Hotel Post***
Stadtplatz 39, 84489 Burghausen
Tel. (0 86 77) 9 65-0
www.altstadthotels.net
Stattliches 500-jähriges Haus am schönen Platz, großzügige Zimmer mit modernem Komfort. Kostenlos parken in der Tiefgarage vor dem Haus.

***Klostergasthof***
Raitenhaslach 9, 84489 Burghausen
Tel. (0 86 77) 9 73-0
www.klostergasthof.com
Wirklich schöner, fast edler historischer Gasthof mit Gewölben und schattigem Biergarten. 14 moderne, komfortable Doppelzimmer.

sen zeigt eine Filiale der **Bayerischen Staatsgemäldesammlungen** (geöffnet April – Sept. tägl. 9.00 – 18.00, sonst 10.00 – 16.00 Uhr) v. a. spätgotische Tafelbilder aus dem süddeutschen und dem benachbarten österreichischen Raum, darunter ein Relief »Kreuzerprobung« von Erasmus Grasser (um 1490) und »Die Schlacht bei Ampfing« von Hans Werl (um 1605). Die **Innere Burgkapelle** (St. Elisabeth) gilt als älteste gotische Kirche in Südbayern (schöne Netzgewölbe aus dem 15. Jh.; Fresken 14./15. Jh.). Im eindrucksvollen Chor steht ein Flügelaltar (1524) aus Surheim; im Mittelschrein die Anna Selbdritt mit zwei Heiligen. Östlich schließt die **Dürnitz** (Dürnitzstock) an, der heizbare Aufenthaltsraum der Ritter und ihres Gefolges. Zum Wöhrsee hin liegt die **Kemenate**, der Wohnbereich der Herzoginnen. Hier präsentiert das **Stadtmuseum** Zeugnisse der Stadtgeschichte und der religiösen Volkskunst; bäuerliche Möbel aus dem 18./19. Jh. sind zu Stuben arrangiert. Wegen Umbau ist das Museum voraussichtlich bis April 2012 geschlossen.

**Äußere Burg und Vorhöfe**

Die Burg dehnte sich immer weiter nach Norden aus, so dass fünf Vorhöfe mit Mauern, Toren, Türmen und Wohnbauten entstanden. Den **Ersten Vorhof** schließt gegen Norden das Georgstor; erhalten blieb der hölzerne Wehrgang. Den **Zweiten Vorhof** beherrscht das Zeughaus, in dem Waffen und Vorräte aufbewahrt wurden. An der Stadtseite stehen drei Türme (»Pfefferbüchsen«), an der Wöhrseite der Zeugwärtlturm. Im **Dritten Vorhof** steht das Aventin-Haus, in dem der bedeutende bayerische Geschichtsschreiber Johannes Aventinus gewohnt haben soll. Der Schergenturm im **Vierten Vorhof** enthält einen Raum, der nur durch eine Öffnung in der Decke Licht erhält, wohl ein Kerker. Die Äußere Burgkapelle (St. Maria) wurde 1489 geweiht; ein Holzrelief an der Empore stellt die Landshuter Fürstenhochzeit dar, in der Herzog Georg 1475 die polnische Königstochter Hedwig ehelichte (elf Jahre später verbannte er sie nach Burghausen). Im Rentmeisterstock im **Fünften Vorhof** (am Burgeingang) ist das Haus der Fotografie untergebracht, das die Geschichte der Fototechnik dokumentiert; auch die Galerie deutscher Meisterfotografen ist sehenswert (geöffnet ca. 20. März – Okt. Mi. – So. 10.00 – 18.00 Uhr)

! *Baedeker* TIPP

**Plättenfahrt**

Plätten waren die mittelalterlichen Kähne mit flachem Boden, mit denen das Salz, das »weiße Gold«, von Hallein und Bad Reichenhall salzachabwärts geschafft wurde. Die Fahrt mit einer Plätte von Tittmoning nach Burghausen dauert ca. 1.30 Std. (Mai – Mitte Sept. So. 14.00 Uhr ab Tittmoning, Anfahrt von Burghausen mit Bus). Anmeldung im Tourismusbüro nötig.

**Wöhrsee**

Im Park am Wöhrsee westlich unterhalb der Burg kann man schön spazierengehen und im altertümlichen **Freibad** relaxen. Von mehreren Punkten hat man einen schönen Blick auf Fluss und Stadt, etwa vom Curaplatz im Norden, von der Napoleonshöhe im Süden oder von Ach auf der österreichischen Seite der Salzach.

*Prachtvollster Barock in romanischen Mauern: Klosterkirche Raitenhaslach*

## Umgebung von Burghausen

**Radtouren** Lohnend ist eine Radtour im Bereich des Zusammenflusses von Inn und Salzach, mit seinen **Altwässern und Auwäldern** ein schönes, bedeutendes Vogelschutzgebiet. Die knapp 60 km lange »Innspitz-Runde« (ohne wesentliche Steigungen) führt an der Salzach entlang nach Haiming und über das berühmt gewordene Marktl nach Neu- und Altötting; zurück über Emmerting und Mehring.

*** Marienberg** Über dem Salzachtal, ca. 3 km südwestlich von Burghausen, steht die Wallfahrtskirche Mariä Himmelfahrt, ein prächtiger Rokoko-Zentralbau mit zwei Fassaden, erbaut 1760 – 1764 von F. A. Mayr aus Trostberg. Die Deckenfresken (Szenen aus dem Marienleben) stammen von Martin Heigl. Schön ist der Weg hierher entlang der Hangkante.

*** Raitenhaslach** Von Burghausen in 1 Std. entlang der Salzach (oder von Marienberg ins Tal hinunter) geht man nach Raitenhaslach mit der ehemaligen Zisterzienserabtei. Ihre Kirche (1694 – 1698) besitzt eine banale Fassade (1752) und einen wunderbaren **Rokoko-Innenraum**, 1735 bis 1743 gestaltet. Die Deckenfresken von J. Zick aus Ottobeuren (248 m² großes Hauptbild, 1739) zeigen Szenen aus dem Leben des hl. Bernhard von Clairvaux, des Begründers des Zisterzienserordens. Das Bild »Mariä Himmelfahrt« – Patrozinium aller Zisterzienserkirchen – im Hochaltar schuf ebenfalls Zick; hervorzuheben ist auch der frühbarocke 14-Nothelfer-Altar mit farbig gefassten Schnitzfiguren. In den Klostergebäuden (1756 – 1764) ist besonders der Kreuzgang mit vielen Grabplatten sehenswert; der **Prälatenstock** mit herrlichem Festsaal ist bei einer Führung zu bewundern (Anmeldung Tel. 0 86 77 / 35 88). Danach schmeckt die Brotzeit im Garten des schönen **Klostergasthofs** (geöffnet Mitte April – Weihnachten tägl.; mit eleganten Zimmern; Tel. 08677 / 9730, www.klostergasthof.com).

# ★★ Chiemsee

S/T 6

**Landkreise:** Rosenheim, Traunstein **Mittl. Wasserspiegel:** 518 m ü. d. M.

**Der Chiemgau ist ein Ferienparadies, wie man es sich wünscht: eine sanfthügelige Bauernlandschaft mit ruhigen, »barocken« Dörfern, mittendrin Bayerns größter See – ein exzellentes Segelrevier – mit idyllischen Inseln, die selbst schon eine Reise wert sind.**

Die romantische Fraueninsel mit ihrem über 1000-jährigen Kloster und die Herreninsel mit dem »bayerischen Versailles« zählen zu den schönsten Punkten Oberbayerns. Schöne Plätze zum Baden findet man (mit Ausnahme des Südufers) rund um den See. Das herrliche Panorama lässt sich auch auf dem gut 60 km langen Rundweg erleben, per Rad oder zu Fuß, wobei man südlich weiter ausholt durch die Kendlmühlfilze und über den Westerbuchberg.

## Prien am Chiemsee

Hauptort des Chiemsees, auch touristisch, ist die lebhafte Marktgemeinde Prien (10 200 Einw., 532 m), die etwa 1 km vom Westufer zurückgesetzt liegt. Der **Kneipp- und Luftkurort** mit Kurmittelhaus und Kliniken hat einen großen Segelhafen. Seit 1887 verbindet eine pittoreske **Dampfstraßenbahn** den Bahnhof mit dem Hafen in Stock.

*Nicht zufällig als Bayerisches Meer gerühmt: Chiemsee vor Hochfelln und Hochgern*

Nördlich der Anlegestelle liegt das **Erlebnisbad Prienavera** mit schöner Badehalle und gepflegten Außenanlagen.

**Pfarrkirche** Ein Kleinod ist die Pfarrkirche Mariä Himmelfahrt, 1735 – 1738 unter Verwendung gotischer Teile erbaut. Neben den Marmoraltären und der Kanzel bestimmen **Fresken und Stuck von Johann Baptist Zimmermann** das Bild des Innenraums. Das fast 200 m² große Langhausfresko stellt die Seeschlacht von Lepanto (1571) dar, die den Niedergang der osmanischen Vorherrschaft im Mittelmeer einleitete.

**Heimatmuseum** Im Heimatmuseum (Friedhofweg 1, im Meierhof von 1837) sind Bauernstuben und Werkstätten aus dem Chiemgau zu sehen. Hübsch ist die **Priener Tracht**, insbesondere die Hüte. Wie Heiligenreliquien werden der Jagdhut und eine **Zigarre von Prinzregent Luitpold** präsentiert. Sehenswert ist der Bauerngarten mit Kräutern und Gemüse. Geöffnet April – Okt. Mi. – Fr. 10.00 – 12.00, 14.00 – 17.00, Sa. 10.00 bis 12.00, sonst Di./Fr. 10.00 – 12.00, 15.00 – 17.00 Uhr.

**Galerie im Alten Rathaus** Im Alten Rathaus westlich nahe der Pfarrkirche werden Werke von Künstlern des 19./20. Jh.s gezeigt, die der **Landschaft am Chiemsee** gewidmet sind. Hervorzuheben sind die Bilder von Theodor von Hötzendorff und dem Wiener Landschaftsmaler Carl Schmid (geöffnet Mi. – Fr. 14.00 – 17.00, Sa., So. 10.00 – 13.00, 14.00 – 17.00 Uhr).

*Auf der Höhe der Zeit sind die Benediktinerinnen der Fraueninsel.*

## ★★ Fraueninsel

Klosterinsel

Ein idyllischer Platz ist die ca. 600 m lange und 300 m breite, auch »Frauenchiemsee« oder »Frauenwörth« genannte Insel – noch, denn die kommerzielle Ausbeutung und die »Modernisierung« nehmen massiv zu. Den Südteil der Insel nimmt das Kloster ein, den Nordteil das kleine ehemalige Fischerdorf. Im Jahr 766 stiftete Herzog Tassilo ein Benediktinerinnenkloster, das König Ludwig der Deutsche zur königlichen Pfalz ausbaute. Seine 1929 seliggesprochene Tochter **Irmengard** war ab 866 die erste Äbtissin. Nach der Säkularisation 1803 konnte das Kloster 1838 wieder eröffnet werden; heute bieten die Benediktinerinnen die unterschiedlichsten Seminare an, von Meditation über Joga bis zum Stressabbau (www.frauenwoerth.de).

★ Torhalle

Die Torhalle mit der Kapelle St. Michael und St. Nikolaus ist ein Rest der um 860 errichteten karolingischen Bauten. In der Nikolauskapelle sind **frühmittelalterliche Wandmalereien** erhalten, zu sehen sind auch Kopien von Kunsthandwerk und der karolingischen Fresken in der Kirche St. Maria. Geöffnet Mai bis Okt. tägl. 11.00 – 18.00 Uhr.

★ St. Maria

Vom Tor hat man einen schönen Blick auf das Münster und seinen Turm. Die dreischiffige Basilika St. Maria, im 11. Jh. auf karolingischen Grundmauern errichtet, erhielt ihre Rippengewölbe um 1470, die Barockaltäre Ende des 17. Jh.s. Die **romanischen Fresken** sind nur z. T. zugänglich. In der Kapelle hinter dem Hochaltar ruht die selige Irmengard († 866), die Schutzpatronin des Chiemgaus. Rotmarmor-Grabmäler erinnern an die Äbtissinnen. Am Altar der Maria-Mitleid-Kapelle ist eine Marienfigur von 1520 beachtenswert.

## ★★ Herrenchiemsee

Kloster

Von der Anlegestelle kommend stößt man auf das **Alte Schloss**, das einstige Kloster. 765 gründete Herzog Tassilo hier das Männerkloster, von dem die Insel ihren Namen hat; 1803 aufgehoben, wurden bis 1820 große Teile abgebrochen. Erhalten sind u. a. der **Bibliothekssaal** (J. B. Zimmermann, um 1738), und der **Kaisersaal**, 1710 – 1715 von Benedikt Albrecht ausgemalt. Die Bayerischen Staatsgemäldesammlungen zeigen hier zwei Ausstellungen (tägl. geöffnet): »Maler am Chiemsee« sowie Werke von Julius Exter (1863 – 1939). Für das leibliche Wohl sorgt die Schlosswirtschaft mit Biergarten. In dem 1737 – 1740 errichteten Bau des Schlosshotels (z. Z. geschl.) wurde 1948 das Grundgesetz der Bundesrepublik Deutschland erarbeitet.

> ! *Baedeker* TIPP
>
> **Königliche Ruhe**
>
> Frauen- und Herrenchiemsee zählen nicht zufällig zu den in der Hauptsaison stark überlaufenen Attraktionen Oberbayerns. Schöner und richtig romantisch ist es hier, wenn die Tagesausflügler weg sind. Man bleibe also über Nacht oder lege seinen Besuch in die Nebensaison.

# CHIEMSEE ERLEBEN

## AUSKUNFT

Chiemsee Infocenter, an der A 8,
Ausfahrt 107 Bernau/Felden
Tel. (0 80 51) 9 65 55-0
www.chiemsee.de

Priener Tourismus
Alte Rathausstr. 11, 83209 Prien
Tel. (0 80 51) 69 05-0
www.tourismus.prien.de

## SCHIFFSVERKEHR

Chiemsee-Schiffahrt
Tel. (0 80 51) 60 90
www.chiemsee-schifffahrt.de
Ganzjähriger Betrieb, mit einschränkungen im Winter. Schmuckstück der Flotte ist das Schaufelradschiff »Ludwig Feßler« von 1926.

## FESTE & VERANSTALTUNGEN

Ca. 10.–25. Juli: Festspiele Herrenchiemsee (klassische Musik, www.herrenchiemsee-festspiele.de).
Ende Aug.: Chiemsee Reggae Summer, Übersee (www.chiemsee-reggae.de).

## ESSEN

### ► Fein & teuer

*Mühlberger*
Bernauer Str. 40, 83209 Prien
Tel. (0 80 51) 96 68 88, Di./Mi. geschl.
www.muehlberger-restaurant.de
Herzerwärmende Küche auf der Basis heimischer Traditionen und Produkte, in stilvoll ländlichem Rahmen.

### ► Erschwinglich

*Inselhotel Zur Linde*
83256 Fraueninsel, Tel. (0 80 54) 9 03 66, www.inselhotel-zurlinde.de
Geschmackvolle alte Gaststuben besitzt die Linde, die es seit 1396 gibt. In Chiemsee-Fisch kann man ebenso schwelgen wie in herzhaften Fleischgerichten. Mit 10 feinen Zimmern.

### ► Preiswert / Erschwinglich

*Wirtshaus d'Feldwies*
Greimelstr. 30, 83236 Feldwies
Tel. (0 86 42) 59 57 15, Mi. geschl.
Ein wunderschöner alter Gasthof, der dank Gründung einer AG wiedererstand. Beste bayerische Küche zu familienfreundlichen Preisen.

## ÜBERNACHTEN

### ► Luxus

*Gut Ising*
Kirchberg 3, 83339 Chieming-Ising
Tel. (0 86 67) 79-0
www.gut-ising.com
Gediegen wohnen in verschiedenen Gebäuden, vom Gutshaus bis zur Alten Schmiede (103 Z.). Feine Restaurants mit herrlichen Terrassen, Strand mit Badehaus. Dorado für Reiter (mit Hallen, Gastboxen etc.), außerdem 9-Loch-Golfplatz.

### ► Günstig / Komfortabel

*Zellnerhof*
Breitbrunner Str. 4, 83257 Gstadt
Tel. (0 80 54) 3 06
www.zellnerhof-chiemsee.de
Hübsches, liebevoll geführtes Haus nahe dem Schiffsanleger, mit schönem Blick auf See und Berge. Auch gut ausgestattete Ferienwohnungen.

*Schalchenhof*
83257 Gstadt-Schalchen
Tel. (0 80 54) 2 30
Im Grünen mit freiem Blick über den See gelegenes Haus, sehr neubayerisch, aber angenehm. Sehr beliebt ist das Restaurant mit fabelhafter Terrasse.

*Berggasthof Weingarten*
Weingarten 1, 83253 Rimsting
Tel. (0 80 51) 17 75
Herrlicher Blick von der Ratzinger Höhe. Gasthof mit neuem Gästehaus.

*Schloss Herrenchiemsee, das »Versailles« Bayerns*

Im Jahre 1873 erwarb Ludwig II. die Insel Herrenwörth, sein Hang zur Einsamkeit hatte ihn zum Kauf bewogen. (Im Sommer ist's heute Essig mit Einsamkeit; kaum vermeidbar, dass sich auch der Event-Kommerz des Schlosses bemächtigt hat.) Ein **neues Versailles** sollte hier entstehen; in seinen Reisen nach Frankreich hatte Ludwig das Zentrum der absolutistischen Welt kennen gelernt. Nach diversen Schwierigkeiten wurde 1878 der Grundstein der Dreiflügelanlage gelegt, 1881 stand der Rohbau. 1885 mussten die Arbeiten aus Geldmangel eingestellt werden, und 1886 setzte der Tod Ludwigs dem Unternehmen ein Ende. Der König hatte sich insgesamt nur neun Tage hier aufgehalten. Obwohl ein Torso geblieben, ist das Schloss eines der charakteristischsten Baudenkmäler des Königs; die Aufnahme in das UNESCO-Welterbe ist beantragt. Führungen tägl., Beginn April – Mitte Okt. 9.00 – 17.00, Mitte Okt. – März 10.00 – 15.40 Uhr. Anordnung und Ausstattung der Räume folgen ganz dem Vorbild Versailles. Die wichtigsten: Treppenhäuser (eines davon im Rohbau), Schlafzimmer, »Paraderaum« und grandiose **Spiegelgalerie**, die sich 98 m über die ganze Gartenfront erstreckt und noch länger ist als die in Versailles. Vor der Westfassade liegt der vom Hofgärtner Carl von Effner entworfene Park mit monumentalen Brunnen. Die Wasserspiele sind Mai – Anf. Okt. alle halbe Stunde zu bestaunen.

**Schloss Herrenchiemsee**

◄ Schlosspark

Im Südflügel wird das tragische Leben des Monarchen nachgezeichnet. Hier hängt das bekannte Porträt von F. Piloty, das den König in bayerischer Generalsuniform zeigt ( S. 70), hier sind Königsmantel und Totenmaske zu sehen. Ebenso wird Ludwig als Auftraggeber des

**Museum Ludwig II.**

◄ weiter auf S. 182

# CHIEMSEE UND CHIEMGAUER ALPEN

★★ **Der Chiemsee ist Zentrum und das Juwel einer der schönsten Gegenden Oberbayerns. Vor den Chiemgauer und Berchtesgadener Alpen in ein flachhügeliges Moränenland gebettet, umgeben ihn Natur- und Kulturlandschaften in buntem Wechsel von Wäldern, Feldern und Wiesen, Seen und Mooren.**

### ① Chiemgauer Alpen

Die Chiemgauer Alpen zwischen dem Inn und Bad Reichenhall bestehen aus meist west-östlich verlaufenden Bergrücken, die mit ca. 1700 bis 1800 m Höhe knapp über die Waldgrenze aufragen (Sonntagshorn 1961 m). Im geologischen Aufbau herrschen Kalksteinschichten vor mit scharfen Graten und zerklüfteten Felswänden, die Kletterrouten aller Schwierigkeitsgrade bieten (z. B. Kampenwand.) Die süd-nördlich verlaufenden Haupttäler – insbesondere das Tal der Tiroler Ache – treten von Österreich her in das Gebiet ein. Bei Sachrang, Oberwössen und Inzell haben die eiszeitlichen Gletscher die oberen Talenden zu niedrigen Pässen abgeschliffen. Die nacheiszeitlichen Talseen sind vermoort und verlandet oder in kleinen Resten erhalten geblieben.

### ② Chiemsee

Der 5 km breite und 14 km lange See, den der Titel »Bayerisches Meer« schmückt, ist 82 km² groß und bis 73 m tief. Er nimmt die Mitte eines eiszeitlichen Gletscherzungenbeckens ein und weist drei Inseln auf: Herrenchiemsee, Frauenchiemsee (oder Fraueninsel) und die unbewohnte Krautinsel, auf der Kühe grasen.

### ③ Frauenchiemsee

Auf Frauenchiemsee ist Bayerns jüngstes (nicht anerkanntes) Weinbaugebiet zu finden. Noch im 16. Jh. wuchsen um den Chiemsee Reben, und der Klimawandel könnte dazu führen, dass sich der Weinbau wieder etabliert. Bisher darf der Riesling, den ein auf der Insel heimischer Weinbauingenieur von privaten 99 Rebstöcken macht, nicht verkauft werden.

### ④ Tiroler Ache

Westlich von Grabenstätt mündet die Tiroler Ache in den Chiemsee. Sie hat mit ihrem Schutt die Ebene südlich des Sees geschaffen und schiebt ihren Mündungskegel in den See vor; Grabenstätt z. B. lag noch Anfang des 19. Jh.s unmittelbar am Wasser. Die großen begleitenden Wiesen, die unverbauten Ufer mit Schilfzonen und Auwäldern gehören zu den letzten naturnahen Landschaften in Deutschland. Im Mündungsbereich brüten etwa 300 Vogelarten, 30 kommen nur im Schutzgebiet vor oder sind sonst sehr selten (wie Uferläufer und Flussseeschwalben). Sehr interessant und etlebnisreich sind die geführten Natur-Touren auf einer alten Barkasse von Übersee-Feldwies aus (Fr./Sa.; www.naturerlebnis-chiemsee.de; Veranstalter: www.tourismus.prien.de).

### ⑤ Grabenstätter Moos

Das Moor zwischen Grabenstätt und Übersee ist als Naturschutzgebiet und Vogelfreistätte ausgewiesen. Hier leben etwa 250 Vogelarten, darunter so seltene wie Blaukehlchen, Wachtelkönig und Brachvogel. Die Vegetation ist nicht weniger interessant; in den Monaten Mai und Juni blüht die Sibirische Schwertlilie in blauen Teppichen. Geführte Wanderungen durch das Moor veranstaltet das Tourismusbüro Grabenstätt.

### ⑥ Kendlmühlfilze

Im Süden erstreckte sich der Chiemsee einst bis Grassau, wobei der Wester- und der Osterbuchberg – sog. »Härtlinge« – als Inseln herausragten. Das Moorgebiet, das von der A 8 durchschnitten wird, wurde intensiv für den Torfabbau genützt und steht heute z. T. unter Naturschutz. Von Rottau bei Grassau führt ein Lehrpfad durch die Filze, die Verladestation der 1988 stillgelegten Torfbahn ist heute das Bayerische Moor- und Torfmuseum (www.torfbahnhof-rottau.de).

### ⑦ Eggstätt-Hemhofer Seenplatte

Im Nordwesten des Chiemsees liegen, versteckt in Wäldern und Schilfgürteln, etwa 30 größere und kleinere Toteisseen. Vom Schloss Hartmannsberg aus kann man durch die stille, melancholische Landschaft streifen; von Höslwang weiter nördlich hat man einen fantastischen Blick über den Chiemsee und auf die Berge.

### ⑧ Alz

Bei Seebruck verlässt die Alz den See und durchschneidet den Endmoränenwall des eiszeitlichen Chiemseegletschers. Zwischen Seebruck und Altenmarkt fließt sie in uralten Mäandern, bildet Altwasserarme und Inseln. Bei einer Floßfahrt kann man die urwaldähnliche Landschaft erleben.

*Der*
*lich*
*gewä*
*von*
*500*

Kunsthandwerks vorgestellt: Interieurs, Schreib- und Waschtische, Modelle für Parkfiguren und nicht verwirklichte Bauten. Auch die Freundschaft des Königs mit Richard Wagner wird dokumentiert (Modell für ein Festspielhaus in München). Geöffnet April – Mitte Okt. 9.00 – 18.00, sonst 10.00 – 16.45 Uhr.

## Um den Chiemsee

✶✶ **Urschalling** Einen der bedeutendsten **mittelalterlichen Freskenzyklen** des Alpenraums besitzt die kleine Kirche St. Jakobus (10. Jh.) in Urschalling, 3 km südlich von Prien auf einer Anhöhe gelegen. Zugänglich in Führungen (über Priener Tourismus, S. 178). Freigelegt wurden Teile einer romanischen Bemalung (u. a. Adam und Eva, um 1170); die sonstige Ausmalung entstand um 1390. Im Zwickel links der Apsis die einzigartige Darstellung der **Dreifaltigkeit** als drei und doch eine Person, mit einem sehr weiblichen Heiligen Geist in der Mitte. Zu beachten sind auch die gotischen Holzfiguren und der Schalenstein. Gut Brotzeit machen kann man in der benachbarten Mesner-Stubn (Di./Mi. geschl., www.mesnerstubn.de).

✶ **Westerbuchberg** Der Westerbuchberg südlich des Sees, ein sog. Härtling, ragt 70 m über die Kendlmühlfilze (Naturschutzgebiet). Die romanisch-gotische Kirche St. Peter und Paul (12./15. Jh.) im ummauerten Friedhof besitzt Fresken von Anfang des 15. Jh.s, u. a. einen gemalten 14-Nothelfer-Altar. **Herrlicher Blick** über das Achental bis zum Wilden Kaiser, besonders vom Gasthof Alpenhof (feine Küche, gehobene Preise; Tel. 0 86 42 / 8 94 00, Di./Mi.mittag geschl.).

**Grabenstätt** Grabenstätt (4000 Einw., 530 m) ist ein rühriger Erholungsort mit guten Bademöglichkeiten am Chiemsee und am kleinen Tüttensee (beliebter, warmer Badesee). Gemeindeverwaltung und Tourismusbüro sind im Schloss von 1862 ansässig. In der Johanneskirche (15. Jh.) sind gotische Wandmalereien erhalten, u. a. ein großer Christophorus. Im privaten **Römermuseum** Multerer (geöffnet Sa. 10.00 – 11.00 Uhr) sind die Funde aus den Resten eines römischen Gebäudes zu sehen, die bei Erlstätt entdeckt wurden.

**Chieming** Für den Chiemsee namengebend war das am Ostufer liegende Chieming (532 m, 4400 Einw.). Funde belegen eine Besiedlung in keltischer und römischer Zeit. Ein »Chiemmi« oder »Kiemo« ist als Patron des Chiemsees und des Chiemgaus für das Jahr 744 und später als Gaugraf Kaiser Karls des Großen bezeugt. In der neoromanischen Kirche Mariä Himmelfahrt (1883) sind drei **römische Votivsteine** für den Chiemseegott »Bedaius« zu sehen (Anfang 3. Jh.), die bei Chieming gefunden wurden, außerdem ein gotischer Taufstein und gotische Grabsteine. Der 6 km lange Badestrand von Chieming lädt zum Baden und Windsurfen ein; es gibt auch einen Campingplatz.

**Ising**

Das Gut Ising, ein nobles Landhotel und Reitzentrum ( S. 178), wird überragt vom Zwiebelturm der Kirche **Mariä Himmelfahrt** (1384, 1752 barockisiert) mit schöner Rokoko-Ausstattung. Die Wallfahrt zur spätgotischen Madonna im Strahlenkranz hatte im 17./18. Jh. ihre hohe Zeit. Zum Gutsgasthof »Goldener Pflug« von 1791 gehören zwei prächtige Bundwerkstadel aus dem 19. Jahrhundert.

**Seebruck**

Der hübsche Ferienort ist mit seinem 500 Boote fassenden Hafen ein Seglermekka. Hier verlässt die Alz den Chiemsee und schlängelt sich in Richtung Trostberg ( Seeon). An der Römerstraße zwischen Augsburg und Salzburg lag der Ort Bedaium, dessen Kultur im **Römermuseum** dokumentiert wird (geöffnet Mai – Sept. Di. – Sa. 10.00 – 17.00, So. 13.00 – 17.00 Uhr; Febr. – April, Okt./Nov. Di. – Sa. 10.00 – 12.00, 14.00 – 16.00, So. 14.00 – 16.00 Uhr). Zeugen dieser Zeit sind auch die Fundamente eines Kastells, die bei der **Kirche St. Thomas** (um 1475) freigelegt wurden.

*** Eggstätter Seenplatte**

Über 30 größere und kleinere **Moorseen** – entstanden als Toteisseen nach der letzten Eiszeit – erstrecken sich westlich und südlich von Eggstätt (539 m, 2800 Einw.). Wanderwege erschließen das reizvolle Naturschutzgebiet. In Gachensolden und Hemhof sind Bauernhöfe mit prächtigem Bundwerk zu bewundern, an der Kreuzung in Natzing zwei **»Itakerhöfe«** aus dem 19. Jh., die von Saisonarbeitern aus dem Friaul errichtet wurden. Im malerisch gelegenen **Schloss Hartmannsberg** finden Konzerte und Ausstellungen statt (Touristinfo Bad Endorf, Tel. 0 80 53 / 30 08-50).

> **! *Baedeker* TIPP**
>
> **Chiemsee Shop**
>
> Der Name Chiemsee steht auch für begehrte, teure Freizeit- und Sportklamotten. In Bernau kann man sich mit dem Nötigen (und mehr) eindecken, manchmal auch mit 2. Wahl und Restposten sparen. An der A 8, Ausfahrt 106.

# Dachau

M 4

**Landkreis:** Dachau
**Einwohnerzahl:** 39 800
**Höhe:** 508 m ü. d. M.

**Mit dem Namen Dachaus ist das erste deutsche NS-Konzentrationslager verbunden, und ein Besuch der Gedenkstätte ist Pflicht. Dachau ist aber auch ein reizvolles Städtchen mit Atmosphäre, vom Schloss hat man einen grandiosen Blick bis zu den Alpen.**

Dachau liegt knapp 20 km nordwestlich von München und ist mit der S-Bahn erreichbar. Ende 19./Anfang 20. Jh. war das Städtchen eine der bedeutendsten Künstlerkolonien in Deutschland, Berühmtheiten wie Adolf Hölzel, Carl Spitzweg, Wilhelm Leibl und Max Lieber-

*Renaissance-Festsaal im Schloss*

mann schätzten das Licht im Dachauer Moos. Ludwig Thoma, der Porträtist bayerischer Seelenlandschaften, lebte hier von 1893 bis 1897 als Rechtsanwalt.

## Sehenswertes in Dachau

Die katholische **Pfarrkirche St. Jakob** in der Stadtmitte ist ein bemerkenswert einheitlicher Bau der Spätrenaissance (1625) nach Plänen des Münchner Hofbildhauers Hans Krumper. Der Chor – von Hofbaumeister F. Sustris 1584 bis 1586 umgestaltet – stammt noch von der Vorgängerkirche. Unter der reichen Ausstattung ragen die Apostelfiguren an den Langhauswänden (um 1625) und die Jakobusfigur aus getriebenem Silber (um 1690) in der Sakristei heraus. In der **Gemäldegalerie** gegenüber dem Rathaus sind Werke der Dachauer Malerschule ausgestellt (geöffnet Di. – Fr. 11.00 – 17.00, Sa./So. 13.00 – 17.00 Uhr), auch die aktuelle Dachauer Kunstszene ist hier kennenzulernen.

✶ **Schloss**

Das Schloss, auf einem Ausläufer des Amper-Hügellandes gelegen – mit herrlichem Blick nach München und auf die Berge – war Sommerresidenz der Wittelsbacher. Der heutige Bau ist nur ein Teil der vierflügeligen Renaissance-Anlage des 16. Jh.s, die Hofbaumeister

## DACHAU ERLEBEN

### AUSKUNFT

Tourist-Information
Konrad-Adenauer-Str. 1
85221 Dachau, Tel. (0 81 31) 75-2 86
www.dachau.info

KZ-Gedenkstätte
Alte Römerstr. 75, 85221 Dachau
Tel. (0 81 31) 66 99 70
www.kz-gedenkstaette-dachau.de

### FESTE & VERANSTALTUNGEN

Mitte Aug.: Volksfest in Dachau. Schlosskonzerte Dachau (Info und Karten Tourist-Information).

### ESSEN

▶ **Erschwinglich**

***Zieglerbräu***
Konrad-Adenauer-Str. 8, Dachau
Tel. (0 81 31) 45 43 96
Stattliches, fast 400 Jahre altes Haus in der Altstadt, mit traditionell-bayerischen Gaststuben und nettem Wirtsgarten. Von der Restaurant-Terrasse herrlicher Ausblick. Mit Zimmern.

Joseph Effner im 18. Jh. umgestaltete, Treppenhaus und Westfassade (1715) zeigen Régence-Stil (geöffnet April – Sept. Di. – So. 9.00 bis 18.00, sonst 10.00 – 16.00 Uhr). Der Festsaal gilt mit seiner grandiosen Holzdecke als **einer der bedeutendsten Renaissance-Säle** nördlich der Alpen (Konzerte). Ein überaus hübscher Platz ist die Caféterrasse hinter dem Schloss, über dem barocken Obstgarten mit Pavillons und einem Laubengang aus 200 Jahre alten Linden.

★ KZ-Gedenkstätte

Im Konzentrationslager Dachau trafen am 22. März 1933, nur sieben Wochen nach der Machtergreifung, die ersten Gefangenen ein. Bis zum 9. Mai 1945 wurden hier über 200 000 Häftlinge terrorisiert, vor allem Juden, Sinti und Roma, Geistliche, Kommunisten und Oppositionelle; der Tod von etwa 32 000 ist beurkundet, sicher ist die Zahl größer. Die Anordnung der Lagerbaracken ist noch zu erkennen. Im Wirtschaftsgebäude wird die **Todesmaschinerie des NS-Regimes** dokumentiert (geöffnet Di. – So./Fei. 9.00 – 17.00 Uhr, Eintritt frei). Vor dem Museum das Internationale Mahnmal (N. Glid, 1968), am gegenüberliegenden Rand des Geländes stehen Sühnekapellen: Israel-Gedenkstätte, katholische Todesangst-Christi-Kapelle und evangelische Versöhnungskirche. Im Nordwesten des Lagers liegt das Krematorium. Nördlich außerhalb des Geländes das 1964 eingeweihte Karmel-Sühnekloster und ein Jugendgästehaus.

## Umgebung von Dachau

Bergkirchen

Etwa 5 km westlich von Dachau liegt über dem Ampermoos mit Alpenblick, das Dorf Bergkirchen. Die Pfarrkirche St. Johannes Baptista ist ein reizvoller achteckiger Barockbau von **Johann Michael Fischer** (18. Jh., Turm um 1560). Den beeindruckenden Hochaltar schuf der Hofkünstler F. de Paula Arnoldt, die Figuren der hll. Anna und Joachim J. B. Straub. An der Außenwand schöne Grabsteine.

★ Petersberg

In Eisenhofen, ca. 15 km nordwestlich von Dachau, steht auf dem Petersberg die ehemalige Klosterkirche St. Peter, einer der **ältesten Kirchenbauten** im Münchner Umland (um 1107). In der Hauptapsis der romanischen Pfeilerbasilika wertvolle Wandmalereien (um 1100, z. T. ergänzt); in der Wölbung Christus als Pantokrator. An der Südwand eine schöne geschnitzte Madonnenfigur (um 1500).

Altomünster

Die Marktgemeinde Altomünster, weitere 7 km nordwestlich im waldreichen »Huosigau« gelegen, wird von einer der **ältesten Kultstätten Bayerns** beherrscht, dem Kloster St. Alto, das einzige deutsche Birgittenkloster. Um das Jahr 760 von dem Einsiedler Alto als Benediktinerkonvent gegründet, wurde es 1497 den Birgitten übertragen, dem von der hl. Birgitta von Schweden im 14. Jh. gegründeten Orden. Die Kirche ist das letzte Bauwerk des großen Johann Michael Fischer (1763 – 1773). Ihre große Besonderheit sind die drei Geschoße: Pfarrkirche im Erdgeschoß, der erste Stock ist Mönchskir-

★ ◄ Klosterkirche

che, der zweite Stock Nonnenkirche. Vom Nonnen- und vom Mönchschor aus umgeben Emporen den Raum, auf denen die Ordensleute ihre Prozessionen hielten, ohne daß sich ihre Wege unschicklich kreuzten. Die prachtvollen Altäre und Apostelfiguren stammen von J. B. Straub, die Deckenfresken von dem Tiroler J. Mages (Hauptkuppel um 1770). Das Bild am Hochaltar schuf Ignaz Baldauf. Fürs leibliche Wohl sorgen in Altomünster u. a. die altehrwürdigen **Brauereigasthöfe** Kapplerbräu und Maierbräu.

# ✶ Freising

O 3

**Landkreis:** Freising
**Einwohnerzahl:** 42 500
**Höhe:** 471 m ü. d. M.

**In Oberbayern gehören Kirche und Wirtshaus zusammen. Das ist im geistlichen Mittelpunkt des alten Bayern nicht anders: Der Domberg und der Weihenstephaner Berg – mit der ältesten Brauerei der Welt – bilden topografisch und historisch den Kern Freisings, der ältesten Stadt zwischen Bozen und Regensburg.**

Auf gut 1300 Jahre Geschichte blickt die Bischofsstadt Freising zurück, die 35 km nördlich von München (S-Bahn) am Nordrand der Münchner Schotterebene an der Isar liegt. Freising ist gleichzeitig einer der modernsten Wissenschaftsstandorte Deutschlands mit Lehr- und Forschungsstätten rund um Land- und Milchwirtschaft, Gartenbau und Lebensmitteltechnologie. Eine hübsche Altstadt und die lebhafte Atmosphäre machen Freising erlebenswert.

**Aus der Geschichte**

Schon im 2. Jt. v. Chr. war der Domberg besiedelt, später ließen sich hier Kelten, Römer und Bajuwaren nieder. Dank der Missionstätigkeit des Bischofs Korbinian (um 720) konnte der hl. Bonifatius 739 in päpstlichem Auftrag das Bistum Freising errichten. Im folgenden Jahrtausend entfalteten die Bischöfe ihre geistliche und seit dem 13. Jh. auch weltliche Macht als **Fürstbischöfe** in reichsunmittelbaren Territorien: Werdenfelser Land und weitere Gebiete im heutigen Oberbayern, in Südtirol, Niederösterreich und Steiermark. Bis zur Säkularisation 1803 bildete der Domberg (»mons doctus«) einen politischen und kulturellen Mittelpunkt Altbayerns. 1158 ließ Herzog Heinrich der Löwe die Isarbrücke bei Föhring zerstören und nahm damit dem Bischof eine wichtige Einnahmequelle ( München). Die Aufhebung des Hochstifts 1803 hatte auf wirtschaftlichem ebenso wie auf kulturellem Gebiet negative Auswirkungen. 1821 ging die Diözese Freising im Erzbistum München-Freising auf, die ihren Sitz in München hat. Joseph Ratzinger – **Papst Benedikt XVI.** – studierte auf dem Domberg und wurde 1951 mit seinem Bruder Georg im Dom zum Priester geweiht; später war er selbst Professor an der

*Freisinger Altstadt mit dem Domberg, für Jahrhunderte kulturelles und politisches Zentrum*

Freisinger Hochschule und von 1977 bis 1982 Erzbischof von München und Freising.

## Domberg

Auf dem Berg nordöstlich der Isar wurde im 8. Jh. die Grabeskirche des hl. Korbinian errichtet, heute steht dort der Dom St. Maria und St. Korbinian. Die fünfschiffige **romanische Basilika** (1160 – 1205) wurde 1480 – 1482 eingewölbt; 1723/1724 erhielt sie durch **Cosmas Damian und Egid Quirin Asam** ihren reichen barocken Stuck- und Freskenschmuck. Von der gotischen Vorhalle führt ein romanisches Stufenportal in den Dom; flankiert wird das Portal durch die Figuren der Stifter: Kaiser Friedrich Barbarossa, Bischof Albert I. (Bauherr) und Kaiserin Beatrix. Die Bilder an Decke und Emporenbrüstungen zeigen Szenen aus dem Leben des hl. Korbinian. Die Gemälde im Hauptaltar (»Apokalyptisches Weib«) schuf eigentlich **Peter Paul Rubens** 1625 – das Original hängt in der Alten Pinakothek München. In der Apsis des ersten linken Seitenschiffs eine **Heilig-Grab-Gruppe**, deren Trauernde der Münchner Erasmus Grasser 1492 fertigte. ✶ **Dom**

Die größte Sehenswürdigkeit des Doms ist die romanische Krypta von 1160 mit dem **Reliquienschrein des hl. Korbinian**. Von den 24 Säulen ist die **Bestiensäule** (S. 48) besonders interessant: Im Kampf sind Geharnischte und Ungeheuer ineinander verschlungen. An die Krypta schließt die von Hans Georg Asam ausgemalte **Maximilianskapelle** an, ein achteckiger Zentralbau von 1710. ✶✶ **Krypta**

## FREISING ERLEBEN

### AUSKUNFT

Touristeninformation
Marienplatz 7, 85354 Freising
Tel. (0 81 61) 5 44 41 11
www.freising.de

### FESTE & VERANSTALTUNGEN

Anf. Mai: Freisinger Gartentage. Mitte Juli: Altstadtfest Freising. Ab 1. Fr. im Sept.: 10-tägiges Volksfest. Sa. um den 20. Nov.: Korbiniansfest auf dem Domberg.

### ESSEN

**▶ Preiswert**

***Erdinger Weißbräu***
Lange Zeile 1, 85434 Erding
Tel. (0 81 22) 8 80 01-0
Vermutlich bis ins Jahr 1537 datiert der Brauereigasthof zurück, der jüngst sehr schön restauriert wurde. Traditionelle Küche, dazu alle Produkte der größten Weißbierbrauerei der Welt.

***Gasthof Huber***
Viehmarktstr. 5, 85368 Moosburg
Tel. (0 87 61) 76 03-0
Hübsche Gaststube, gutbürgerliche Küche und eigene Metzgerei. Als »musikantenfreundliches Wirtshaus« ausgezeichnet. Mit gut ausgestatteten modernen Zimmern (Kat. Günstig).

### ÜBERNACHTEN

**▶ Günstig / Komfortabel**

① ***Bayerischer Hof***
Untere Hauptstr. 3, 85354 Freising
Tel. (0 81 61) 53 83-00
Stadthotel mit ältlichem Charme in denkmalgeschütztem neogotischem Haus. Hier wohnt man mitten in der verkehrsberuhigten Altstadt.

**Kreuzgang** Der Kreuzgang (15. Jh.), der östlich an den Chor schließt, wurde 1716 von J. B. Zimmermann mit Fresken und Stuck barock gestaltet; etliche Grabdenkmäler von Domherren sind aufgestellt. Am Ostflügel des Kreuzgangs liegt die Benediktuskirche, eine 1345 erbaute Basilika, die zur selben Zeit wie der Kreuzgang stuckiert wurde. Beachtenswert sind besonders drei Glasmedaillons in der Apsis (15. Jh.).

**✶✶ Diözesanmuseum** Das Dommuseum dokumentiert mit sakralen Kunstwerken, Gemälden und Landkarten die Geschichte des Bistums Freising. Mit 10 000 Exponaten ist es das **größte Museum für kirchliche Kunst in Deutschland**. Die reiche Sammlung umfasst u. a. Krippen, Gegenstände aus dem Freisinger Domschatz, mittelalterliche und barocke Skulpturen, Flügelaltäre und Votivtafeln (geöffnet Di. – So. 10.00 – 17.00 Uhr).

**Fürstbischöfliche Residenz** Dem Dom gegenüber, am höchsten Punkt des Bergs, steht die Fürstbischöfliche Residenz, eine Vierflügelanlage, die im Kern auf die Burg der Bischöfe aus dem 14. Jh. zurückgeht. Sehenswert ist der Renaissance-Arkadenhof mit Marmorsäulen (1519). Das Gebäude dient heute als Bildungszentrum (Kardinal-Döpfner-Haus). Von der Terrasse hat man den berühmten herrlichen **Blick über die Münchner Ebene** bis zu den Alpen.

## Sehenswertes in Freising

Vom Domberg geht man hinunter in die »Untere Stadt«, deren Gässchen von kleinen Domherrenhäusern gesäumt sind. Besonders hübsch die **Fischergasse** mit Cafés am Kanal. Am Marienplatz stehen das Rathaus von 1905, eine barocke Mariensäule und die gotische Pfarrkirche **St. Georg** (um 1440) mit kunstvollen Sterngewölben; ihr barocker Westturm (besteigbar) zählt zu den schönsten in Oberbayern. Unter den qualitätvollen Skulpturen aus dem 14.–18. Jh. ragt die Pietà am südlichen Chorpfeiler heraus (Ende 14. Jh.). Bemerkenswert sind auch einige Glasmalereien und Epitaphien.

**Fürstbischöfliches Lyceum**

Die einstige fürstbischöfliche Hochschule am Marienplatz besitzt mit dem **Asamsaal** – 1707 von Hans Georg Asam freskiert – ein barockes Juwel, heute Konzert- und Festsaal. Im Gebäude sind auch die Touristeninformation und das **Stadtmuseum** untergebracht (geöffnet Mi. – So. 13.00 – 17.00, 1. Do. im Monat 18.00 – 20.00 Uhr). Zu sehen sind Grabungsfunde aus der Gegend, alte Ansichten der Stadt und Erzeugnisse der fürstbischöflichen Hofdruckerei.

★ **Neustift**

Am nordöstlichen Stadtrand (Landshuter Straße) besitzt das ehemalige, 1142 gegründete Prämonstratenserkloster Neustift einen herrlichen Barockschatz. Die Kirche St. Peter und Paul, begonnen 1700,

### *Freising* Orientierung

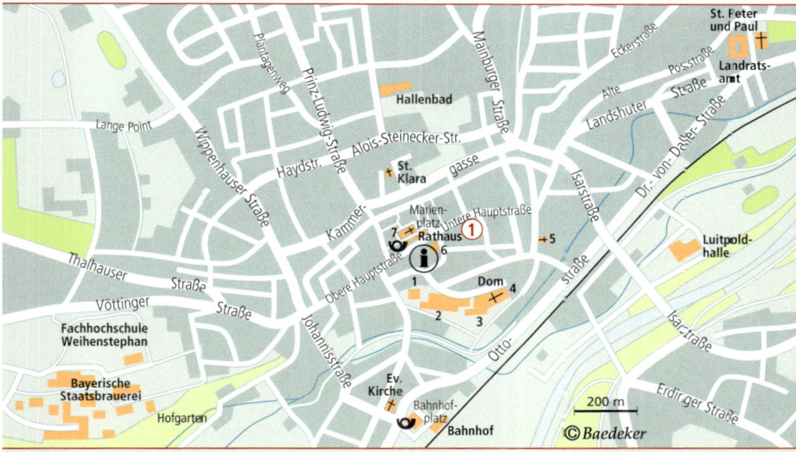


1 Diözesanmuseum
2 Kardinal-Döpfner-Haus
3 Johanniskirche
4 Benediktuskirche
5 Heiliggeistkirche
6 Fürstbischöfliches Lyceum
7 St. Georg

**Übernachten**

① Bayerischer Hof

**! Baedeker TIPP**

**Blumenstadt**

Für Blumen- und Gartenfreunde ist Freising ein Dorado: Die Anlagen von Weihenstephan – Hof-, Buchs-, Oberdieck-, Schau- und Staudensichtungsgarten – genießen hohes Ansehen (Führungen Mai – Sept., Tel. 0 81 61 / 71-40 26; www.hswt.de). Und in der Stadt selbst blühen Tausende Rosensträucher aus über 60 Sorten.

wurde nach dem Brand 1751 als Wandpfeilerbau neu errichtet, von F. X. Feichtmayr prächtig stuckiert und von J. B. Zimmermann mit Szenen aus dem Leben des hl. Norbert ausgemalt. Der eindrucksvolle Hochaltar, als Baldachin gestaltet, ist ein Werk Ignaz Günthers (1765). Auch das Chorgestühl mit schönen Putten stammt von Günther. Das Klostergebäude ist heute Landratsamt.

**Wies** Auch Freising hat eine sehenswerte Wieskirche, am nördlichen Stadtrand (B 301). Sie entstand als Ableger der viel berühmteren Wallfahrt ( S. 348) und ist ebenfalls dem gegeißelten Heiland gewidmet (gemalte Version des Gnadenbilds, 1745). Ungewöhnlich ist der querovale Hauptraum (1748, Langhaus 1761) der Kirche, die Deckenfresken von F. X. Wunderer sowie viele Votivtafeln und -gaben besitzt.

## Weihenstephan

**✶ Bayerische Staatsbrauerei** Südwestlich über der Stadt liegt das einstige Benediktinerkloster Weihenstephan (ein erstes Kloster gründete hier der hl. Korbinian im Jahr 725). In Teilen der um 1700 errichteten Gebäude ist die Bayerische Staatsbrauerei Weihenstephan untergebracht, die **älteste Brauerei der Welt**: Die Braustätte des Klosters erhielt im Jahr 1040 das Braurecht, schon 768 n. Chr. wird ein Hopfengarten in der Nähe des Klosters erwähnt. Im **Bräustüberl** (geöffnet tägl. 10.00 – 24.00 Uhr) und seinem Biergarten kann man die Produkte prüfen.

**Technische Universität** Die »Musterlandwirtschaftsschule« von 1803 wurde 1895 zur Königlich Bayerischen Akademie und 1919 zur Bayerischen Hochschule für Landwirtschaft und Brauerei erhoben. Heute gehört sie als »Wissenschaftszentrum für Ernährung, Landnutzung und Umwelt« zur Technischen Universität München (www.wzw.tum.de).

## Umgebung von Freising

**✶ Flughafen Franz J. Strauß** Seit seiner Eröffnung 1992 ist der Münchner Flughafen im Erdinger Moos südöstlich von Freising eine Attraktion für Jung und Alt. Vom 28 m hohen Hügel des **Besucherparks** hat man einen Überblick über den Flughafen, auf dem gegenwärtig jährlich 34 Mio. Passagiere abfliegen oder ankommen. Aufgestellt sind eine DC-3, eine Ju 52 und eine Super-Constellation. Der Besucherpark ist 24 Std. zugänglich, das Besucherzentrum März – Okt. 9.30 – 18.00, Nov. – Febr. 9.30 bis 17.00 Uhr. Auch kann man an diversen Flughafen-Touren teilnehmen (für Erwachsene Personaldokument erforderlich; Tel. 0 89/9 75-4 13 33). Anfahrt von München mit den S-Bahn-Linien 1 und 8.

Erding

Weltbekannt ist das Weißbier aus Erding (34 200 Einw., S-Bahn), der altbayerischen Herzogsstadt am Ostrand des Erdinger Mooses. Mit über 20 Hotelbetrieben profitiert Erding vom nahen Münchner Flughafen; die moderne Therme gehört zu den schönsten und größten in Deutschland. Das historische Zentrum der 1228 von Herzog Otto I. gegründeten Stadt wird von Sempt und Fehlbach umflossen. Von den vier Türmen der Befestigung ist noch das **Landshuter Tor** (1500) erhalten, auch »Schöner Turm« genannt. Bürgerhäuser des 18. Jh.s bestimmen das Bild. Die Pfarrkirche **St. Johannes**, ein spätgotischer Hallenbau, entstand Mitte des 15. Jh.s; innen sind am Chorbogen der Kruzifixus von Hans Leinberger (1520) und die spätgotischen Figuren im riesigen neogotischen Hochaltar zu beachten. Das **Museum Erding** (Prielmayerstr. 1, geöffnet Di. – So. 13.00 – 17.00 Uhr) zeigt kirchliche Kunst (schöne Skulpturen aus Spätgotik und Barock) und dokumentiert die Wirtschafts- und Kulturgeschichte Erdings und seiner Umgebung. Es gibt auch ein interessantes **Bauernhausmuseum** (Taufkirchener Str. 24, geöffnet Ostersonntag – Okt. Sa./So. 10.00 bis 17.00 Uhr). Am Stadtrand Richtung Altenerding steht die **Wallfahrtskirche Heilig Blut** (Hans Kogler, 1677). Ausstattung und Stuck stammen von dem Münchner J. G. Bader (1704), auch die Altäre und die Kanzel sind bemerkenswert. Das **Erdinger Herbstfest** ab Ende August ist nach denen in München und Rosenheim das drittgrößte Volksfest in Oberbayern.

* ◄ Therme

Altenerding

Südlich von Erding liegt der 788 erstmals genannte Ort Altenerding. Die ländliche Rokokokirche Mariä Verkündigung (Anton Kogler, 1724) bezaubert mit einer prächtigen Ausstattung (um 1767); die originelle Schiffskanzel ist ein Werk von Christian Jorhan d. Ä. und M. Fackler, auch die Altäre kamen aus ihrer Hand.

* Maria Thalheim

In Groß-Thalheim 15 km nordöstlich von Erding lohnt die prunkvolle Wallfahrtskirche Maria Thalheim einen Besuch, eines der schönsten bayerischen Rokoko-Gotteshäuser. Zu beachten sind v. a. die Seitenaltäre von Christian Jorhan d. Ä. und das Chorgitter.

Moosburg

Moosburg (17 200 Einw.) liegt am Nordrand des Erdinger Mooses auf einem Höhenrücken zwischen Isar und Amper. Großbrände vernichteten 1702 und 1865 die mittelalterliche Bausubstanz; heute bestimmen Bauten des 18./19. Jh.s das wenig reizvolle Bild. Die Kirchen St. Castulus und St. Johannes im Zentrum stehen an der Stelle eines Benediktinerklosters des 8. Jh.s und der Burg der Grafen von Moosburg (13. Jh.). Beide haben romanische Vorgänger, erhielten ihre Gestalt im 15. Jh. und wurden später verändert. Das eindrucksvolle romanische Hauptportal von **St. Castulus** (13. Jh.) zeigt im Tympanon Christus, Maria und Castulus, kniend Kaiser Heinrich II. und Bischof Adalbert. Eines der hervorragendsten Kunstwerke in Bayern ist der 14 m hohe, aus Lindenholz geschnitzte Hochaltar (1514), das Meisterwerk des Landshuters Hans Leinberger; in seinem Unterbau

** ◄ Hochaltar

*Leinberger-Hochaltar in St. Castulus*

werden die Reliquien des hl. Castulus aufbewahrt. Beachtenswert sind auch zwei Kruzifixe Leinbergers und das Chorgestühl (1475).
Für **St. Johannes** schuf Leinberger ebenfalls einen Altar, von dem aber nur zwei Flügelreliefs erhalten blieben (heute im Diözesanmuseum Freising bzw. in Berlin).
Das **Heimatmuseum** (Kastulusplatz 3) in der alten Klosterschule nördlich von St. Kastulus dokumentiert die politische, kulturelle und wirtschaftliche Geschichte der Stadt (geöffnet So. 16.00 – 17.30 Uhr).Am Platz südlich von St. Castulus stehen einst vornehme **Stiftsherrenhäuser**, die in spätgotische Zeit zurückgehen; weiter südlich die Herrnstraße, die ihr Bild v. a. dem Wiederaufbau nach dem Stadtbrand 1865 im Münchner »Maximilianstil« verdankt.

# Fürstenfeldbruck

L 5

**Landkreis:** Fürstenfeldbruck
**Einwohnerzahl:** 33 500
**Höhe:** 517 m ü. d. M.

**Von München lohnt sich der Ausflug (per S-Bahn) nach Fürstenfeldbruck, dessen Kloster über eine der prächtigsten Kirchen Oberbayerns verfügt.**

**Aus der Ortsgeschichte**

Der noch heute oft so genannte Ort Bruck, Keimzelle der Stadt Fürstenfeldbruck, war in der Mitte des 12. Jh.s Zollstätte an der Salzstraße von München nach Augsburg. Bedeutend für die Entwicklung war die Stiftung des Klosters zu Fürstenfeld durch den bayerischen Herzog Ludwig II. (»der Strenge«, Vater Kaiser Ludwigs des Bayern). Ab 1306 konnte der Ort die Bezeichnung »Markt« führen, seit 1908 heißt er amtlich »Fürstenfeldbruck«, 1935 erhielt er das Stadtrecht. Bekannt ist Fürstenfeldbruck als Standort der Bundesluftwaffe.

**Kloster Fürstenfeld**

Maria von Brabant, die Gemahlin Herzog Ludwigs, hatte einmal zwei Briefe geschrieben, einen an ihren Ehemann, den anderen an den Grafen Heinrich von Kyrburg. Doch der Bote verwechselte sie, was zum Verdacht ehelicher Untreue führte, und Ludwig ließ Maria 1256 enthaupten. Als sich ihre Unschuld erwiesen hatte, erlegte der Papst dem Herzog als Sühne auf, ein Kloster zu gründen. 1263 ließen sich die Zisterzienser auf »des Fürsten Feld« in der Nähe von Bruck nieder. Die besten Künstler des Münchner Hofs entwarfen die heute zu sehende Anlage, in der Kurfürst Max Emanuel ein **bayerisches Escorial** verwirklichen wollte. Die Konventsbauten (1691 – 1703) sind ein Werk des Graubündners G. A. Viscardi, für die Ausmalung sorgte der berühmte Wessobrunner Hans Asam. Die Konventsgebäude werden von der bayerischen Polizei-Fachhochschule und als Kulturzentrum (mit schönem Restaurant) genützt. Das **Stadtmuseum Fürstenfeldbruck** gibt hier Einblick in die Geschichte von Stadt und Kloster (geöffnet Di. – Sa. 13.00 – 17.00, So. 11.00 – 17.00 Uhr).

**✶✶ Klosterkirche Mariä Himmelfahrt**

Die Klosterkirche, **eine der großartigsten Kirchen Oberbayerns**, entstand nach Plänen von G. A. Viscardi ab 1700 (Weihe 1741). Mächtig, allerdings etwas einfallslos wirkt die 1747 beendete Fassade. Sehr schlicht ist auch die Innenarchitektur der Wandpfeilerkirche, in der der Einfluss der Münchner Michaelskirche deutlich ist. Dafür ist der gewaltige Raum (83 m Länge, 27 m Breite, 28,4 m Höhe) in umso überschwenglicherem Rokoko gestaltet, das italienische, französische und bayerische Stilelemente vereint. Francesco Appiani (Stuck), Cosmas Damian Asam (Deckenfresken in Langhaus und Chor), Egid Quirin Asam (Seitenaltäre St. Sebastian, St. Peter und Paul) sowie Tassilo Zöpf, R. A. Boos und Franz Xaver Schmädl sorgten für die meisterliche Ausstattung. Die Deckengemälde schildern Ereignisse aus dem Leben des hl. Bernhard in Verbindung mit der Erlösungsgeschichte. Die Orgel (1736) von Johann Fux ist das einzige original erhaltene zweimanualige Instrument aus der 1. Hälfte des 18. Jh.s in Altbayern (Konzerte). Besonders zu beachten sind die beiden Stifterfiguren links und rechts des Chors (von R. A. Boos) und die spätgotische Madonna vor der Statue Kaiser Ludwigs des Bayern (rechts).

*Machtvolle Anlage: Kloster Fürstenfeld*

**Sehenswertes in der Stadt**

Der langgestreckte Stadtplatz (Hauptstraße) mit Bürgerhäusern aus Barock und Klassizismus bildet das Zentrum von Bruck. Hier stehen das Alte Rathaus (1781) und das ehemalige Klosterrichterhaus (1626). Weiter unten, an der Amper, die kleine gotische Leonhardikirche (1440) mit Gewölbefresken (17. Jh.). Über dem Portal liest man den Spruch »Gott segne die Rösser«.

## Umgebung von Fürstenfeldbruck

**Amperauen** Südwestlich von Fürstenfeldbruck erstrecken sich zum Ammersee die **Amperauen**; im Ampermoos südlich von Grafrath (Naturschutzgebiet) brüten Kiebitz und Großer Brachvogel. Diese etwas abseits gelegene Ecke nördlich des Ammersees ist von sanfter Schönheit und als Radelrevier zu Recht beliebt; von höhergelegenen Punkten auf den Endmoränen ergeben sich immer wieder wunderbare Ausblicke auf die Alpen. Einen Stopp wert ist in **Grafrath** die Wallfahrtskirche St. Rasso, erbaut von dem Vorarlberger Michael Thumb (1695) und um 1752 im Rokoko neu gestaltet; der Hochaltar gilt als Werk von J. M. Straub (1768), im südlichen Seitenaltar ein Versperbild von 1510. Für eine Rast empfiehlt sich das »Dampfschiff« an der Amper.

**✶ Bauernhofmuseum Jexhof** Vom Untern Wirt in Schöngeising an der Amper (S-Bahn) geht man in ca. 45 Min. durch den Wald zum Jexhof, der Einblick in das ländliche Leben um 1900 gibt. Interessantes Programm an Vorführungen und Aktivitäten, besonders auch für Kinder. Geöffnet von Anf. April bis Anf. Nov., Mitte Dez. bis Anf. Jan. Di. – So. 13.00 – 17.00 Uhr (www.jexhof.de).

**Kaltenberg** Auf Schloss Kaltenberg (bei Geltendorf, ca. 20 km südwestlich von Fürstenfeldbruck) braut Luitpold Prinz von Bayern gutes Bier, das man im edlen Restaurant (Mi. geschl., Tel. 08193/6828) und im Biergarten verkosten kann. Berühmt sind die spektakulären **Ritterturniere** mit großem Rahmenprogramm, die an drei Juli-Wochenenden stattfinden (Karten Tel. 01805 11 33 13, www.ritterturnier.de).

## FÜRSTENFELDBRUCK ERLEBEN

### AUSKUNFT

Touristeninformation
Hauptstr. 31, 82256 Fürstenfeldbruck
Tel. (0 81 41) 2 81 - 33 34
www.fuerstenfeldbruck.de
www.kloster-fuerstenfeld.de

### FESTE & VERANSTALTUNGEN

Konzerte und Orgelmatineen in der Klosterkirche. Letzter Okt.-Sa.: Leonhardifahrt. 13. Dez., an der Amper: Luzien-Häuschen-Schwimmenlassen.

### ESSEN / ÜBERNACHTEN

**► Komfortabel / Luxus**

***Romantik-Hotel zur Post***
Hauptstr. 7, 82256 Fürstenfeldbruck
Tel. (0 81 41) 31 42-0
Seit fast 400 Jahren ist die Posthalterei in Familienbesitz. In der gediegenen Gaststube wird sehr ordentliche Regionalküche geboten. 42 individuell gestaltete Zimmer, im englischen Landhausstil oder Biedermeier.

**► Günstig**

***Dampfschiff***
Graf-Rasso-Str. 40, 82284 Grafrath
Tel. (0 81 44) 13 14
Ein hübscher Platz ist der Biergarten an der Amper. Gaststube mit gediegen-rustikalem Ambiente; die Speisekarte dürfte einfallsreicher sein. Mit 1 Doppel- und 2 Einzelzimmern.

*Gute Stube Füssens: Reichenstraße mit der Kirche St. Mang und dem Hohen Schloss*

# ★ Füssen

H B

**Landkreis:** Ostallgäu
**Einwohnerzahl:** 14 000
**Höhe:** 803 m ü. d. M.

**Wer Schloss Neuschwanstein besucht, darf das benachbarte Füssen nicht auslassen. Mit einer romantischen Altstadt unter dem mächtigen Hohen Schloss liegt es vor einer eindrücklichen Gebirgskulisse am Lech, der hier ins Vorland tritt.**

**Altstadt**

Die kleine Altstadt zwischen der Sebastianstraße und der Burg gruppiert sich um das Karree von Reichenstraße, die z. T. der römischen Via Claudia Augusta folgt, und Brunnengasse. Schöne Bürgerhäuser aus Spätgotik und Barock bilden den Rahmen für Straßencafés und Läden. Einen Blick wert ist die Krippkirche St. Nikolaus (J. J. Herkomer, 1718) mit ihrem Hochaltar von Dominikus Zimmermann. Links ums Eck liegt der Schrannenplatz, das spätgotische Kornhaus ist heute ein kleiner feiner Markt. Am Haus Brunnengasse 18 ein Relief des bedeutenden Barockbildhauers Anton Sturm (u. a. Wieskirche), der hier wohnte. Weiter östlich Reste der Stadtmauer mit dem unter Denkmalschutz stehenden Alten Friedhof; vom anschließenden Franziskanerkloster schöner Blick auf Altstadt und Burg.

**Hohes Schloss** Der bairische Herzog Ludwig II. der Strenge ließ das Schloss ab 1291 auf den Grundmauern des spätrömischen Kastells Foetibus errichten; 1313 wurde es an die Stadtherren, die Augsburger Fürstbischöfe, verpfändet. 1494 – 1503 wurde es erweitert und seitdem nur wenig verändert. Einzigartig sind die **spätgotischen Illusionsmalereien** von 1499 an den Fassaden. In den repräsentativen Sälen mit geschnitzten Kassettendecken zeigen die Bayerischen Staatsgemäldesammlungen Werke des 15./16. Jh.s aus Schwaben, die Städtische Gemäldegalerie Werke der Münchner Malerschule um 1900 (u. a. Spitzweg) sowie Zeichnungen von Franz Graf von Pocci (geöffnet April – Okt. Di. bis So. 11.00 – 16.00 Uhr, sonst Fr. – So. 13.00 – 16.00 Uhr).

**Kloster St. Mang** Am Südfuß des Burgfelsens liegt die einstige Benediktinerabtei, die auf die Zelle des »Schwabenapostels« Magnus zurückgeht (748). Die **Stiftskirche St. Mang** über seinem Grab hat eine lange Baugeschichte; aus romanischer Zeit (936 – 1074) stammen noch das Turmuntergeschoß, die **Krypta mit den ältesten Fresken Bayerns** und der Westchor. Die heutige Kirche wurde auf dem Grundriss der Basilika des 11./12. Jh.s 1701 – 1717 von J. J. Herkomer in wuchtigem Barock aufgeführt. Das **Museum der Stadt Füssen** in den prachtvollen Konventsräumen dokumentiert die Geschichte des Klosters und des bedeutenden Füssener Geigenbaus; es bezieht die St.-Anna-Kapelle mit dem eindrucksvollen **Totentanz** von Jakob Hiebeler (1602) ein.

## FÜSSEN ERLEBEN

### AUSKUNFT

Füssen Tourismus
Kaiser-Maximilian-Platz 1
87629 Füssen im Allgäu
Tel. (0 83 62) 93 85-0, www.fuessen.de

### FESTE & VERANSTALTUNGEN

Juni – Sept.: Fürstensaalkonzerte. Mitte Aug.: Kaiserfest. Ende Aug.: Festival »vielsaitig«. So. nach dem 6. Sept.: Magnusfest.

### ESSEN / ÜBERNACHTEN

► **Komfortabel**

***Altstadthotel Zum Hechten***
Ritterstr. 6, 87629 Füssen
Tel. (0 83 62) 91 60-0
www.hotel-hechten.de
Zentral, aber ruhig gelegenes altehrwürdiges Haus, geschmackvoll-schlichte Zimmer. In der recht speziell gestalteten Gaststube wird heimische Kost serviert.

***Burghotel Bären***
87637 Eisenberg-Zell, Tel. (0 83 63) 50 11, www.burghotelbaeren.de
Ignorieren Sie den rustikalen Deko-Overkill: Georg Kössels Allgäuer Küche ist »echt«, hochklassig und herzerwärmend, mit besten eigenen oder heimischen Grundprodukten. Nett gestaltete Gästezimmer.

### ESSEN

► **Preiswert / Erschwinglich**

***Fischerhütte***
Uferstr. 16, 87629 Hopfen am See
Tel. (0 83 62) 91 97-0
Gute schwäbische und Allgäuer Küche, auch frischer Fisch und internationale Gerichte. Schöne Terrasse am See.

Bei der Lech-Brücke steht die barocke Spitalkirche (1748 – 1750) mit prächtig bemalter Fassade (hll. Christophorus und Florian). Von der anderen Seite des Lechs schöner Blick auf die Burg. **Spitalkirche**

Wenige hundert Meter westlich des Klosters liegt das hübsche Bad Faulenbach, ein Moor- und Mineralbad mit Schwefelquellen und Kneippanlagen. Im Mitter- und im Obersee kann man baden. **Bad Faulenbach**

Südwestlich der Altstadt bricht der Lech in eindrucksvollen Stufen – einst 100 m tief – durch das Gebirge und tritt in eine enge Schlucht ein. Von der Tiroler Straße kann man auch den **Kalvarienberg** erklimmen und einen herrlichen Ausblick genießen. *** Lechfall**

## Umgebung von Füssen

Im Füssener Becken wurde der Lech 1954 mit einer 41 m hohen Talsperre zu Bayerns größtem künstlichem See aufgestaut; benannt ist er nach dem überfluteten Weiler Forggen. Bei einer Schiffsfahrt genießt man den herrlichen Blick auf die nahen Königsschlösser und die Allgäuer Alpen. Im Jahr 2000 wurde auf einer künstlichen Halbinsel am Ostufer das **Festspielhaus** eröffnet. Die erste Produktion, war das Musical »Ludwig II. – Sehnsucht nach dem Paradies«, heute wird hier ein breites Unterhaltungsprogramm geboten (Karten Tel. 0 83 62 / 50 77-212, www.das-festspielhaus.de). **Forggensee**

Schwangau **Königsschlösser**

# * Garmisch-Partenkirchen

K 8/9

**Landkreis:** Garmisch-Partenkirchen **Höhe:** 700 – 2962 m ü. d. M.
**Einwohnerzahl:** 26 200

**Das Wetterstein-Massiv mit der Zugspitze, dem höchsten deutschen Gipfel, ist eindrucksvolle Kulisse für Garmisch-Partenkirchen, einen der bekanntesten Urlaubs- und Wintersportorte Deutschlands.**

Garmisch-Partenkirchen liegt im Werdenfelser Land an Loisach und Partnach in einem weiten Tal, das von mächtigen Gebirgsstöcken umschlossen ist. Im Norden ragt der Kramerspitz (1985 m) und im Osten der Wank (1774 m) auf, im Süden die beherrschende Felsmauer des Wettersteingebirges, aus der die scharfgeschnittene Alpspitze (2628 m) hervortritt, während von der Zugspitze nur ein schmales Stück rechts neben den Waxensteinen zu sehen ist.

Der östliche Teilort Partenkirchen, das »Parthanum« der Römer und 1361 zum Markt erhoben, war eine wichtige Etappe an der Handels- **Ein wenig Geschichte**

## ? WUSSTEN SIE SCHON ...?

- Das Werdenfelser Land gehörte bis 1803 dem Freisinger Bischof. Der Wind, der von Eschenlohe her talaufwärts weht, heißt daher heute noch »bayerischer Wind«.

straße von Augsburg über Mittenwald nach Italien. Garmisch, 802 als »Germarisgave« erwähnt, partizipierte am wirtschaftlichen Erfolg. In Garmisch wurde die erste Kirche der Region erbaut, später entfaltete sich hier das Holzschnitzerhandwerk. Beide Orte gehörten ab 1294 zu der dem Bischof von Freising unterstehenden Reichsgrafschaft Werdenfels. Garmisch und Partenkirchen wurden 1935 unter massivem Druck von oben zur Marktgemeinde vereinigt, 1936 feierte sich das Nazi-Regime hier mit den Olympischen Winterspielen. Und im Moment bewirbt sich Garmisch – jedoch keineswegs einhellig – für die Winterspiele 2018.

## GARMISCH-PARTENKIRCHEN ERLEBEN

### AUSKUNFT

Tourist-Information
R.-Strauss-Platz 2 und im Rathaus
82467 Garmisch-Partenkirchen
Tel. (0 88 21) 18 07 00
www.garmisch-partenkirchen.de

### FESTE & VERANSTALTUNGEN

Jan.: Neujahrs-Skispringen, FIS- und Weltcup-Skirennen. Fasching mit alten Bräuchen (»Maschkera-Gehen« mit »Schellenrührern« u. a.). Bauerntheater im Gasthaus zum Rassen (Ludwigstr.) und im Bräustüberl (Fürstenstr. 23), beides beliebte alte Wirtshäuser. Anf./Mitte Juni: Richard-Strauss-Festival (www.richard-strauss-festival.de, Tel. 0 88 21 / 7 30 19 95).

### ÜBERNACHTEN

► **Komfortabel / Luxus**

① ***ATLAS Grand Hotel***
Ludwigstr. 49, Partenkirchen
Tel. (0 88 21) 93 63-0
www.atlas-grandhotel.com
Wohl das schönste Traditionshotel Partenkirchens, nicht überteuert.

► **Günstig / Komfortabel**

② ***Hotel Bavaria***
Partnachstr. 51, Partenkirchen
Tel. (0 88 21) 34 66
www.hotel-bavaria-garmisch.com
Von viel Grün umgeben, ruhig im Herzen von Partenkirchen gelegen. Gemütlich-edle Atmosphäre und sehr herzlicher Service.

③ ***Gasthof zum Rassen***
Ludwigstr. 45, Partenkirchen
Tel. (0 88 21) 20 89, tägl. geöffnet
Das herrlich bemalte alte Haus mit guten bayerischer Küche besitzt auch angenehme, schlichte Zimmer.

### ESSEN

► **Erschwinglich**

① ***Reindl's Restaurant***
Bahnhofstr. 15, Partenkirchen
Tel. (0 88 21) 94 38 70, www.reindls.de
Feine regional-internationale Küche pflegt das gediegene Restaurant im Hotel Partenkirchner Hof; ausgezeichnete Weinkarte. Großzügige Gästezimmer mit plüschigem Charme.

► **Preiswert**

② ***Zum Lamm***
Forstamtweg 1, Garmisch
Tel. (0 88 21) 27 50
Bodenständiges Lokal mit gutbürgerlicher Küche und Biergarten.

*Malerische Ludwigstraße in Partenkirchen mit dem Gasthof »Rassen«*

## Garmisch

Zwar hat Garmisch städtischen Charakter, im Ortskern findet man aber auch noch Gassen mit schmucken Bauernhäusern. Den Mittelpunkt bildet der Marienplatz, einst Marktplatz, mit der Alten Apotheke von 1790 (Nr. 10) und der Neuen Pfarrkirche **St. Martin**, ein Rokokobau, 1730 – 1733 von Joseph Schmuzer aus Wessobrunn errichtet und stuckiert. Die Deckenfresken (1732/1733), Frühwerke des genialen Matthäus Günther, zeigen Szenen aus dem Leben des hl. Martin. Zu beachten sind auch die geschnitzte Kanzel von 1782 und die Zunftstangen, die auch heute in Prozessionen mitgeführt werden.

**Marienplatz**

Die Alte Kirche St. Martin, weiter nördlich nahe der Burgstraße, geht auf ca. 1280 zurück und wurde 1446/1460 und 1520 (schönes Netzgewölbe) verändert. Unter den bedeutenden Wandmalereien ein eindrucksvoller Christophorus an der Nordwand (13. Jh.). Auch die Passionsgeschichte ist in Bildern festgehalten; im Chor Fresken mit Szenen aus dem Leben des hl. Martin. Ferner Glasgemälde aus der Tegernseer Schule (15. Jh.) und am Hochaltar eine Pietà (18. Jh.).

**Alt St. Martin**

Das Bild der Frühlingsstraße prägen **schöne alte Häuser** mit Schindeldächern, Zierbundgiebeln und hölzernen Altanen. Wunderschön bemalt ist der ehemalige Gasthof »Husaren« (1611) in der Fürstenstraße – ein Husar und ein Dragoner schauen aus dem Fenster. Das Bräustüberl in der Fürstenstraße ist eine echte gute Wirtschaft.

*****
**Frühlingsstraße**
**Fürstenstraße**

**Richard-Strauss-Villa** Richard Strauss lebte lange Zeit in Garmisch. In der Zöppritzstraße (Nr. 42) steht die Villa, in der der Komponist ab 1908 einige seiner Hauptwerke schuf, darunter den »Rosenkavalier«.

**Kurpark** Zentrum des Kurorts Garmisch ist der Park mit Kurhaus, -theater und Kongresshaus mit der Touristeninformation. Sein Glück kann man in der nahen **Spielbank** versuchen. An Automaten kann man ab 12 Uhr spielen, Roulette etc. ab 15 Uhr, bis 2 bzw. 3 Uhr. Ein Personaldokument ist nötig, für Herren ist ein Sakko vorgeschrieben.

**Ruine Werdenfels** Nördlich des Ortsteils Garmisch (zu Fuß 1 Std.) liegt die Burgruine Werdenfels (»Wehr den Fels«), die zwischen 1249 und 1632 den Statthaltern des Hochstifts Freising als Sitz diente. Nach dieser Burg erhielt das Gebiet zwischen Zugspitze und Mittenwald den Namen »Werdenfelser Land«. Reste der Ringmauer, des Zwingers und des Burgtors sind noch erhalten.

**★ Kramerspitz** Eine herrliche Aussicht bietet der **Kramer-Plateauweg**, der unterhalb des Kramers verläuft. Noch prächtigere Bilder vermittelt die Besteigung des Kramerspitz: von der Maximilianshöhe über St. Martin, Abstieg über die Stepbergalm (gesamt 6.30 Std.).

## *Garmisch-Partenkirchen* *Orientierung*

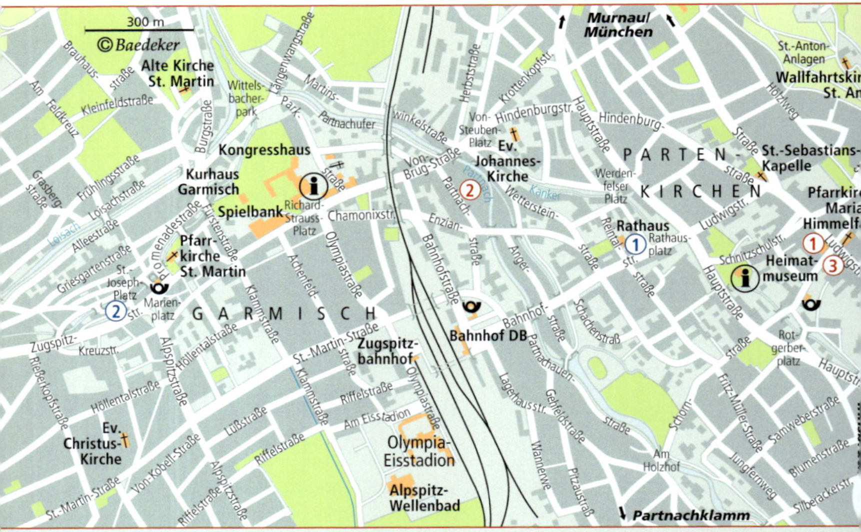


**Essen**
① Reindl's Restaurant
② Zum Lamm

**Übernachten**
① Grand Hotel
② Hotel Bavaria
③ Zum Rassen

## Partenkirchen

Partenkirchens Prachtstraße ist die »historische« Ludwigstraße mit vielen schmucken Hausfassaden. Hier kann man – ungeachtet der Großbrände des 19. Jh.s und des Touristengetümmels – noch immer gediegene oberbayerische Atmosphäre spüren. ✶ Ludwigstraße

Das Wackerle-Haus (Ludwigstraße 47), das ins 17. Jh. zurückgeht, beherbergt das sehr sehenswerte Heimatmuseum der Grafschaft Werdenberg: frühgeschichtliche Funde, religiöse und profane Volkskunst, im Fastnachtsraum Masken verschiedenster Art. Mehrere Räume illustrieren die bürgerliche und bäuerliche Wohnkultur des Werdenfelser Landes. Die **Immaculata von Ignaz Günther**, einem der bedeutendsten Rokoko-Bildhauer, wird an Fronleichnam von Mädchen in Rosenkranztracht durch Partenkirchen getragen. Das Bergführermuseum dokumentiert u. a. die Erstbesteigung der Zugspitze. Geöffnet Di. – So. 10.00 – 17.00 Uhr. Werdenfelsmuseum

Am Westhang des Wankbergs, etwa 60 m über Partenkirchen, steht die schöne Wallfahrtskirche St. Anton mit ihrem Doppelzwiebelturm. Sie ist über einen Weg mit Kreuzwegstationen und einen hübschen Arkadengang zu erreichen. Das von J. und F. X. Schmuzer fein stuckierte Innere besitzt hervorragende Deckenfresken (1739) des Südtirolers Johann Evangelist Holzer. 1946 fertigte der heimische Joseph Wackerle ein großes Votivbild (gegenüber dem Eingang). St. Anton

Im Süden Partenkirchens liegen die Sportanlagen der Olympischen Winterspiele 1936. Das Eisstadion ist mit 4000 m² eine der größten Anlagen Europas. Benachbart ist das Alpspitz-Wellenbad. Südöstlich, am Fuß des Gudibergs, das Skistadion mit der 2007 in »Betrieb« genommenen Sprungschanze, die kühn schräg in den Himmel ragt. Sportanlagen

## Umgebung von Garmisch-Partenkirchen

Der 1779 m hohe Wank ist ein beliebter Ausflugsberg, zu erreichen mit Seilbahn oder in einer bequemen Wanderung von Partenkirchen über Schlattan/Gschwandt (Aufstieg 2.30 Std.). Lohnend ist die Tour zum **Krottenkopf** im Estergebirge. Vom Wank-Gipfel zur Esterbergalm (1264 m) und weiter nordöstlich zum Finzbach; dann zur Weilheimer Hütte (1946 m, 2 Std.) und zum Krottenkopfgipfel (2086 m; herrliche Aussicht). Von der Weilheimer Hütte schließlich nach Oberau im Loisach-Tal. Gesamtgehzeit 7.30 Stunden. Wank

Das teils zu Bayern, teils zu Tirol gehörende Wettersteingebirge ist hauptsächlich aus dem nach ihm benannten Wettersteinkalk aufgebaut. Seine drei Hauptkämme – Waxenstein-, Blassen- und Wettersteinkamm – gipfeln in der Zugspitze (2964 m), deren gewaltige Nordwestwände dem Gebirge sein charakteristisches Profil geben. Wettersteingebirge

*Nur außen eine schlichte Jagdhütte: Ludwigs II. Refugium auf dem Schachen*

Auch einige andere Gipfel – Schneefernerkopf, Hochblassen, Hochwanner und Dreitorspitze – erreichen über 2600 m Höhe. Höllental und Reintal trennen die Kämme des Wettersteingebirges. Die beiden nach Norden gerichteten Wasserläufe, Hammersbach und Partnach, werden von kleinen Eisfeldern gespeist und strömen durch großartige Klammen dem Garmischer Becken zu.

✶ **Partnachklamm**

Ca. 2 km südlich des Skistadions in Garmisch (Parkplatz) tost die Partnach durch eine 800 m lange, wildromantische Schlucht (auch im Winter sehr eindrucksvoll). Vom Ende der Klamm gelangt man in ca. 40 Minuten zur **Partnachalm** (Gasthaus, Do. geschl.). Von hier kann man auf der Straße ins Tal rodeln (Verleih), am 6. Jan. starten hier die tollkühnen Hornschlitten-Piloten zu ihrem Rennen.

✶ **Schloss Elmau**

Nach Durchquerung der Partnachklamm führt der Weg in gut 1 Std. hinauf zum herrlich gelegenen Schloss Elmau, heute ein Luxushotel mit 130 Zimmern, 6 Restaurants, Spa etc. (www.schloss-elmau.de, Tel. 0 88 23 / 18-0). Das 1919 errichtete Haus wurde nach einem Brand bis 2007 wieder aufgebaut und modern erweitert. Hier finden oft **Konzerte mit berühmten Künstlern** und andere Veranstaltungen statt. Von Elmau geht man in 2 Std. durch das Tal des Ferchenbachs zum Ferchensee und weiter zum Lautersee bei Mittenwald.

✶ **Jagdschloss Schachen**

Das Jagdschloss Ludwigs II., 1866 m hoch auf der Schachenalpe südlich von Garmisch gelegen, zählt zu den schönsten Ausflugszielen. Man erreicht es zu Fuß von Elmau (3.30 Std.) oder von Garmisch durch die Partnachklamm und das Reintal oder über den Kälbersteig (4.30 Std.). Das Obergeschoss des 1869 – 1872 erbauten Holzhauses nimmt eine echte Verrücktheit ein, der **Türkische Saal**. Hier vertrieb sich Ludwig in orientalischer Tracht die Zeit, von Dienern umgeben, lesend, rauchend und Mokka schlürfend. Geöffnet Juni – Anf. Okt.; Führungen tägl. 11.00, 13.00, 14.00, 15.00 Uhr. Die Gesindehäuser sind heute Gasthaus (geöffnet Juni – Mitte Okt., Tel. 0 88 21 / 29 96).

Über 1000 Pflanzen sind im Alpengarten zu sehen, der 1901 von dem Münchner Professor K. von Goebel angelegt wurde.

**Klais**

Eine leichte, hübsche Wanderung (ca. 3.30 Std.) führt von der Talstation der Eckbauerbahn östlich über Wamberg, einst das höchstgelegene Kirchdorf Deutschlands (1016 m), nach Klais. Von Klais Zugverbindung mit Garmisch und Mittenwald.

**Grainau**

★

◄ Höllentalklamm

Am Fuß der eindrucksvollen Zugspitze liegt Grainau (750 m, 3700 Einw.), ein Luftkurort mit Charme und alten Traditionen, einem schön gelegenen Freibad und dem romantischen Badersee. Von Grainau ist in 1 Std. Hammersbach und in weiteren 45 Min. die Höllentalklamm zu erreichen. Dann auf ca. 1 km langem Weg, vorbei an einem tosenden Wasserfall, durch Tunnel, über Galerien und Brücken zur Höllentalangerhütte (1387 m) zur Einkehr.

★

**Eibsee**

Der malerische Eibsee (974 m ü. d. M.) wurde durch Schuttmassen aufgestaut und hat keinen oberirdischen Abfluß. Der tiefgrüne, wohl nach den hier wachsenden Eiben benannte See ist 1,8 km² groß und 28 m tief. Am Ostufer (Parkplatz) beginnt der Rundwanderweg vor der herrlichen Kulisse von Waxensteinen und Zugspitze.

*Eibsee: »Mast- und Schotbruch« vor der Zugspitze*

# Grassau · Reit im Winkl

S 7

**Landkreis:** Traunstein

**Zwischen dem Chiemsee und den Chiemgauer Bergen liegt eine einmalige Natur- und Kulturlandschaft, das Tal der Tiroler Ache(n). Sommers wie winters attraktiv ist die Urlaubsregion zwischen Kendlmühlfilzen, Kampenwand, Hochgern und der Winklmoosalm.**

**Grassau** Grassau (6400 Einw., 527 m), wenige Kilometer südlich der Autobahn München – Salzburg gelegen, ist einer der ältesten Orte des Chiemgaus. Die große, bedeutende Pfarrkirche **Mariä Himmelfahrt** erhielt ihre barocke Gestalt im 16./17. Jh.; im Wesentlichen entstand sie als dreischiffige Staffelhalle im 15. Jh., wobei das Turmuntergeschoß noch ins 13. Jh. zurückgeht. Außer dem Stuck aus dem Zuccalli-Umkreis, den Deckenfresken und dem prächtigen Säulenaltar in der südlichen Seitenkapelle sind die mittelalterlichen Fresken im Weichen Stil an der Nordwand zu beachten; unter die Empore hat Jakob Carnutsch 1706 einen sarkastischen Kommentar zur Frömmelei der Grassauer Bruderschaften gemalt. Von Kucheln (westlich) lohnt sich, wegen der großartigen Aussicht, die Fahrt hinauf zum leider geschlossenen Gasthof Strehtrumpf.

**Rottau** Von Rottau (3 km nordwestlich von Grassau) führt ein Lehrpfad durch die **Kendlmühlfilze**, Rest eines einst 2,5 km² großen Moorgebiets. An den Torfabbau erinnert die Verladestation von 1920, die bis 1988 in Betrieb war (heute **Bayerisches Moor- und Torfmuseum**; Führungen Mitte April – Anf. Nov. Sa. 14.00/16.00, Mitte Juli – Anf.

*Der Geigelstein lohnt mit herrlicher Aussicht und ebensolcher Blumenpracht.*

Sept. auch So.); man kann auch eine Fahrt mit der Feldbahn unternehmen. Für den Westerbuchberg Chiemsee.

An der Straße zwischen Grassau und Rottau steht das **Klaushäusl**, eine Pumpstation (1810) der alten Soleleitung von Reichenhall nach Rosenheim. Hier ist u. a. eine der »Reichenbachschen Wassersäulenmaschinen« zu sehen, die die Sole 42 m höher drückte. Das **Museum Salz & Moor** informiert auch über die Kendlmühlfilze (geöffnet Mai bis Mitte Okt. Di. – Sa. 14.00 – 17.00, So. 10.00 – 17.00 Uhr).

Klaus

Von Niedernfels führt die Hochplattenbahn zur Staffnalm in 1050 m Höhe, dann geht's in 1.30 Std. zum Gipfel (1587 m) mit weitem Blick über die Chiemgauer Alpen. Von dort erreicht man in 2 Std. den **Kampenwand-Gipfel** (teils sehr anspruchsvoll). Im Winter findet man schöne, leichte und mittelschwere Skiabfahrten und eine rassige, stellenweise sehr steile Rodelbahn (4 km).

Hochplatte Kampenwand

Kinder sollen Spaß haben im Märchen-Erlebnispark beim Restaurant Jägerwinkl, mit Sommerrodelbahn (Mitte April – Okt. 9.00 – 18.00 Uhr). Herrliche Aussicht auf Achental und Chiemgauer Berge.

Jägerwinkl

Der hübsche Luftkurort Marquartstein (542 m, 3100 Einw.) am Eingang des Achentals ist sommers wie winters gut besucht. Sein Bild ist von der hochgelegenen, ins 11. Jh. zurückgehenden **Burg** geprägt, die ihr heutiges Aussehen im 19. Jh. erhielt. Im Landhaus »De Ahna« verbrachte Richard Strauss, der 1894 die Sängerin Pauline de Ahna heiratete, ab 1894 oft den Sommer. Auch wegen der grandiosen Aussicht lohnt der Aufstieg in 1.30 Std. zur **Schnappenkirche** (17. Jh.) auf dem Schnappenberg in 1100 m Höhe. Weitere 2 Std. braucht man zum **Hochgern**-Gipfel, eine der schönsten Touren in den Chiemgauer Bergen. Lohnend ist der Gang von Marquartstein durch das Lanzinger und das Süssener Moor nach **Raiten** (1 Std.).

Marquartstein

★★ ◄ Schnappenberg

Der traditionsreiche, sehr schön gelegene Ort (1800 Einw.) am Südfuß der Hochplatte ist durch die feine Rokoko-Kirche **St. Remigius** (1737) geprägt. Das Altarbild (1738) zeigt die Taufe des fränkischen Königs Chlodwig durch den hl. Remigius. Auf dem Friedhof schöne schmiedeeiserne Kreuze.

Schleching

Wegen des herrlichen Ausblicks und seiner Pflanzenwelt (unter Naturschutz) ist der 1813 m hohe **Blumenberg des Chiemgaus** ein beliebtes Wanderrevier. Von der Bergstation der Seilbahn lässt sich eine lohnende Rundtour über Karlalm, Breitenstein, Wirtsalm und Geigelstein unternehmen (4.30 – 5 Std.).

★ Geigelstein

Überaus beeindruckend – 300 m über dem Tal – steht auf dem Streichen südlich von Schleching die Kirche St. Servatius, ein kunsthistorisches Juwel mit wunderbaren **Fresken des 15./16. Jh.s**. Beachtlich

★ Streichenkapelle

## GRASSAU · REIT IM WINKL ERLEBEN

### AUSKUNFT

Tourist-Info Grassau
Tel. (0 86 41) 69 79 60
www.grassau.de

Tourist-Info Reit im Winkl
Tel. (0 86 40) 80 02-0
www.reitimwinkl.de

*Musikfest in Reit im Winkl*

### FESTE & VERANSTALTUNGEN

Letzter April-So.: Georgi-Markt in Grassau. Christi Himmelfahrt: Trachtenwallfahrt von Unterwössen nach Raiten. Letzter Sept.-Sa.: Michaeli-Markt in Grassau (Vieh- und Warenmarkt). Letzter Okt.-So.: Leonhardi-Ritt von Grassau nach Weiher.

### ESSEN

**► Erschwinglich / Fein & teuer**

***Klauser's Café und Restaurant***
Birnbacher Str. 8, 83242 Reit i. W.
Tel. (0 86 40) 84 24
In ländlichem Ambiente nachmittags vorzüglichen Kuchen, abends feine bayerisch-französisch-italienische Küche genießen. Mo. geschlossen.

**► Preiswert / Erschwinglich**

***Gasthof Zellerwand***
83259 Schleching-Mettenham
Tel. (0 86 49) 2 17, Di./Mi. geschl.
Alter, gemütlicher Gasthof mit Biergarten, ambitionierte bayerisch-österreichische Küche. Zwischen Unterwössen und Schleching gelegen.

***Gasthof Sperrer***
Ortenburger Str. 5 , 83224 Grassau
Tel. (0 86 41) 20 11, Mo. geschl.
Behaglicher Gasthof mit bayerischen Schmankerln und internationaler Küche. Nebenan das zugehörige Hotel.

### ÜBERNACHTEN

**► Luxus**

***Unterwirt***
Kirchplatz 2, 83242 Reit im Winkl
Tel. (0 86 40) 8 01-0
www.unterwirt.de
Großes Haus (Ursprung im 14. Jh.) im luxuriösen Alpenstil, mit gediegenem Restaurant und »Wohlfühloase«. Regionale und internationale Küche.

**► Günstig**

***Berggasthof Streichen***
Streichen 1, 83259 Schleching
Tel. (0 86 46) 2 65, Mo. geschl.
Auch ohne die herrliche Kirche würde die Fahrt hierher lohnen! Vier sehr preisgünstige Zimmer, Etagendusche.

***Großrachlhof***
Großrachl 1, 83224 Grassau
Tel. (0 86 41) 15 20
www.grossrachlhof.de
Prächtiger alter Bauernhof in Alleinlage mit schönen Ferienwohnungen.

sind auch die spätgotischen Altäre. Der Schrein des Hochaltars (1524) zeigt die Schnitzfiguren des Servatius zwischen Dionysius und Wolfgang; an den Innenseiten der Flügel Reliefszenen aus dem Leben Jesu, außen gemalte Passionsszenen. Links des Chorbogens eine weitere Kostbarkeit: ein **Kastenaltärchen** mit einem geschnitzten Servatius und auf den Flügeln noble gemalte Heilige im Weichen Stil (um 1410). Wenn die Kapelle verschlossen ist, im Mesnerhaus von 1435 fragen – heute ein wunderbarer Gasthof (Berggasthof Streichen, S. 206).

! *Baedeker* TIPP

**Natur und Abenteuer**

Einen Hauch von Abenteuer vermitteln die Schlauchbootfahrten auf der Tiroler Ache, die vom Sporthaus Lukas in Schleching angeboten werden (Tel. 0 86 49 / 2 43; auch Kajakverleih). Führungen durch die Kendlmühlfilze, in denen 50 Orchideenarten zu Hause sind, veranstaltet die Tourist-Information Grassau (April – Okt.).

**Klobenstein Entenlochklamm**

In der dramatischen Entenlochklamm (etwas für Wildwasserfahrer) bricht die Ache durch den Klobenstein. Sehr lohnend, auch mit Kindern, ist die 2-stündige Wanderung von Ettenhausen zum Gasthof und zur Wallfahrtskapelle Klobenstein. Mit fahrbarem Untersatz gelangt man über das österreichische Kössen nach Reit im Winkl.

*Herrliche Fresken und Altäre schmücken die Kapelle auf dem Streichen.*

*»Nächtliche Schlittenfahrt König Ludwigs II. im Ammergebirge«. Gemälde von R. Wenig, um 1880.*

# »EIN EWIG RÄTSEL«

**Ein schlichtes Holzkreuz nahe dem Ufer markiert im Starnberger See die Stelle, an der am 13. Juni 1886 das Leben König Ludwigs II. zu Ende ging. Unter welchen Umständen er und sein Arzt Dr. von Gudden umkamen, ist bis heute nicht geklärt. Doch erhält gerade auch der mysteriöse Tod des »Kini« seine Anziehungskraft weit über Bayern hinaus.**

Ludwig ließ wunderschöne Schlösser bauen, die heute zu den größten Attraktionen Bayerns zählen und einen ganzen Wirtschaftszweig unterhalten. Er war schön wie der sprichwörtliche Märchenprinz. Aber: Er war schon mit knapp vierzig dick und aufgeschwemmt, litt fürchterlich unter verfaulenden Zähnen, saß einsam in seinen Schlössern und jagte nächtens im elektrisch beleuchteten Schlitten durch verschneite Wälder.

Nein, märchenhaft war sein Leben nicht, und dabei hatte alles so verheißungsvoll begonnen. Just am Geburtstag des Großvaters König Ludwig I., am 25. August 1845, kam der lang ersehnte Thronerbe im **Schloss Nymphenburg** zur Welt. Schon früh entwickelte der kleine Ludwig eine lebhafte Fantasie, ließ sich gerne Geschichten erzählen oder erfand welche, freute sich am Theaterspielen und konstruierte mit seinen Bauklötzen kunstvolle Gebäude. Besonders angetan hatten es ihm die prachtvollen Sagengemälde auf **Schloss Hohenschwangau**, wo er und sein Bruder Otto (der später geisteskrank wurde) den größten Teil der Kindheit verbrachten. Stundenlang saß er in seinem Zimmer und flüchtete vor der strengen Erziehung in die Welt seines Lieblingshelden, des Schwanenritters Lohengrin. Denn weder zu seinem Vater noch zu seiner Mutter hatte er ein gutes Verhältnis – mit Sicherheit begann damals schon sein innerer Rückzug.

## Schöner junger König

Gut 18 Jahre alt war Ludwig erst, als er die Nachfolge seines Vaters antreten musste. Ein strahlend schöner junger Mann mit dunklen Locken und tiefblauen Augen, der mit seinen Einsneunzig alle überragte, schritt hinter dem Sarg einher. Hingerissen jubelte ihm das Volk zu, voll Eifer stürzte er sich in die Regierungsarbeit. Doch wohl nur er selbst kannte seine Angst und Unerfahrenheit; bald schon langweilte ihn alles, widerten ihn die Staatsgeschäfte an, die mehr einem Königspielen denn einem echten Regieren glichen. Eine der wich-

tigsten Ursachen für diesen Rückzug mag der **Krieg von 1866** gewesen sein, zu dem man den König zwingen musste. Das Ergebnis war ein Bündnis mit Preußen, wonach im Kriegsfall der preußische König Oberbefehlshaber der bayerischen Truppen wurde – für Ludwig eine Verletzung seiner Souveränität, die nur vier Jahre später im Deutsch-Französischen Krieg vollendet wurde.

## Der Rückzug

Aus der Welt, in der er nicht mehr König sein konnte, zog er sich zurück in eine andere: Kein König der Kriege, ein König der Kunst wollte er sein. Er begann mit dem geradezu hektischen Bau von Schlössern, so dass innerhalb weniger Jahre wahre Architekturwunder entstanden: Neu-Hohenschwangau (Neuschwanstein) als Gralsburg aus Wagners »Lohengrin«, Herrenchiemsee und – als einziger Bau zu seinen Lebzeiten vollendet – Linderhof mit der berühmten Grotte und dem See mit Wellenmaschine, auf dem sich der König nachts in einem Muschelkahn herumrudern ließ. Lange hat man in den Schlössern großartige Leistungen des Kunsthandwerks gesehen und Ludwig als Förderer und Auftraggeber, inzwischen weiß man aber, dass er bei fast allen Arbeiten selbst am Werk war.

Ein anderes bleibendes Verdienst des Königs ist die zwanzig Jahre dauernde Protektion **Richard Wagners**. Als Fünfzehnjähriger hatte Ludwig in München tief ergriffen den »Lohengrin« erlebt und war in grenzenlose Schwärmerei für den Komponisten verfallen. Schon einige Monate nach Regierungsantritt schickte er seinen Staatssekretär Pfistermeyer aus, den Meister, in den er regelrecht verliebt war, nach München zu holen. Ludwig überschüttete den »erhabenen, göttlichen Freund« mit Gunst und Geld, doch die Minister teilten die königliche Begeisterung mitnichten, zumal sich Wagner auch in politische Angelegenheiten einmischte. Für Ludwig brach dann eine Welt zusammen, als er feststellen musste, dass Wagners angebliche Arbeitsbeziehung zu Cosima von Bülow eindeutig erotischer Art war. Tief enttäuscht von diesem Verrat zog er sich von Wagners Person zurück, hielt aber seiner Musik die Treue und half ihm auch finanziell. Die Schwärmerei für Wagners Musik

*Der »Kini« hat heute noch treue Anhänger, sein Geburtstag und sein Todestag werden mit Feiern begangen (v. a. in Oberammergau bzw. in Berg am Starnberger See).*

war es auch zunächst, die Ludwig mit **Herzogin Sophie in Bayern** zusammenführte. Doch die am 22. Januar 1867 geschlossene Verlobung währte nicht lange, denn bald wurde Ludwig klar, dass es mit seiner Frau über die Musikbegeisterung hinaus keine tieferen Gemeinsamkeiten gab. Als die Entlobung bekanntgegeben wurde, war zwar die Verwandtschaft verstimmt und das Volk enttäuscht, der König aber atmete auf.

Es gab nur eine Frau in seinem Leben, der er tief verbunden war: Sophies ältere Schwester **Elisabeth, spätere Kaiserin von Österreich**, die berühmte Sisi. Beider Verhältnis war kein erotisches; Ludwigs Homosexualität war ein Tabu und stürzte ihn selbst in Konflikte. Die tiefe Verehrung, die er seiner acht Jahre älteren Cousine entgegenbrachte, lag in ihrer Wesensähnlichkeit. Auch Sisi war schön und exzentrisch, schwärmerisch und fantasievoll, litt wie er unter der Last der Krone. War Ludwig für den Zeitgeschmack zu weich oder gar zu weibisch geraten, galt Elisabeth als zu männlich und zu emanzipiert. Beide kamen mit den Konventionen ihrer Zeit und ihrer Stellung nicht zurecht und schufen sich ihre Refugien. Wann immer sie konnten, trafen sie sich auf der Roseninsel im Starnberger See oder schrieben sich Briefe, in denen sie sich »Adler« und »Taube« nannten.

In den letzten Jahren seiner Regierung wurde Ludwig immer mehr zum Einsiedler. Immer häufiger stürzte er sich in Affären mit Schauspielern und Reitknechten, lebte praktisch nur noch nachts, sah mehrmals in der Woche im gespenstisch leeren Münchener Residenztheater eigens für ihn gespielte Aufführungen. Immer manischer betrieb er den Schlösserbau, bis ihm schließlich der Landtag weitere Gelder verweigerte.

## Das Ende

In Absprache mit Ludwigs Onkel, Prinz Luitpold, ließ Ministerpräsident Lutz den König entmündigen und in **Schloss Berg** arretieren. Der weitere Fortgang ist bekannt: Bald wurde Ludwigs Drohung, »Und wenn ich nicht mehr bauen kann, will ich nicht mehr leben«, bittere Wahrheit. Die Spekulationen über den 13. Juni 1886 reißen bis heute nicht ab. Für die letzten Stunden des bayerischen Königs und den Spaziergang im Schlosspark gibt es keine Zeugen. War es Selbstmord? Wollte Dr. von Gudden einen Fluchtversuch Ludwigs, der ein guter Schwimmer war, vereiteln? Oder war es vielleicht ein politisch motivierter Mord? Diese Fragen sind immer noch offen, und so hat König Ludwig II. eines mit Sicherheit erreicht: »Ein ewig Rätsel will ich bleiben, mir und den anderen.«

Unterwössen

Unterwössen, der Luftkurort (3900 Einw., 556 m) südlich von Marquartstein, ist Standort der **Deutschen Alpensegelflugschule**: eine Runde mit einem (Motor-)Segelflugzeug ist ein erschwingliches Vergnügen (www.dassu.de). In der Pfarrkirche **St. Martin**, ursprünglich Schlosskapelle, sind die Deckengemälde von Ignaz Baldauff (1781) und die Altäre (1780) sehenswert. Für Kinder interessant ist die Rotwild-Fütterung in Kaltenbach, von der Ortsmitte 20 Min. entfernt.

Reit im Winkl

Reit im Winkl (2600 Einw., 696 m), nahe der Grenze zu Tirol gelegen, ist bekannt als einer der schneesichersten Wintersportorte Bayerns. **Stattliche Bauernhäuser**, deren flache Satteldächer oft mit Steinen beschwert sind, bestimmen das Bild des Orts, der im Norden und Osten von bewaldeten Höhen umgeben wird; im Südwesten ragen die Zacken des Kaisergebirges auf. Die Pfarrkirche St. Pankratius ist ein neobarocker Bau von 1912/1913. Interessant sind das Ski- und das Heimatmuseum im Hausenhäusl. Beim **Wimmerkreuz** liegt ein Feld eiszeitlicher Gletschermühlen. Der 18-Loch-Golfplatz darf als einer der schönstgelegenen gelten. Gute Abfahrten findet man im Bereich der **Winklmoosalm** (1160 m) östlich von Reit, der Heimat der Olympiasiegerin 1976 Rosi Mittermaier, und zwar an Scheibelberg und der nach Süden steil abbrechenden **Steinplatte**. Der altertümliche Sessellift am **Dürrnbachhorn** ist nur sommers in Betrieb (hübsche Runde von der Bergstation über den aussichtsreichen Gipfel und die Wildalm nach Reit, 3 – 3.30 Std.). Auf herrlichen Spaziergängen kann man die **Almen** der Region kennen lernen, zu den bekanntesten gehören die Hemmersuppenalm und die Winklmoosalm.

# Immenstadt

E 8

**Landkreis:** Oberallgäu
**Einwohnerzahl:** 14 400
**Höhe:** 728 m ü. d. M.

**Das alte »Städtle« Immenstadt ist mit Sonthofen Zentrum des Oberallgäuer Feriengebiets zwischen dem reizvollen Alpsee und dem Grünten, dem »Wächter des Allgäus«.**

Immenstadt gestern und heute

Das erstmals im Jahr 1275 urkundlich erwähnte Immenstadt ist zusammen mit Sonthofen ein lebhaftes Mittelzentrum des Oberallgäus mit Verwaltungs- und Bildungseinrichtungen, bedeutendster Arbeitgeber ist die Firma Bosch, die hier ABS- und ESP-Systeme fertigt. Zu wirtschaftlicher Blüte kam der Ort als Stapel- und Umschlagplatz für Salz und Leinwand, 1855 wurde die Mechanische Bindfadenfabrik eröffnet. Aber auch Landwirtschaft und Tourismus sind von Bedeutung: Im Gebiet der Stadt, zu der auch die Almen an der Nagelfluhkette gehören, sind noch über 150 Vollerwerbsbauern tätig, und sie ist die einzige Stadt Deutschlands mit einem Viehscheid im Herbst.

## Sehenswertes in Immenstadt

**Zentrum** Den Marienplatz – hier wird am Samstag Markt gehalten – mit einer Mariensäule prägt das Renaissance-**Schloss** der Grafen Montfort und Königsegg (1550 – 1620, heutige Form 1746); der prächtig stuckierte Saal im zweiten Stock gehört heute zur Stadtbibliothek. Südlich gegenüber das Rathaus (1649, 1753 umgebaut). Die Kirche **St. Nikolaus** weiter östlich hat seit dem Mittelalter eine bewegte Geschichte; das heutige Bild ist v. a. durch den Barockbau (1707) und die Umgestaltung 1908 bestimmt. Im Chor sind eine Madonna (1470) sowie die Figuren der hll. Rochus und Sebastian (um 1520) zu beachten. In der alten **Hofmühle** nördlich an der Ach, einst die größte Getreidemühle Schwabens und später Teil der Mechanischen Bindfadenfabrik, wird die Stadtgeschichte vom Mittelalter bis heute anschaulich dargestellt (geöffnet Mi. – So. 14.00 – 17.00 Uhr).

## Umgebung von Immenstadt

**Rauhenzell** In Rauhenzell östlich der Iller bilden das Schloss der Herren von Laubenberg (1555/1879), die Kirche St. Othmar und die Kapelle Maria Eich ein hübsches Ensemble. Die in romanische Zeit zurückgehende Kirche St. Othmar wurde 1694 barockisiert, außer einer bemalten Holzdecke besitzt sie prächtige schwarz-goldene Altäre.

## IMMENSTADT ERLEBEN

### AUSKUNFT

Gästeinformation
Marienplatz 12
87509 Immenstadt
Tel. (0 83 23) 9 14-176
www.immenstadt.de

### FESTE & VERANSTALTUNGEN

März – Nov.: Immenstädter Sommer (Musik, Kleinkunst). Im Sommer Konzerte auf der Seebühne in Bühl. Um den 16. Sept.: Viehscheid.

### ESSEN

**► Preiswert / Erschwinglich**

***Zum lustigen Hirschen***
87509 Immenstadt-Akams 3
Tel. (0 83 23) 49 15
Ausflug in die »Bergstätten« nördlich über Immenstadt (Blick!): In der alten, neuzeitlich aufgebrezelten Dorfwirtschaft pflegt man Allgäuer Kost (nicht frei von Deko-Gags), u. a. Wild. Nette, preiswerte Zimmer.

***Brauereigasthof Schäffler***
Hauptstr. 15, 87547 Missen
Tel. (0 83 20) 9 20-15
Aufgeputzter Gasthof in Neofolklore, auf der Karte stehen aber einige reelle Sachen wie Gamsbraten, Reh am Spieß und »Bœuf à la bière«. Mit Zimmern.

### ÜBERNACHTEN

**► Günstig**

***Drei König***
Marienplatz 11, 87509 Immenstadt
Tel. (0 83 23) 86 28
Mitten im Geschehen: Traditionsreicher, familiärer Gasthof in angenehmem Landhausstil. Restaurant mit Allgäuer Spezialitäten.

*Herz Immenstadts: Marienplatz mit Rathaus und Renaissance-Schloss*

**✶ Alpsee**

Mit angenehmen 24 °C im Sommer ist der Alpsee (Foto S. 214), der größte natürliche See des Allgäus, ein Paradies zum Baden und für den Wassersport, im Winter kann man eislaufen und eisstockschießen. Auf einer Rundwanderung genießt man die schöne Uferlandschaft. Im Luftkurort Bühl am Alpsee sind die Pfarrkirche St. Stephan (1668) mit der darunterliegenden Hl.-Grab-Kapelle und die Kapelle Maria Loreto und St. Anna (1666/1716) einen Besuch wert.

**Diepolz**

Im 1035 m hoch gelegenen Diepolz am Hauchenberg bietet das **Allgäuer Bergbauernmuseum** etwas für die ganze Familie. Hier gibt es Allgäuer Braunvieh, eine Alphütte mit Käsküche, einen Kräutergarten etc. (geöffnet Ende April – Anf. Nov. tägl. 10.00 – 18.00 Uhr).

**Missen**

Dem 1807 in Wilhams geborenen Carl Hirnbein ( Berühmte Persönlichkeiten) ist in Missen ein Museum (Fr. 15.00 – 17.00 Uhr) und ein Wanderweg von Missen nach Weitnau (ca. 6,5 km) gewidmet.

**Bergtouren**

Südlich des Alpsees sind das Immenstädter Horn (1489 m) und das Gschwender Horn (1450 m) interessante Wanderreviere. Letzteres wurde übrigens in den 1990er-Jahren renaturiert, d. h. Skilifte wurden abmontiert und Liftschneisen aufgeforstet. Am 1451 m hohen **Mittag** (1451 m, Sesselbahn) liegen einige Alpen, vom Gipfel hat man eine herrliche Aussicht. Ein Highlight ist die 5,2 km lange Schlittenbahn nach Immenstadt.- Vom Mittag kann man die anspruchsvolle Tour über die **Nagelfluhkette** zum Hochgrat unternehmen (6 – 7 Std., Oberstaufen), auch der Abstieg vom Stuiben durchs Steigbachtal nach Immenstadt (nur für Bergerfahrene) oder an der Südflanke nach Gunzesried ( Sonthofen) sind sehr reizvoll.

**! Baedeker TIPP**

**Langer Grat**

Ein besonderes Wandervergnügen ist die Überschreitung des Bergkamms nördlich von Alpsee und Konstanzer Ach. In ca. 5 Std. geht man von Wengen bei Oberstaufen hinauf zur Salmaser Höhe (1254 m), einem legendären Aussichtspunkt, und über Zaumberg nach Bühl.

*Im Sommer surfen und baden, im Winter Schlittschuh laufen: Alpsee, hier bei Bühl*

# Isny im Allgäu

D 7

**Landkreis:** Ravensburg
**Einwohnerzahl:** 9 300
**Höhe:** 705 m ü. d. M.

**Ein überaus malerisches Bild bietet die alte Freie Reichsstadt Isny, die im Norden des Westallgäus im Württembergischen liegt. Auch als heilklimatischer Kurort hat sie einen guten Ruf, Wander- und Radwege sowie Langlaufloipen erschließen die schöne Natur.**

**Isny gestern und heute**

Im 3. Jh. sicherte in der Nähe von Isny ein Kastell die Römerstraße von Bregenz nach Kempten. In der frühesten Urkunde (1096) ist die Siedlung als »Villa Ysinensis« erwähnt. Beim Kloster der Hirsauer Mönche, die sich 1096 hier niederließen, entwickelte sich ein Markt, der mit Flachsanbau und Leinenproduktion prosperierte; 1365 kauften sich die Bürger frei. Die reichsunmittelbare Stadt bekam 1507 das Münzrecht und schloss sich 1529 der Reformation an, wobei die humanistisch gebildeten Prediger der Stadt eine wichtige Rolle spielten. 1803 kam Isny an die Grafen von Quadt-Wykradt, 1806 zum Königreich Württemberg. Die Stadt ist Standort der Naturwissenschaftlich-Technischen Akademie (ehemals Chemieschule Grübler) und des bekannten Wohnwagenbauers Dethleffs. Kur- und Reha-Kliniken sind v. a. im Ortsteil Neutrauchburg angesiedelt.

## Sehenswertes in Isny

**★ Altstadt**

Trotz einer ganzen Chronik von verheerenden Epidemien, Bränden und Kriegsschäden blieb die mittelalterliche Stadtmauer mit einigen stattlichen Türmen erhalten. Die Altstadt wird von zwei Durchgangsstraßen – gesäumt von spätgotischen bis barocken Bürgerhäusern – geviertteilt, mit dem Marktplatz in der Mitte. Dort versammeln sich markante Bauten: das **Rathaus**, das um 1685 aus Patrizierhäusern des 15. Jhs. entstand; der schlanke Blaserturm (16. Jh.), auf dem ein Türmer Feuerwacht hielt; diesem benachbart das Hallgebäude, zuvor Tuchhaus; und dem gegenüber das Heiliggeistspital (15. Jh.), heute evang. Gemeindezentrum (Paul-Fagius-Haus). Im Nordwesten das trutzige **Espantor** von 1467 (»Espan« bedeutet soviel wie »Gemeindeanger«), in dem sommers Kunst ausgestellt wird. Im Westen an der Stadtmauer das **Museum am Mühlturm**, das die Stadtgeschichte erläutert (geöffnet Sa., So. 14.00 – 17.00 Uhr). Das **Wassertor** im Nordosten beherbergt das Heimatmuseum, in dem u. a. eine alte Schuhmacherwerkstatt zu sehen ist (Führung Mai – Okt. Sa. 14.00 Uhr).

! *Baedeker* TIPP

**Gemalte Märchenwelten**

Viele Fans haben die traum- oder märchenhaften »Visionen« des in Isny geborenen Illustrators Friedrich Hechelmann. Im Schloss sind Werke von ihm ausgestellt, außerdem Repliken antiker Skulpturen wie der »Laokoon«. Geöffnet Mi, Do, Fr. 14.00 – 18.00, Sa./So. 11.00 – 18.00 Uhr.

Klosterbezirk

Im Nordosten der Altstadt liegt der geistliche Bezirk, der auf die Stadtkirche von 1042 und das im Jahr 1096 gegründete Kloster zu-

*Partie an der Isnyer Stadtmauer mit Wassertor, St. Nikolai und St. Georg*

rückgeht. Dem Wassertor benachbart die evangelische **Nikolaikirche**, eine gotische Pfeilerbasilika (1288, Chor 1455), die nach dem Stadtbrand 1631 erneuert wurde (Renaissance-Kassettendecke). Durch den Chor ist die überaus wertvolle **Prädikantenbibliothek** zugänglich (Führung Ostern – Reformationstag Mi. 10.30 Uhr). Die katholische Stadtpfarrkirche **St. Georg und St. Jakob**, einst Kirche des Benediktinerklosters, entstand ebenfalls nach 1631 neu; um 1750 bekam die dreischiffige Hallenkirche ihr feines Rokoko-Gewand. Die hübsche Klosteranlage ist ein Werk des Vorarlbergers Michael Beer (1657).

## Umgebung von Isny

**Adelegg** Östlich von Isny reicht die bewaldete Adelegg, ein Ausläufer der Allgäuer Alpen, weit ins Vorland. Von Isny und Großholzleute führen Wanderwege und Sträßchen auf den **Schwarzen Grat**, die höchste Erhebung des württembergischen Allgäus (1118 m, Aussichtsturm) mit legendärer Aussicht über den Bodensee bis zu den Schweizer Bergen.

✶✶ Aussicht ▶

✶✶ **Eistobel** Ca. 7 km südlich von Isny hat die Obere Argen den wildromantischen Eistobel in das Nagelfluhgebirge gesägt. Von der 54 m hohen Eistobelbrücke westlich von Riedholz geht man hinunter in die 3 km lange, im Winter besonders bizarre Schlucht, dann hinauf nach Hohenegg und auf die **Riedholzer Kugel** (1066 m) mit fantastischer Aussicht. Westlich zurück nach Riedholz (gesamt 3 Std.).

## ISNY ERLEBEN

### AUSKUNFT

Kurverwaltung
Unterer Grabenweg 1
888316 Isny
Tel. (0 75 62) 9 84-110, www.isny.de

### FESTE & VERANSTALTUNGEN

2. Juli-Wochenende: Kinderfest. Juli: Opernfestival. Aug.: Theaterfestival.

### ESSEN

**▶ Erschwinglich**

*Historischer Gasthof Adler*
Isny-Großholzleute, Hauptstr. 27
Tel. (0 75 62) 79 54 70
Im Mittelalter eine Wasserburg, im 19. Jh. Thurn-und-Taxis'sche Poststation, heute ein feine Ess-Adresse. Wegen wechselnder Öffnungszeiten ist ein Anruf angezeigt.

### ÜBERNACHTEN / ESSEN

**▶ Luxus**

*Schloss Neutrauchburg*
Schlossstr. 11, Isny-Neutrauchburg
Tel. (0 75 62) 975 64 60
www.schloss-neutrauchburg.de
Fürstlich logieren im prachtvollen Barockbau; edles Restaurant mit Terrasse am herrlichen Park. Preisgünstiger schöner Schlossgasthof nebenan.

**▶ Günstig**

*Brauereigasthof Engel*
Bahnhofstr. 36, 88316 Isny
Tel. (0 75 62) 9 71 51-0
Stattlicher, ins 18. Jh. zurückgehender Gasthof nördlich der Altstadt, gepflegt und sehr freundlich geführt. In der schlichten, frequentierten Gaststube gibt's hervorragende heimische Kost.

*Abends trifft man sich vor dem Kemptener Rathaus.*

# ★ Kempten

E 7

**Höhe:** 646 – 915 m ü. d. M. **Einwohnerzahl:** 62 000

**Die lebhafte Metropole des Allgäus, an der Iller in hügeliger Voralpenlandschaft gelegen, ist nicht nur die älteste urkundlich nachgewiesene Stadt in Deutschland, sondern auch eine der schönsten und interessantesten in Bayern.**

**Kempten gestern und heute**

Der griechische Geschichtsschreiber Strabo erwähnte 18 n. Chr. den römischen Ort »Kambodunon« (lat. Cambodunum). Aus dem um das Jahr 752 gegründeten Kloster wurde 1213 ein Reichslehen. Die erstarkende Stadt geriet bald in permanenten Konflikt mit dem Fürstabt; 1289 erhielt sie reichsstädtische Privilegien, 1361 wurde sie Freie Reichsstadt. Jahrhundertelang war Kempten durch das spannungsreiche **Nebeneinander von Freier Reichsstadt** (Altstadt mit Rathaus und St. Mang) **und Fürstabtei** (Residenz mit St.-Lorenz-Basilika) geprägt. 1525 konnte sich die Stadt – die sich 1527 der Reformation anschloss – im »Großen Kauf« vom Stift unabhängig machen, doch erst 1818 wurden Reichs- und Stiftsstadt vereint. Heute ist die kreisfreie Stadt Kempten Verkehrsdrehscheibe, Industriestandort (Elektrotechnik, Maschinenbau, Papier), Schulzentrum mit Fachhochschule sowie Zentrum der Milchwirtschaft mit Lehr- und Forschungsinstituten und der Süddeutschen Butter- und Käsebörse.

## Stiftsstadt

**★★ Residenz**

Das Selbstbewusstsein der Fürstäbte wird in der überaus luxuriös gestalteten Residenz sichtbar, die nach dem Vorbild der königlichen Rresidenz in München entstand: eine etwa 160 × 100 m große Anlage mit dem Konventsbau im Osten und dem Residenzbau im Westen. Baumeister war ab 1651 der Vorarlberger Michael Beer, ab 1654 der Graubündner Johann Serro; die Privat- und Repräsentationsräume erhielten ihre fantastische Rokoko-Ausstattung 1733 – 1735 durch Wessobrunner Meister. Führungen: April – Sept. Di. – So. 9.00 bis 15.45, Okt. 10.00 – 16.00, Nov. bis März Sa. 10.00 – 16.00, Dez. tägl. 12.15 – 16.00 Uhr.

*Repräsentative Zimmerfluchten in der Residenz*

**★ Klosterkirche St. Lorenz**

Die Stiftskirche, die den im 30-jährigen Krieg zerstörten Bau aus der Romanik ersetzte, erbauten ebenfalls Beer und Serro (1652 – 1670). Beer entwarf einen ernsten, klassizistisch-frühbarocken Raum, der ein Langhaus im Vorarlberger Schema und einen oktogonalen Zentralraum vereint, Ersterer als Gemeinde-, Letzterer als Mönchskirche. Der feine vergoldete Stuck des Graubündners J. Zuccalli folgt noch der italienischen Hochrenaissance, die Deckenfresken schuf Andreas Asper um 1670. Die eindrucksvollsten Teile der Kirche sind das 42 m hohe Chor-Oktogon mit seiner ausgeklügelten Lichtführung und das **Chorgestühl mit Scagliola-Intarsien** (um 1670); bemerkenswert sind auch die eleganten Seitenaltäre vor dem Chor von J. G. Üblher (1750), der kreuztragende Christus unter der Kanzel (J. Lederer, um 1530) und das gotische Astkreuz unter der Westempore (um 1350).

**Rund um die Residenz**

Im schönen **Zumsteinhaus** (1802) am Residenzplatz sind zwei Museen ansässig. Das Römische Museum informiert anschaulich über die römischen Ursprünge Kemptens, das Naturkundemuseum über Geologie und Biologie des Allgäus bzw. der Alpen (beide geöffnet April – Okt. Do., So. 10.00 – 12.00, 14.00 – 16.00 Uhr). Gegenüber der Stiftskirche das mächtige Kornhaus (um 1700), hier führt das **Allgäu-Museum** durch die Geschichte Kemptens und des Allgäus seit dem frühen Mittelalter (geöffnet Di. – So. 10.00 – 16.00 Uhr). Im **Marstall**, dem um 1730 erbauten Stall-Remisen-Gebäude, ist der Lebensraum Alpen das Thema: Das Alpinmuseum beleuchtet seine Geschichte von der Erschließung bis zum heutigen Tourismus, die Alpenländische Galerie zeigt hervorragende Werke berühmter Künstler (beide März – Mitte Nov. Di. – So. 10.00 – 16.00 Uhr). Die Orangerie (1780) am Nordrand des Hofgartens ist Heimat der Stadtbibliothek.

★ Alpenmuseen ►

## Bürgerstadt

**★ Rathausplatz**

Kern der Freien Reichsstadt und stimmungsvolle »gute Stube« der Stadt ist der Rathausplatz mit stattlichen Patrizierhäusern. Das 1474 erbaute, hübsche **Rathaus** erhielt um 1565 seine Türmchen. Nr. 2 ist der Londoner Hof mit prächtiger Rokokofassade (1764); im Alten Zollhaus (Nr. 3) sind gotische Wandmalereien erhalten. Das Neubronnerhaus (Nr. 5, 1796) beherbergt das Stadtarchiv. In Nr. 10, dem Ponikauhaus (16./18. Jh.), ist ein prächtiges barockes Treppenhaus zu sehen. Vom Rathaus geht man westlich auf der – 1903 als Symbol der Verbindung von Bürger- und Stiftsstadt angelegten – Freitreppe hinauf zum Schlössle, einem Patrizierhaus von 1624

**St. Mang**

Die um 1430 entstandene evangelische Kirche mit ihrem 66 m hohen Turm verlor im Bildersturm des Jahres 1533 ihre gotischen Altäre und wurde später mehrmals umgestaltet. Bemerkenswert ist der Schnitzaltar im Chor, der nach Arbeiten Tilman Riemenschneiders 1894 für die Weltausstellung in Chicago geschaffen wurde.

**Burghalde**

Stimmungsvolle historische Handwerkerhäuser und Reste der Stadtmauer begleiten auf dem Gang durch die **Bäckerstraße** zum Illertor. Auf der Burghalde, wo bis 1362 der Klostervogt saß, liegen Freilichtbühne und -kino, beliebte Plätze für sommerliche Veranstaltungen.

### *Kempten* Orientierung

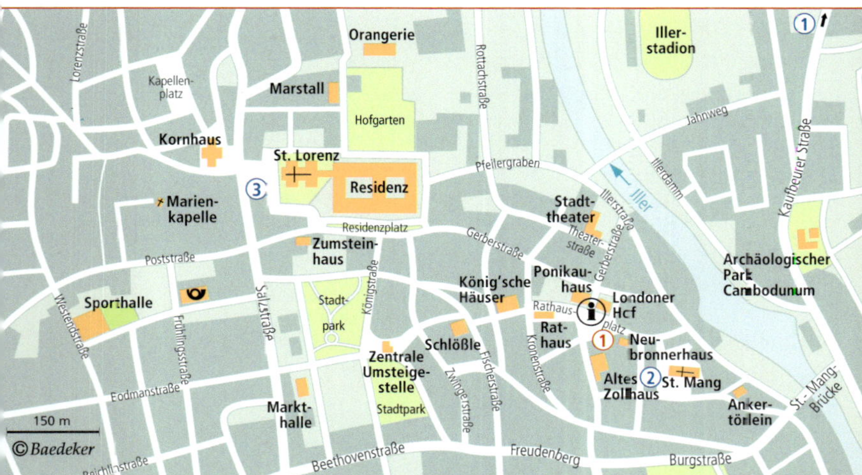


**Essen**
① Landhaus Weller
② Stadtschreiber
③ Zum Stift

**Übernachten**
① Fürstenhof

Cambodunum ▶ ✶ Jenseits der Iller sind im **Archäologischen Park Cambodunum** die Reste der römischen Stadt zu bewundern; sie gehören zu den bedeutendsten nördlich der Alpen (geöffnet Di. – So. Mai – Okt. 10.00 bis 17.00, sonst bis 16.30 Uhr; Mitte Dez. – Mitte März geschl.).

## Umgebung von Kempten

**Wiggensbach** ✶ Der sehr schön vor der Kette der Alpen gelegene Ort 10 km westlich von Kempten besitzt eine ungewöhnliche Kirche (St. Pankraz): mit Rokoko-Langhaus über einem griechischen Kreuz (J. G. Specht, 1771), prächtig ausgemalt von F. J. Hermann (1772). Im Informationszentrum des Orts ist das Heimatmuseum untergebracht. Vom 1072 m hohen **Blender** südlich des Orts grandiose Aussicht.

**Altusried** In der stattlichen Marktgemeinde 15 km nordwestlich von Kempten (722 m, 10 000 Einw.) finden seit 1879 alle 3 – 4 Jahre im Sommer die **Allgäuer Freilichtspiele** statt, in anderen Jahren gibt es ein vielfältiges Sommerfestival. Besuchenswert sind das Käsemuseum und die

## KEMPTEN ERLEBEN

### AUSKUNFT

Touristeninformation
Rathausplatz 24, 87435 Kempten
Tel. (08 31) 25 25-2 37
www.kempten.de

### FESTE & VERANSTALTUNGEN

Ende April: Georgi-Ritt in Bodelsberg (Durach). April / Mai: Jazz-Frühling. Juni – Sept.: APC-Sommer (Musik im Archäologischen Park). Mitte Aug.: Allgäuer Festwoche (Wirtschaftsausstellung, Kultur, Volksfest). Juni bis Aug.: Freilichtspiele in Altusried.

### ÜBERNACHTEN

**▶ Günstig / Komfortabel**

① ***Fürstenhof***
Rathausplatz 8, 87435 Kempten
Tel. (08 31) 25 36-0
www.fuerstenhof-kempten.de
Edel und preiswert wohnt man in dem Patrizierhaus von Ende 16. Jh.; großzügige Zimmer im altenglischen Stil. Wunderbare »Altstadtwirtschaft« im Keller, ausgezeichnete Küche (So. zu).

### ESSEN

**▶ Erschwinglich / Fein & teuer**

① ***Landhaus Weller***
Wohlmutser Weg 2, 87463 Probstried
Tel. (0 83 74) 2 32 40 90, Mo./Di. geschl. Jürgen Weller führt das feine »Landhaus Henze« höchst erfreulich weiter: einfallsreiche Küche auf regionaler Basis. Gediegene Gastzimmer.

**▶ Erschwinglich**

② ***Stadtschreiber***
Reichsstraße 2, 87435 Kempten
Tel. (08 31) 5 40 75 75
Französische Exklave: In der herrlichen Ritterstube (1604) bietet Christian Gillon, der im Grand Véfour in Paris arbeitete, Klassiker seines Landes zu fairen Preisen. Sonnige Terrasse.

**▶ Preiswert**

③ ***Brauereigaststätte Zum Stift***
Stiftsplatz 1, 87435 Kempten
Tel. (08 31) 2 23 88, kein Ruhetag
Schönes altes Brauhaus mit urigen Gewölben, mit Biergarten.

Kirche St. Blasius und Alexander (1681) mit Wessobrunner Stuck von 1728. Schöne Umgebung mit Blick auf die Alpen; in der Nähe bricht die Iller mit 60 m hohen Steilufern durch die Endmoränen.

Sulzberg

Bei Sulzberg (712 m, 4600 Einw.) 8 km südlich von Kempten lohnt die Ruine der größten Burg des Allgäus einen Besuch, errichtet im 12. Jh. von den Herren von Sulzberg. In der Umgebung locken einige sehr reizvolle Seen, v. a. Öschlesee, Rottachsee und **Niedersonthofener See**, alle mit Badeplätzen.

# Kiefersfelden

R 3

**Landkreis:** Rosenheim
**Einwohnerzahl:** 6800
**Höhe:** 485 m ü. d. M.

**Viele kennen das obere Inntal nur vom ausgiebigen Im-Stau-Stehen zwischen dem Inntal-Dreieck und der österreichischen Grenze. Verkehrstrassen und ausufernde Bebauung haben die weite Flusslandschaft okkupiert, die noch bis ins 20. Jh. Scharen von Malern anzog. Dennoch: Auch hier gibt es Interessantes zu entdecken.**

Kiefersfelden

Die lebhafte Grenzstadt vor der Kulisse des Kaisergebirges ist berühmt für das 1618 gegründete, älteste deutsche **Volkstheater** und seine **Ritterspiele**. Zunächst wurden Heiligenlegenden nachgespielt, und die Zuschauer saßen auf dem gegenüberliegenden Hang. Seit 1747 gehören auch historische Schauspiele zum Repertoire, das jetzige Theaterhaus wurde 1833 gebaut. Auch heute werden die mitreißenden Stücke aufgeführt, die der Zillertaler Holzknecht und Köhler Josef Georg Schmalz in der ersten Hälfte des 19. Jh.s schrieb, der »Bauern-Shakespeare von Kiefersfelden«. Einzigartig ist die barocke »Dreh-Flügel-Bühne« des Theaters, dank der in einer Aufführung die Szene 50-mal wechseln kannt. Das Blaahaus, 1696 als Wohnhaus für die Schmelzofen-Arbeiter gebaut, ist Heimatmuseum mit Bauern- und Kräutergarten (geöffnet Mai – Okt. Do., So. 14.00 – 17.00 Uhr). ⌚ Mit der **Wachtl-Bahn**, die von Juli bis Anf. Okt. Sa./So. nach Wachtl an der Grenze fährt (S. 107), sind auch der Hechtsee (Strandbad) und die Gießenbachklamm zu erreichen.

Oberaudorf

Oberaudorf (4800 Einw., 482 m) 4 km nördlich von Kiefersfelden ist ein gut besuchter Luftkurort, überragt vom Burgberg mit der Ruine der stattlichen wittelsbachischen **Auerburg** (1745 geschleift). Alte bemalte Häuser geben dem Ort ein freundliches Gepräge. Die Pfarrkirche Mariä Himmelfahrt mit Doppelzwiebelhaube geht ins 15. Jh. zurück, wurde im 17./18. Jh. barockisiert und nach einem Brand 1823 klassizistisch erneuert. Im Luegsteinsee unterhalb der Luegsteinwand kann man baden. Ein Sessellift bringt auf das **Hocheck** (823 m); von

## KIEFERSFELDEN ERLEBEN

### AUSKUNFT

Touristeninformation
Dorfstr. 23, 83088 Kiefersfelden
Tel. (0 80 33) 97 65-27
www.kiefersfelden.de

### FESTE & VERANSTALTUNGEN

Juni: Musiktage Oberaudorf (Karten Tel. 0 80 33 / 3 01 20). Ende Juli – Anf. Sept.: Ritterspiele in Kiefersfelden (Karten Touristeninformation).

### ÜBERNACHTEN

#### ► Günstig

***Gasthaus Hummelei***
Watschöd 1, 83080 Oberaudorf
Tel. (0 80 33) 40 13
www.hummelei.de
Zauberhafter Platz zur Einkehr und zum Urlauben, mit herrlichem Blick übers Inntal an der Tatzelwurmstraße gelegen. Gut ausgestattete, komfortable Zimmer und Ferienwohnungen.

### ESSEN

#### ► Preiswert

***Ochsenwirt***
C.-Hagen-Str. 14, 83080 Oberaudorf
Tel. (0 80 33) 30 79-0
www.ochsenwirt.com
Gute traditionelle Gerichte werden in dem stattlichen Wirtshaus aufgetischt. Getäfelte Gaststube mit Kachelofen, es gibt auch wohnliche Zimmer.

***Gasthof Waller***
Urfahrnstr. 10, 83080 Reisach
Tel. (0 80 33) 14 73, Mo. geschl.
Herrliche getäfelte Stube mit Kachelofen und Geweihen, beste bayerische Küche zu reellen Preisen, Weißbier aus der Oberaudorfer Kleinbrauerei Bals.

dort aus kann man zum Schwarzenberg (1208 m) oder zum **Brünnstein** (1634 m) wandern, der ein fantastisches Panorama bietet. Vom ganzjährig bewirtschafteten Brünnsteinhaus steile, sehr anspruchsvolle Rodelbahn nach Rechenau; auch für ältere Kinder machbar ist die vom Hocheck. Von Oberaudorf führt ein sehr schönes Stück der Deutschen Alpenstraße 14 % steil hinauf zum **Tatzelwurm**, weiter über das Sudelfeld nach Bayrischzell.

✶ **Klosterkirche Reisach**

Nördlich von Oberaudorf steht, mit weithin zu sehendem Doppelzwiebelturm, die Kirche **St. Theresa und Johannes vom Kreuz**, die als bedeutendste Karmeliterkirche in Süddeutschland gilt. Das Kloster der Karmeliter war eine Stiftung (1731) des Kurfüstlichen Brauereikommissärs Johann Georg von Messerer. Die einschiffige, bis 1739 nach Plänen von I. A. Gunezrhainer erbaute Saalkirche besitzt – gemäß den asketischen Ordensregeln – **weder Stuck noch Ausmalung**, ist aber harmonisch gestaltet und hervorragend ausgestattet. Das Hochaltarblatt von B. A. Albrecht zeigt den Gekreuzigten mit den Karmeliterheiligen Theresa und Johannes vom Kreuz. An den vier Altären des Langhauses von **J. B. Straub** schöne Holzreliefs, u. a. die Auffahrt des Elias vom Berg Karmel. Beachtenswert sind auch die Kanzel (1747) und die Kreuzgruppe aus der Straub-Werkstatt.

Im nahen Schloss Urfahrn (18. Jh.; bewohnt) residierte der Klosterstifter J. G. v. Messerer. Die hufeisenförmige Anlage wird von Wirtschaftsbauten eingefasst. Im Corps de logis ein schönes Treppenhaus. Die herrliche Kapelle im Südflügel wurde von J. B. Zimmermann stuckiert (um 1723), den Altar schuf 1727 Joachim Dietrich.

**Schloss Urfahrn**

Seit dem Mittelalter sind **Passionsspiele** ein Merkmal der Tiroler Kulturlandschaft. In Thiersee westlich von Kufstein werden sie seit 1799 aufgeführt (alle 6 Jahre, wieder 2017), in Erl – nahe Oberaudorf jenseits des Inns – sind sie seit 1613 bezeugt. Hier finden sie alle 6 Jahre statt (wieder 2013; www.passionsspiele.at). Erl macht auch durch die **Festspiele** mit unkonventionellen Opernaufführungen unter Gustav Kuhn von sich reden, die Juli/Aug. im Passionstheater – das architektonisch ebenso gelungen ist wie akustisch – stattfinden (www.tiroler-festspiele.at, Tel. +43 (0)512 / 57 88 88 13).

**Erl in Tirol**

# ★ Kleinwalsertal

D/E 9/10

**Staat:** Österreich **Höhe:** 910 – 2536 m ü. d. M.

**Das Kleinwalsertal südwestlich von Oberstdorf – eine geografisch-politische Besonderheit – ist eines der reizvollsten und bekanntesten Täler der Allgäuer Alpen. Die herrliche Gebirgslandschaft und seine Schneesicherheit machen es zum bevorzugten Ferienziel.**

Das ca. 15 km lange, von der Breitach durchflossene Tal gehört zum österreichischen Bundesland Vorarlberg, ist aber durch mächtige Zweitausender (Hoher Ifen, Untschenspitze, Widderstein) von ihm getrennt; die Anreise ist nur von Oberstdorf möglich. 1891 erhielt es Zollanschluss an das Deutsche Reich. Man verwendet österreichische Briefmarken, die Autos haben österreichische Kennzeichen. Über 2 Mio. Gästeübernachtungen zählt man hier im Jahr, und in jüngerer Zeit hat das Kleinwalsertal eine Reputation als kleines Paradies für Leute erworben, die Steuern sparen wollen.

**Landschaft, Orte, Geschichte**

Der breite, wellige Talgrund wird von waldbedeckten Flanken eingefasst, über denen schroffe Kalkgipfel aufragen. Die Orte Riezlern, Hirschegg, Mittelberg und Baad – zur politschen Gemeinde Mittelberg zusammengefasst – haben etwa 5500 Einwohner. Ihre Vorfahren sind ab 1302 aus dem Goms (Oberwallis) in der Schweiz eingewandert, als willkommene Spezialisten für die Erschließung rauer Hochgebirgstäler. Mit weitreichenden Freiheiten wie Selbstverwaltung, vererbbaren Lehnshöfen und niedrigen Naturalabgaben lohnten die mittelalterlichen Herren die Mühen. Die Landesherren wechselten, die Freiheiten blieben ebenso wie die »Schwizer« Mundart, und auch das Brauchtum mit alten Trachten wird gepflegt.

Ausgangsort für einen Besuch des Kleinwalsertals ist Oberstdorf. 6 km hinter dem Ort erreicht man beim Gasthof Walserschanz die Grenze; hier hat man Zugang zur wildromantischen **Breitachklamm** ( Oberstdorf). Der Weg führt weiter talaufwärts mit schönem Blick auf den **Hohen Ifen und die Gottesackerwände**.

**Riezlern** An der Einmündung des Schwarzwassertals breitet sich Riezlern (1100 m) aus, der größte und lebhafteste Ort des Tals. Neben dem **Walsermuseum** mit Sammlungen zu Geschichte und Brauchtum des Tals (geöffnet Weihnachten – Ostern, Ende Mai – Okt. Mo. – Sa. 14.00 bis 17.00 Uhr) und dem Spielcasino besitzt Riezlern diverse Freizeiteinrichtungen (Hallen- und Freibad, Tennisplätze etc.).

## KLEINWALSERTAL ERLEBEN

### AUSKUNFT

***Kleinwalsertal Tourismus***
Walserhaus, D-87568 Hirschegg
Tel. (0043 / 55 17) 51 14-0
www.kleinwalsertal.com

### ALLGÄU-WALSER-CARD

Die kostenlose »elektronische« Gästekarte umfasst eine Reihe von Gratisleistungen und Ermäßigungen. Mit ihr ist der Walserbus gratis zu benützen, der mit kurzen Taktzeiten die Orte im Haupt- und den Nebentälern verbindet (das Bayern-Ticket gilt hier nicht).

### PARKEN

Die Allgäu-Walser-Card berechtigt zu kostenlosem Parken auf den Auffangplätzen in Oberstdorf (Parkscheine dort bei der Kurverwaltung).

### FESTE & VERANSTALTUNGEN

Um den 15. Sept.: Internationale Alphorn-Tage in Baad. Um den 20. Sept.: Großer Viehscheid in Riezlern, Scheid-platz an der Breitachbrücke.

### ESSEN

**► Erschwinglich / Fein& teuer**

***Walser Stuba***
Eggstr. 2, D-87567 Riezlern
Tel. (00 43 / 5517) 53460, Mo. geschl.
Modernisierte Walser Küche mit heimischen Produkten, auch Wild und vegetarisch. Ausgezeichnete Weinkarte, v. a. Österreich und Italien.

### ÜBERNACHTEN

**► Luxus**

***Ifen-Hotel***
Oberseitestr. 6, D-87568 Hirschegg
Tel. (00 43 / 5517) 608-0
www.travelcharme.com/ifenhotel
Das Hotelwahrzeichen des Tals bekam ein modernes Design. Elegantes Ambiente, feine Küche. Mit großem Wellness-/Beauty- und Sportangebot.

**► Komfortabel**

***Breitachhus***
Eggstr. 14, D-87567 Riezlern
Tel. (00 43 / 5517) 6266
Hübsches kleines, über 300 Jahre altes Walserhaus in schöner Umgebung. Heimelige Gästezimmer, abendliches Menü aus heimischen Produkten.

***Pension Sonnenberg***
Am Berg 26, D-87568 Hirschegg
Tel. (00 43 / 5517) 5433
In 1125 m Höhe gibt's eine großartige Aussicht und ein uraltes, gemütliches Walserhaus mit Himmelbetten. Abends Menü (optional).

*Hirschegg, das touristische Zentrum des Kleinwalsertals, vor dem Widderstein*

**Hirschegg**

Auf einer Anhöhe über dem Leidtobel, wo einst ein Hirsch mit einem Bären gekämpft haben soll, steht die Pfarrkirche von Hirschegg (1124 m). Das moderne **Walserhaus** ist Gästezentrum mit dem Tourismusbüro, hier spielt das Bauerntheater; interessant sind die **Bergschau** und das Wintersportmuseum (beide geöffnet Mo. – Sa. 8.00 bis 19.00, So. bis 16.00 Uhr).

**Mittelberg**

Im 14. – 16. Jh. war es üblich, den Tatort eines Mordes oder Totschlags oder auch eines Unfalls mit Todesfolge durch ein Sühnekreuz zu kennzeichnen. Drei solcher steinernen Kreuze stehen unterhalb der Pfarrkirche St. Jodok von 1371 (Fresken 15. Jh.). Auch der Kräutergarten bei der Kirche ist interessant. Am Ende des Tals liegt der Weiler **Baad** (1251 m), über dem der **Widderstein** mächtig aufragt.

**Bergbahnen und Wintersport**

Das Oberstdorfer-Kleinwalsertaler Skirevier an Fellhorn und Kanzelwand, an Nebelhorn, Ifen und Walmendinger Horn ist das höchstgelegene und größte im Allgäu (Skipass), mit über 120 km Abfahrten aller Schwierigkeitsgrade. Erschlossen wird es v. a. durch die Kanzelwandbahn von Riezlern (zum Fellhorn führt von deutscher Seite eine Kabinenbahn), die Ifen-Bergbahnen und die Walmendingerhornbahn von Mittelberg. Es gibt schöne, insgesamt 45 km lange Loipen, mehrere Rodelbahnen und großartige Winterwanderwege.

**Wanderungen und Bergtouren**

Der **Walserkulturweg** verbindet schöne alte Häuser, Kirchen und andere Kulturdenkmäler (Broschüre im Tourismusbüro). Von der Ifenhütte ist der Gipfel des **Hohen Ifen** (2229 m) in ca. 3.00 Std zu erreichen (Abstieg via Schwarzwasserhütte zur Auenhütte, 3.30 Std.). Die bizarren Karrenfelder auf dem **Gottesackerplateau** mit einzigartiger Flora lassen sich auf dem Weg von der Ifen-Bergstation über Gottesackeralm und Kürental ins Wäldele erkunden (4.30 Std.). Herrliche

*Auf dem Weg zum Kanzelwandgipfel. Im Hintergrund links der Hohe Ifen*

Ausblicke auf die Allgäuer und Lechtaler Alpen gewährt die Gratwanderung von der Kanzelwandbahn-Bergstation über das **Fellhorn** zur Bergstation der Söllereckbahn (ca. 5 Std.). Für trittsichere und ausdauernde Berggeher unverzichtbar ist die Besteigung des 2533 m hohen **Widdersteins** von Baad aus (Rundwanderung ohne Gipfel ca. 5 Std., mit Gipfelbesteigung ca. 7.30 Std.).

## ★ Kochelsee · Walchensee

L/M 8

**Landkreis:** Bad Tölz-Wolfratshausen **Mittl. Wasserspiegel:** 599 / 802 m

**Im Süden des weiten Benediktbeurer Moors blinkt die blaue Fläche des Kochelsees vor der Kulisse von Heimgarten, Herzogstand und Jochberg: zusammen mit dem 200 m höher gelegenen Walchensee ein Feriengebiet, das vom Wandern übers Windsurfen und Segeln bis zum Faulenzen im Strandbad alles bietet.**

Der 5,9 km² große und 66 m tiefe **Kochelsee**, der von der Loisach durchflossen wird, bietet sauberes, aber immer sehr frisches Wasser zum Baden – das Walchenseekraftwerk führt ständig kaltes Wasser zu. Dennoch gibt es schöne Badeplätze. Ein wenig rascher erwärmt sich der höhergelegene **Walchensee**, der größte (16,4 km²) und mit 192 m tiefste Gebirgssee Deutschlands. Umgeben von bewaldeten Bergen und den schroffen Kalkmassiven Karwendel und Wetterstein gibt seine grüne oder auch türkisblaue Wasserfläche ein großartiges Bild ab. Die Parkplätze und Liegewiesen am nicht unbedingt attraktiv bebauten Westufer sind immer früh belegt, mehr Platz hat man am Ostufer, das nur zu Fuß und per Rad zugänglich ist. Der berühmte **Walchensee-Wind** sorgt für beste Bedingungen zum **Windsurfen** und Segeln; auch Angler und Taucher finden hier ein exzellentes Revier.

*Steil stürzt das Wasser zum Walchensee-kraftwerk hinunter.*

Im Luftkurort **Kochel am See** (4000 Einw.) feiert ein Denkmal Balthasar Mayer, den **Schmied von Kochel**, Sinnbild urbayerischer Tugenden wie Freiheitsliebe und Vaterlandstreue. In der Sendlinger Mordweihnacht 1705 ließ er angeblich sein Leben – ein zweiter Wilhelm Tell also. Mit diesem teilt er auch das Schicksal, eine Sagengestalt zu sein. Umgeben ist er von prächtigen Häusern, u. a. dem gleichnamigen Gasthof und dem Gasthof zur Post. Wärmeres Wasser als der Kochelsee (bis 34 °C) bietet das **Trimini**, eine schönes Erlebnisbad. Es liegt am Fuß des **Aspensteins** (661 m), von dem man einen herrlichen Ausblick hat. Der berühmte Maler **Franz Marc** (1880 bis 1916) lebte und arbeitete in Kochel, er ist auch hier bestattet. Am südlichen Ortsrand (beschildert), in einem Landhaus und dem 2008 eröffneten Anbau, einem kraftvollen Muschelkalk-Kubus (Architekten: Diethelm & Spillmann) werden v. a. Gemälde, Plastiken und Zeichnungen des Künstlers präsentiert (geöffnet Di. – So. 10.00 bis 18.00, Nov. – März bis 17.00 Uhr). Die schönsten Plätze sind der schwarze Erker mit dem riesigen Fenster und die Caféterrasse.

* ◀ Franz-Marc-Museum ⏲

Am Nordwestufer des Kochelsees liegt Schlehdorf mit einem schon im 8. Jh. gegründeten Kloster. Vom Portal der zweitürmigen **Stiftskirche St. Tertulin** hat man einen schönen Blick auf den See und die Berge. Der Wandpfeilerbau, zwischen 1727 und 1780 im Wesentlichen durch **J. M. Fischer** errichtet, lässt den Übergang vom Barock zum Klassizismus erkennen. Den Raum beherrscht der Hochaltar aus schwarzem Marmor mit Säulenpaaren und einem bewegten Aufsatz (Altarbild von J. Zick, 1735). Die Bilder in den Langhaus-Altären stammen von C. Winck (Hl. Augustinus) und F. S. Kirzinger (Hl. Johann Nepomuk), den Stuck schuf der Wessobrunner Tassilo Zöpf.

**Schlehdorf**

Hoch über dem Kochelsee, an einem Hang namens Glentleiten – mit einfach großartigem Ausblick – erlebt man **Oberbayern, wie es vor 100, 200 Jahren war**. Hier wurden und werden Bauernhäuser der verschiedensten Typen aufgebaut und original eingerichtet: Höfe, Kleinbauern- und Taglöhneranwesen, Ställe und Scheunen, Almhütten und Werkstätten, auch Kapellen und Marterln. Das Ganze ist fast ein lebendiges Dorf: Bauerngärten blühen, Wiesen und Äcker werden nach alter Art bewirtschaftet, Rinder, Pferde, Schafe und Ziegen gra-

** **Freilichtmuseum an der Glentleiten**

## KOCHEL- UND WALCHENSEE ERLEBEN

### AUSKUNFT

Tourist-Info
Kalmbachstr. 11, 82431 Kochel
Tel. (0 88 51) 3 38, www.kochel.de

### FESTE & VERANSTALTUNGEN

Fronleichnam: Prozession in Walchensee. 15. Aug.: Kocheler Heimattag mit großem Trachtenfestzug.

### ESSEN

**► Preiswert**

***Gasthof Rabenkopf***
Kocheler Str. 23, 82431 Ried
Tel. (0 88 57) 2 08, Do. geschl.
http://rabenkopf.de
Freundliches Gasthaus 5 km nördlich von Kochel. Hier schwelgt man in böhmisch-wienerischer K.-u.-k.-Küche. Gemütliche Wirtsstube und Biergarten, mit Zimmern. Ein schöner Spaziergang führt von hier über den Pfisterberg nach Kochel.

***Kreutalm***
82439 Großweil, Tel. (0 88 41) 58 22
Einer der schönsten Biergärten Oberbayerns: Oberhalb der Glentleiten hat man einen herrlichen Blick auf Kochelsee und Kochelmoos. Schöne Stuben, geboten wird einfache bayerische Kost. Geöffnet ab ca. 20. März tägl.; März, April, Okt. Mo. bei schlechtem Wetter geschl.; im Winter nur Sa./So. bei schönem Wetter geöffnet.

### ÜBERNACHTEN

**► Komfortabel**

***Seehotel Grauer Bär***
Mittenwalder Str. 82, 82431 Kochel
Tel. (0 88 51) 92 50-0
www.grauer-baer.de
Gediegenes altes Haus unmittelbar am Kochelsee, mit herrlicher Seeterrasse. Komfortable Zimmer mit Balkon und Ausblick. Die Highlights der Küche sind Wild- und Fischspezialitäten.

sen auf den Weiden. Das Angebot an Veranstaltungen ist riesig und interessant, auch für Kinder: bäuerliche und handwerkliche Arbeiten, Volksmusik- und Brauchtumstage; Höhepunkte sind die **Kirchweih** (So. nach 15. Okt.) und der **Christkindlmarkt** am ersten Adventswochenende. Zufahrt von Großweil, einem ehemaligen Bergbauort nahe der Autobahn. Geöffnet von Josefi (19.3.) bis Martini (11.11.) Di. – So. 9.00 – 18.00 Uhr, Juni – Sept. auch Mo.; es gibt eine Wirtschaft mit Biergarten. Info: Freilichtmuseum Glentleiten, 82439 Großweil, Tel. (0 88 51) 1 85-0, www.glentleiten.de. Vom Freilichtmuseum sollte man unbedingt noch hinauf zur **Kreutalm** ( oben).

**✶ Walchensee-Kraftwerk**

Am Südufer des Kochelsees liegt ein großartiges technisches Denkmal, das Walchensee-Kraftwerk. In den Jahren 1918 – 1924 von Oskar von Miller erbaut ( Berühmte Persönlichkeiten), ist es noch heute mit einer Stromproduktion von ca. 300 Mio. kWh im Jahr eines der **größten Hochdruck-Speicherkraftwerke** Deutschlands. Zum 105 m langen Turbinenhaus führen vom Wasserschloss in Urfeld sechs 400 m lange eiserne Druckrohre mit 2 m Durchmesser. Das Informationszentrum (mit Bistro) ist tägl. 9.00 – 17.00 Uhr geöffnet.

*Im Freilichtmuseum an der Glentleiten gibt's immer viel zu erleben.*

**Kesselbergstraße**

Zum Walchensee führt die herrliche Kesselbergstraße hinauf, die mit ihren 36 Kurven besonders bei Motorradfahrern beliebt ist – für diese jedoch am Wochenende und an gesetzlichen Feiertagen bergauf gesperrt. Unter Prinzregent Luitpold in den Jahren 1893 / 1894 ausgebaut, brachte sie zu Beginn des 20. Jh.s den Fremdenverkehr in die Region. Auf der Passhöhe (858 m) bietet sich eine prachtvolle Aussicht. Sie ist auch zu Fuß zu erreichen, ausgehend von der B 11 ca. 200 m hinter der Abzweigung Altjoch-Kraftwerk (ca. 1 Std.).

**Walchensee**

In Urfeld lebte 1918 – 1925 der Maler **Lovis Corinth** (1858 – 1925), hier schuf er seine berühmten Ansichten vom See. Heute erinnert die Friedhelm-Oriwol-Stiftung im ehemaligen Hotel Post an den Maler, der als einer der einflussreichsten Vertreter des deutschen Impressionismus gilt. Auch heimatkundliche Exponate sind im Museum ausgestellt (geöffnet Juni – Sept. Fr. – So. 10.30 – 16.30 Uhr). Die Kirche St. Jakob in Walchensee – d. h. der Bau, die Deckenfresken und die Seitenaltäre – ist ein Werk des Benediktbeurer Klosterbruders Lukas Zais (1714). Die kleine Kirche St. Margareth auf der **Halbinsel Zwergern** – sie besitzt schöne Strände – wurde 1344 geweiht und im Barock umgestaltet; das »Klösterl« von Ende des 17. Jh.s ist ein Bildungs- und Jugendhaus der Diözese Augsburg.

**! Baedeker TIPP**

**Strandcafé Bucherer**

Legendär sind die hausgemachten Apfel- und Käsekuchen in diesem Café in / am Walchensee (Di. und bei Schlechtwetter geschl., Tel. 0 88 58 / 92 05 93). Super ist auch der Platz am Wasser.

★ **Herzogstand** Auf dem Herzogstand (1731 m) westlich des Walchensees »liegt dir Oberbayern zu Füßen«. Sein Name geht auf Herzog Wilhelm von Bayern zurück, der im 16. Jh. hier zur Jagd ging. **Ludwig II.** erklärte ihn zu seinem Lieblingsberg, sein Jagdhaus brannte 1990 ab – dort steht heute das Berggasthaus. Auf dem königlichen Reitweg vom Kesselberg aus erreicht man es in ca. 2 Std. über die Schlehdorfer Alm. Von Walchensee bringt eine Kabinenbahn am Wochenende Heere von Ausflüglern auf den 1600 m hohen Fahrenberg; von dort sind es wenige Schritte zum Gasthaus und noch 30 Min. zum Gipfel. Eine klassische und beliebte Tour ist die 1.30 Std. lange Gratwanderung zum **Heimgarten** (1790 m). Einige ausgesetzte Felspassagen sind für Trittsichere problemlos. Steiler Abstieg über die Bärenfleckhütte nach Ohlstadt (3 Std.) bei Murnau oder in 2 Std. nach Walchensee.

# ★ Landsberg am Lech

J 5

**Landkreis:** Landsberg am Lech
**Einwohnerzahl:** 28 300
**Höhe:** 580 – 640 m ü. d. M.

**Am Lech – der Grenze zwischen Schwaben und Oberbayern – und zu Füßen der von Heinrich dem Löwen 1160 errichteten »Landespurc« entwickelte sich die sehenswerte malerische Stadt.**

Ihren Aufstieg verdankte sie der Salzstraße, die von Bad Reichenhall über München nach Oberschwaben führte und hier den Fluss überquerte. Stadttore, Rundtürme und Wehrmauern des 13. – 15. Jh.s zeugen noch von der einstigen Bedeutung. In der Justizvollzugsanstalt saß Adolf Hitler nach dem Putsch vom 9. Nov. 1923 für wenige Monate ein, hier verfasste er den ersten Teil seiner Schrift »Mein Kampf«, in der er seine Pläne im Klartext beschrieb.

## Sehenswertes in Landsberg

★ **Altstadt** Mittelpunkt der Stadt ist der dreieckige **Hauptplatz** unterhalb des Schmalzturms (1458, auch Schöner Turm) mit schönen Bürgerhäusern und einem Brunnen mit einer Marienstatue des Tirolers J. Streiter (1783). An der Westseite fällt eine prunkvolle Stuckfassade auf: Dem **Alten Rathaus** (um 1700; Tourismusbüro) gab der berühmte Baumeister Dominikus Zimmermann, der Erbauer der Wieskirche, um 1720 eine neue Gestalt (von 1748 bis 1753 war Zimmermann Bürgermeister von Landsberg). Im Festsaal werden Konzerte veranstaltet. Zugänglich ist das Rathaus Mai – Okt. tägl., Nov. bis April Mo. – Do./Fr.vormittags. In der Altstadt gibt es einige altehrwürdige Gasthäuser wie den Mohren am Hauptplatz ( S. 232), den Pfletschbräu (Alte Bergstraße 488, umgewidmet) und den Süßbräu (Alte Bergstr. 453). Besonders **malerische Viertel**: die erwähnte Alte Berg-

*Am Landsberger Hauptplatz: Marienbrunnen und Schmalzturm*

straße, die steil zum Baiertor hinaufführt, die Salzlager des 14. Jh.s (Salzgasse / Schrannengasse), Vorderer und Hinterer Anger mit Blatterngasse, das Hexenviertel, Klösterl und Seelberg (südöstlich des Lechwehrs). Nahe dem Sandauer Tor (1630) im Norden ist der Staffingerhof (Vorderer Anger 239) interessant, einst städtische Färberei. Am Lech liegt das **Inselbad** mit Wellenfreibad.

★ **Stadtpfarrkirche**

Die dominierende Stadtpfarrkirche Mariä Himmelfahrt, eine stattliche gotische Pfeilerbasilika, erbaut 1458 – 1488 vom berühmten Ulmer Matthäus Ensinger, überrascht innen mit prächtigem weißem Wessobrunner Stuck (um 1705) sowie einem der größten und **bedeutendsten Barockaltäre Oberbayerns** (um 1680, Figuren von Lorenz Luidl aus Landsberg). Eine Besonderheit ist der Palmesel, den Luidl 1671 geschnitzt hat; von ihm stammt auch die Krippe. An der Chornordwand der Rosenkranzaltar von D. Zimmermann (1721) mit einer kostbaren **Madonna** (um 1440), die dem großen Ulmer Schnitzer Hans Multscher zugeschrieben wird. Von der spätgotischen Ausstattung erhalten sind die hervorragenden Fenster in Holbeinscher Manier (15./16. Jh.) im Chor und einige Grabdenkmäler.

★ **Johanneskirche**

Die Johanneskirche am Vorderen Anger, die aus den benachbarten Häusern kaum hervorsticht, ist ein Meisterwerk von Dominikus Zimmermann (1750 – 1752), verwandt mit der Wieskirche. Am Altar bemerkenswerte Figuren von Johann Luidl (»Taufe Christi«).

★ **Heilig-Kreuz-Kirche**

Durch die steile Von-Helfenstein-Gasse erreicht man die doppeltürmige ehemalige Jesuitenkirche, errichtet 1752 – 1754 in prunkvollem Rokoko. Die Deckenfresken von C. T. Scheffler zeigen Szenen aus der Kreuzlegende und der Geschichte der Jesuiten; ihre perspektivi-

## LANDSBERG ERLEBEN

### AUSKUNFT

Kultur- und Fremdenverkehrsamt
Hauptplatz 152, 86899 Landsberg
Tel. (0 81 91) 1 28-245, -246
www.landsberg.de
www.ammerseelech.de

### FESTE & VERANSTALTUNGEN

Juli – Sept.: Landsberger Orgelsommer (www.landsbergerkonzerte.de). Zweite Juli-Hälfte, alle 4 Jahre (wieder 2015): Ruethenfest mit Szenen aus der Stadtgeschichte, eines der größten Kinderfeste Bayerns. So. nach Mariä Himmelfahrt, Vilgertshofen: Stumme Prozession (mit »Bildern« aus dem Alten und Neuen Testament).

### ESSEN

**► Preiswert**

***Zum Mohren***
Hauptplatz 148, 86899 Landsberg
Tel. (0 81 91) 4 22 10, kein Ruhetag
Einer der ältesten Landsberger Gasthöfe, ein beliebter, familiärer Platz mit guter bodenständiger Küche und freundlicher Atmosphäre. Mit angenehmen Zimmern.

***Fischerwirt***
Rossmarkt 197, 86899 Landsberg
Tel. (0 81 91) 5 07 28, So. geschl.
Schlichter, gepflegter Gasthof im alten »Industrieviertel«. Mo. ab 18.00, Di. bis Sa. 10.30 – 14.00 und ab 18.00 Uhr.

sche Bravour wird an dem Kreuz über dem Hauptaltar besonders deutlich. Die Kreuzigung im Hochaltar malte J. B. Baader 1758, die Holzskulpturen werden F. X. Schmädl zugeschrieben. Bewunderung verdienen auch die geschnitzten Beichtstühle.

**Stadtmuseum** Benachbart ist das Neue Stadtmuseum im einstigen Jesuitengymnasium. Ausgestellt sind Dokumente aus der Vor- und Frühgeschichte von Landsberg, religiöse Kunst, Künstler des 19./20. Jh.s und eine Sammlung von Ofenkacheln (geöffnet Di. – So. 14.00 – 17.00 Uhr).

**✶ Baiertor** Den oberen Rand der Stadt an der Münchner Straße schützt die Stadtmauer mit dem 36 m hohen Baiertor (1425), einem der **eindrucksvollsten in Deutschland**. An der Ostfassade ein Kreuzigungsrelief. Zugänglich Mai – Okt. tägl. 10.00 – 12.00, 14.00 bis 17.00 Uhr, herrlicher Ausblick. Im Untergeschoß die Turmschenke.

**Herkomer-Museum** Jenseits des Lechs steht der kuriose »Mutterturm«. Der deutsch-britische Porträtmaler **Sir Hubert von Herkomer** ließ 1884 – 1888 sich als Wohnung und Atelier einen Turm errichten und widmete ihn seiner Mutter. Hier sind Gemälde und Grafiken des Künstlers zu sehen (geöffnet Di. – So. 14.00 – 17.00 Uhr); von oben schöne Aussicht.

**Lechpark** Vom Nonnenturm kann man einen schönen Gang am Ostufer des Lechs nach Süden tun, zum Wildpark in der Pössinger Au, zwischen dem Fluss und dem 50 m hoch ansteigenden Steilhang.

## Umgebung von Landsberg

Die frühbarocke Wallfahrtskirche (1688–1692) in Vilgertshofen 10 km südlich von Landsberg gilt als **Hauptwerk des Wessobrunners Johann Schmuzer**. Der großartige Raum mit vierpassförmigem Grundriss ist reich stuckiert. Das Fresko im Chor malte J. B. Zimmermann (1721). Im ungewöhnlichen doppelstöckigen Hauptaltar von F. Schmuzer das Gnadenbild aus dem 16. Jahrhundert.

★ **Vilgertshofen**

# Lenggries

N 7

**Landkreis:** Bad Tölz-Wolfratshausen
**Höhe:** 680 m ü. d. M.
**Einwohnerzahl:** 9500

**Lenggries, der beliebte Luftkurort südlich von Bad Tölz, ist Zentrum des »Isarwinkels«. An Brauneck und Benediktenwand, an und auf der Isar, in der Jachenau und am Sylvenstein-Stausee hat man viele Möglichkeiten zu mehr oder weniger sportlichem Tun.**

Das Gemeindegebiet, eines der größten in Deutschland, erstreckt sich über 242 km² und umfasst nicht weniger als 50 Ortschaften. Der Name, ermals dokumentiert 1257, rührt von dem »Langen Gries« her, den riesigen Kiesbänken im Bett der Isar. Ab Ende des 13. Jh.s war – neben der Kalkbrennerei – die Flößerei auf der Isar ein harter, aber einträglicher Erwerbszweig, in jüngerer Zeit wurden Lenggrieser Sportgrößen wie Martina Ertl und Hilde Gerg bekannt. Brauchtum und Trachten werden hier besonders großgeschrieben.

## Sehenswertes in Lenggries

**Pfarrkirche St. Jakob**

Der stattliche Saalbau von 1721/1722 ist klassizistisch geprägt. Von den vier Vortragstangen an den Gemeindebänken sind besonders die zwei der **Nikolai-Floßleute-Zunft** mit den hll. Nikolaus und Christophorus interessant, den Schutzpatronen der Schiffer. Am Hochaltar eine Sitzstatue des hl. Jakob (frühes 16. Jh.) und Apostelfiguren; die Deckenfresken von 1722 zeigen Szenen aus dem Leben des hl. Jakob. Die gotische Mariahilfkapelle im Friedhof wurde um 1745 vergrößert und 1920 zu einer Kriegergedächtniskapelle umgestaltet; unter der Ausstattung sind eine **große Madonna** am Altar und die Altarflügel (beides um 1500) hervorzuheben.

**Mariahilfkapelle**

**Museales**

Im Haus der Gästeinformation gegenüber dem Rathaus illustriert das Heimatmuseum **Geschichte und Kultur von Lenggries** (geöffnet Mo.–Fr. 8.00–12.00, 14.00–17.00, Juli–Sept. auch Sa./So. 10.00 bis 12.00 Uhr). Am westlichen Isarufer ist der letzte **Kalkofen** erhalten (zugänglich April–Okt. 9.00–17.00 Uhr).

**Kalvarienberg** Am Ausläufer des Geiersteins liegt einer der ältesten Kalvarienberge Bayerns (1694). Vom Weg nach Schloss Hohenburg führt eine kunstvolle **Treppenanlage mit fünf Stationskapellen** hinauf; lebensgroße Figuren stellen die Passion Christi dar. Bis 1707 stand am Eingang des Hirschbachtals eine Burg aus dem 10. Jh.; in der Nähe wurde 1712 – 1718 für die Grafen Hörwarth-Hohenburg das Schloss errichtet, seit 1953 katholisches Mädchen-Internatsgymnasium.

Schloss Hohenburg ▶

## Umgebung von Lenggries

**Wanderungen und Wintersport** Auch etwas für Kinder ist die beliebte Tour östlich zur **Denkalm** (Gasthaus, gesamt 2 Std.); Trittsicherheit braucht's für die Besteigung des **Geiersteins** (1491 m, schöner Talblick, gesamt 4 Std.).Das Skigebiet am **Brauneck** (1556 m) und Latschenkopf (1712 m) ist das beste im näheren Umkreis Münchens und seit bald 100 Jahren auch das beliebteste. Kabinenbahn, Sessel- und Schlepplifte erschließen ein großes Wander- und Klettergebiet sowie über 30 km Pisten aller Schwierigkeitsgrade, Cracks toben sich auf der Weltcupabfahrt aus (Nachwuchs-Leistungszentrum des DSV). Langläufer finden im Isar-

## LENGGRIES ERLEBEN

### AUSKUNFT

Gästeinformation
Rathausplatz 2, 83661 Lenggries
Tel. (0 80 42) 50 180, www.lenggries.de

### FESTE

Lenggries: Fronleichnam (Juni), Leonhardiritt (So. nach 6. Nov.).

### ESSEN

#### ▶ Preiswert / Erschwinglich

*Altwirt*
Marktstr. 13, 83661 Lenggries
Tel. (0 80 42) 97 32-0, Mo. geschl.
Stattliche, schon 1469 erwähnte Tafernwirtschaft in der Ortsmitte. Die Chefin sorgt für eine ideenreiche regionale Karte. Biergarten mit Blick aufs Brauneck. Mit 20 Zimmern.

*Schweizer Wirtin*
Schlegldorf 83, 83661 Lenggries
Tel. (0 80 42) 89 02, Mo. geschl.
Hervorragende bayerisch-österreichische Küche wird in dem liebevoll gestalteten Gasthaus von 1632 nördlich von Lenggries gepflegt. Gute internationale Weinkarte, Biergarten.

### ÜBERNACHTEN

#### ▶ Komfortabel / Luxus

*Four Points Brauneck*
Münchner Str. 25, 83661 Lenggries
Tel. (0 80 42) 50 20
www.arabellasheraton.com
Modernes Haus mit 108 Zimmern und Suiten im eleganten Landhausstil, herrlicher Blick auf die umgebende Bergwelt. Gut augestatteter Wellnessbereich. In der Leonhardi-Stubn gibt's bayerische und internationale Kost.

#### ▶ Günstig

*Luitpolderhof*
Luitpolder 49, 83676 Jachenau
Tel. (0 80 43) 2 52
Altes, modernisiertes Anwesen abseits des Dorfs (im Winter keine Sonne) mit gemütlichen Ferienwohnungen für 2 – 6 Personen. Ideal auch für Kinder.

*Zentrum von Lenggries ist die Pfarrkirche St. Jakob.*

tal, in der Jachenau (s. u.) und anderen Seitentälern ein exzellentes, herrliches Revier mit über 40 km Loipen.

✶ **Benediktenwand**

Die klassische Überschreitung des Kamms vom Brauneck zur Benediktenwand (ca. 3 Std.) belohnt mit großartigen Ausblicken, erfordert aber Trittsicherheit (drahtseilgesicherte Stellen). Eine gute Etappe ist die schön am Nordfuß der Benediktenwand gelegene Tutzinger Hütte, die auch von Benediktbeuern bequem zu erreichen ist.

✶ **Jachenau**

Südlich von Lenggries zweigt vom Isartal die Jachenau ab, ein anmutiges, von der mäandernden Jachen durchflossenes Wiesental mit stattlichen **alten Bauernhöfen**. Mit restriktiver Baupolitik hat sich die selbständige und -bewusste Gemeinde mit 900 Einwohnern ihre Idylle bewahrt, weshalb die touristische Infrastruktur beschaulich blieb (www.jachenau.de); hier macht man Ferien im Gast- oder Bauernhof, z. B. im prächtig bemalten Luitpolderhof ( S. 234) oder im Jörglbauernhof in Sachenbach am Walchensee. Eine Mautstraße verbindet das Dorf Jachenau mit dem Walchensee ( Kochelsee).

**Isar**

An ihrem Oberlauf ist die Isar zum **Sylvensteinsee** gestaut, der die Orte am Fluss – bis hinunter nach München – vor Hochwasser bewahren soll. Im See ging 1957 das Dorf **Fall** unter, bekannt durch Ludwig Ganghofers Drama »Der Jäger von Fall«; im Weiler **Vorderriss** an der Isar Richtung Wallgau verbrachte Ludwig Thoma ( Berühmte Persönlichkeiten) als Sohn des Oberförsters seine Kindheit. Die 15 km lange Loipe von Vorderriss nach Wallgau führt durch einsame Landschaft, eine Tour muss gut geplant werden.

*Neuer Leuchtturm und bayerischer Löwe begrüßen den Besucher am Hafen.*

# ★★ Lindau

B 8

**Landkreis:** Lindau
**Einwohnerzahl:** 24 400
**Höhe:** 400 m ü. d. M.

**»Glückseliges Lindau!« Die Gefühle Friedrich Hölderlins bei seiner Rückkehr aus der Schweiz 1801 sind ohne Weiteres nachzuvollziehen: Die Lage des »schwäbischen Venedigs« im Bodensee, vor den Vorarlberger und Appenzeller Alpen, sucht ihresgleichen.**

Die ehemalige Freie Reichsstadt Lindau besteht aus der »Gartenstadt« auf dem Festland – mit Wohnvierteln und Industriearealen – und der malerischen **Altstadt auf der Insel**, die eine Straßenbrücke und ein 1853 angelegter Bahndamm mit dem Festland verbinden. Dementsprechend ist Lindau seit langem ein gutbesuchtes Ferienziel; dennoch hat es ein angenehmes Flair bewahrt. Auch als Tagungsort ist die Inselstadt beliebt, so treffen sich hier jedes Jahr Nobelpreisträger aus aller Welt, bekannt sind auch die Psychotherapie-Wochen.

**Ein wenig Geschichte**

Der Name des aus einer Fischersiedlung hervorgegangenen Orts geht auf das im 9. Jh. gegründete Damenstift Unserer Lieben Frau unter den Linden zurück (1802 aufgehoben). Die Stiftsdamen verlegten den Markt um 1079 zum besseren Schutz von Aeschach auf die Insel und ermöglichten im 13. Jh. den Aufstieg zur Reichsstadt. In den folgenden Jahrhunderten florierte der Handel mit Getreide, Salz, Vieh, Pferden und Leinen in die Schweiz und nach Italien, in entgegengesetzter Richtung mit Textilien, Gewürze und Südfrüchten. Dass die Patrizier dabei gut verdienten, ist an den schönen Häusern der Altstadt zu sehen. Nach den Stadtbränden 1720 und 1728 erhielt die Altstadt ihr barockes Gesicht.

## Altstadt

★★ **Hafen**

Der Hafen bekam 1856 seine heutige Gestalt. An der Nordseite steht der **Alte Leuchtturm** (Mangturm), ein Rest der Stadtbefestigung aus dem 13. Jahrhundert. Die Molen werden von den Wahrzeichen Lindaus bekrönt, dem **bayerischen Löwen** und dem **Neuen Leuchtturm** (beide 1856). Den 6 m hohen Marmorlöwen schuf Johann von Halbig. Wer die 139 Stufen des 33 m hohen Leuchtturms überwindet, wird mit einer herrlichen Aussicht belohnt.

★ **Maximilianstraße**

Die Straßen in der malerischen Altstadt sind von Gotik, Renaissance und Barock geprägt. Besonders schön ist die Maximilianstraße, die Hauptachse, mit Patrizierhäusern wie »Sünfzen«, »Regenbogen«, »Bären«, »Schnegg« und »Pflug«, mit Laubengängen und Cafés.

★ **Altes Rathaus**

Auf dem Bismarckplatz am Alten Rathaus (1422 – 1436), das 1578 sein Renaissance-Äußeres bekam, versammelt sich beim Kinderfest Lindaus Nachwuchs. Die Front mit der Ratslaube und Treppenaufgang ist mit Szenen aus der Lindauer Geschichte geschmückt. Der kostbare **gotische Ratsaal** ist in Führungen zugänglich. Im Alten Rathaus sind das Stadtarchiv und die Reichsstädtische Bibliothek un-

### *Lindau* *Orientierung*

**Übernachten**
① Hotel Stift
② Montfort-Schlössle

**Essen**
① Hoyerberg-Schlössle
② Alte Post
③ Zum Sünfzen
④ Goldenes Lamm

tergebracht, die über 23 000 Werke vom 14. Jh. bis zur Gegenwart besitzt. Auf dem Reichsplatz vor der Südfront – eigentlich die Hauptfassade – der Lindavia-Brunnen von 1884.

## LINDAU ERLEBEN

### AUSKUNFT

Pro Lindau Tourismus Service
Alfred-Nobel-Platz 1, 88131 Lindau
Tel. (0 83 82) 26 00 30
www.lindau.de

### FESTE & VERANSTALTUNGEN

April: Isle of Music (Kneipenfestival). Mai/Juni: Bodensee-Festival. Mitte Juni: Hafenfest. Juli, Mittwoch vor den Sommerferien: Kinderfest (seit 1655).

*Prächtig bemaltes Altes Rathaus*

### ESSEN

**► Fein & teuer**

① ***Hoyerberg Schlössle***
Hoyerbergstr. 64, 88131 Lindau
Tel. (0 83 82) 2 52 95
Gourmetrestaurant auf dem Hoyerberg nördlich hinter Bad Schachen: Auf der Terrasse genießt man außer der regional-internationalen Küche eines der schönsten Panoramen der Welt. Mo., Di.mittag geschl.

**► Preiswert / Erschwinglich**

② ***Alte Post***
Fischergasse 3, 88131 Lindau
Tel. (0 83 82) 9 34 60
Feines historisches Restaurant mit Wirtsgarten und sehr schönen Gästezimmern (Kat. Komfortabel / Luxus).

③ ***Zum Sünfzen***
Maximilianstr. 1, 88131 Lindau
Tel. (0 83 82) 58 65
Alte Patriziertrinkstube, mit seiner gemütlichen Atmosphäre und guter handfester Küche zu Recht beliebt.

**► Preiswert**

④ ***Goldenes Lamm***
Schafgasse 3, 88131 Lindau
Tel. (0 83 82) 57 32
Sehenswert: die schönste alte Gaststube der Insel. Durchschnittliche schwäbische Küche. Mit Hotel.

### ÜBERNACHTEN

**► Komfortabel**

① ***Hotel Stift***
Stiftsplatz 1, 88131 Lindau
Tel. (0 83 82) 93 57-0
Sehr angenehm wohnt man im Haus von 1728 am schönsten Platz der Insel. Restaurant mit einfacher bayerisch-schwäbischer Küche.

**► Günstig / Komfortabel**

② ***Montfort-Schlössle***
Streitelsfinger Str. 38, 88131 Lindau
Tel. (0 83 82) 728 11
Auf der Höhe in Obstgärten gelegener alter Hof mit Wirtsgarten, wunderbarer Ausblick, liebevoll geführt. Nur April – Okt. geöffnet, Mo./Di. geschl.

*Schöne Patrizierhäuser – links die »Brodlauben« – an der Maximilianstraße*

**Vom Bahnhof zur Peterskirche**

Der stattliche Jugendstil-Bahnhof (1913 – 1922) zeigt noch, obwohl man ihn verkommen lässt, welche Bedeutung Lindau einst als Endpunkt der Ludwigs-Süd-Nord-Bahn hatte. In der Nähe steht der markante, schöne **Diebsturm** (Malefizturm, um 1370), ein Rest der Stadtbefestigung. Die **Peterskirche**, die in die Zeit um 1000 zurückgeht, wurde 1928 zur Kriegergedenkstätte umgestaltet. Die Nordwand zieren Fresken (um 1490), die **Hans Holbein d. Ä.** zugeschrieben werden. Von den 19 Bildern sind zwölf Passionsszenen; die Signatur »HH« findet man im 12. Bild auf dem Ärmel der Magdalena.

★ **Haus zum Cavazzen**

Den Marktplatz mit Neptunbrunnen von 1841 dominiert das Haus zum Cavazzen (1729), das als **schönstes Bürgerhaus** am Bodensee gilt. Prachtvoll sind das Portal mit Pfeilern, Säulen und Volutengiebel sowie die rötlich-grauen Wandmalereien. Das **Stadtmuseum** demonstriert hier Wohnkultur vom 15. Jh. bis zum Jugendstil, auch sind Gemälde und Skulpturen vom 15. bis 18. Jh. zu sehen. Eine Besonderheit ist die Sammlung mechanischer Musikinstrumente. Der reiche grafische Bestand wird in Wechselausstellungen gezeigt. Geöffnet April – Okt. Di. – So. 11.00 – 17.00, Sa. erst ab 14.00 Uhr.

**St. Stephan**

Dem Cavazzen gegenüber stehen (links) die evangelische Stadtpfarrkirche St. Stephan und die katholische Stiftskirche. Erstere geht ins Jahr 1180 zurück und wurde 1781 – 1783 umgestaltet, die alte Ausstattung in der Reformation 1530 zerstört. Der feine Rokokostuck, die Kanzel und der Taufstein datieren von 1781, ebenso das eichene Kirchengestühl mit umklappbaren Lehnen. Zu beachten sind die beiden großen Epitaphien im Chor, für den kaiserlichen Rat Daniel Heider und dessen Sohn Valentin, der 1655, nach dem Dreißigjährigen Krieg, das **Lindauer Kinderfest** stiftete.

**Stiftskirche** Die Stiftskirche Mariä Himmelfahrt, das Gotteshaus des reichsfürstlich-freiweltlichen Damenstifts, entstand 1748–1752 aus der Ruine der 1728 zerstörten Kirche des 12. Jh.s; verantwortlich zeichnete der oberschwäbische Deutschordens-Baumeister Johann Caspar Bagnato. Der Stuck und die Fresken der Rokokozeit stammten von F. Pozzi bzw. G. Appiani, die Altäre gestaltete Georg Gigl. Die Appiani-Deckenfresken wurden nach einem Brand 1922 vereinfacht durch W. Kolmsperger ersetzt; nachdem die Langhausdecke 1987 abgestürzt war, ließ man die Kolmsperger-Fresken rekonstruieren. Das südlich der Kirche gelegene Amtsgericht ist das ehemalige Stiftsgebäude von 1736.

! *Baedeker* TIPP

**Badefreuden**

Außer den großen, schönen Strandbädern »Eichwald« in Reutin und »Lindenhofbad« in Bad Schachen besitzt Lindau zwei echte altmodische Badeanstalten: auf der Insel unmittelbar östlich des Hafens das Römerbad und am Festlandsufer beim Bahndamm das Aeschacher Bad.

**Spielbank** Im Stadtgarten an der Nordostecke der Insel ersetzte die nüchterne neue Spielbank (H. Lechner, 2000) den schönen, atmosphärereichen Bau aus den 1950er-Jahren. In dem Zylinder liegt über die Hälfte der Nutzfläche unter dem Bodenniveau.

**Bad Schachen** Nordwestlich der Insel erstreckt sich die »Bayerische Riviera«, der Villen-Vorort Bad Schachen mit herrlichen alten Parks. Das eindrucksvolle **Hotel Bad Schachen** – mit Anlegestelle und wunderschönem Freibad – geht auf Eisen-Schwefel-Quellen zurück, die noch zu Bädern genützt werden. Im herrlichen Lindenhofpark steht die **Villa Lindenhof**, 1842–1845 als Sommerresidenz des Lindauer Großkaufmanns Friedrich Gruber erbaut; sie beherbergt die »friedensräume« der katholischen Friedensbewegung Pax Christi (geöffnet Mitte April–Mitte Okt. Di.–Sa. 10.00–17.00, So. 14.00–17.00 Uhr).

★ Lindenhofpark ▶

## Umgebung von Lindau

★ **Weißensberger Halde** Kleine Wanderung zum **schönsten Aussichtspunkt** im Lindauer Hinterland: Von der Brauerei Steig in Reutin (Steigstraße) über Streitelsfingen oder durch den pittoresken Rickenbach-Tobel, dann die B 31 unterqueren und hinauf auf die Weißensberger Halde. Gehzeit etwa 1 Std.; zurück von Weißensberg nach Lindau mit dem Stadtbus 4.

**Drumlins und Obstbäume** Zauberhaft – besonders im Frühjahr, wenn die Obstbäume blühen – ist die bucklige Welt zwischen dem See und der Argen. Die eigentümlichen, meist ovalen Hügel, »Drumlins« genannt, sind Produkte der eiszeitlichen Vergletscherung. Für eine schöne Runde mit dem

Rad (30 km) muss man etwa 3 Std. rechnen: Am See entlang nach Kressbronn, dann nördlich über Gattnau zum Schlein- und Degersee (baden!), über Oberreitnau und Hoyren zurück nach Lindau.

Wasserburg

Ein hübsches Ensemble bildet die kleine Halbinsel von Wasserburg 5 km westlich von Lindau: mit der Kirche St. Georg (14. Jh./1607), dem Schloss (ursprünglich 14. Jh., heute Hotel) und dem Malhaus von Ende des 16. Jh.s (Heimatmuseum, Mo. geschl.). Auf dem Friedhof ist Horst Wolfram Geißler (1893 – 1983) bestattet, der das zauberhafte Buch vom Lieben Augustin schrieb. Gegenüber dem Bahnhof stand früher der Gasthof Walserhof, in dem 1927 der Schriftsteller Martin Walser geboren wurde. Sehr schön wäre ein Spaziergang durch das reizvolle Hinterland mit seinen Obstplantagen.

# Lindenberg im Allgäu

C 8

**Landkreis:** Lindau
**Einwohnerzahl:** 11 500
**Höhe:** 764 m ü. d. M.

**Das Westallgäu – eine bucklige, wald- und wiesengrüne Welt mit verstreuten Bauernhöfen, das Ganze vor der herrlichen Kulisse der Allgäuer, Vorarlberger und Appenzeller Alpen. Das Zentrum dieser Landschaft ist das freundliche Städtchen Lindenberg.**

Lindenberger Pferdehändler, die ihre Tiere nach Italien lieferten, brachten im 17. Jh. die Technik des Strohflechtens und Hutnähens mit, und mit modebedingten Höhen und Tiefen florierte dieser Wirtschaftszweig bis zum 2. Weltkrieg; ein Höhepunkt war das Jahr 1913 mit ca. 8 Mio. Strohhüten. Heute existiert noch eine Hutfabrik (Mayser). Wichtige Industriebetriebe sind zwei große Käsewerke (Bergland, Bayernland) und die Liebherr-Aerospace.

Sehenswertes

Der Luftkurort in nebelfreier Höhen- und Panoramalage macht mit seiner Stadtpfarrkirche **St. Peter und Paul** ordentlich Eindruck. Die barocke Pracht ist jedoch ein Werk des 20. Jh.s (Weihe 1914), und so manches sieht doch eher nach Jugendstil aus. Die alte Pfarrkirche **St. Aurelius** (1696) mit gotischem Satteldach-Turm besitzt eine echte Rokoko-Ausstattung. Beeindruckend ist das **Hutmuseum** (Febr.– Okt. Mi. 15.00 – 17.30, So. 10.00 – 12.00; Führungen Juni – Aug. Mi. 14.00 Uhr).

! *Baedeker* TIPP

**Entdeckungen auf der Käsestraße**

Auf mehreren Rundstrecken lässt sich das kulinarische Westallgäu erleben: 11 handwerklich arbeitende Sennereien, dazu Gast- und Bauernhöfe, eine Brauerei und eine Brennerei, bieten ihre köstlichen Produkte an. Info bei den Verkehrsbüros, unter Tel. (0 83 84) 13 73 und www.westallgaeuer-kaesestrasse.de.

**Lindenberger Waldsee** Der Waldsee, ein herrlicher Moorsee, lockt mit einem Freibad, im Winter kann man Eislaufen und Eisstockschießen.

**Scheidegger Wasserfälle** Lohnende Rundwanderung (gesamt ca. 3 Std.) von Lindenberg zu den Scheidegger Wasserfällen: Vom Waldsee nach Allmannsried, an der Rappenfluh vorbei südlich nach Kinberg. Unterhalb der B 308 stürzt der Rickenbach in der **Rohrachschlucht** in einen 48 m tiefen Felskessel; bei der Wirtschaft »Rohrachblick« ein Reptilienzoo (April bis Sept. Sa. – Do. 9.00 – 18.00, sonst bis 17.00, Dez./Jan. geschl.). Über Bieslings nach Scheidegg, nordöstlich zurück nach Lindenberg.

**Scheidegg** Der heilklimatische und Kneipp-Kurort Schiedegg (4200 Einw.) liegt gut 800 m hoch am Nordausläufer des Pfänders auf einer nebelfreien **Sonnenterrasse** vor herrlichem Bergpanorama. Mit dem Bau der Prinzregent-Luitpold-Kinderklinik 1912 entwickelte sich das Dorf, das im Mittelalter dem Kloster St. Gallen und später (bis 1806) zu Österreich gehörte, zum Kur- und Ferienort. Hier gibt es ein Handwerkermuseum (im schön restaurierten Heimathaus), einen Blick wert sind auch die Kirche St. Gallus (1798), die zwischen 1886 und

## LINDENBERG ERLEBEN

### AUSKUNFT

Tourist-Information
Stadtplatz 1, 88161 Lindenberg
Tel. (0 83 81) 8 03-28
www.lindenberg.de

### FESTE & VERANSTALTUNGEN

Fasnacht: Großes Narrentreffen in Scheidegg. Anf. Mai: Lindenberger Hut-Tag. Letztes Aug.-Wochenende: Käse- & Gourmetfest Lindenberg. 2. Sept.-So.: Kunsthandwerkermarkt in Weiler. 2. Okt.-Sonntag: Wendelinsritt in Scheidegg (zum Kinberg).

### ESSEN

#### ► Fein & teuer

***Lanz***
Stockenweiler 32
88138 Hergensweiler
Tel. (0 83 88) 2 43
www.restaurant-lanz.de
Das elegante Restaurant im unscheinbaren Haus ist seit langem die zuverlässige feine Adresse im Westallgäu. Haute Cuisine mit Allgäuer Einschlag, Spezialität sind Fisch und Krebse aus eigener Zucht. Geöffnet Fr.– Di. ab 18.00 Uhr.

#### ► Preiswert

***Zum Hirschen***
Kirchstr. 1, 88175 Scheidegg
Tel. (0 83 81) 21 19
300 Jahre alter, geschmackvoll renovierter Gasthof im Zentrum, serviert werden verfeinerte Allgäuer Spezialitäten. Di.abend / Mi. geschl.

### ÜBERNACHTEN

#### ► Komfortabel

***Hotel Waldsee***
Austraße 41, 88161 Lindenberg
Tel. (0 83 81) 92 61-0
www.hotel-waldsee.de
Feines Haus im Villenstil unmittelbar am schönen Moorsee; elegante, aber heimelige Atmosphäre. Preisgünstiges Restaurant mit leichter Küche (Anf. Sept. – Anf. Mai Mo. geschl.).

*Höhenluftkurort: Scheidegg vor dem Panorama der Vorarlberger Alpen*

1918 ihre Ausstattung im Rokoko-Stil erhielt, und die Annakapelle mit einer spätgotischen »Anna Selbdritt«.

★ **Pfänder**

Mit wunderbarem Blick auf den **Bodensee und die Schweizer Berge** (Säntis) geht man in ca. 3.30 Std. von Scheidegg über Möggers, Trögerhöhe und Fürberg zum Gipfel des Pfänders (1062 m). Mit der Kabinenbahn fährt man nach Bregenz hinunter, mit Bus, Bahn oder Schiff nach Lindau und zurück nach Scheidegg mit dem Bus. Mit dem Fahrrad macht man die Runde in umgekehrter Richtung, man fährt so im großen Ganzen immer bergab.

**Weiler**

Auch Weiler ist ein reizvoller Höhenluftkurort (600 – 900 m). Am Kirchplatz stehen das Rathaus (1681) und die Pfarrkirche St. Blasius (1796), ein klassizistischer Saalbau mit Deckenfresken von A. Brugger. Im Kornhaus (Mi. – So. 14.30 – 17.00 Uhr) sind bäuerliche und handwerkliche Geräte zu sehen, außerdem Werke heimischer Künstler. Im einstigen Gasthof Löwen vermittelt das **Westallgäuer Heimatmuseum** einen Überblick über die Volkskultur des Ländchens – ein echtes Schmuckkästchen (geöffnet April – 15. Okt. Mi. 10.00 – 12.00, 14.30 – 21.00, Do. – Sa. 14.30 – 17.00 Uhr, sonst nur Mi./Sa.). Ein riesiger Findling nordöstlich von Weiler und der Enschenstein südlich (auch Menschenstein genannt, er soll in vorgeschichtlicher Zeit als Zufluchtsort gedient haben) sind beliebte Ausflugsziele. Letzteren erreicht man am schönsten durch die Hausbachklamm, zurück über Krähnberg oder Hagelstein (gesamt 2 – 2.30 Std.).

**Deutsche Alpenstraße**

Von der B 308 zwischen Simmerberg und ►Oberstaufen hat man an mehreren Punkten einen herrlichen Blick auf die Schweizer Berge mit dem Säntis.

# Marktoberdorf

G 7

**Landkreis:** Ostallgäu
**Einwohnerzahl:** 18 500
**Höhe:** 727 – 790 m ü. d. M.

**Das Landstädtchen zwischen Schongau und Kempten, Hauptort des Ostallgäus, ist bei Musikfreunden bekannt: Im Schloss der Augsburger Fürstbischöfe ist die Bayerische Musikakademie zu Hause, deren Kurse und Konzerte Teilnehmer aus aller Welt anziehen.**

**Ein wenig Geschichte**

Nachdem »Oberdorf«, das ab 1299 dem Hochstift Augsburg gehörte, im Jahr 1453 das Marktrecht erhalten hatte, nannte es sich »Markt Oberdorf«; als der Ort genau 500 Jahre später zur Stadt erhoben worden war, wurde nur die Schreibweise geändert. Nach dem Zweiten Weltkrieg ließen sich hier viele Flüchtlinge nieder, wodurch sich die Einwohnerzahl in wenigen Jahren verdoppelte. 1930 bauten die Gebrüder **Fendt** ihren ersten Schlepper, heute beschäftigt die weltbekannte Firma in Marktoberdorf 1800 Menschen.

**Schlossberg**

Über dem Städtchen thronen die Stadtpfarrkirche St. Martin und die **Sommerresidenz der Fürstbischöfe**. Architekt des schlichten Vierflügelbaus (1728) war J. G. Fischer aus Füssen; seit 1985 ist hier die Musikakademie ansässig. Fischer entwarf auch die Kirche **St. Martin** (1732 – 1738) mit schönem Zwiebelturm. Ihr weiter, lichter Innenraum bezaubert mit feinem Stuck des Wessobrunners A. Bader (1733) und Deckengemälden von F. G. Hermann, der für die Kemptener Fürstbischöfe tätig war; den mächtigen Hauptaltar schuf Leon-

## MARKTOBERDORF ERLEBEN

### AUSKUNFT

Touristikbüro, Richard-Wengenmeier-Platz 1, 87616 Marktoberdorf
Tel. (0 83 42) 40 08 45
www.marktoberdorf.de
www.modfestivals.org
Bayerische Musikakademie
Tel. (0 83 42) 96 18-0
www.musikinbayern.de

### FESTE & VERANSTALTUNGEN

Pfingsten: Kammerchor-Wettbewerb (ungerade Jahre), Musica Sacra (gerade Jahre). Anf. Dez.: Landeswettbewerb »Jugend jazzt«. So. nach dem 23. April: Georgi-Ritt auf dem Auerberg.

### ÜBERNACHTEN / ESSEN

**► Günstig**

*Gasthof zum Hirsch*
Georg-Fischer-Str. 1, Marktoberdorf
Tel. (0 83 42) 23 42
Ordentlicher, gemütlicher Gasthof mit schlichten Zimmern und gutbürgerlicher Allgäu-Küche.

*Voglerwirt*
Mühlbichl 24, 87616 Marktoberdorf-Leuterschach, Tel. (0 83 42) 25 07
Paradies für Fleischesser (eigene Metzgerei, Wild aus eigener Jagd) mit preisgekrönter Hausmacherküche. Moderne, wohnliche Zimmer.

hard Fischer. Vor der Chornordwand die Grabkapelle für den letzten Augsburger Fürstbischof, Clemens Wenzeslaus von Sachsen († 1812). Vom Schloss führt eine 200 Jahre alte **Lindenallee** östlich zur B 472.

**Stadt**

Unterhalb des Schlossbergs sind im Martinsheim drei **Museen** untergebracht: Stadtmuseum (Geschichte und Kultur Marktoberdorfs, geöffnet Mi. 14.00 – 16.00, So. 10.00 – 12.00, 14.00 – 16.00 Uhr), Riesengebirgsmuseum (Volkskunde des Riesengebirges bzw. des Landkreises Hohenelbe, geöffnet Mi. 10.00 – 16.00, 2. und 4. So. im Monat 14.00 – 16.00 Uhr) und das Paul-Röder-Museum (Gemälde des Marktoberdorfers P. Röder). In der Ortsmitte das **Alte Rathaus** (1723 von J. G. Fischer umgestaltet), die Städtische Galerie mit schwäbischen Werken des 20. Jh.s und das Heimatmuseum (2. So. im Monat 14.00 – 16.30 Uhr). Im Norden liegt an der Schwabenstraße das **Modeon**, der Kulturtempel der Stadt (gutes Restaurant).

## Umgebung von Marktoberdorf

*** Bertoldshofen**

Das östliche Nachbardorf verblüfft mit der architektonisch interessanten und überreich gestalteten Pfarrkirche St. Michael, die nach Plänen von J. G. Fischer 1727 – 1732 entstand. Der damalige Pfarrer wünschte sich, nach dem Vorbild von S. Antonio in Padua, eine Kirche mit fünf Kuppeln. Stuck des Wessobrunners Ignaz Finsterwalder umrahmt Fresken von A. W. Haffe und M. Wolcker (1733), die Figuren aller Altäre schuf Ignaz Hillenbrand aus Türkheim.

**** Auerberg**

Der 1056 m hohe Auerberg, die **»schwäbische Rigi«**, liegt ca. 10 km südöstlich von Marktoberdorf – halb in Schwaben, halb in Oberbayern. Der Blick in alle Richtungen ist großartig. Den Besuch lohnen hier auch der Gasthof (Tel. 0 88 60 / 235) und die St.-Georgs-Kirche mit romanischem Turm (von oben soll man 230 Orte sehen können), einer Holztäferdecke aus dem 17. Jh. und einer Madonna des berühmten Kaufbeurer Schnitzers Jörg Lederer (um 1520).

# Miesbach

O / P 7

**Landkreis:** Miesbach
**Einwohnerzahl:** 12 200
**Höhe:** 689 m ü. d. M.

**Ein zauberhafter Winkel – sanfte Voralpenhügel mit alten Dörfern, in denen das Brauchtum besonders lebendig ist – breitet sich etwa 40 km südöstlich von München an Mangfall und Leitzach aus. Sein Zentrum ist Miesbach, das nach dem Stadtbrand 1783 neu erstand.**

Miesbach war schon im Mittelalter bedeutend, da am Schlierach-Übergang im Zug der Salzstraße von Rosenheim nach Bad Tölz gele-

*Oberbayern, wie es schöner nicht sein kann: Wilparting mit Kirche und Kapelle*

gen. Im 17./18. Jh. erlebte der Ort durch die Wallfahrt zur Schmerzhaften Maria und durch das Kunsthandwerk eine Blüte.

**Sehenswertes in Miesbach**

Die **Stadtpfarrkirche** Mariä Himmelfahrt, ehemals Wallfahrtskirche, wurde nach dem Brand bis 1785 durch J. Baumgartner erneuert. Der prachtvolle »Miesbacher Stuck«, in dem die Kirche gestaltet war, ist verlorengegangen, nicht jedoch das Gnadenbild der Schmerzensmutter von 1665. Im **Heimatmuseum** (z. Z. geschl.) im alten Feuerwehrhaus sind historische und volkskundliche Sammlungen ausgestellt, v. a. bemalte Möbel und Trachten.

## Umgebung von Miesbach

**** Weyarn**

Weyarn (690 m, 3300 Einw.) 8 km nördlich von Miesbach ist als beliebter Pendler-Vorort Münchens in jüngerer Zeit stark gewachsen, doch hat eine beispielhafte Kommunalpolitik negative Auswirkungen verhindert. Darüber hinaus wartet es mit einer besonderen Kostbarkeit auf, der Kirche des 1133 gegründeten und 1803 aufgehobenen Augustiner-Chorherrenstifts. Die 1687 – 1693 von Lorenzo Sciasca aus Rovereto erbaute Wandpfeilerhalle, vom großen Johann Baptist Zimmermann mit Stuck und Fresken ausgestattet, bildet den prächtigen Rahmen für die einzigartigen **Skulpturen**, die der Münchner Bildhauer **Ignaz Günther** um 1764 für die Kirche schuf: Verkündigung, Beweinung Christi, »Maria vom Sieg«. Die Verkündigung und die Pietà waren dazu bestimmt, bei Prozessionen mitgeführt zu werden, weshalb sie als Ganzfiguren ausgearbeitet sind. In diesen Ensembles sind seelischer Ausdruck und figürliches Ornament in unvergleichlicher Weise vereint: Die Verkündigung, das wohl populärste Werk Günthers, bezaubert mit der verführerischen Pose des Erzengels und der koketten Schüchternheit Marias, beide in einem graziösen Pas-de-deux verbunden. Günther schuf auch den in Silber gefassten Tabernakel am Hochaltar (1763). Normalerweise ist die Kirche durch ein Gitter verschlossen, für eine Besichtigung läute man beim Pfarramt (Tel. 0 80 20 / 9 06 29-1, Pater Dieter).

**Taubenberg**

Von Thalham zwischen Miesbach und Weyarn lohnt sich der Abstecher auf den Taubenberg, einmal wegen der urigen Wirtschaft Gotzinger Trommel in Gotzing, zum anderen wegen des Ausblicks beim Gasthaus auf dem Berg (Mo. – Mi. geschl., Tel. 0 80 20 / 17 05).

## MIESBACH ERLEBEN

### AUSKUNFT

Touristeninformation
Schlierseer Str. 16, 83714 Miesbach
Tel. (0 80 25) 70 00-0
www.miesbach.de

### ÜBERNACHTEN

► **Günstig**

***Landgasthof Auerschmiede***
Auerschmied 2, 83737 Irschenberg
Tel. (0 80 25) 13 80, tägl. geöffnet
www.auerschmied.de
Abgeschieden im Leitzach-Tal 7 km nordöstlich von Miesbach gelegenes, wohltuend schlichtes, gutes Wirtshaus mit hübschen Gastzimmern.

### ESSEN

► **Preiswert / Erschwinglich**

***Maxlmühle im Mühlthal***
83626 Valley, Tel. (0 80 20) 17 72
Im Mangfalltal nördlich von Weyarn wird bayerisch-böhmisch gekocht. Schöner Biergarten. Mi./Do. geschl.

### FESTE & VERANSTALTUNGEN

Der Waitzinger-Keller in Miesbach ist ein schönes Kulturzentrum mit Bräustüberl/Café und vielfältigem Programm (Info ►Touristeninformation). Hier hat das Freie Landestheater Bayern seinen Sitz (Opern, Operetten, Musicals u. a.).

### ! *Baedeker* TIPP

**Krachlederne**

heißt das bayerischste männliche Kleidungsstück – völlig zu Unrecht: In Wirklichkeit ist das Hirsch- oder Gamsleder samtweich. In der Miesbacher Gegend kann man sich handbestickte Prachtstücke schneidern lassen: bei Ferdinand Moser, Miesbach, Fraunhoferstr. 6, Tel. (0 80 25) 22 48, und Friederike Heil, Schlierseer Str. 4, Hausham, Tel. (0 80 26) 88 09.

**Erlebenswertes östlich von Weyarn**

Ein schönes Badegewässer ist der **Seehamer See**. Wer auf dem berüchtigten Irschenberg an der Autobahn nach Salzburg den Parkplatz hinter der Raststätte anfährt, hat das fantastische Bild mit dem Weiler **Wilparting** vor sich (Foto ► S. 246). Das Ensemble der sehenswerten Rokoko-Wallfahrtskirche St. Marinus und Anianus (18. Jh.) und der St.-Veits-Kapelle (17. Jh.) wird schön ergänzt durch den Moarhof (Gasthaus, tägl. geöffnet, Tel. 0 80 64 / 3 40). Die Mönche Marinus und Anianus erlitten Ende des 7. Jh.s den Martertod und sind hier bestattet; ihr Tag wird hier am 15. Nov. festlich begangen.

★ ★ »Aussicht« ►

Vom Dorf **Irschenberg** muss man weiter hinaufgehen zur »Aussicht«: In etwa 750 m Höhe bietet sich ein unvergesslicher Blick auf die Alpen von Berchtesgaden bis zum Tiroler Kaisergebirge.

**Agatharied**

In Agatharied 2 km südlich von Miesbach ist die Pfarrkirche St. Agatha interessant: im Kern spätgotisch (1505), wurde sie um 1630 mit **»Miesbacher Stuck«** neu gestaltet. Der barocke Hochaltar (1649) bewahrt Teile eines gotischen Flügelaltars.

★ **Leitzach-Tal**

Östlich von Miesbach windet sich die tief eingeschnittene Leitzach durchs Moränenland. Besonders schön ist der Abschnitt östlich des Orts Leitzach; mit dem Rad kann man dem Fluss bis Achau folgen.

# ★ Mittenwald

L 9

**Landkreis:** Garmisch-Partenkirchen **Höhe:** 920 m ü. d. M.
**Einwohnerzahl:** 7900

**Goethe, der 1786 hier durchkam, nannte Mittenwald ein »lebendiges Bilderbuch«. Im Wortsinn höchst »malerisch« präsentiert sich auch heute der berühmte Geigenbau- und Luftkurort vor den hellgrauen Felswänden des Karwendels.**

Mittenwald liegt nahe der deutsch-österreichischen Grenze im Isartal, überragt von der Westlichen Karwendelspitze, im Süden und Westen umrahmt von bewaldeten Höhen, über denen der schöne Gipfel der Wettersteinspitze aufragt. Ausflüge nach Tirol, besonders nach Innsbruck, gehören zum Urlaubsprogramm.

**Aus der Geschichte**

Der Ort wurde im Jahr 1080 als »in media silva« – eben »mitten im Wald« – erstmals urkundlich genannt. Durch das Mittenwalder Tal verlief schon zur Römerzeit eine Verbindung zwischen Deutschland und Italien. Im späten Mittelalter war der Ort ein wichtiger Umschlagplatz am Handelsweg zwischen den Reichsstädten Augsburg und Nürnberg sowie Italien; 1487 verlegte Venedig, aufgrund von Schwierigkeiten mit dem Tiroler Herzog, den **Bozner Markt** nach Mittenwald. Nachdem 1679 der Markt wieder an Bozen kam, schuf

Vor St. Peter und Paul prüft der bronzene Matthias Klotz sein Werk.

der **Geigenbau** eine neue wirtschaftliche Basis. Der Mittenwalder Matthias Klotz (1653 – 1743), der in Padua bei dem (aus dem Allgäu stammenden) Geigenbaumeister Pietro Railich gelernt hatte, begann hier 1684 Violinen und andere Instrumente herzustellen. Auch heute ist der Bau von Saiten- und anderen Instrumenten bedeutend, die Staatliche Berufsfachschule bildet junge Leute in diesem diffizilen Metier aus. 1803 kam Mittenwald mit dem Werdenfelser Land, das seit 1294 dem Bischof von Freising gehört hatte, zu Bayern. Mit dem Bau der Bahn von Garmisch-Partenkirchen nach Innsbruck (1912) wurde der Tourismus zum Haupterwerbszweig.

## Sehenswertes in Mittenwald

»Bilderbuch«

In Mittenwald geht man wie in einer Bildergalerie spazieren. Viele prachtvolle Fassaden stammen von dem Mittenwalder **Franz Karner** (1737 – 1817) und von dem berühmten **Franz Seraph Zwinck** aus ► Oberammergau. Einige herausragende Gebäude: Obermarkt 1, Gasthof Alpenrose (Zwinck, u. a. »Die fünf Sinne«); Obermarkt 24, Neunerhaus (Schülern von Matthäus Günther zugeschrieben); Malerweg 3, Hoglhaus (Karner, »Flucht nach Ägypten«); Prof.-Schreyögg-Platz 8, Hornsteinerhaus (Zwinck, »Judith enthauptet Holofernes«); Goethestr. 23, Schlipferhaus (Karner, Heiligendarstellungen).

! *Baedeker* TIPP

### Gunkln und Maschkera

Ganz alemannisch sind die Fasnachtsbräuche im Werdenfelser Land. Vom »Unsinnigen Donnerstag« bis Faschingsdienstag treiben »Maschkera« ihr Unwesen; am Donnerstag sind die »Schellenrührer« und die »Jackschutzer« unterwegs. In den Gasthäusern gibt's ab Ende Januar (Mo,. Di., Do.) das Gunkln, das abendliche Beisammensein mit Musik und Tanz.

**Pfarrkirche St. Peter und Paul**

Der berühmte **Matthäus Günther**, der die Deckenfresken in der Kirche St. Peter und Paul schuf, gestaltete auch die prächtige Turmfassade (Petrus und Paulus). Der im Kern spätgotische Bau wurde um 1740 von dem Wessobrunner Meister **Joseph Schmuzer** barock umgestaltet und stuckiert. Hervorzuheben sind eine geschnitzte Madonna (um 1530) und ein gotischer Kruzifixus (um 1400, Kreuzkapelle). Der Münchner Bildhauer und Erzgießer Ferdinand von Miller fertigte das **Denkmal für Matthias Klotz** (1890) vor dem Turm.

**✶ Geigenbaumuseum**

Das von Franz Karner bemalte Wohnhaus von Matthias Klotz (Ballenhausgasse 3) ist ein schönes, interessantes Museum. Zu sehen sind wertvolle **Musikinstrumente vom 12. bis ins 20. Jh.**, in Mittenwald gebaute Geigen und eine Werkstatt; bei Führungen kann man einem Geigenbauer bei der Arbeit zusehen. Geöffnet Febr. – 15. März, 15. Mai – 14. Okt., 10. Dez. – 6. Jan. Di. – So. 10.00 – 17.00, 7. – 31. Jan., 16. März – 14. Mai, 15. Okt. – 4. Nov. 11.00 – 16.00 Uhr.

## Umgebung von Mittenwald

**Ausflüge und Wanderungen**

Vom **Kalvarienberg** aus (15 Min. vom Ortszentrum) erschließt ein Sessellift das Wandergebiet am **Hohen Kranzberg**. Eine leichte Wanderung führt in ca. 1 Std. durch die **Laintalschlucht** zum Lautersee (1011 m, Freibad) und in 30 Min. weiter zum stillen Ferchensee (1060 m); sehr reizvoll ist die Fortsetzung über Elmau nach ► Garmisch. Schöner Spazierweg von Mittenwald zur **Leutaschklamm**, die man vom schmalen Steg an der Felswand aus bewundert, und zum Gasthaus Am Gletscherschliff (50 Min.) am größten eiszeitlichen Gletscherschliff der Nördlichen Kalkalpen.

### *Mittenwald* Orientierung

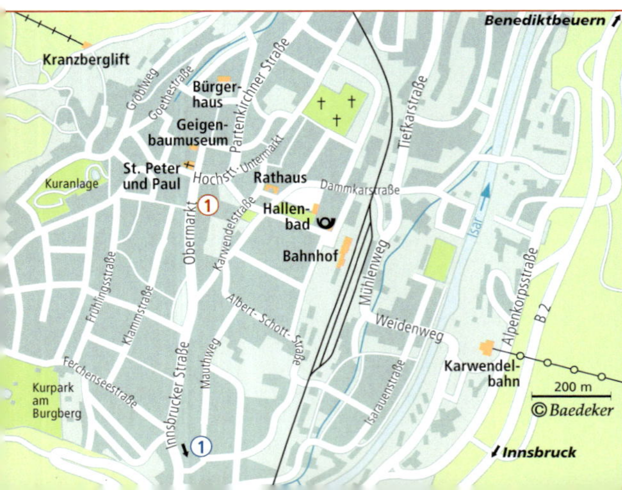


**Essen**

① Arnspitze

**Übernachten**

① Gasthof Post

# MITTENWALD ERLEBEN

## AUSKUNFT

Touristeninformation
Dammkarstr. 3, 82481 Mittenwald
Tel. (0 88 23) 3 39 81
www.mittenwald.de

## FESTE & VERANSTALTUNGEN

Fronleichnam: Prächtige Prozession. Anf. Aug. (alle 5 Jahre, wieder 2012): Bozner Markt. Ende Sept.: Viehscheid mit Almfest. 1. Okt.-So.: Erntedankfest mit Prozession.

## WINTERSPORT

Skiabfahrten und Rodeln am Hohen Kranzberg; etwas für Spezialisten ist die Abfahrt durchs Dammkar. Langläufer finden zwischen Wallgau im Norden und dem österreichischen Leutasch im Südwesten ihr Revier.

## ESSEN

### ► Erschwinglich

① *Arnspitze*
Innsbrucker Str. 68, Mittenwald
Tel. (0 88 23) 24 25, Di. geschl.
Kleines Restaurant mit ländlichem Ambiente. Verfeinerte Regionalküche mit asiatischen Einsprengseln, umfangreiche Weinkarte.

## ÜBERNACHTEN

### ► Komfortabel

① *Hotel Post*
Obermarkt 9, 82481 Mittenwald
Tel. (0 88 23) 9 38 23 33
www.posthotel-mittenwald.de
Hier ist noch der Charme des 19. Jh.s zu spüren. Mit Hallenbad, Sauna etc. Gutbürgerliches Restaurant mit großer Karte und akzeptablen Preisen.

*Hotel Post*
Dorfplatz 6, 81499 Wallgau
Tel. (0 88 25) 91 90
www.posthotel-wallgau.de
Gasthaustradition seit 1621, heute (nach Erweiterungen) ein sehr rustikales, relativ nobles Domizil. Großes bodenständiges Restaurant.

**✶ Buckelwiesen**

Nördlich von Mittenwald führt westlich der B 2 ein Sträßchen über ein Plateau mit eigenartig buckligen Wiesen, die auf Karstvorgänge im Kalkgestein zurückgeführt werden. Sie werden mit Schafen und Ziegen oder mit der Sense gepflegt und bieten prachtvollen Alpenblumen Lebensraum. Das bekannte, herrliche gelegene Hotel Tonihof (geschl.) soll zu einem Luxushotel umgebaut oder verkauft werden; die Gemeinde hat sich ein Mitspracherecht gesichert.

**✶ Westliche Karwendelspitze**

Vom östlichen Ortsrand Mittenwalds fährt eine Kabinenbahn hinauf zur Hohen Karwendelgrube (2244 m) unterhalb der Westlichen Karwendelspitze (2384 m); zu Fuß braucht man über den Ochsenboden und durchs Dammkar 4 Stunden. Neben der Bergstation der Karwendelbahn zieht – in Gestalt eines überdimensionierten Fernrohrs – Deutschlands modernstes und höchstgelegenes **Naturinformationszentrum** Besucher an. Ein Leckerbissen für absolut Trittsichere und Schwindelfreie ist der **Mittenwalder Klettersteig**, der von der Bergstation über mehrere Gipfel zur Tiroler Hütte führt; Abstieg über die Brunnsteinhütte nach Mittenwald (gesamt 6 – 7 Std.).

◄ Abb. S. 252

**Wettersteinspitze** Eine Genusstour für Geübte (mit Kletterei im 1. Grad) im Hochgebirgsmassiv westlich von Mittenwald ist die schöne Obere Wettersteinspitze (2297 m, 6.30 Std.; herrliche Aussicht).

**Krün** Auch in Krün (2000 Einw.) gibt es Häuser mit schöner Lüftlmalerei (z. B. Haus Alpenrose); einen Blick wert ist auch die Sebastianskirche (1760) mit Stuck von F. X. Schmuzer. Im Wald versteckt liegen Barmsee, Grubsee und Wagenbrüchsee, alle mit Freibädern.

**Wallgau** Wallgau (880 m, 1400 Einw.) ist bekannt durch die Kummetmacherei (Herstellung von Pferdegeschirr). Am Dorfplatz stehen malerische Häuser, besonders prächtig Nr. 5 und 6 (Gasthaus Post, in dem 1828 Heinrich Heine nächtigte), beide von Franz Karner bemalt. Spazierwege führen zur malerischen Finzbachklamm (1 Std.) und zum »Großen Wasserfall« in Richtung Walchensee (1 Std). Im Winter sind Loipen zum Geroldsee und nach Vorderriss gespurt.

**Soiern-Gruppe** Schöne Touren bietet auch die Soiern-Gruppe östlich von Krün. Einen prächtigen Blick auf den Karwendel hat man von der **Soiernspitze**: Von der Seinsalm zwischen Mittenwald und Krün in 2 Std. – rascher mit dem MTB – zur Krinner-Kofler-Hütte (1406 m) und in 2.30 Std. zum Gipfel. Abstieg wie Aufstieg oder nach Norden über Soiernhaus, Lakaiensteig und Fischbachalm nach Krün bzw. Wallgau. Über den Lakaiensteig kann man auch den Wallgauer Hausberg erklimmen, die **Schöttelkarspitze** (2048 m).

*Vom »Fernrohr«, dem Naturinformationszentrum neben der Bergstation der Karwendelbahn, hat man einen grandiosen Blick ins Tal.*

# ★★ München

M–O 4/5

**Einwohnerzahl:** 1,37 Millionen **Höhe:** 482 – 579 m ü. d. M.

**Weltstadt mit Herz, nördlichste italienische Stadt, Isar-Athen und Weißwurstmetropole – zahllos sind die Versuche, das Besondere an der beliebtesten Großstadt Deutschlands in einer Formel zu fassen. Was auf jeden Fall zutrifft: Hier verbinden sich wirtschaftliche Potenz und große Kultur mit gelassener Lebensart.**

**Deutschlands heimliche Hauptstadt**

Die bayerische Landeshauptstadt, zugleich Sitz der Regierung von Oberbayern, liegt in einer weiten, von der Isar durchflossenen Schotterebene, die die eiszeitlichen Gletscher zurückgelassen haben. Sie stellt eines der aktivsten Wirtschaftszentren Europas dar; hier sind bedeutende Unternehmen wie BMW und Siemens zu Hause oder haben ihre deutsche Niederlassung (wie Apple, Microsoft und McDonald's); mit ca. 6 % liegt die Arbeitslosenquote deutlich unter dem deutschen Durchschnitt. München ist die führende deutsche Medienstadt mit öffentlichen und privaten Rundfunk- und Fernsehan-

## *Highlights München*

**Residenz**
Wo früher Könige wohnten und regierten, sind heute ihre großartigen Kunstschätze und Insignien zu bewundern.
▸ Seite 263

**Englischer Garten**
Das grüne Herz, unverzichtbarer Teil des Münchner Lebensgefühls
▸ Seite 274

**Kunsttempel**
Alte Pinakothek, Neue Pinakothek, Pinakothek der Moderne … und noch mehr: Kunstwerke von Weltrang zuhauf
▸ Seite 277

**Hofbräuhaus**
Ja, das muss sein, auch wenn es noch schönere Bierschwemmen gibt.
▸ Seite 266

**Biergartenglück**
Fluchtpunkte unter mächtigen Kastanien, mit viel Volk oder klein und verträumt
▸ Seite 262

**Viktualienmarkt**
Beim Alten Peter kauft der Münchner bayerische Hühner, korsischen Käse, italienische Tortellini und chinesische Pilze.
▸ Seite 267

**Königsplatz**
Ein zweites Athen sollte an der Isar entstehen. Hier beeindruckt monumentalster Klassizismus.
▸ Seite 275

**Deutsches Museum**
Staunen über die Wunder, die Naturwissenschaft und Technik ermöglichen.
▸ Seite 280

**Tierpark Hellabrunn**
Nicht nur Kinder lieben den Ausflug zu heimischen und fremden Tieren.
▸ Seite 287

**Schloss Nymphenburg**
Prachtvolles Barockschloss mit wunderschönem Park zum Spazierengehen.
▸ Seite 283

*München, nördlichste Stadt Italiens: Theatinerkirche am Odeonsplatz*

stalten, Filmstudios und über 150 Verlagen. Als erstrangiger **Finanzplatz** ist es Sitz großer Banken (z. B. HypoVereinsbank, UBS Deutschland) und Versicherungen (Allianz, Münchner Rück, Generali). Im Jahr zählt man ca. 5 Mio. Gäste und 11 Mio. Übernachtungen, dazu rund 95 Mio. Tagesausflügler und Geschäftsreisende, was München zu einer der frequentiertesten Städte Europas macht. Der Auslandsanteil an den Übernachtungen liegt bei ca. 45 %.

Schon immer hatte man in München – ab dem Jahr 1255 Residenz der bayerischen Herzöge und Könige – ein Faible für **Kunst und Kultur**. Schon damals gab man gerne viel Geld aus, um sich mit Glanz zu umgeben, der Komplex der Residenz gehört zu den größten und prächtigsten derartigen Bauten. In Barock und Rokoko eiferte man italienischen und französischen Vorbildern nach; im 19. Jh. war die griechisch-römische Klassik en vogue. An der Wende vom 19. zum 20. Jh. war München, insbesondere mit seiner Schwabinger Bohème, ein Zentrum bildender Kunst und Literatur.

Doch nicht nur Wirtschaft und Kunst haben München berühmt gemacht: Es ist vor allem das »weiß-blaue Lebensgefühl«, die Lust, das Leben zu genießen. Sobald die ersten wärmenden Sonnenstrahlen den Winter unterbrechen, sind die Caféterrassen bevölkert; im Sommer trifft man sich unter mächtigen Kastanien im Biergarten oder faulenzt im Englischen Garten, nebenbei der größte Stadtpark der Welt. Ein weiterer Superlativ: Mit dem Oktoberfest wird hier das größte und berühmteste Volksfest der Welt gefeiert (die so genannte Partystimmung dort hat jedoch nichts mit bayerischer Lebensart zu tun). Kaum sonstwo in Deutschland gibt es so viele noble Shopping-Adressen, trifft man, zumindest an bestimmten Plätzen, so viel Schickeria. Die Theater-, Musik- und Museumslandschaft hat wahrlich Weltniveau. Auch als Stadt des Sports genießt München – seit den Olympischen Sommerspielen 1972 und als Austragungsort der Fußballweltmeisterschaften 2006 – großen Ruf. Für den »normalen« Menschen am angenehmsten ist allerdings, dass München im großen Ganzen eine recht unaufgeregte, sehr normale Stadt ist, dass es kein städtebaulicher Moloch ist und über ein wunderschönes Umland verfügt. Nicht ohne Grund wurde die Isarmetropole zu Deutschlands beliebtestem Wohnort (mit den höchsten Mieten).

**Geschichte**

Im 6. Jh. n. Chr. gründeten Bajuwaren einige Siedlungen an der Isar, die noch an der Endung »-ing« (Pasing, Schwabing, Sendling usw.) zu erkennen sind. Im 10./11. Jh. ließen sich hier Mönche des Klosters Tegernsee nieder, die ihre Siedlung »Apud Munichen«, »Bei den Mönchen«, nannten. Daran erinnert das Stadtwappen, auf dem ein Mönch dargestellt ist, das »Münchner Kindl«. Die Stadtgründung wird auf 1158 datiert, als der sächsische Herzog Heinrich der Löwe, damals Landesherr, die dem Bischof von Freising gehörende Zollbrücke an der Salzstraße in Föhring zerstören und in München, etwa am Platz der heutigen Ludwigsbrücke, eine eigene errichten ließ. Die Stadtanlage des 12. Jh.s ist noch am »Altstadtring« erkennbar, der der einstigen Befestigung folgt. 1255, unter Herzog Ludwig II. dem Strengen, wird München Residenzstadt, 1505 Hauptstadt des vereinigten Herzogtums und 1806 des Königreichs Bayern. Der eigentliche Schöpfer des neueren Münchens ist König Ludwig I. (reg. 1825 – 1848), der es zu einer Kunststadt von Rang und einem Mittelpunkt deutschen Geisteslebens machte (Universität 1826).

! *Baedeker* TIPP

**Sightseeing per Tram**

Sehr gut kann man München per Tram kennenlernen (wenn möglich in einem der rumpelnden Wagen aus den 1960er-Jahren). Die 19 durchquert das Zentrum in West-Ost-Richtung: vom Hauptbahnhof über den Stachus und durch die Maximilianstraße nach Haidhausen und zum Ostbahnhof. Die Linie 27 verbindet Schwabing mit den Pinakotheken, dem Stadtteil Au und dem »Paulaner« auf dem Nockherberg.

Im Ersten Weltkrieg blieb München praktisch unversehrt, doch wirtschaftlich und sozial erlebte es einen massiven Niedergang. Hunger und Arbeitslosigkeit führten zu Revolution und Ausrufung der Räterepublik 1918, die 1919 blutig niedergeschlagen wurde. 1920 gab es die erste Massenversammlung der NSDAP, 1923 marschierte Adolf Hitler zur Feldherrnhalle, 1933 übernahm er die Macht und 1935 ernannte er München zur »Hauptstadt der Bewegung«. Georg Elser verübte 1939 im Bürgerbräukeller sein vergebliches Attentat auf Hitler, 1943 wurden die Geschwister Scholl mit anderen Mitgliedern der Widerstandsgruppe »Weiße Rose« hingerichtet. Im Zweiten Weltkrieg fiel die Stadt zu einem Drittel in Schutt und Asche. Der Wiederaufbau und das Wirtschaftswunder ließen München in den 1950er- und 1960er-Jahren zum »Millionendorf« wachsen. Die Olympischen Sommerspiele 1972 und die Fußballweltmeisterschaft 1974 beflügelten das Wirtschaftsleben der Stadt; die Hauptachse der Innenstadt wurde Fußgängerzone, das S- und U-Bahn-Netz entstand. Auch danach entwickelte sich München prächtig weiter. Es erhielt Attraktionen wie die Pinakothek der Moderne (2002) und die Allianz Arena (2005). Die Fußballweltmeisterschaft und der Papstbesuch machten das Jahr 2006 zum Jahr der touristischen Rekorde.

## Vom Marienplatz zum Odeonsplatz

★ Marienplatz

Das lebhafte Herz Münchens ist der Marienplatz, der vom prächtigen neogotischen **Rathaus** (1867 – 1908) im Stil der flämischen Gotik beherrscht wird. Das **Glocken- und Figurenspiel** im Rathausturm zieht täglich um 11.00 und 12.00 Uhr (März – Okt. auch 17.00 Uhr () viele Zuschauer an, die die Szenen aus der Münchner Stadtgeschichte verfolgen; von der Plattform des Turms hat man einen schönen Blick über Stadt und Umland (Mai – Okt. tägl. 10.00 – 19.00, sonst Mo. – Fr. 10.00 – 17.00 Uhr). Im Erdgeschoss sind **Stadtinformation und Tourismusbüro** untergebracht (Mo. – Fr. 10.00 – 20.00, Sa. bis 17.00, So. bis 16.00 Uhr). Im imposanten **Ratskeller** (mit Fränkisch-badischer Weinstube) kann man in bayerischer Küche schwelgen. Auf der **Mariensäule** vor dem Rathaus thront eine goldene »Patrona Bavariae« (Ende 16. Jh.); die Säule wurde 1638 nach dem Dreißigjährigen Krieg zum Dank für die Erhaltung Münchens und Landshuts errichtet. Im Osten wird der Marienplatz vom **Alten Rathaus** (um 1480) begrenzt, das nach Kriegszerstörung wieder aufgebaut wurde. Der Ratssaal, der »vollkommenste gotische Saal Deutschlands«, dient der Stadt München zur Repräsentation. Im 55 m hohen Turm, der nach dem Bild von 1462 rekonstruiert wurde, ist ein Spielzeugmuseum untergebracht (geöffnet tägl. 10.00 – 17.30 Uhr).

! *Baedeker* TIPP

### Glockenspiel

Vor dem Rathaus versammeln sich im Sommer Hunderte von Menschen, um das Figurenspiel zu erleben. Einen Logenplatz hat man im Café Glockenspiel gegenüber dem Rathaus; auch seine Terrasse zum Hinterhof ist ein beliebter Treff. Marienplatz 28, 5. Stock, Eingang von der Rosenstraße (Passage), Tel. (0 89) 26 42 56.

Theatinerstraße

Zur weiteren Orientierung: Westlich verläuft zum Karlstor (Stachus) die Kaufinger Straße / Neuhauser Straße (► S. 269), östlich jenseits des Alten Rathauses das »Tal« zum Isartor (► S. 269); südlich liegen St. Peter and der Viktualienmarkt (► S. 267), nördlich geht es zum Odeonsplatz. Beginnen wir mit dem Gang zum Odeonsplatz durch Wein- und Theatinerstraße (links des Rathauses). Am **Marienhof** hinter dem Rathaus – an der Ostseite, im prächtigen gelben Bau, das berühmte Feinkostgeschäft Dallmayr – beginnt die Theatinerstraße,

*Münchner Skyline mit dem Neuen Rathaus und der Frauenkirche. Höher als die Türme der Frauenkirche darf seit 2004 in der Stadt nicht gebaut werden.*

eine Einkaufsmeile mit den **Fünf Höfen** (Einkaufsmeile, Architekten Herzog & de Meuron, 2001) und der **Hypo-Kunsthalle**, die hervorragende Ausstellungen präsentiert (tägl. 10.00 – 20.00 Uhr). (Es lohnt sich, die Passagen zu durchqueren, um die prächtigen Paläste an der **Kardinal-Faulhaber-Straße** zu bewundern, v. a. Palais Porcia, heute Sitz der HypoVereins-Bank, und Palais Holnstein, Sitz des kath. Erzbischofs, beide 18. Jh.). Weiter nördlich ist in der **Theatinerpassage** das schönste Kino Münchens zu finden (v. a. französische/italienische Filme im OmU). Und einer der nettesten Plätze in der Innenstadt ist das **Café Arzmiller** mit Terrasse im Hof der Theatinerkirche.

**★★ Odeonsplatz**

Nirgendwo ist München »italienischer« als am Odeonsplatz und im anschließenden Hofgarten. Zunächst beeindruckt der Prospekt der Ludwigstraße (► S. 278), die zum Siegestor und nach Schwabing führt, auf Geheiß Ludwigs I. konzipiert von Leo von Klenze, ein eindrucksvolles Zeugnis für das Selbstbewusstsein des jungen Königreichs. Links hinter dem Siegestor sieht man Zeichen der neuen Zeit: die 126 bzw. 113 m hohen HighLight Business Towers am Mittleren Ring (Architekten Murphy / Jahn, Chicago, 2004).

**★ Feldherrnhalle**

Die Florentiner **Loggia dei Lanzi** war Vorbild für die Feldherrnhalle, 1841 – 1844 von F. von Gärtner errichtet. In den Arkaden stehen Bronzedenkmäler der bayerischen Feldherren Tilly (1559 – 1632) und Wrede (1767 – 1838), beide von L. Schwanthaler. Nach Hitlers Marsch zur Feldherrnhalle 1923 wurde sie im Dritten Reich Kultstätte der Nationalsozialisten: Am Ostrand stand ein Mahnmal, das mit dem »Deutschen Gruß« zu ehren war; wer dem entgehen wollte, nahm die **Viscardi-Gasse** hinter der Feldherrnhalle, genauer dem

## *München* Orientierung

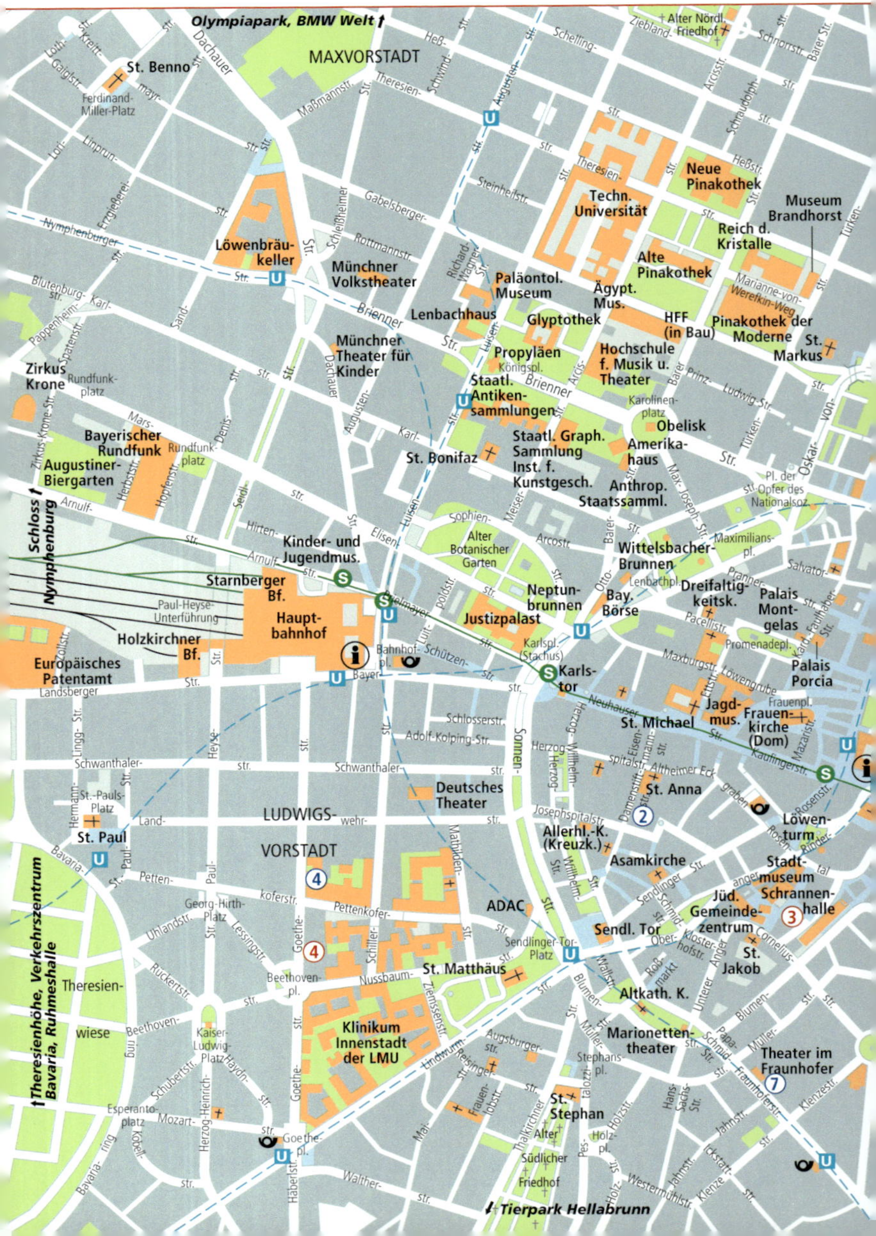

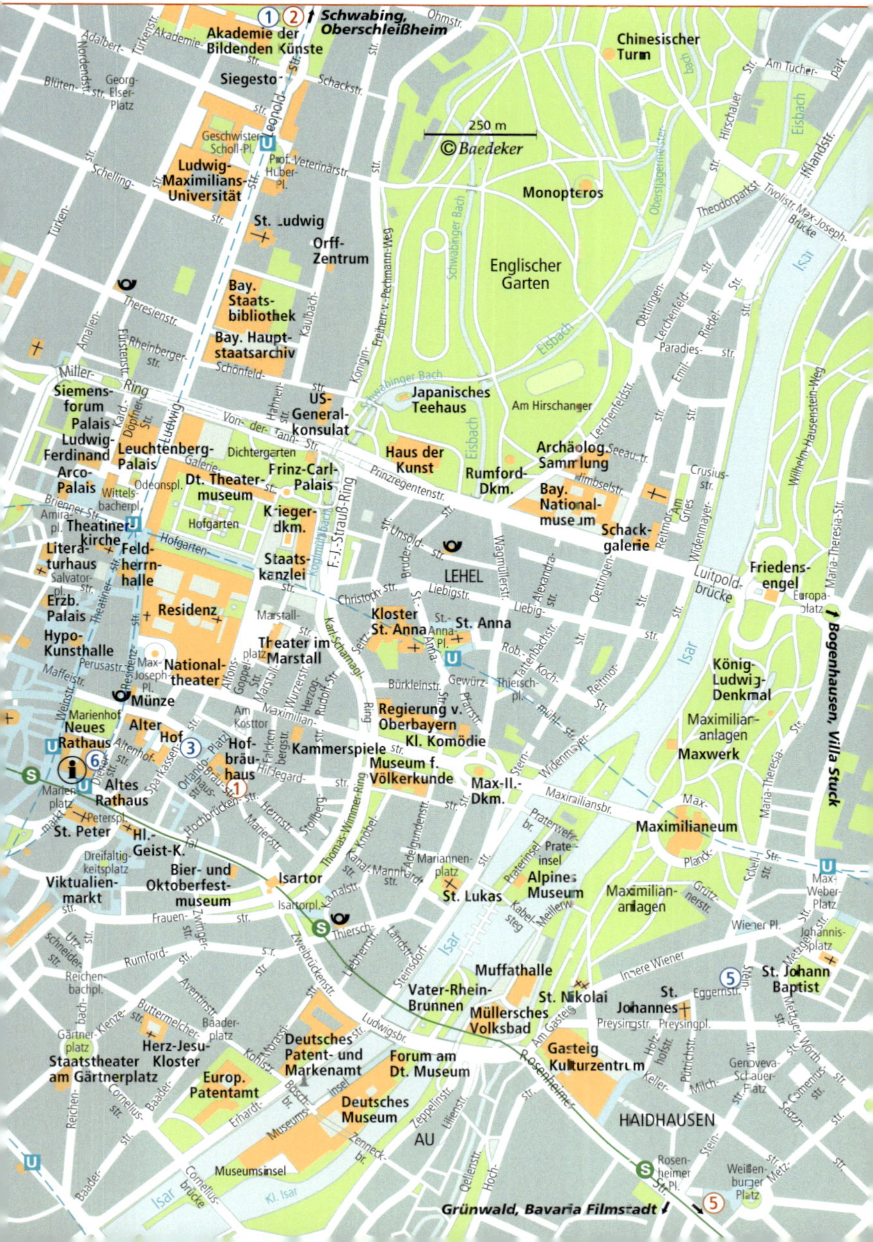
Schwabing, Oberschleißheim
Akademie der Bildenden Künste
Siegestor
Geschwister-Scholl-Pl.
Prof.-Huber-Pl.
Ludwig-Maximilians-Universität
St. Ludwig
Orff-Zentrum
Bay. Staatsbibliothek
Bay. Hauptstaatsarchiv
Siemens-forum
Palais Ludwig-Ferdinand
Leuchtenberg-Palais
Arco-Palais
Wittelsbacherpl.
Odeonspl.
Dt. Theatermuseum
Hofgarten
Prinz-Carl-Palais
Kriegerdkm.
Staatskanzlei
Theatinerkirche
Literaturhaus
Feldherrnhalle
Residenz
Erzb. Palais
Hypo-Kunsthalle
Max-Joseph-Pl.
Nationaltheater
Münze
Marienhof
Neues Rathaus
Alter Hof
Hofbräuhaus
Marienplatz
Altes Rathaus
St. Peter
Hl.-Geist-K.
Viktualienmarkt
Bier- und Oktoberfestmuseum
Isartor
Isartorpl.
Theater im Marstall
Kammerspiele
Am Kosttor
US-Generalkonsulat
Japanisches Teehaus
Haus der Kunst
Englischer Garten
Chinesischer Turm
Monopteros
250 m
© Baedeker
Am Hirschanger
Archäolog. Sammlung
Rumford-Dkm.
Bay. Nationalmuseum
Schackgalerie
LEHEL
Kloster St. Anna
St. Anna
St.-Anna-Pl.
Regierung v. Oberbayern
Kl. Komödie
Museum f. Völkerkunde
Max-II.-Dkm.
Friedensengel
Europaplatz
Bogenhausen, Villa Stuck
König-Ludwig-Denkmal
Maximiliananlagen
Maxwerk
Maximilianeum
Praterinsel
Alpines Museum
St. Lukas
Mariannenplatz
Muffathalle
Vater-Rhein-Brunnen
Müllersches Volksbad
St. Nikolai
St. Johannes
St. Johann Baptist
Wiener Pl.
Johannisplatz
Max-Weber-Platz
Gasteig Kulturzentrum
HAIDHAUSEN
Rosenheimer Pl.
Weißenburger Platz
Deutsches Patent- und Markenamt
Forum am Dt. Museum
Deutsches Museum
Museumsinsel
AU
Europ. Patentamt
Herz-Jesu-Kloster
Staatstheater am Gärtnerplatz
Gärtnerplatz
Reichenbachpl.
Isar
Kl. Isar
Eisbach
Schwabinger Bach
Grünwald, Bavaria Filmstadt
Leopoldstr.
Ludwigstr.
Schellingstr.
Theresienstr.
Brienner Str.
Prinzregentenstr.
Von-der-Tann-Str.
F.-J.-Strauß-Ring
Maximilianstr.
Maximiliansbr.
Luitpoldbrücke
Ludwigsbr.
Rosenheimer Str.
Zweibrückenstr.
Frauenstr.
Rumfordstr.
Thomas-Wimmer-Ring
Karl-Scharnagl-Ring
Widenmayerstr.
Ifflandstr.
Tivolistr.
Max-Joseph-Brücke
Theodorparkstr.
Wilhelm-Hausenstein-Weg
Maria-Theresia-Str.
Innere Wiener Str.
Corneliusstr.
Corneliusbrücke
Zenneckbr.
Kabelsteg
Lilienstr.
Zeppelinstr.

## MÜNCHEN ERLEBEN

### AUSKUNFT

***Touristeninformation***
Marienplatz, im Neuen Rathaus
Mo. – Fr. 10.00 – 20.00,
Sa. 10.00 – 17.00, So. 10.00 – 16.00
Hauptbahnhof, Bahnhofsplatz 2
Mo. – Sa. 9.00 – 20.00,
So. 10.00 – 18.00 Uhr
www.muenchen.de/Tourismus

***Callcenter***
Mo.–Fr. 9.00–18.00, Sa. bis 17.00 Uhr
Tel. (0 89) 233 96 555
Infos, Hotelreservationen etc.

### MÜNCHEN CITY TOUR CARD

Umfasst Benutzung der öffentlichen Verkehrsmittel, Ermäßigung bei zahlreichen Sehenswürdigkeiten, Führungen, Fahrradverleih u. a. m. Verkauf: Touristeninformation, MVV-Schalter und -Automaten, in den Servicecentern des Flughafens und vielen Hotels.

### VERKEHR

Flughafen F. J. Strauß ►S. 80
Hauptbahnhof ►S. 80
München ist durch S- und U-Bahn, Tram und Busse bestens erschlossen. In allen gelten Tickets des Münchner Verkehrsverbunds (MVV). Kundencenter: Marienplatz (Untergeschoß), Infostellen: Hauptbahnhof, Karlsplatz (Stachus), Sendlinger Tor u. a.
www.mvv-muenchen.de

### UMWELTZONE

Die Kernstadt innerhalb des Mittleren Rings ist als Umweltzone ausgewiesen, Kraftfahrzeuge müssen in diesem Bereich eine Feinstaubplakette tragen. Sie ist bei den heimischen Landratsämtern und beim Landratsamt München erhältlich. Auch ausländische Kfz müssen solche Plaketten tragen. Info unter www.tuev-sued.de.

### FESTE & VERANSTALTUNGEN

Faschings-Di. 11 Uhr, Viktualienmarkt: Tanz der Marktfrauen. Anf. Mai/Ende Juli/Mitte Okt.: Auer Dult. Um den 14. Juni: Stadtgeburtstag. Tollwood-Festival, Juni/Juli im Olympiapark, im Dez. auf der Theresienwiese. Mitte Juli: Internationales Filmfest. Juli: Opernfestspiele. Im Sommer Openair-Konzerte, v. a. auf dem Odeonsplatz, dem Königsplatz und im Brunnenhof der Residenz. Aug.: Sommerfest im Olympiapark (Feuerwerk am 2. und 3. Do., gratis). Oktoberfest (»Wiesn«), 16 Tage vom 3. oder 4. Sept.-Sa. bis 1. Okt.-So. (www.wiesn.de.). Dez.: Weihnachtsmärkte auf dem Marienplatz, am Chinesischen Turm, auf der Praterinsel und an anderen Orten.
Aktuelle Termine und Vorverkaufsstellen sind verzeichnet in den Zeitungen (Süddeutsche, Münchner Merkur, Abendzeitung, tz), im gelben »Monatsprogramm«, in »Prinz« und in der kostenlosen Gazette »In München«, die in Hotels, Wirtschaften, Kinos, Bibliotheken etc. ausliegt.

### MUSEEN

Montags haben viele Museen etc. geschlossen, geöffnet sind Deutsches Museum, Residenz, Neue Pinakothek, Paläontologisches Museum, Botanischer Garten, Tierpark Hellabrunn, Schloss Nymphenburg.

### ESSEN

#### ► Fein & teuer

① ***Tantris***
Schwabing, Johann-Fichte-Str. 35
Tel. (0 89) 36 19 59-0, So./Mo. geschl.
Seit Jahrzehnten, seit 1991 unter Hans Haas, eines der besten Restaurants Deutschlands. Leicht schräg wirkt heute das Interieur der 1970er-Jahre.

② *Landersdorfer & Innerhofer*
Innenstadt, Hackenstr. 6 – 8
Tel. (0 89) 26 01 86 37, Sa./So. geschl.
Elegantes kleines Restaurant mit ideenreicher Küche. Mittags kleine Karte, abends 4-Gänge-Menü.

### ► Erschwinglich

③ *Pfistermühle*
Innenstadt, Pfisterstr. 4
Tel. (0 89) 2 37 03-865, So. geschl.
In den schön restaurierten Gewölben der 1573 erbauten Mühle pflegt man eine gehobene traditionelle Küche.

④ *La Fiorentina*
Ludwigsvorstadt, Goethestr. 41
Tel. (0 89) 53 41 85, So. geschl.
Kein Nobel-Italiener, dafür echte Atmosphäre und beste Hausmannskost. Wenig Platz, und immer gut besucht.

⑤ *Rue des Halles*
Haidhausen, Steinstr. 18
Tel. (0 89) 48 56 75, tägl. geöffnet
Kleiner, guter Franzose in etwas unterkühltem Bistro-Stil, vernünftige Preise. Das vergleichbare »Le Faubourg« in der Nähe ist ebenfalls gut.

### ► Preiswert

⑥ *Kantine im Rathaus*
Innenstadt, Marienplatz 8 (So. geschl.)
Sehr preiswert, mit viel Bio und in schönstem Rahmen isst man in der Rathauskantine, im Sommer im Innenhof (u. a. Salat-/Antipasti-Buffet).

⑦ *Fraunhofer*
Isar-Vorstadt, Fraunhoferstr. 9
Tel. (0 89) 26 64 60
Stuck im Rokoko-Stil, knarzendes Parkett, abgeschabte Tische: eines der schönsten Münchner Wirtshäuser. Gute bayerisch-schwäbische Kost. Eine Institution ist auch das Theater im Fraunhofer (Kabarett, Kino, im Febr. Volksmusiktage; Tel. 26 78 50).

## ÜBERNACHTEN

### ► Luxus

① *Mandarin Oriental*
Neuturmstr. 1, 80331 München
Tel. (0 89) 20 09 80
www.mandarinoriental.com/munich
Eleganz, Stil und persönlicher Service in einem Neorenaissance-Palast. Das Restaurant Mark's zählt zu den besten Adressen in Deutschland. Herrlicher Blick von der Dachterrasse mit Pool.

### ► Komfortabel / Luxus

② *Gästehaus Englischer Garten*
Liebergesellstr. 8, 80802 München
Tel. (0 89) 3 83 94 10
www.hotelenglischergarten.de
Denkmalgeschütztes, liebevoll geführtes kleines Haus, wunderbar versteckt am Englischen Garten gelegen.

### ► Komfortabel

③ *Blauer Bock*
Sebastiansplatz 9, 80331 München
Tel. (0 89) 23 17 80
Viele Stammgäste schätzen die zentralste Lage ebenso wie den Charme und die herzliche Betreuung.

### ► Günstig / Komfortabel

④ *Hotel Mariandl*
Goethestr. 15, 80336 München
Tel. (0 89) 55 29 10 52
www.mariandl.com
Außen Neorenaissance, innen verwinkelte Zimmer mit Thonet-Möbeln und Parkett. Im Haus das Café am Beethovenplatz, ein Kaffeehaus im alten Stil mit Jazz, Salonmusik etc.

⑤ *Alter Wirt Ramersdorf*
Aribonenstr. 6, 81669 München
Tel. (0 89) 6 89 18 62
www.alterwirt-muenchen.de
Beim Ramersdorfer Kircherl (►S. 287) kann man nicht nur gut essen, sondern auch in der schön ausgebauten Mansarde nächtigen.

anschließenden **Preysing-Palais**, weshalb sie als »Drückeberger-Gassl« bekannt ist. Das Palais ist das prächtigste und architekturgeschichtlich bedeutendste Adelshaus der Stadt, errichtet 1723 – 1729 von Hofbaumeister J. Effner und J. B. Zimmermann für Maximilian IV. Graf Preysing, den höchsten bayerischen Beamten. Das Treppenhaus (meist frei zugänglich) ist wirklich einen Blick wert.

★★ **Theatinerkirche**

Ein Prachtstück ist die ocker leuchtende Theatinerkirche St. Kajetan (Foto ►S. 254); sehr eindrucksvoll wirkt der doppeltürmige Komplex mit hoher Kuppel vom Hofgarten aus. 1662, nach der Geburt des ersehnten Thronfolgers Max Emanuel, stifteten Kurfürst Ferdinand Maria und seine Frau Henriette Adelaide von Savoyen die Kirche mit einem Kloster. **Italienischer Hochbarock** – Vorbilder waren S. Andrea della Valle und S. Agnese in Agone in Rom – prägt das im Wesentlichen 1663 – 1690 erbauten Gotteshaus, an dem Agostino Barelli aus Bologna und Enrico Zuccalli aus Roveredo beteiligt waren. Die Fassade wurde erst 1768 durch F. Cuvilliés unter Beachtung des Originalplans fertiggestellt; die skurrilen Schnecken unter den Turmhelmen sind von S. Maria della Salute in Venedig inspiriert. Das Innere prunkt mit weißem (ursprünglich buntem) Stuck, der für den Wessobrunner Stil und damit für den süddeutschen Barock prägend war. Unter der Ausstattung ragen die wiederhergestellte Chorschranke mit überlebensgroßen Evangelisten aus Lindenholz (!), der Hochaltar (Gemälde des Rubens-Schülers C. de Crayer, 1646) und die beiden Querhaus-Altäre heraus (links J. Sandrart, »Fürbitte des hl. Kajetan bei der Pest in Neapel«, 1671, rechts C. Cignani, »Heilige Sippe«, 1676). In der **Fürstengruft** ruhen Mitglieder des Hauses Wittelsbach, darunter die Kurfürsten Ferdinand Maria, Max Emanuel, Karl Albrecht (Kaiser Karl VII.), Max III. Joseph und Karl Theodor sowie König Max I. Joseph, König Max II., König Otto I. von Griechenland und Prinzregent Luitpold.

! *Baedeker* TIPP

### Münchner Paradiese

Einige besonders schöne Biergärten, die nicht im Text erwähnt sind: Hirschgarten (Nymphenburg, Hirschgarten 1), Taxisgarten (Neuhausen, Taxisstr. 12), Löwenbräukeller (Maxvorstadt, Stiglmaierplatz), Paulanergarten am Nockherberg (Giesing, Hochstr. 77), Schlösselgarten (Bogenhausen, Cosimastr. 41), Menterschwaige (Harlaching, Menterschwaigstr. 4), Forsthaus Kasten (ca. 15 km südwestlich der Innenstadt, Zufahrt von der Straße von Neuried nach Gauting).

**Hofgarten**

Nördlich am Odeonsplatz das »Bazargebäude« (1826) mit dem **Café Tambosi** und seiner beliebten Terrasse. Rechts geht es in den Hofgarten, der 1613 – 1618 aus dem alten Burggarten entstand. Sein hübscher Mittelpunkt ist der **Renaissance-Tempel** (1616), bekrönt von einer üppigen Bronze-Diana (Hubert Gerhard, 1594), die später als »Tellus Bavarica« (Bayerische Lande) ausgestattet wurde. Im Nordflügel der Arkaden, der kurfürstlichen Galerie, ist das bedeutende **Deutsche Theatermuseum** ansässig (zu Sonderausstellungen geöffnet

Di. – So. 10.00 – 16.00 Uhr); davor treffen sich die Boccia-Freunde. Im Osten wird der Hofgarten durch die mächtige **Staatskanzlei** (1993) begrenzt, deren Bau unter heftigen Konflikten zwischen Landesregierung und Stadt zustande kam; Herzstück des »Bayerischen Kremls« (auch »Straußoleum« und »Palazzo Prozzi« genannt) ist der Torso des 1944 zerstörten Bayerischen Armeemuseums von 1906. Im Rasenparterre vor der alten Hauptfront des Mittelbaus (der Eingang zur Staatskanzlei liegt auf der Rückseite) beeindrucken ein Reiterstandbild (1911) für den ersten Wittelsbacher-Herzog Otto I. († 1183) sowie ein Kriegerdenkmal (1926).
Vom Hofgarten geht man nordöstlich zum Haus der Kunst an der Prinzregentenstraße und zum Englischen Garten (► S. 273). Man passiert dabei den **»Harmlos«**, einen nackten Marmorjüngling, benannt nach dem Anfang der Inschrift und in alter Zeit Treffpunkt von Liebespaaren, und das klassizistische **Prinz-Carl-Palais** (1811), 1825 – 1875 Domizil von Prinz Carl, dem Bruder König Ludwigs I.

## ✶✶ Residenz

Die prächtige Fassade, die östlich der Feldherrnhalle beginnt, gehört zur Residenz (► 3 D, S. 264). Sie gliedert sich in drei Hauptgruppen mit sechs großen Höfen: **Festsaalbau** mit Front zum Hofgarten, **Alte Residenz** mit Front zur Residenzstraße, **Königsbau** mit der Front zum Max-Joseph-Platz. Drei der Höfe – Kaiserhof, Kapellenhof und Brunnenhof – sind wie die Westfassade an der Residenzstraße seit je mit gemalter Scheinarchitektur gestaltet. Die schönsten Höfe sind der **Brunnenhof** am Antiquarium mit dem Wittelsbacher-Brunnen und der **Grottenhof** mit Perseus-Gruppe (Hubert Gerhard, 1592).

**✶✶ Staatliche Sammlung Ägyptischer Kunst**

Im Westteil des Festsaalbaus am Hofgarten zeigt die Staatliche Sammlung Ägyptischer Kunst hervorragende Exponate aus der ägyptischen Geschichte bis in griechisch-römische Zeit (geöffnet Di. 9.00 – 21.00, Mi. – Fr. 9.00 – 17.00, Sa., So. 10.00 – 17.00 Uhr).

**Pfälzer Residenzweinstube**

Im nördlichen Portal an der Residenzstraße – bei der Feldherrnhalle – liegt der Zugang zur Pfälzer Residenzweinstube (tägl. geöffnet), in deren gemütlichem Ambiente man die Kreszenzen und Spezialitäten des einstigen linksrheinischen Bayerns genießen kann.

**✶✶ Residenzmuseum**

Atemberaubende Pracht erlebt man in der Residenz, die großteils als Museum zugänglich ist (Öffnungszeiten ► S. 264). Für den Besuch plane man einen ganzen Tag ein. Die Räume sind in eine Vormittags- und eine Nachmittagsrunde aufgeteilt (bis bzw. ab 12.30 Uhr); hat man wenig Zeit, wähle man den Vormittag. Um nur die bedeutendsten Teile zu nennen: das Antiquarium, die Schlachtensäle, die Reichen Zimmer und die Reiche Kapelle, die Grüne Galerie, das Miniaturenkabinett, die Nibelungensäle, die Reliquienkammer, die Steinzimmer, die Wohnräume von König Ludwig I. und die Ahnengalerie.

# DIE MÜNCHNER RESIDENZ

**★★ Als die Alte Veste zu klein geworden war, entstand im Nordosteck des damaligen Stadtmauerrings ab 1385 die Neuveste. Im Lauf der Jahrhunderte entwickelte sich dieser politische und kulturelle Mittelpunkt des Landes zu einer riesigen Anlage, mit einer Grundfläche von ca. 250 × 200 m eine der größten ihrer Art. Nach weitgehender Zerstörung im Zweiten Weltkrieg dauerte der Wiederaufbau bis Mitte der 1980er-Jahre.**

Öffnungszeiten:
April – 17. Okt. tägl. 9.00 – 18.00 Uhr
18. Okt. – März tägl. 10.00 – 17.00 Uhr

### ① Festsaalbau
Den Hofgarten flankiert der klassizistische Festsaalbau, den König Ludwig I. zusammen mit Königsbau und Allerheiligen-Hofkirche von Hofbaumeister Leo von Klenze errichten ließ. Nach 1945 entstand an der Stelle des Thronsaals ein großer Konzertsaal (Neuer Herkulessaal, 1953).

### ② Königsbau
Klenzes Königsbau, nach dem Vorbild des Palazzo Pitti in Florenz gestaltet, bestimmt die Front der Residenz am Max-Joseph-Platz. Die Innenräume sind von klassizistischer Kühle geprägt.

### ③ Alte Residenz
Der Bau entstand unter Kurfürst Maximilian I. in der Spätrenaissance (1611 – 1619). In der streng gehaltenen Front zur Residenzstraße öffnen sich zwei prächtige Portale aus Rotmarmor, flankiert von Bronzelöwen (Hubert Gerhard, um 1595) – ihre Nase reiben bringt Glück! Zwischen den Portalen die Patrona Boiariae von Hans Krumper (1616) über einer Ewig-Licht-Ampel.

### ④ Antiquarium
Der größte profane Renaissanceraum nördlich der Alpen und sicher einer der großartigsten. Er dient heute als festliche Kulisse für Staatsempfänge.

### ⑤ Schatzkammer
Die hier aufbewahrten Kostbarkeiten zählen zu den wertvollsten ihrer Art. Begründet wurde die Schatzkammer 1565 von Herzog Albrecht V. mit den »Hauß clainodes« der Wittelsbacher. Glanzstücke sind das Gebetbuch Kaiser Karls des Kahlen (um 860), das Kreuzreliquiar von Kaiser Heinrich II. und das Kreuz der Königin Gisela (um 1000), die Hausaltäre von Herzog Albrecht V. (um 1560) und die bayerische Königskrone von 1806. Obwohl Albrecht V. verfügt hatte, dass besondere Stücke nicht verkauft werden dürfen, wollten die Wittelsbacher 1931 den 35,5-karätigen blauen Diamanten, der die Krone zierte, veräußern, was jedoch nicht gelang; lange Zeit verschollen, wurde er 2008 bei Christie's versteigert und – unfassbar – unter Verlust von 4,5 Karat umgeschliffen.

### ⑥ Altes Residenztheater
Das schönste Rokoko-Theater Deutschlands ist das »Cuvilliés«, 1751 – 1753 vom Hofarchitekten François Cuvilliés d. Ä. erbaut. An der Ausstattung wirkten u.a. Johann Baptist Straub und Johann Baptist Zimmermann mit; Mozarts Oper »Idomeneo« wurde hier zum ersten Mal aufgeführt.

### ⑦ Brunnenhof
Der 1610 angelegte Brunnenhof mit dem Wittelsbacher-Brunnen (Hubert Gerhard, um 1600) ist diagonal zum Grundriss ausgerichtet, die Fassaden sind mit Scheinarchitektur bemalt. Hier finden an Sommerabenden Konzerte statt.

### ⑧ Spiegelkabinett
Der wunderschöne Stuck von Johann Baptist Zimmermann und die großartigen Schnitzereien von Wenzeslaus Miroffsky wurden nach ihrer Zerstörung im Zweiten Weltkrieg in mühevoller Kleinarbeit rekonstruiert.

### ⑨ Miniaturenkabinett
Hier sind 129 Miniaturgemälde zu bewundern, die kaum größer sind als ein Briefbogen. Deutsche, französische und niederländische Künstler haben sie im 16., 17. und 18. Jh. geschaffen.

### ⑩ Silberkammern
Wertvolle Silberwaren werden im Zimmer des Staatsrats und im Hartschiersaal präsentiert, darunter das etwa 3500 Stück umfassende Tafelsilber des Hauses Wittelsbach.

### ⑪ Steinzimmer
Prunkvolle Ausstattung: kostbares Mobiliar, Gobelins, Gemälde sowie eine Majolikasammlung.

*In der S*
*werden d*
*des Kön*
*aufbewa*

*Den Witte*
*Brunnen i*
*nenhof zie*
*Herzog Ot*
*Wittelsbac*
*Bronzefigu*
*Hans Kru*

**Staatliche Münzsammlung**

In der Residenz ist auch die Staatliche Münzsammlung beheimatet (Zugang im Kapellenhof, geöffnet Di. – So. 10.00 – 17.00 Uhr), mit ca. 300 000 Objekten eine der größten Sammlungen zur Geschichte des Geldes. Ausgestellt sind auch Meisterwerke der Medaillenkunst seit der Renaissance mit Hauptgewicht auf Deutschland und Italien, außerdem Gemmen und Kameen.

**✶✶ Cuvilliéstheater**

Das schönste Rokoko-Theater Deutschlands und älteste Münchner Opernhaus ist das »Cuvilliés« im Ostflügel der Residenz. Nach der Restaurierung wurde es 2008 mit der Mozart-Oper Idomeneo, die 1781 hier ihre Uraufführung erlebte, wiedereröffnet.

## Von der Residenz zum Hofbräuhaus

**Max-Joseph-Platz**

Am Max-Joseph-Platz – für dessen Anlage ein ab dem 14. Jh. existierendes Franziskanerkloster 1803 abgerissen wurde – präsentiert sich die **Residenz** mit ihrer mächtigen, dem Palazzo Pitti in Florenz nachempfundenen Rustica-Fassade (L. von Klenze, 1835). Nebenan die klassizistische Tempelfront des **Nationaltheaters**; der Musentempel (K. v. Fischer, 1818; bis 1988 wiederhergestellt) beherbergt eines der bedeutendsten Musiktheater der Welt. Führungen mehrmals wöchentlich 14.00 Uhr (Eingangshalle Nord, Marstallplatz). Im Winkel zwischen Residenz und Opernhaus liegt der Eingang zum **Residenztheater** (hervorragendes Sprechtheater, seit 2011 unter Intendant Martin Kušej). Die Südseite des Platzes – hier beginnt die Maximilianstraße (► S. 272) – nimmt die Loggia der einstigen **Hauptpost** ein (L. von Klenze, 1838); seit 2011 steht hinter der Fassade ein Komplex mit Läden, Büros und Luxuswohnungen. In der Mitte des Platzes thront sein Namensgeber: Max I. Joseph, der erste bayerische König (reg. 1806 – 1825; Entwurf L. von Klenze, gegossen 1835). Nun weiter nach Süden.

**Alter Hof**

Nachdem man sich im »Fresstempel« **Dallmayr** am Marienhof mit Wegzehrung versorgt hat, geht man links von ihm durch das Tor in dem Alten Hof, der **ersten Residenz der Wittelsbacher** in München (1253 – 1474); von hier aus regierte Kaiser Ludwig der Bayer das Heilige Römische Reich Deutscher Nation. Bei den Bombardierungen 1944/45 blieben u. a. der Torturm und der Südflügel (Burgstock) mit dem gotischen »Affentürmchen« erhalten, die Bemalung wurde dem Original des 15. Jh.s nachempfunden. Der Nordteil des Komplexes wurde wenig überzeugend zu Luxusdomizilen umgebaut. Angenehm ist das moderne »Vinorant Alter Hof«.

**✶ Hofbräuhaus**

Durch die Pfisterstraße – mit der ehemaligen **Hofpfisterei** (d. h. Bäckerei; heute gutes Restaurant) und dem idyllischen Innenhof in den »Platzlgassen« – erreicht man das Hofbräuhaus am Platzl. Begründet 1589 – das heutige Gebäude stammt von 1896 –, ist es Inbegriff der »bayerischen Gemütlichkeit« und Münchner Hauptziel

*Am Platzl steht das Hofbräuhaus, die berühmteste Attraktion Münchens.*

von Besuchern aus aller Welt; zuzeiten kann wegen Überfüllung der Zugang verwehrt werden. In der **Schwemme** im Erdgeschoss können 1300 Gäste zu den Klängen der Blaskapelle ihre Maßkrüge stemmen; Stammgäste verwahren ihren eigenen »Keferloher« (Tonkrug) im Maßkrugsafe. In den schönen Stuben im 1. Stock speist man relativ edel. Der Hof mit seinem Löwenbrunnen ist in der warmen Jahreszeit einer der **hübschesten Biergärten** der Stadt. Zu beachten ist am Platzl auch das stattliche **Orlando-Haus** (1899); hier stand das Haus von Orlando di Lasso (um 1532 – 1594), hochbedeutender Komponist und ab 1564 Leiter der Münchner Hofkapelle. Das prachtvolle Restaurant im Orlandohaus gehört wie die michelinbesternten Südtiroler Stuben gegenüber und Gewürzladen zum Imperium des allgegenwärtigen TV-Kochs Alfons Schuhbeck.

## Südliche Innenstadt

**Heilig-Geist-Kirche**

Beim Alten Rathaus markiert die Heilig-Geist-Kirche den Übergang zum Viktualienmarkt. Sie ist der Rest eines Anfang des 13. Jh.s außerhalbder Stadt gegründeten Spitals; die gotische Hallenkirche von Ende des 14. Jh.s wurde 1726 – 1731 von den **Brüdern Asam** in herrlichem Rokoko umgestaltet. Die ersten drei Joche der Kirche wurden mit der sehr gelungenen Fassade erst 1886 – 1886 angefügt.

**Viktualienmarkt**

Legendären Ruf genießt der 1807 ins Leben gerufene Viktualienmarkt (»Viktualien« sind Lebensmittel) mit seinen **Standln**, die überquellen von heimischem und exotischem Obst und Gemüse, von Geflügel, Fleisch und Fisch, Brot und Blumen. Unverzichtbar ist eine Pause im **Biergarten**, in dem ganz normale Münchner Menschen neben einigen Touristen das Dasein genießen. Südlich des Viktualienmarkts erstand die alte **Schrannenhalle** neu, wobei ihre schöne gusseiserne Konstruktion von 1853 leider kaum erkennbar ist. Nach unrühmlichen und defizitären Jahren als Imbiss- und Party-»Location« soll sie nun als Erweiterung des Viktualienmarkts dienen.

**✶ Peterskirche**

Über der Ladenzeile am Westrand des Viktualienmarkts – Metzger sind hier seit Jahrhunderten ansässig – ragt auf dem **Petersbergl** die Peterskirche auf, die ins 11. Jh. zurückgehende älteste Pfarrkirche der Stadt. Kern des Baus ist, trotz Umgestaltung gut erkennbar, eine gotische Pfeilerbasilika (1327 – 1368); die Chorpartie, eine Dreikonchen-Anlage nach dem Vorbild des Salzburger Doms, entstand bis 1636 im Zug der Barockisierung. Trotz der Zerstörungen im Zweiten Weltkrieg besitzt St. Peter eine **überaus reiche Ausstattung**, v. a. aus Barock und Rokoko; unter ihren Urhebern finden sich illustre Namen wie Egid Quirin Asam, Ignaz Günther, Ignaz Gunezrhainer und J. B. Straub. Von den älteren Werken sind die Flügelbilder von Jan Polack (1517) im Chor sowie in einer Nordkapelle das Dreikönigs-Triptychon (»Pötschner-Altar«, 1477) und der »Schrenk-Altar«, ein Steinretabel des Weichen Stils (Anfang 15. Jh.), hervorzuheben. Vom 92 m hohen Turm, dem berühmten **Alten Peter**, bietet sich – besonders bei Föhn – ein überwältigender Ausblick bis zu den Alpen.

**✶✶ Münchner Stadtmuseum**

Ein Fixpunkt im Münchner Kulturleben ist das Stadtmuseum im alten Zeughaus am St.-Jakobs-Platz (geöffnet Di. – So. 10.00 – 18.00 Uhr). Die Ausstellung **»Typisch München«** illustriert mit ausgezeichneten Stücken die Stadtkultur vom Mittelalter bis heute; zu ihren Glanzpunkten gehören die **Moriskentänzer** von Erasmus Grasser (um 1480). Spezialsammlungen befassen sich mit dem National-

*Alles, was Herz und Magen begehren, gibt's auf dem Viktualienmarkt.*

sozialismus in München, mit Mode, Volkskunde, Kunsthandwerk, Puppentheater und Schaustellerei sowie Foto und Film. Im Musikinstrumentenmuseum werden auch Konzerte gegeben, im **Filmmuseum** kann man sich Klassiker ansehen. Sehr gut und beliebt ist das »wienerische« **Stadtcafé**, angenehm schattig sitzt man im Hof.

★ Jüdisches Zentrum

Den St.-Jakobs-Platz prägt die eindrucksvolle Architektur des 2006/2007 eröffneten Jüdischen Zentrums mit Synagoge, Gemeindehaus und Museum (geöffnet Di.–So. 10.00–18.00 Uhr). Damit hat jüdisches Leben in München – die Alte Hauptsynagoge am Lenbachplatz wurde in der »Hauptstadt der Bewegung« schon 1938 abgerissen – wieder einen festen Platz.

Sendlinger Straße

★★ ◄ Asamkirche

Eine lebhafte Einkaufsstraße ist die **Sendlinger Straße**, die südwestlich des Marienplatzes zum Sendlinger Tor führt. Hier fallen zwei **prachtvolle Rokoko-Fassaden** auf. Die »Asamkirche« (St. Johann Nepomuk, Weihe 1734, Fassade 1746), erbaut und ausgestattet von den Brüdern Cosmas Damian und Egid Quirin Asam, gilt als eine der fantasievollsten Schöpfungen des deutschen Rokokos. Cosmas Damian schuf auch das riesige Deckenfresko mit dem Leben des hl. Nepomuk. Links neben der Kirche das Wohnhaus von Egid Quirin Asam, das er um 1735 nach Art bayerischer Lüftlmalerei mit Stuck schmückte: in der unteren Hälfte die künstlerische Tätigkeit des Menschen und die sinnliche Welt, darüber der Himmel der Antike und des Christentums. Im **Sendlinger Tor** sind noch die sechseckigen Flankentürme der 2. Stadtbefestigung (um 1310) erhalten. Den verkehrsreichen Platz vor dem Sendlinger Tor dominiert die architektonisch interessante evangelische Bischofskirche **St. Matthäus** (1955).

## Vom Marienplatz zum Isartor und zum Karlsplatz

Tal

Vom Marienplatz führt das »Tal«, die alte Herbergsstraße, nach Osten zum Isartor. Das **Weisse Brauhaus** (Tal 7) zählt zu den guten traditionellen Gasthäusern Münchens; sonst ist das Tal eine weniger attraktive Einkaufsstraße. Das **Isartor** (14./15. Jh., mehrfach verändert) ist das einzige Stadttor, das fast ganz erhalten blieb. Die Turmuhr an der Westseite geht rückwärts, die Ostseite bekam 1835 das Monumentalgemälde (B. Neher) mit der Sage vom Einzug Kaiser Ludwigs des Bayern nach der Ampfinger Schlacht 1322. Der Südturm beherbergt das **Valentin-Musäum**, das an den skurrilen »Linksdenker« Karl Valentin erinnert (► Berühmte Persönlichkeiten); geöffnet ist es Mo., Di., Do. 11.01–17.29, Fr./Sa. 11.01–17.59, So. 10.01–17.59 Uhr. Im 3. Stock gemütliches Turmstüberl mit Einrichtung aus dem legendären »Café Größenwahn«.

Kaufinger / Neuhauser Straße

Der Straßenzug Kaufinger Straße / Neuhauser Straße, der vom Marienplatz westlich zum Karlsplatz (Stachus) führt, gilt als umsatzstärkste Einkaufsstraße Deutschlands. Die üblichen Kaufhäuser sowie

Klamotten-, Schuh-, Parfüm-, Souvenir- und Elektronikgeschäfte haben die Traditionshäuser inzwischen fast ganz verdrängt. Einen besonderen Hinweis verdient der **Augustiner** (Neuhauser Straße 27), eine große, gute Brauereigaststätte mit prächtigem Interieur aus der Prinzregentenzeit (1897) mit Muschelsaal und Glaskuppel; der Hinterhof wird sommers zum Biergarten.

★ **Frauenkirche**

Nördlich nahe der Kaufinger Straße ragt die Frauenkirche (Dom zu Unserer Lieben Frau) auf, seit 1821 Bischofskirche der Erzbistums München-Freising. Mit ihren mächtigen, von **»welschen Hauben«** gekrönten Türmen (der nördliche 98,57 m hoch, der südliche 12 cm niedriger) ist sie das architektonische Wahrzeichen Münchens. Bürgerliches Selbstbewusstsein demonstriert der dreischiffige spätgotische Backsteinbau, mit 109 m Länge die größte Hallenkirche Süddeutschlands. Sie wurde 1468 – 1488 von Jörg von Halspach (genannt Ganghofer) errichtet und nach schweren Schäden im Zweiten Weltkrieg rekonstruiert. Alle fünf Portale wurden um 1770 von dem großen Bildhauer Ignaz Günther geschnitzt. Das von engstehenden Pfeilern eingefasste Mittelschiff des schlichten Kirchenraums wirkt mit 31 m Höhe überaus schmal und tief, aufgrund der großen Fenster jedoch hell. In der Vorhalle ist im Boden ein »Fußtritt« eingelassen, von dem aus keine Fenster außer dem im Chor zusehen sind. Die Seitenkapellen sind mit **schönen Skulpturen, Gemälden und Fenstern** des 14. – 16. Jh.s ausgestattet. Gleich beim Südeingang steht das prunkvolle Hochgrab für Kaiser Ludwig den Bayern aus schwarzem Marmor (Hans Krumper, 1619 – 1622; ► S. 50 f.). Das frei im Chor stehende Gestühl ist an den Außer- und Innenwänden mit geschnitzten Figuren von Erasmus Grasser geschmückt (um 1500). An der Rückseite des Chorgestühls hängen die Bildtafeln des **Memminger Altars** von Hans Strigel (um 1500). In der **Krypta** sind Mitglieder des Hauses Wittelsbach sowie mehrere Erzbischöfe beigesetzt. Vom Südturm genießt man den Blick auf Stadt und Umgebung (zugänglich April – Okt. Mo. – Sa. 10.00 – 17.00 Uhr).

**Deutsches Jagd- und Fischereimuseum**

Weiter westlich an der Neuhauser Straße beherbergt die ehemalige Augustinerkirche (14. Jh., 1803 profaniert) das Deutsche Jagd- und Fischereimuseum (geöffnet tägl. 9.30 – 17.00, Do. bis 21.00 Uhr). Etwa 1000 präparierte Wildtiere sind dort in Dioramen zu sehen. Über die Geschichte der Jagd unterrichten Waffen und Gemälde. In der Fischereiabteilung sind die meisten heimischen Süßwasser-Fischarten als Präparate kennenzulernen.

★★ **Michaelskirche**

Einige Schritte weiter steht man vor der Michaelskirche, dem ersten großen Kirchenbau Süddeutschlands nach dem Mittelalter, 1583 bis 1597 im Auftrag Herzog Wilhelms V. des Frommen als Zentrum der katholischen Gegenreformation errichtet. Mit ihren Figuren präsentiert die eindrucksvolle Fassade deren Programm: **Erzengel Michael** im Kampf gegen das Böse, ein grandioses Werk von Hubert Gerhard

(1588); darüber für die Christianisierung Bayerns wichtige Herzöge und Könige. Machtvoll wirkt der einschiffige Kirchenraum mit seinem 20 m weiten Tonnengewölbe (rekonstruiert). In der Gruft unter dem Chor sind 41 Mitglieder des Hauses Wittelsbach bestattet, darunter Kurfürst Maximilian I. und König Ludwig II. Westlich schließt sich an die Michaelskirche die **Alte Akademie** an, erbaut 1585 – 1597 von F. Sustris als Jesuitenkolleg, später war es u. a. Malerakademie. Der große Brunnen davor (1962) ehrt mit Szenen aus der Oper »Salome« den aus München gebürtigen Komponisten Richard Strauss.

**✶ Bürgersaalkirche**

Unweit westlich steht in der Häuserfront die Bürgersaalkirche, ein barockes Kleinod, erbaut 1709/1710 vom Hofarchitekten G. A. Viscardi für die Marianische Männerkongregation (1944 zerstört, rekonstruiert). Die wertvollsten Stücke der Ausstattung sind der Hochaltar mit dem Holzrelief »Mariä Verkündigung« von A. Faistenberger (1711) und die wunderbare **Schutzengel-Gruppe** von Ignaz Günther (1773) an der Rückwand. In der Unterkirche ist der 1987 seliggesprochene Jesuitenpater **Rupert Mayer** (1876 – 1945) bestattet, der als Gegner der Nationalsozialisten mehrfach verhaftet wurde.

**Karlsplatz**

Durch das Karlstor tritt man auf den Karlsplatz, der im Volksmund **Stachus** heißt (Einkaufspassagen im Untergeschoss, S- und U-Bahnhof). Möglicherweise rührt der Name von Eustachius Föderl, der im 18. Jh. am Platz eine Wirtschaft betrieb. Das dreibogige Tor, früher Neuhauser Tor, gehörte zum zweiten Mauerring, der von 1319 bis 1791 bestand. Die Nordwestseite des Platzes wird vom monumenta-

*Am Chinesischen Turm im Englischen Garten geht's immer hoch her.*

*In der Maximilianstraße findet man alles, was (gut und) teuer ist.*

len **Justizpalast** (F. von Thiersch, 1898) beherrscht; hinter ihm steht der neogotische Neue Justizpalast, ein markanter Backsteinbau mit Treppengiebeln (ebenfalls von Thiersch, 1908). Nördlich werden die Justizgebäude vom **Alten Botanischen Garten** flankiert, mit großem Neptunbrunnen und nettem Biergarten am Parkcafé – mit leicht schräger Einrichtung ein beliebtes Bistro für Jung(gebliebben)e.

## Maximilianstraße

Die Prachtmeile der Maximilianstraße verläuft vom Max-Joseph-Platz östlich zur Isar; ihren krönenden Abschluss bildet jenseits des Flusses das Maximilianeum (► S. 273). Im Gegensatz zur strengen Architektur der Ludwigstraße seines Vaters suchte Maximilian II. »seinen« Boulevard locker zu gestalten, öffentliche Bauten, Geschäfte, Hotels, Restaurants und Grünanlagen sollten sich abwechseln. Das (nicht allgemein geschätzte) Konzept, später **Maximilianstil** genannt, lieferte Friedrich Bürklein 1851–1853, der sich an Gotik und Renaissance orientierte. Die Lücke, die nach 1944 zwischen Opernhaus und dem Hotel Vier Jahreszeiten gähnte, wurde bis 2003 mit dem Block der Maximilianhöfe geschlossen: Hinter eine rekonstruierte Bürklein-Fassade wurden riesige Glaskästen mit Büros und Läden geklemmt (empfehlenswert das Lounge-Restaurant »Brenner«). Im Haus Nr. 14 hatte der unvergessliche Rudolph Moshammer, der 2005 ermordet wurde, seinen Herrenmodeladen (jetzt Blancpain). Etwas weiter östlich liegen die **Kammerspiele**, einer der wenigen erhaltenen Theaterbauten aus dem Jugendstil in Deutschland; ihr Sprechtheater-Programm reicht von der Klassik bis zur Gegenwart.

Jenseits des Altstadtrings erstreckt sich nördlich der Maximilianstraße der über 170 m lange Komplex der **Regierung von Oberbayern** in prächtiger Neorenaissance (1864). Gegenüber der neogotische Bau (1863) des seit 1926 hier untergebrachten Staatlichen Museums für Völkerkunde, das mit seinen künstlerischen und kunsthandwerklichen Exponaten aus aller Welt zu den bedeutendsten in Europa gehört. Schwerpunkte sind die Kulturen Ostasiens, West- und Zentralafrikas sowie Südamerikas. Geöffnet Di. – So. 9.30 – 17.30 Uhr.

★★ ◄ Völkerkunde-museum

Wenige Schritte weiter ehrt ein Denkmal König Maximilian II., der 1848 – 1864 regierte. Die Figuren am Sockel symbolisieren die Tugenden der Staatskunst. Vier Kindergestalten halten die Wappen der bayerischen Stämme: Bayern, Schwaben, Franken und Rheinpfalz.

**Maxmonument**

Beiderseits der äußeren Maximilianstraße, zwischen Isartor und Isar, erstreckt sich das Lehel, ein schönes Wohnquartier mit Häusern aus Biedermeier, Historismus und Jugendstil. Nördlich der Regierung von Oberbayern ist ein Juwel zu finden: die kleine Klosterkirche St. Anna im Lehel, die bis 1730 von J. M. Fischer erbaute **erste Rokoko-Kirche Altbayerns** und eine der schönsten; die Ausstattung stammt von den Brüdern Asam und J. B. Straub. Gegenüber die mächtige **Pfarrkirche St. Anna** im Stil der rheinischen Romanik (Gabriel von Seidl, 1892). Eine kleine Idylle ist der St.-Anna-Platz; im v. a. von jungen Leuten frequentierten Café La Stanza gibt's, so sagt man, den besten Espresso der Stadt.

**Lehel**

★ ◄ St. Anna im Lehel

Auf der Anhöhe am rechten Isarufer dominiert das Maximilianeum (F. Bürklein, 1857 – 1874), ursprünglich Ausbildungsstätte für begabte Landeskinder und seit 1949 Sitz des **Bayerischen Landtags**. Wer eine Sitzung des Landtags besuchen will, meldet sich an der Pforte an (Personaldokument erforderlich); die historischen Räume sind nur am Tag der offenen Tür zugänglich (www.bayern.landtag.de).
Östlich hinter dem Maximilianeum liegen der **Max-Weber-Platz**, Ausgangspunkt der Tram 25 nach Grünwald (► S. 288), und der Wiener Platz, ein besonders hübscher Punkt mit Marktbuden, alten »Herbergen« (Kleinbürgerhäusern) und dem berühmten **Hofbräukeller**: große, gute Wirtschaft und schöner, frequentierter Biergarten.

**Maximilianeum**

## Prinzregentenstraße · Englischer Garten

Den Beginn der Prinzregentenstraße nordöstlich des Hofgartens markiert das Haus der Kunst, das Hitler 1933 als »Haus der Deutschen Kunst« bei dem Architekten P. L. Troost in Auftrag gab. Heute finden hier Kunstausstellungen statt (geöffnet tägl. ab 10.00 Uhr, Do. bis 22.00, sonst bis 20.00 Uhr; stilvolles Café). Im Untergeschoss ist das P1 ansässig, Münchens bekannteste Schicki-Micki-Disco. Von der Brücke über den Eisbach östlich des Baus kann man den Surfern zuschauen, die auf der stehenden Welle herumturnen.

**Haus der Kunst**

**★★ Bayerisches Nationalmuseum**

Wer sich für süddeutsche Kultur und Geschichte interessiert, muss sich einen Tag für das einige Schritte entfernte Bayerische Nationalmuseum reservieren, ein überwältigendes Schatzhaus für Kunst, Kunsthandwerk und Volkskunst von der Romanik bis zum Jugendstil. Highlights sind die Seeoner Madonna, Werke von Tilman Riemenschneider und Erasmus Grasser, Altarbilder von Jan Polack und Rokoko-Skulpturen von J. B. Straub, I. Günther und R. A. Boos, aber auch die bayerischen Bauernstuben. Weltberühmt ist die Krippensammlung mit Exponaten aus Bayern, Tirol, Neapel und Sizilien (17. – 19. Jh.). Der riesige Museumskomplex (1894 – 1900) gilt als Hauptwerk von Gabriel von Seidl, der hier fast die ganze Architekturgeschichte zitiert. Geöffnet Di. – So. 10. – 17.00, Do. bis 20.00 Uhr. Im Westflügel findet man das elegant-moderne Caférestaurant.

**★ Archäologische Staatssammlung**

Im modernen Landesmuseum für Vor- und Frühgeschichte Bayerns (nördlich hinter dem Nationalmuseum, Lerchenfeldstr. 2) sind eindrucksvolle Zeugnisse von der Altsteinzeit bis zum frühen Mittelalter zu sehen, darunter Funde vom Speckberg bei Eichstätt, aus dem keltischen Oppidum von Manching und aus dem Fürstengrab von Wittislingen. Geöffnet Di. – So. 9.30 – 17.00 Uhr.

**★ Sammlung Schack**

Nicht versäumen sollte man die zauberhaften Bilder aus der Romantik in der Schackgalerie (Prinzregentenstr. 9). Adolf Friedrich Graf von Schack (1815 – 1894) förderte viele Maler durch Ankäufe bzw. Aufträge, darunter Moritz von Schwind, Carl Spitzweg, Franz von Lenbach und Arnold Böcklin. Geöffnet Mi. – So. 10.00 – 18.00 Uhr.

**Friedensengel**

Hoch über der Isar, jenseits der Luitpoldbrücke, glänzt über einer eindrucksvollen Treppenanlage der vergoldete Friedensengel – sein Vorbild ist die berühmte antike Nike des Paionios –, der 1897 zur Feier des Siegs im Deutsch-Französischen Krieg 1871 errichtet wurde. Fortsetzung der Prinzregentenstraße ►Bogenhausen, S. 281.

**★★ Englischer Garten**

München wäre halb so schön ohne den Englischen Garten, der sich links der Isar von der Prinzregentenstraße etwa 5 km nach Norden erstreckt: ein zwischen 1789 und 1832 geschaffenes, 4,17 km² großes Paradies mit prachtvollen Baumgruppen, Wiesen und Bächen. Markante Punkte sind der **Monopteros** (L. v. Klenze, 1838) und der **Chinesische Turm**, errichtet 1790 als Aussichts- und Musikpagode (1951 rekonstruiert), mit Biergarten und Restaurant. Auch am Kleinhesseloher See kann man im Biergarten und auf der Terrasse des Restaurants »Seehaus« schön sitzen. Jenseits des Isarrings (mehrspurige Schnellstraße) setzt sich der Englische Garten in der Hirschau und den Isarauen fort; hier hat man auch in der »heißesten« Jahreszeit unendlich viel Platz. Im Norden der Hirschau ist der »Aumeister« mit seinem Biergarten das lohnende Ziel einer kleinen Radtour. Und wer will, kann der Isar folgend über Garching bis nach ►Freising radeln (Isar-Radweg Nord, vom Aumeister ca. 25 km).

*Beliebter Treffpunkt: Monopteros im Englischen Garten*

## Vom Odeonsplatz zu den Pinakotheken

**Brienner Straße**

Die Brienner Straße wurde ab 1811 auf dem »Fürstenweg« von der Residenz nach Schloss Nymphenburg angelegt. Leider ist durch die Schäden im Zweiten Weltkrieg, die Neubebauung und die Anlage des Altstadtrings das ursprüngliche Bild z. T. verlorengegangen; auch vom **Café Luitpold** von 1888, einem der prunkvollsten Kaffee- und Ballhäuser der Welt, ist nichts übrig; immerhin gibt es wieder einen glasüberkuppelten Palmengarten. Rechts öffnet sich der **Wittelsbacher Platz** mit dem Denkmal des Kurfürsten Maximilian I. (Bertel Thorvaldsen, um 1835). Das Alfons-Palais am Nordrand, Leo von Klenzes Wohnstatt (1825), beherbergt die Zentrale des Siemens-Konzerns. Der Obelisk auf dem **Karolinenplatz** (1832) ehrt die 1812 im Russlandfeldzug Napoleons umgekommenen bayerischen Soldaten.

*** Königsplatz**

Bayerns griechische Exkursion und Münchens angestrebte Rolle als **Isar-Athen** illustriert der Königsplatz, der im 19. Jh. unter König Ludwig I. nach Entwürfen Leo von Klenzes angelegt wurde. Mit den Monumentalbauten sollte er als »Forum der Künste« den Gegenpol zum »Forum der Wissenschaften« an der Ludwigstraße (► S. 278) bilden. 1933 – 1935 wurde der Platz zur nationalsozialistischen **Akropolis Germaniae** umgestaltet; erhalten geblieben sind am Ostrand des Platzes der »Führerbau«, in dem 1938 das Münchner Abkommen unterzeichnet wurde (heute Musikhochschule), und südlich von ihm die Verwaltung der NSDAP (Sitz der Staatlichen Graphischen Sammlung). Eine Tafel bei der Musikhochschule informiert über die Situation damals und heute. In der Nähe, wo das »Braune Haus« stand, soll bis 2013 ein **NS-Dokumentationszentrum** errichtet werden.

*Antike Größe zeigen die Prpyläen auf dem Königsplatz.*

**Propyläen** Im Westen beherrscht den Königsplatz ein Prachttor, das von Klenze nach dem Vorbild der Propyläen der **Athener Akropolis** gestaltete. Die Giebelplastiken am Mittelbau verherrlichen den griechischen Freiheitskampf gegen die Türken (1821 – 1829) unter König Otto I., Sohn des bayerischen Königs Ludwig I.

**✶ Glyptothek** Die Nordseite des Königsplatzes nimmt die 1816 – 1830 von Klenze erbaute Glyptothek ein. Der Tempel beherbergt eine der **bedeutendsten Skulpturensammlungen Europas**, die im Auftrag von Ludwig I. zusammengetragen wurde, u. a. der Barberinische Faun und der berühmte Knabe mit der Gans. Geöffnet Di. – So. 10.00 – 17.00 Uhr, Do. bis 20.00 Uhr; ein besonders schöner Platz ist der Innenhof (mit Café), in dem im Sommer antike Dramen aufgeführt werden.

**✶ Staatliche Antikensammlungen** Im monumentalen Tempel (G. F. Ziebland, 1838 – 1848) gegenüber der Glyptothek ist eine der weltweit bedeutendsten Sammlungen **griechischer, etruskischer und römischer Kleinkunst** – Vasen, Bronzen, Terrakotten, Glas, Schmuck – vom 3. Jt. v. Chr. bis ca. 400 n. Chr. zu bewundern (geöffnet Di. – So. 10.00 – 17.00, Mi. bis 20.00 Uhr). Die Mitte des Giebelfelds ziert die Patrona Bavariae, die als Patronin der Künste dargestellt ist.

**✶✶ Lenbachhaus**

wegen Umbau bis 2012 geschlossen ▶

Nordwestlich der Propyläen steht das Lenbachhaus, einst Wohnsitz und Atelier des »Malerfürsten« Franz von Lenbach (1836 – 1904). Die toskanische Villa, erbaut 1891 von G. v. Seidl, beherbergt die Städtische Galerie mit hochkarätiger Malerei des 19. und 20. Jahrhunderts. Der berühmteste Teil der Sammlung sind die Bilder der Künstlergruppe **Blauer Reiter**. Neben Gemälden des frühen 20. Jh.s von Kandinsky, Klee, Macke, Marc, Münter und Jawlensky sind bedeutende Münchner des 19. Jh.s wie Spitzweg, Leibl, Defregger und Corinth vertreten. Mit zeitgenössischer Kunst, darunter Beuys, Warhol und Kiefer, setzt die Galerie ihre Sammeltätigkeit fort. Der idyllische Gartenhof ist im Sommer ein hübscher Platz zum Kaffeetrinken. In der benachbarten U-Bahn-Station liegt der »Kunstbau« der Galerie, der für Sonderausstellungen genützt wird.

★★ Alte Pinakothek

Nordöstlich des Königsplatzes konzentriert sich im **Kunstareal München** bildende Kunst von Weltrang: in der Alten und der Neuen Pinakothek, in der Pinakothek der Moderne und im Museum Brandhorst (www.pinakothek.de). Die 1826 – 1836 von Leo von Klenze im Stil eines venezianischen Palastes errichtete Alte Pinakothek (bis 1957 rekonstruiert, mit großartigen Treppenaufgängen) präsentiert etwa 700 Meisterwerke aus allen Schulen der europäischen Malerei vom Mittelalter bis zum Ende des 18. Jh.s. Neben altdeutscher (u. a. Dürer, Altdorfer, Grien) und niederländischer Malerei (van der Weyden, Memling) sind flämische Meister (allein 46 Werke von Rubens), holländische (Rembrandt, Hals), französische, italienische (Botticelli, Leonardo da Vinci, Tizian) und spanische Malerei vertreten. Geöffnet Di. 10.00 – 20.00, Mi. – So. 10.00 – 18.00 Uhr. In stilvollem Ambiente kann man im Café Klenze den Afternoon Tea nehmen.

★★ Neue Pinakothek

Den Bau der Neuen Pinakothek schuf A. von Branca 1975 – 1981. Ihre Sammlungen umfassen Gemälde und Plastiken vom späten 18. Jh. bis Anfang des 20. Jh.s, mithin vom Klassizismus bis zum Jugendstil. Vertreten sind u. a. C. D. Friedrich, Feuerbach, Böcklin und Füssli, die Nazarener, Spitzweg und Menzel; große Anziehungskraft haben auch berühmte Impressionisten und Wegbereiter der Moderne wie Cézanne, Degas, Gauguin, Manet und Monet, van Gogh, Segantini und Munch. Geöffnet Mi. 10.00 – 20.00, Do. – Mo. 10.00 – 18.00 Uhr.

★★ Pinakothek der Moderne

Im Jahr 2002 wurde das mit 12 000 m² Ausstellungsfläche größte deutsche Museum für moderne Kunst eröffnet. Trotz seiner ästhetischen Dürftigkeit und der horrenden Kosten – über 120 Mio. € – wird es weithin als Meisterwerk gefeiert (Architekt S. von Braunfels). Es präsentiert bildende Kunst von Weltgeltung, und zwar in der Staatsgalerie moderner Kunst und der Staatlichen Graphischen Sammlung, im Architekturmuseum der TU München und der Neuen Sammlung (Design). Die interessantesten Werke gehören der **Klassischen Moderne** an, v. a. deutscher Expressionismus (Beckmann, Kirchner, Nolde, Müller, Schmitt-Rottluff) und Picasso, darüber hinaus Kubisten wie Braque und Surrealisten wie Magritte. Geöffnet Di. – So. 10.00 – 18.00, Mi. bis 20.00 Uhr.

★ Museum Brandhorst

An der Türkenstraße steht das von Sauerbruch Hutton konzipierte Gebäude (2009) des Museums Brandhorst, dessen Fassade 36 000 bunte Keramikstäbe zieren. Grundstock der Sammlung sind Arbeiten des US-Amerikaners Cy Twombly (»Lepanto-Zyklus«). Darüber hinaus umfasst die Galerie über 700 Werke des 20. Jh.s, darunter von Andy Warhol, Sigmar Polke, Georg Baselitz und Gerhard Richter. Geöffnet Di. – So. 10.00 – 18.00, Do. bis 20.00 Uhr.

**Weitere Museen im Kunstareal**

Auch wem der Sinn nach anderer Schönheit steht, findet im Kunstviertel zwei interessante Museen. Gleich nördlich der Pinakothek der Moderne sind im **Reich der Kristalle**, der Mineralogischen Staatssammlung, Mineralien, Erze und Edelsteine zu bewundern (geöffnet Di. – So. 13.00 – 17.00 Uhr). In der Nähe des Lenbachhauses lockt das **Paläontologische Museum** mit eindrucksvollen Fossilien wie dem Archaeopteryx aus Solnhofen, dem Riesenelefanten aus Mühldorf und einem Dreihorn-Dinosaurier aus Wyoming (Richard-Wagner-Str. 10, geöffnet Mo.–Do. 8.00 – 16.00, Fr. 8.00 – 14.00, 1. So. im Monat 10.00 – 16.00 Uhr).

## Vom Odeonsplatz nach Schwabing

**Ludwigstraße**

Die Ludwigstraße, die vom Odeonsplatz einen Kilometer weit nach Norden führt, ließ König Ludwig I. durch Leo von Klenze anlegen. Den Südteil prägen klassizistische Bauten; für den Nordteil wählte der Nachfolger von Klenzes als Hofarchitekt, Friedrich von Gärtner, romanisierende Formen und für einige Gebäude die Ziegelbauweise. Offiziell zum **Odeonsplatz** gehören die Bauten am Beginn der Ludwigstraße: links – hinter dem Reiterdenkmal für Ludwig I. – das Innenministerium am Platz des 1944 zerstörten Odeons (L. von Klen-

*»Große« Kunst in der Alten Pinakothek*

ze, 1828; der glasüberdachte Innenhof war einst der Konzertsaal) und das Finanzministerium (Leuchtenberg-Palais; von Klenze, 1821). Am Platz der Landeszentralbank stand der Herzog-Max-Palast, Geburtshaus der späteren österreichischen Kaiserin Elisabeth (»Sisi«). Rechts folgen das Hauptstaatsarchiv und, signalisiert von den »Vier Heiligen Drei Königen« Homer, Thukydides, Aristoteles, Hippokrates, die 155 m lange Front der **Staatsbibliothek**. Die Universitätskirche **St. Ludwig** (F. v. Gärtner, 1844) mit »italienischer« Doppelturmfassade gilt als bedeutendster Sakralbau der deutschen Romantik und besitzt eines der größten Fresken der Welt (P. v. Cornelius, »Jüngstes Gericht«, 1840).

Vor dem Siegestor weitet sich die Ludwigstraße zum von F. v. Gärtner konzipierten Platz mit dem Hauptgebäude der **Ludwig-Maximilians-Universität** (westlich) und dem Georgianum, dem 1494 gegründeten katholischen Priesterseminar – das zweitälteste der Welt –, sowie dem Max-Joseph-Stift (Juristisches Seminar) im Osten. Das dreibogige **Siegestor**, bis 1852 nach dem römischen Konstantinsbogen geschaffen und bekrönt von einer Bavaria mit Löwen-Quadriga, ehrt die bayerischen Soldaten der Befreiungskriege 1813 – 1815.

! *Baedeker* TIPP

**Universität**

Im Lichthof der Universität erinnert die »DenkStätte« an den Widerstand der Weißen Rose. Im Georgianum ist sakrale Kunst von der Romanik bis ins 19. Jh. zu bewundern (Anmeldung Tel. 0 89 / 2 86 20-1).

**Leopoldstraße**

Jenseits des Siegestors setzt sich der Boulevard unter dem Namen Leopoldstraße als Hauptverkehrsader und Flaniermeile von Schwabing bis zur Münchner Freiheit fort. An schönen Sommerabenden sind die Freiflächen vor den Cafés, Bars und Restaurants gesteckt voll. Vor dem Gebäude der Münchner Rückversicherung der »Walking Man« (J. Borofsky, 1995). Wenig attraktiv, dennoch beliebt ist der Platz »Münchner Freiheit« mit Bus-Tram-Bahnhof und abgesenkter Ladenpassage. Einen Blick wert ist nördlich des Platzes die evangelische **Erlöserkirche** mit ihrem Jugendstil-Inneren (1901).

**Schwabing**

Schwabing wurde schon 782, lange vor der Gründung Münchens, als »Swapinga« erstmals erwähnt. 1891, nach dem Bau der Ludwigstraße, wurde es nach München eingemeindet. Abgesehen von einigen unschönen Ecken ist Schwabing ein begehrtes Wohnviertel mit sorgfältig restaurierten Häusern aus Gründerzeit und Jugendstil. Seinen Ruf als Bohèmeviertel erhielt es, als sich Ende des 19. Jh.s Maler, Schriftsteller (u. a. Ringelnatz, Wedekind, Thomas Mann), Maler, Musiker und Schauspieler hier niederließen. Von der einstigen Atmosphäre der »Schlawiner«, wie Münchner Bürger sie nannten, ist nichts mehr übrig, was sich etwa in der Feilitzschstraße östlich der Münchner Freiheit feststellen lässt. Immerhin kann man im **Lustspielhaus** (Occamstraße) und in der legendären **Lach- und Schießgesellschaft** (Ursulastraße) hochkarätige »Kleinkunst« erleben.

## Südöstliches Stadtgebiet

✶✶ **Deutsches Museum** Auf einer Isarinsel liegt einer der großen Besuchermagneten Münchens: das Deutsche Museum, eines der **bedeutendsten Technikmuseen** der Welt (geöffnet tägl. 9.00 – 17.00 Uhr, an Feiertagen meist geschlossen; www.deutsches-museum.de). Die Errungenschaften der Natur- und Ingenieurswissenschaften werden hier anschaulich erfahrbar gemacht. Da allein die Dauerexponate ca. 55 000 m² umfassen, empfiehlt sich eine Auswahl anhand des Museumsführers. Zu den Hauptattraktionen gehören das Bergwerk im Untergeschoss, die Hallen mit Exponaten aus der Verkehrstechnik und die Hochspannungsanlage mit Faradayschem Käfig (Vorführungen 12.00 / 14.00 Uhr). Als Bildungseinrichtung bietet das Deutsche Museum auch ein großes Programm an Führungen und Vorträgen, in der Musikinstrumentensammlung finden Konzerte statt.

**Forum am Deutschen Museum** Der Kongressbau des Deutschen Museums an der Ludwigsbrücke war bis 2010 als IMAX- bzw. 3D-Kino ein Publikumsmagnet. Im Zug der Generalsanierung des Deutschen Museums soll es als Eingangsbereich neu gestaltet werden.

✶ **Müllersches Volksbad** Der große Bau jenseits der Ludwigsbrücke mit dem ungewöhnlichen Turm ist das Müllersche Volksbad, mit seiner Jugendstil-Neobarock-Architektur eines der **schönsten Hallenbäder Deutschlands** (1901 eröffnet). Zwei Becken (das kleinere, ehemals Frauen vorbehalten, mit 30 °C), ein römisch-irisches Schwitzbad und ein hübsches Café gehören dazu. Ein Wannenbad – es gab 86 davon – ist zu besichtigen. Hinter dem Volksbad liegt einer der Fixpunkte der Münchner Musik-, Kunst- und Party-Szene, die **Muffathalle**, einst das erste Dampfkraftwerk der Stadt mit hohem Schornstein (und Biergarten).

✶ **Gasteig** Oberhalb des Volksbads ragt eine mächtige Backstein-Burg auf, das 1985 eröffnete **Kulturzentrum Gasteig** (der Name kommt von »gacher Steig«, d. h. »steiler Weg«). Das Gebäude, das manchen als ästhetisch missraten gilt, beherbergt die Münchner Philharmonie, das Richard-Strauss-Konservatorium, die Volkshochschule und das Zentrum der Stadtbibliothek. Größter Saal des Gasteigs ist die Philharmonie mit 2500 Plätzen; wegen der nicht optimalen Akustik sollte man sich einen teureren Platz leisten, der Musikkritiker Joachim Kaiser empfahl einmal Block B, Reihe 8. Östlich schließt an den Gasteig die Verwaltung der GEMA an; hier stand der **Bürgerbräukeller**, in dem Georg Elser 1939 seinen Anschlag auf Hitler vorbereitete und leider erfolglos durchführte (►S. 45).

**Spazierwege an der Isar** Zwar wendet sich das Stadtzentrum eigenwillig von der Isar ab, doch möchten die Münchner ihren Fluss nicht missen, kann man hier doch schön spazierengehen, radeln und faulenzen. Zunächst in nördlicher Richtung: Von der Ludwigsbrücke zum Vater-Rhein-Brunnen hinunter (1903 im damals deutschen Straßburg aufgestellt, seit 1932 hier) und über den Wehrsteg zur Praterinsel; dort können sich Bergfreunde im **Alpinen Museum** des DAV umsehen, links des Kanals die markante evangelische Lukaskirche (1897). Dann über den eleganten Kabelsteg zum Ostufer in die in den 1850er-Jahren geschaffenen **Maximiliansanlagen**, durch die man zum Maximilianeum (► S. 273) und zum Friedensengel (► S. 274) gelangt; Ausdauernde gehen weiter bis zur Bogenhausener St.-Georgs-Kirche (► unten). Südwestlich des Deutschen Museums beginnen die Überschwemmungsflächen am Fluss, die sich bis Grünwald (► S. 288) hinziehen und zu den beliebten Freizeitarealen der Stadt zählen; im Sommer wird auf den Kiesbänken massenhaft gegrillt und gefestet. Hervorragend bewährt sich die **Renaturierung der Isar**, die dem Fluss wieder Leben gibt.

## Bogenhausen

Bogenhausen, östlich des Englischen Gartens jenseits der Isar gelegen, ist als Villenviertel berühmt; Ende des 19., Anfang des 20. Jh.s haben sich dort wohlhabende Bürger prächtige Domizile geschaffen, die heute bevorzugt von Botschaften und Konsulaten, Unternehmensberatern und Rechtsanwälten genützt werden. Gründerzeit- und Jugendstil-Fassaden lassen nobles Flair aufkommen.

**Prinzregentenstraße**

An der Prinzregentenstraße östlich des Friedensengels (► S. 274) liegen einige interessante Punkte. Der »Malerfürst« **Franz von Stuck** (1863 – 1928) ließ sich zwischen 1897 und 1914 eine seinem Selbstbewusstsein adäquate Villa mit Atelier erstellen; hier sind auch einige seiner schwülstigen Werke zu sehen (Haus Nr. 60, geöffnet Di. – So. 11.00 – 18.00 Uhr). In Nr. 73 ist der international berühmte Luxus-Lebensmittelhändler **Käfer** ansässig, der Laden ist ebenso edel wie die Käfer-Schänke. Sehr beliebt ist das **»Prinze«** (Prinzregentenbad), ein Freibad mitten in der Stadt, im Winter fährt man hier Schlittschuh. Als Richard-Wagner-Theater gedacht war das **Prinzregententheater**, ein prächtiger neoklassizistischer Bau, errichtet 1900/1901 von Max Littmann. München- und Literaturfreunde besuchen das **Hildebrand-Haus** (Maria-Theresia-Str. 23), einst Wohn- und Arbeitsstätte des Bildhauers Adolf von Hildebrand (1847 – 1921); es beherbergt die **Monacensia-Bibliothek** mit den Nachlässen berühmter Schriftsteller, die in München ansässig waren.

**St. Georg**

Einen Hauch dörflicher Atmosphäre spürt man noch im Norden Bogenhausens: Die Rokoko-Kirche St. Georg entstand 1766 – 1768 nach Plänen von Johann Michael Fischer; der Hochaltar mit Figuren des hl. Georg, des hl. Donatus und der hl. Irene stammt von J. B. Straub, den südlichen Seitenaltar und die Kanzel schuf Ignaz Günther. Auf dem **Friedhof** sind Berühmtheiten bestattet, so Liesl Karlstadt, Erich Kästner, Annette Kolb, Walter Sedlmayr, R. M. Fassbinder und Oskar Maria Graf. Mit Tram 17 zurück zum Max-Weber-Platz (► S. 273).

## Westliches Stadtgebiet

**Theresienhöhe und Theresienwiese**

Zu den bekanntesten Wahrzeichen Münchens gehört der »Tempelbezirk der Romantik« auf der Theresienhöhe mit der Bavaria und der Ruhmeshalle. Darunter breitet sich die Theresienwiese aus, auf der das weltberühmte **Oktoberfest** stattfindet.

**Bavaria und Ruhmeshalle**

Die 18,5 m hohe germanische Frauengestalt am Hang der Theresienhöhe wurde von Ludwig Schwanthaler modelliert und von Ferdinand von Miller gegossen (Einweihung 1850). Vom Kopf der Statue sieht man über die Stadt (Zugang April – 15. Okt. tägl. 9.00 – 18.00, während des Oktoberfests bis 20.00 Uhr). Umgeben wird die Bavaria von der Ruhmeshalle, einer Säulenhalle aus Marmor (L. von Klenze, 1853). Hier sind Büsten von 115 bayerischen Persönlichkeiten aufgestellt, 77 davon wurden noch von Schwanthaler geschaffen.

**✶ Oktoberfest**

Auf der Theresienwiese wurde am 17. Oktober 1810 anlässlich der Vermählung von Kronprinz Ludwig von Bayern (später König Ludwig I.) und Therese von Sachsen-Hildburghausen ein Pferderennen abgehalten. Aus dieser Volksbelustigung ging das Oktoberfest hervor, das sich zum **größten Volksfest der Welt** entwickelte und bündig als »Wiesn« bezeichnet wird. Mit seinen Bierzelten, die insgesamt etwa 100 000 (!) Besucher fassen, den Jahrmarktsattraktionen, Achterbahnen und Super-Loopings zieht es etwa 6 Mio. Besucher an – zu einem nicht unbeträchtlichen Teil Kampftrinker aus englischsprachigen Ländern und Italien. Damit die »Party-Atmosphäre«, um es neutral auszudrücken, nicht ganz entgleist, darf die Musik in den Zelten bis 18 Uhr nur ohne Verstärker spielen. An Wochenenden kann der Zugang zu bestimmten Zelten schon um 10 Uhr morgens wegen Überfüllung verwehrt werden. Nicht entgehen lassen sollte man sich den Trachten- und Schützenzug durch die Stadt am ersten Wiesn-Sonntag (ab 10.00 Uhr), das Konzert der Blaskapellen am zweiten Sonntag um 11.00 Uhr vor der Bavaria und das Böllerschießen am letzten Sonntag um 12.00 Uhr, ebenfalls vor der Bavaria.

**! *Baedeker* TIPP**

### Wiesn wie damals

Wer alte Wiesn-Atmosphäre sucht, geht zum Schichtl (»Auf gehts beim Sch.!«), ins Teufelsrad und in die »Oide Wiesn« (Gebühr). Seit 1924 schaukelt man gemütlich in der »Krinoline« im Kreis, zur Blasmusik, die ältere Herren garantiert »unplugged« machen. Ihre CD »Biermusik!« (Indigo / Fischrecords) gehört zum schönsten des Genres.

*Als Sommerresidenz nach italienischer Art entstanden: Schloss Nymphenburg*

**★★ Verkehrszentrum**

In den alten Messehallen auf der Theresienhöhe ist das Verkehrszentrum des Deutschen Museums (► S. 280) zu Hause, eine einzigartige Sammlung alter und neuer Landverkehrsmittel (z. B. die bei Maffei gebaute bayerische Dampflok S 3/6). Dargestellt werden auch die ökologischen und gesellschaftspolitischen Dimensionen des Verkehrswesens, die Erschließung der Erde und die Entwicklung der mobilen Gesellschaft; die Lust an der Bewegung und die Faszination für Technik und Geschwindigkeit kommen dabei nicht zu kurz. Geöffnet tägl. 9.00 – 17.00 Uhr, Do. bis 20.00 Uhr.

**★★ Schloss Nymphenburg**

Der Freude Kurfürst Ferdinand Marias über die Geburt des Thronfolgers verdankt München nicht nur die Theatinerkirche (► S. 262), sondern auch die riesige barocke Anlage von Schloss und Park Nymphenburg im Westen der Stadt. Das Schloss und seine Einrichtungen sind April – 15. Okt. tägl. 9.00 – 18.00 geöffnet, sonst 10.00 – 16.00 Uhr; Amalienburg, Badenburg, Pagodenburg und Magdalenenklause sind ab Mitte Okt. bis inkl. März geschlossen.

◄ Schlossgebäude

Die Sommerresidenz der bayerischen Herrscher bildet eine symmetrische Anlage von über 600 m Länge. Als Geschenk für seine Frau Henriette von Savoyen ließ Ferdinand Maria 1664 – 1675 durch A. Barelli den einfachen Mittelpavillon errichten; bis 1704 ließ er durch E. Zuccalli und A. Viscardi die Galerien und Seitenpavillons anfügen, die Gebäude des Schlossrondells kamen ab 1730 hinzu. Die Räume sind mit Stuck und Fresken, Wandteppichen und erlesenen Möbeln reich ausgestattet. Prachtvoll ist der über drei Geschosse reichende **Steinerne Saal**, dessen Ausstattung J. B. Zimmermann, dessen Sohn Franz und François Cuvilliés d. Ä. besorgten. Der Speisesaal im Südflügel beherbergt die **Schönheitengalerie** König Ludwigs I., 36 wunderbare Porträts, gemalt 1827 – 1850 von Joseph Stieler. Besonders zu beachten sind darunter Lola Montez, die Tänzerin und Mätresse Ludwigs I., über die der König »stolperte«, und die »Schöne Münchnerin«, die Schusterstochter Helene Sedlmayer. Im Blauen Salon kam 1845 König Ludwig II. zur Welt.

Südflügel ►

Im Südflügel zeigt das **Marstallmuseum** Prunkwagen und -schlitten, Geschirre und Sattelzeug aus der Zeit, als Bayern noch von Kurfürsten und Königen regiert wurde; schier erschlagen wird man von der Pracht des Prunkwagens König Ludwigs II. Im Obergeschoß des Südflügels gibt das **Porzellanmuseum** Einblick in das Schaffen der 1747 gegründeten Staatlichen Porzellanmanufaktur Nymphenburg. Durch die Schöpfungen ihres genialen ersten Modellmeisters, Franz Anton Bustelli (ab 1754), gelangte sie zu hohem Ansehen. Die Manufaktur selbst befindet sich im nördlichen Schlossrondell. Bis heute werden hier nach alten und modernen Entwürfen kostbare Stücke produziert (Verkauf Mo. – Fr. 10.00 – 17.00 Uhr).

Porzellanmuseum ►

Porzellanmanufaktur ►

Museum Mensch und Natur ►

Im **Nordflügel** des Schlosses ist das Museum Mensch und Natur untergebracht, das besonders für ältere Kinder interessant ist. Mit moderner Museumstechnik werden die Entwicklungsgeschichte der Er-

## *Nymphenburg* Orientierung

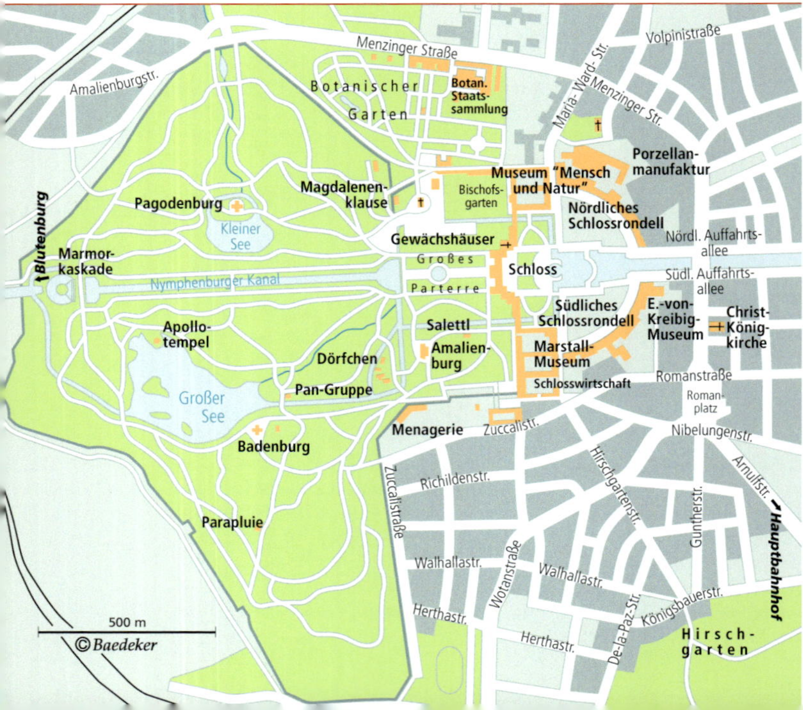

de, die Entwicklung des Lebens, die Biologie des Menschen, der Aufbau bzw. die Funktion des Nervensystems und des Gehirns sowie Umweltfragen veranschaulicht. Geöffnet Di., Mi., Fr. 9.00 – 17.00, Do. 9.00 – 20.00, Sa., So. 10.00 – 18.00 Uhr.

✶ ✶ ◄ Schlosspark

Der herrliche, in Ost-West-Richtung ca. 1,5 km lange Park, 1671 als italienischer Garten angelegt, wurde im 19. Jh. von F. L. von Sckell in einen **Landschaftsgarten nach englischer Art** umgestaltet. Er ist tägl. Mai – Aug. 6.00 – 21.30 Uhr zugänglich, sonst gelten kürzere Öffnungszeiten. Seine Achse bildet der Nymphenburger Kanal. Das **Große Parterre** ist mit Götterfiguren und Vasen aus Sterzinger Marmor geschmückt, die bedeutende Künstler wie R. A. Boos. Ignaz Günther und J. B. Straub entwarfen. Im Palmenhaus nördlich davon das hübsche gleichnamige Café (geöffnet April – Nov. 10.00 – 18.00, sonst bis 17.00 Uhr). Verschiedene malerische Bauten zieren den Park: die Amalienburg, die Badenburg, die Pagodenburg, die Magdalenenklause. Besonders großartig das Rokoko-Schlösschen Amalienburg, erbaut 1734 – 1739 von François Cuvilliés und ausgestattet von J. B. Zimmermann und J. J. Dietrich. Der Spiegelsaal ist mit seiner Silberdekoration auf blauem Grund mit Sinnbildern der Jagd einzigartig; im Jagdzimmer Jagd- und Tierbilder, herrlich auch die Küche.

✶ ✶ ◄ Amalienburg

Recht schön ist der Spaziergang vom Schloss Nymphenburg zum Schloss Blutenburg (► unten), zunächst am Kanal entlang, dann jenseits der S-Bahn auf der Grünachse »Durchblick« (45 – 60 Min.).

✶ **Neuer Botanischer Garten**

Auch der neue Botanische Garten, 1909 – 1914 nördlich des Nymphenburger Parks angelegt, ist mit seinem Café zu jeder Jahreszeit ein beliebter Ort zum Entspannen und Ziel für Familienausflüge. Kultiviert werden 15 000 Pflanzenarten. Im Alpinum wachsen Hochgebirgspflanzen aus aller Welt, es gibt eine Farnschlucht, einen Rhododendrenhain und einen Rosengarten, Gewächshäuser (Kakteen, Orchideen, Palmen etc.) und ein Tropenhaus. Im Wasserpflanzenhaus flattern von Ende Dez. bis Ende März **exotische Schmetterlinge**. Geöffnet tägl. ab 9.00 Uhr, Mai – Aug. bis 19.00, April, Sept. bis 18.00, Febr., März, Okt. bis 17.00, Nov. – Jan. bis 16.30 Uhr. Die Gewächshäuser werden eine halbe Stunde früher geschlossen.

✶ **Schloss Blutenburg**

Am westlichen Stadtrand, am Autobahnende in Obermenzing, ist ein wunderbares Idyll zu finden: die Blutenburg, die Herzog Albrecht III. ab 1439 als Jagdschlösschen errichten ließ. Die feine **spätgotische Schlosskapelle** (1488) birgt kunsthistorische Kleinode: u. a. die »Blutenburger Madonna« eines unbekannten Meisters (neben dem Sakramentshäuschen) und Altarbilder von Jan Polack, dem bedeutendsten Münchner Maler um 1500. Hin und wieder finden hier Konzerte statt (www.blutenburg.de). Sehr nett sitzt man in der guten Schlossschenke und auf seinen Terrassen (tägl. 10.00 – 22.00 Uhr). Das Schloss ist Domizil der weltweit bedeutenden **Internationalen Jugendbibliothek** (www.ijb.de), die Kinder- und Jugendliteratur mit ca. 580 000 Bänden in über 130 Sprachen besitzt, dazu »Lese-Museen« für Erich Kästner, Michael Ende und James Krüss. Ausleihe!

★ **Pippinger Kircherl**

Wenige Gehminuten südlich des Schlosses Blutenburg steht an der Durchgangsstraße das Kirchlein St. Wolfgang, eine fast unverändert erhaltene spätgotische Kirche, die Herzog Sigismund 1478 – 1480 erbauen ließ. Die Wandmalereien im Altarraum und die Bemalung der Kanzel werden Jan Polack zugeschrieben (um 1479).

## ★★ Olympiapark

Etwa 5 km nordwestlich des Stadtzentrums dehnt sich der Olympiapark aus, der für die **XX. Olympischen Sommerspiele 1972** geschaffen wurde, und zwar auf dem Oberwiesenfeld, das einst als königlich-bayerischer Exerzierplatz diente. Heute ist der Olympiapark ein beliebtes Freizeitgelände (►Feste & Veranstaltungen, S. 260).

★ **Olympiaturm**

Wahrzeichen ist der 291 m hohe Olympiaturm mit zwei Körben, dem Postkorb mit Telekom-Einrichtungen und dem Aussichtskorb mit **Drehrestaurant** (»181«, moderne Gourmetküche). Von Plattformen in 190 m Höhe hat man einen grandiosen Blick; Fans der Rockmusik pilgern ins **Rockmuseum Munich** (www.rockmuseum.de) in 200 m Höhe. Zugänglich tägl. 9.00 – 23.30 Uhr (letzte Auffahrt).

★★ **Olympiastadion**

Das Olympiastadion, in dessen Oval 78 000 Zuschauer Platz finden, die Große und die Kleine Olympiahalle, die Olympiaschwimmhalle

*Der Olympiapark mit seinem genialen Dach, vom Olympiaturm aus gesehen*

und das einzigartige **Zeltdach** wurden 1968 – 1972 nach Plänen der Architektengemeinschaft Behnisch und Partner errichtet. Das spektakuläre, 74 800 m² große **Zeltdach** hat der Architekt Frei Otto entworfen: ein Stahlnetz, das an zwölf bis zu 81 m hohen Masten aufgehängt und mit Acrylglasplatten gedeckt ist. Entscheidende Impulse erhielten die Konstrukteure aus ihrer Beschäftigung mit der Oberflächenspannung von Seifenblasen.

Sea Life

Beim Eissportzentrum locken Aquarien, Haibecken und Unterwasser-Glastunnel. Geöffnet tägl. 10.00 – 19.00/18.00/17.00 Uhr.

✱✱ BMW

Am Petuelring, an der Nordostecke des Olympiaparks, erstreckt sich das Werksgelände der Bayerischen Motorenwerke AG, deren Zentrale im charakteristischen **»Vierzylinder«-Hochhaus** (1972) ansässig ist. Im **BMW-Museum**, in der »Silberschale« vor dem Turm, kann man die legendären Produkte des Auto- und Motorradbauers bestaunen (geöffnet Di. – So. 10.00 – 18.00 Uhr). Komplettiert wird das Trio der BMW-Gebäude durch die **BMW-Welt**, einen spektakulären Multifunktionsbau des Wiener Architektenbüros COOP HIMMELB(L)AU (2007), der sich zum Publikumsmagneten entwickelt hat. In edlem Ambiente können hier Käufer ihre neuen Karossen abholen, künftige Käufer können die aktuellen Produkte des Hauses begutachten (tägl. 9.00 – 18.00 Uhr; Führungen). Außerdem finden hier Tagungen und Seminare statt; Restaurants und ein BMW-Shop gehören dazu.

## Weitere Sehenswürdigkeiten in München

✱ Ramersdorf

Wo die A 8 von Salzburg her auf den Mittleren Ring stößt, signalisiert der Turm der **barocken Kirche Mariä Himmelfahrt** eine kleine Idylle; mit dem Kirchhof und dem Alten Wirt nebenan ist noch etwas Dorfatmosphäre erhalten. Das »Ramersdorfer Kircherl« ist eine der **ältesten und wichtigsten Wallfahrtsstätten Bayerns**, was v. a. auf den angeblichen Splitter vom Kreuz Christi zurückgeht, den ein Sohn Ludwigs des Bayern aus Palästina mitbrachte. Die Kirche von 1315 wurde um 1400 erweitert und 1675 barockisiert. Herausragend unter der prächtigen Ausstattung sind der Hochaltar mit dem Gnadenbild der thronenden Madonna (um 1465), der Kreuzaltar von Erasmus Grasser (1482; Flügel bemalt von Jan Polack, 1483), Votivbilder und eine Schutzmantelmadonna von Jan Polack. Im gemütlichen **Alten Wirt** isst man ausgezeichnet (berühmt die viertel Ente zum Kampfpreis), im Biergarten trifft sich die Nachbarschaft.

✱✱ Tierpark Hellabrunn

Der Tierpark Hellabrunn im südlichen Stadtteil Thalkirchen wurde 1928 als **erster Geo-Zoo der Welt** gegründet. Mit rund 4500 Tieren aus aller Welt, die auf dem 36 ha großen Areal leben, ist Hellabrunn eine der meistbesuchten Sehenswürdigkeiten Süddeutschlands. Das denkmalgeschützte Elefantenhaus, die über 5000 m² große Freiflug-Voliere, das Polarium und die Menschenaffen-Station gehören zu den besonders attraktiven Einrichtungen. Spazierwege, Spielplätze und Cafés machen den Zoo zum Erlebnispark. Geöffnet April – Sept. tägl. 9.00 – 18.00, Okt. – März 9.00 – 17.00 Uhr. Anfahrt vom Marienplatz mit U 3 (Thalkirchen) und Bus 52.

✶ **Bavaria Filmstadt**

An der südlichen Peripherie liegt der Nobel-Vorort **Geiselgasteig** mit dem Gelände der Bavaria Atelier GmbH. Schon 1919 wurde im **Isar-Hollywood** der erste Film gedreht. Viele Berühmtheiten – wie Romy Schneider, Gina Lollobrigida, Sophia Loren und Liz Taylor, Heinz Rühmann, Horst Tappert und Götz George – standen hier vor der Kamera; Kassenfüller wie »Das Boot«, »Berlin Alexanderplatz«, »Die unendliche Geschichte« und »Enemy Mine« wurden hier gedreht, auch viele Folgen der TV-Serien »Derrick«, »Tatort« und »Marienhof«. Bei der Filmtour lernt man die Bavaria-Filmstraße kennen, man erfährt, mit welchen Tricks Sciencefiction-Filme produziert werden, und kann atemberaubende Stunts miterleben. Geöffnet Anfang April – Anfang Nov. tägl. 9.00 – 16.00, sonst 10.00 – 15.00 Uhr. Info: Tel. (0 89) 64 99 20 00, www.filmstadt.de. ÖPNV-Anfahrt: Tram 25 (Bavariafilmplatz).

*In den Isarauen kann man über Grünwald nach Schäftlarn hinausgehen.*

## Umgebung von München

**Grünwald**

Hoch über dem bewaldeten rechten Isarufer, wo Karl Valentin zufolge vor langer Zeit »die Rittersleut hausten«, liegt südlich der Innenstadt der Villenvorort Grünwald. Zu sehen gibt es hier eine mittelalterliche **Herzogsburg** mit einer Filiale der Archäologischen Staatssammlung (geöffnet Mitte März – Nov. Mi. – So. 10.00 – 16.30 Uhr); am letzten Juli-Wochenende Burgfest. Im August-Everding-Saal im Freizeitpark finden Konzerte mit hervorragenden Künstlern statt (Info: Tel. 0 89 / 6 41 62-130, www.gemeinde-gruenwald.de). Zu Fuß oder mit dem Rad ist die reizvolle Umgebung, insbesondere das Isartal, zu erkunden. Die schönste Route führt über **Mühlthal** mit der berühmten Floßrutsche zum Kloster Schäftlarn (► Wolfratshausen).

✶ **Allianz Arena**

An der A 9 nördlich von München, in Fröttmaning, rollt seit 2005 das Leder, 2006 fand dort das Eröffnungsspiel der Fußballweltmeisterschaft statt. Entworfen wurde das weiße, nachts bunt leuchtende »Schlauchboot«, das 69 901 Zuschauern Platz bietet, von dem Basler Architekturbüro Herzog & de Meuron. Führungen für Einzelbesucher tägl. (außer an Spieltagen) zwischen 11.00 und 16.30 Uhr. Zu erreichen ist das Stadion mit der U 6 (Fröttmaning), dann 15 Min. zu Fuß zum Südeingang, Markenwelt-Aufgang J 332-334 .

**Oberschleißheim**

Oberschleißheim, 12 km nördlich des Münchner Stadtzentrums gelegen und mit der S-Bahn Linie 1 bequem zu erreichen, erfreut sich als Ausflugsziel großer Beliebtheit: wegen des großartigen **Barockschlosses Schleißheim**, zum andern wegen des **Luftfahrtmuseums** auf dem ältesten erhaltenen Flugplatz Deutschlands.
Alle Schlossbauten sind geöffnet Di. – So. April – Sept. 9.00 – 18.00, sonst 10.00 – 16.00 Uhr, der Park täglich.

◄ Altes Schloss

Herzog Wilhelm V. übertrug 1597 seinem Sohn Kurfürst Maximilian I. die Regierungsgeschäfte und legte im einsamen Moor einen Gutshof an, in dem er zurückgezogen lebte. Der Hof wurde 1617 – 1623 von seinem Sohn durch das »Alte Schloss« ersetzt, ein schlichtes Herrenhaus. Das Bayerische Nationalmuseum zeigt hier die Ausstellung »Das Gottesjahr und seine Feste« mit 6000 Exponaten zur religiösen Alltags- und Festkultur verschiedener Völker und eine Sammlung zur Landeskunde von Ost- und Westpreußen. Im Südosteck liegt die nette **Schlossgaststätte** (Mo. geschl.) mit schattigem Biergarten.

★★ ◄ Neues Schloss

Das **»bayerische Versailles«**, vierflügelig geplant, blieb unvollendet; dennoch ist der 330 m lange Bau, dessen dreiteiliger Mittelbau durch Arkaden mit Eckpavillons verbunden ist, eine der monumentalsten barocken Schlossanlagen Europas. Die erste Bauphase ab 1701 (unter Enrico Zuccalli) endete 1704, als Max II. Emanuel nach der Schlacht von Höchstädt ins Exil ging; ab 1719 wurden die Arbeiten unter Joseph Effner fortgeführt und 1727 eingestellt. Die Fassaden ließ Leo von Klenze klassizistisch überarbeiten. An der prunkvollen Ausstattung arbeiteten die namhaftesten Künstler der Zeit, v. a. J. B. Zimmermann, C. D. Asam und J. Amigoni. Bilder und Stuck nehmen vielfach Bezug auf die Türkenkriege, denn Max Emanuel hatte in der Schlacht am Kahlenberg die Türken bezwungen. Das Mittelportal und sein Gegenstück auf der Parkseite sind hervorragende Schnitzwerke von Ignaz Günther (1736). Von großer Wirkung ist das Treppenhaus mit Säulen aus grünem Marmor und einem Kuppelfresko von C. D. Asam, der zweigeschossige Große Festsaal und der Viktoriensaal (Speisesaal), mit seinem Régence-Dekor einer der schönsten Barockräume. Seit 1978 beherbergen die Appartements des Kurprinzen und der Kurprinzessin die **Galerie europäischer Barockmalerei** aus den Beständen der Alten Pinakothek in München.

◄ Schlosspark

Der Schlosspark, bis 1705 von Zuccalli und dann 1720 von dem Le-Notre-Schüler Dominique Girard angelegt, gestaltet den Raum zwischen den Kanälen und dem **Schloss Lustheim**, die bereits vorher vorhanden waren. Die Anlage durchzieht ein Kanal, der einen Ring um Schloss Lustheim bildet. Dieses »italienische« Gartencasino wurde 1684 – 1688 von Zuccalli erbaut, als Geschenk des Kurfürsten Max Emanuel für seine 16-jährige Braut, die Kaisertochter Maria

✶ ✶ Porzellansammlung ► Antonia. In den Kabinetten ist herrliches **Meißener Porzellan** aus der Sammlung Schneider ausgestellt, ca. 2000 Objekte aus der 1710 gegründeten Meißener Manufaktur.

**Flugwerft Schleißheim** Südlich der Schlossanlagen ließ sich 1912 die Königlich Bayerische Fliegertruppe nieder. Das Deutsche Museum (►S. 280) zeigt hier historisches Fluggerät, Motoren, Bordinstrumente und Flugsimulatoren (geöffnet tägl. 9.00 – 17.00 Uhr). Von einer Galerie aus hat man Einblick in die Wiederherstellung maroder Maschinen. Tausende kommen zu den Flugtagen, bei denen man z. B. einen Rundflug mit einer Ju 52 oder auch einem Zeppelin unternehmen kann (www.ednx.de).

**Flughafen** ►S. 190

# Murnau

L 7

**Landkreis:** Garmisch-Partenkirchen **Höhe:** 688 m ü. d. M.
**Einwohnerzahl:** 12 000

**Nicht ohne Grund fühlten sich die Maler des Blauen Reiters und andere Künstler hier wohl: Die Szenerie des »Blauen Lands« ist großartig. Übers große Moor sieht man auf Ammer- und Estergebirge, nördlich von Murnau kann man an idyllischen Seen abschalten.**

**Ein wenig Geschichte** Die nach Süden abfallende Hauptstraße des ansprechenden Luftkurorts Murnau war im Mittelalter Teil des Handelswegs von München nach Italien. Im 12. Jh. wurde der Ort erstmals erwähnt, 1322 erhielt er das Marktrecht, 1332 schenkte ihn Ludwig der Bayer dem Kloster Ettal. Mehrere große Brauereien waren hier bis ins 20. Jh. ansässig, heute gibt es noch zwei. Von 1909 bis 1914 arbeiteten Wassily Kandinsky und Gabriele Münter mit ihren Freunden in Murnau.

## Sehenswertes in Murnau

✶ **Gabriele-Münter-Haus** Berühmt wurde Murnau durch Gabriele Münter und Wassily Kandinsky, die 1911 in München mit Franz Marc und anderen die Malergruppe **Blauer Reiter** gründeten. Münter wohnte im idyllisch gelegenen **Russenhaus** am südwestlichen Ortsrand (Kottmüllerallee 6), das sie 1909 erwarb und 1957 der Stadt stiftete, mit ihrem Lebensgefährten Kandinsky bis 1914 und dann wieder ab Ende der 1920er-Jahre. Werke des Malerpaares sind hier zu sehen, dazu Teile der Originalausstattung. Geöffnet Di. – So. 14.00 – 17.00 Uhr.

**Ober- und Untermarkt** Das malerische Bild der Hauptstraße ist Emanuel von Seidl zu verdanken (Bruder von Gabriel v. Seidl, ►S. 274), der 1906 – 1910 viele Häuser im Heimatstil neu gestaltete. Der Gasthof Griesbräu liegt am

*Murnaus Hauptstraße mit dem Hotel Post, in dem auch Ludwig II. nächtigte*

oberen Ende, die für ihr Weißbier und den Schweinsbraten berühmte alte Bräustube »Karg« am unteren. Vom neogotischen Rathaus (1842) sind es wenige Schritte zum ins 13. Jh. zurückgehenden Pflegschloss des Klosters Ettal (geöffnet Di.–So. 10.00–17.00 Uhr). Die Thematik seiner interessanten Ausstellungen ist vielfältig: Archäologie und Geschichte, Hinterglasbilder der berühmten Sammlung Dammert, Gabriele Münter und der Blaue Reiter sowie Ödön von Horváth, der sich 1924–1933 überwiegend in Murnau aufhielt.

★ ◄ Schlossmuseum

**St. Nikolaus**

Auf einem Hügel thront die Pfarrkirche St. Nikolaus, ein prächtiger, kunsthistorisch bedeutender barocker Zentralbau (1717–1727); als Baumeister vermutet man E. Zuccalli (►Ettal) oder den Vorarlberger Caspar Moosbrugger (u. a. Einsiedeln/Schweiz), als Stuckator J. B. Zimmermann. Außer den festlichen Altären sind besonders das kleine Gnadenbild der Muttergottes im Hauptaltar, das Chorgestühl und die Votivbilder zu beachten. Die Fresken im Chor stammen von dem »Deutsch-Römer« J. M. Wittmer (1872) aus Murnau, das neobarocke Deckenfresko im Hauptraum von W. Kolmsperger (1895).

## Umgebung von Murnau

★ **Murnauer Moos**

Von der Kottmülleralle (►Münter-Haus) hat man einen herrlichen Blick auf die Berge und das 35 km² große Murnauer Moos, das **größte Moor Bayerns** mit vielen seltenen Tieren und Pflanzen (Naturschutzgebiet). Aus den bis 25 m dicken Torfschichten ragen – einst Inseln – die bewaldeten »Kögel« oder »Köchel« heraus, deren hartes Quarzitgestein bis ins Jahr 2000 für den Straßenbau abgebaut wurde.

## MURNAU ERLEBEN

### AUSKUNFT

Touristeninformation
Kohlgruber Str. 2, 82418 Murnau
Tel. (0 88 41) 61 41-0
www.murnau.de

### FESTE & VERANSTALTUNGEN

Jan., alle 7 Jahre (2013): Schäfflertanz in Murnau. Ende April: Maibockanstich im Griesbräu Murnau. Mitte Mai: Murnauer Kulturwoche. Fronleichnam: Bootsprozession in Seehausen. Juli: Feste rund um den Staffelsee. Mitte Okt., Murnau: Weltmusikfestival. 6. Nov.: Leonhardifahrt von Murnau nach Froschhausen.

### ESSEN

**► Preiswert / Erschwinglich**

***Griesbräu***
Obermarkt 37, 82418 Murnau
Tel. (0 88 41) 14 22
Stattlicher Brauereigasthof seit 1836, das Schmuckstück an der Hauptstraße mit Biergarten (Mo.+ Do. geschl.). Im modernen Anbau wird auch gebraut, außerdem gibt's nette Zimmer.

***Zum Stern***
Dorfstr. 2, 82418 Seehausen
Tel. (0 88 41) 33 04, Okt. – April Mi. geschl. Seit 1634 gibt es den Gasthof mit Wirtsgarten gegenüber der Kirche. Nette moderne Zimmer.

### ÜBERNACHTEN

**► Luxus**

***Alpenhof Murnau***
Ramsachstr. 8, 82418 Murnau
Tel. 0800 1717 177, (0 88 41) 4 91-0
www.alpenhof-murnau.com
Die erste Adresse des Orts, mit herrlichem Blick am Rand des Murnauer Mooses gelegen. 77 stilvolle Zimmer, michelin-besternte Restaurants.

**► Komfortabel**

***Hotel Post***
Obermarkt 1, 82418 Murnau
Tel. (0 88 41) 48 78-00
www.hotel-post-murnau.de
Mitten im Ort steht die schön restaurierte Poststation von 1632. Die heimeligen Zimmer sind mit Antiquitäten gestaltet. Kein Restaurant.

✶ Wanderung durchs Moos ►

Sehr schön ist der 12 km lange Rundweg Nr. 5 durchs Moos, der nahe dem Hotel Alpenhof beim **Ramsachkircherl** St. Georg und Johannes der Täufer, einem bezaubernden Zeugnis bäuerlichen Barocks (1744; mit Glocke aus Eisenblech, wohl 8. Jh.), und der winzigen, sehr beliebten Wirtschaft »Zum Ähndl« beginnt.

✶ **Staffelsee**

Etwa 1 km nach Westen ist es von der Ortsmitte zum Staffelsee, in dem sieben bewaldete Inseln liegen. Mit vielen Buchten und weichem, im Sommer wohltemperiertem Wasser ist er ideal zum Baden. Strandbäder gibt es bei Murnau, Seehausen, Rieden und Uffing; der Westteil des See steht unter Naturschutz, sehr schön ist eine Schiffsfahrt. Am Ostufer liegt das alte Fischerdorf **Seehausen** mit der stattlichen Pfarrkirche St. Michael (1775, mit gemaltem Stuck), ein schönes Beispiel des Bauernrokokos. An Fronleichnam fährt eine festliche **Bootsprozession** von Seehausen zur Insel Wörth.

*Die Seehausener Fronleichnamsprozession findet auf dem See statt.*

**Froschhauser See und Riegsee**

Die schön gelegene Wallfahrtskirche St. Leonhard in **Froschhausen** ist am 6. November Ziel des Leonhardi-Ritts von Murnau mit über 200 Pferden. Die gotische Saalkirche wurde im 17. Jh. barockisiert und im 18. Jh. zu einem Rokoko-Juwel umgestaltet. Der **Froschhauser See** steht als Vogelfreistätte unter Naturschutz. Den schönsten Blick übers Murnauer Land hat man von der **Aidlinger Höhe** (und vom Gasthof Post in Aidling) nordöstlich des Riegsees. Am Riegsee gibt's Badeplätze in den Campingplätzen und in Neuegling.

**Habach**

Auch Habach, 3 km westlich der A 95, besitzt mit der **Stiftskirche St. Ulrich** ein Schmuckstück. 1668 geweiht, zeigt sie ernsten Frühbarock. Die meisten Seitenaltäre wurden 1704 von den Österreichern zerstört und ca. 1720 – 1750 neu geschaffen. Sonst ist Habach bekannt für das **Village** (www.village-habach.de), ein Wirtshaus mit Biergarten, legendäre Location für alles zwischen Blues, Rock, Jazz und Neuer Volksmusik. 2 km südlich die schöne Wirtschaft Forsthaus Höhlmühle (Tel. 0 88 41 / 96 20, Mo./Di. geschl.), guter Ausgangspunkt für einen Gang auf die Aidlinger Höhe (s. o., ca. 1 Std.).

**Bad Kohlgrub**

Das ansprechende Bad Kohlgrub (2400 Einw.), 11 km westlich von Murnau reizvoll am Rand der Ammergauer Alpen gelegen, wird wegen seiner Mooranwendungen v. a. bei rheumatischen/degenerativen sowie neurologischen Erkrankungen besucht (**Kuranlagen** mit Konzertsaal und Musikpavillon). Beachtenswert ist die romanische, von Joseph Schmuzer um 1729 barockisierte Martinskirche. Einen herrlichen Blick über Voralpen und Staffelsee bietet die Wanderung von der Hörnlehütte (Sessellift von Kohlgrub) über das Hintere Hörnle (1548 m) zum **Aufacker-Gipfel** (1542 m; 2 Std). Abstieg nach Oberammergau (1.30 Std.) oder Unterammergau (2 Std.).

**Bad Bayersoien** In dem beliebten Luftkurort 6 km nordwestlich von Bad Kohlgrub – seit 1996 »Bad« (1200 Einw., 812 m) – sind die Stuckierung und die Kreuzwegbilder in der Pfarrkirche sehenswert, ebenso das Museum im Bierlinghaus (Dorfstr. 46). Hübsche Wanderwege führen u. a. durch das Moor-Naturschutzgebiet mit dem Soiener See.

*** Ammerschlucht** Die Ammer hat tiefe Canyons in den Murnauer Molassetrog eingeschnitten. Nahe Bayersoien an der Ammer zwei beeindruckende Punkte: nördlich die **Echelsbacher Brücke** (eingeweiht 1929), südwestlich die **Schleierfälle** (Wanderweg von Bayersoien zur Soyermühle, dann flussaufwärts). Westlich von Saulgrub liegt das **Kraftwerk Kammerl**, das erste Bahnkraftwerk der Welt für Einphasenwechselstrom, eröffnet 1899 für die Strecke Murnau – Oberammergau der Lokalbahn AG, die ab 1905 elektrisch betrieben wurde.

**! Baedeker TIPP**

**Wildwasser Ammer**

Eines der schönsten Wildwasser Deutschlands (WW 3) ist die 12 km lange Passage durch die Ammerschlucht zwischen dem Kraftwerk Kammerl und Rottenbuch. Dann wird's gemütlicher (WW 1), schöne Natur und seltene Vögel machen dort den Reiz der Tour aus.

**Ohlstadt** Südöstlich von Murnau, am Fuß des 1790 m hohen Heimgartens, liegt Ohlstadt (3300 Einw.), ein nettes, noch recht ursprüngliches Bauerndorf. Sehenswert ist die von Joseph Schmuzer um 1730 errichtete Pfarrkirche **St. Laurentius** mit Deckenfresken von Christian Wink (1780) und einem Altarbild von Franz Zwinck (1791). Das Landhaus des Münchner Porträtmalers **F. A. von Kaulbach** (1850 bis 1920) ist als Dorfmuseum zugänglich (geöffnet April – Okt. Mi., Sa. 16.00 – 18.00 Uhr). Schöne Spaziergänge führen nach Schwaiganger (s. u.), zum 50 m hohen Wasserfall, in 30 Min. zu den nordöstlich gelegenen Wetzsteinbrüchen und zu den »Kaltwasserfällen« im Südosten unterhalb der Feste Schaumburg (gesamt ca. 2 Std.).

**Bayerisches Haupt- und Landgestüt** Das Haupt- und Landgestüt **Schwaiganger** 2,5 km nordöstlich von Ohlstadt – mit Gasthof Herzogin Anna – ist ein Zentrum der Pferdezucht in Bayern (Warmblut, Kaltblut, Haflinger). Erprobt werden auch extensive Rinder- und Schafhaltung. Führungen Mai bis Mitte Okt. Di. – Do. 13.30 / 15.00 Uhr. An zwei Sept.-Sonntagen finden **Gestütsschauen** statt, u. a. mit einem prächtigen Zwölferzug. Info: Tel. (0 88 41) 61 36-0, www.lfl.bayern.de/lvfz/schwaiganger.

**Eschenlohe** Wo die Loisach ins Murnauer Talbecken tritt, liegt das hübsche Dorf Eschenlohe (636 m, 1600 Einw.). Auf dem **Vestbühl** mit der Kapelle St. Nikolaus (1628) – schöner Blick übers Loisachtal – stand einst die Burg der Grafen von Eschenlohe. Sehenswert ist die **Pfarrkirche St. Clemens**, ein Zentralbau, der von dem berühmten Johann Michael Fischer entworfen wurde (erbaut 1764 – 1782). Die Fresken im Chor schuf Johann Jakob Zeiller (um 1765), die Deckenfresken im Hauptschiff Jakob Paur (um 1770), den Tabernakel Johann Baptist Straub. Der herrlich gelegene **Tonihof** (Walchenseestr. 42, Tel. 0 88 24 / 92 93-0) zählt zu den besten Hotelsaurants in der Gegend.

Estergebirge

Das Estergebirge ist recht einsames Berggebiet östlich der Loisach zwischen dem Kochelsee und Garmisch-Partenkirchen. Es wird durch das Tal der **Eschenlaine** in eine Nord- und eine Südhälfte geteilt; ein schöner, auch von Bikern frequentierter Weg führt von Eschenlohe (Tonihof) in ca. 4 Std. durch die **Gachentodklamm** zum Südufer des Walchensees. Im Nordteil (► Kochel) sind Herzogstand (1731 m) und Heimgarten (1790 m) die Hauptgipfel, die auch von Ohlstadt und Eschenlohe auf unschwierigen Touren zu erreichen sind (bis zum **Heimgarten** je nach Route 3 – 4 Std., Gratwanderung zum **Herzogstand** ca. 1.30 Std; mit Sesselbahn zum Walchensee und zurück mit dem Bus). Im Südteil (► Garmisch-Partenkirchen) sind die wichtigsten Berggipfel Krottenkopf (2086 m), Hoher Fricken (1940 m), Hoher Kisten (1922 m) und Wank (1774 m).

# ★★ Oberammergau · Ettal

K 3

**Landkreis:** Garmisch-Partenkirchen **Höhe:** 840 – 880 m ü. d. M.

**Das stattliche Dorf Oberammergau ist weltberühmt für seine Passionspiele, die alle zehn Jahre aufgeführt werden. Wie im benachbarten Ettal mit seiner herrlichen Klosterkirche prunken die Häuser mit großartigen Lüftlmalereien, und Ludwigs II. Schloss Linderhof im Graswang-Tal setzt der Pracht die Krone auf.**

Hier befindet man sich im obersten Tal der Ammer, die aus den Bergen um Schloss Linderhof kommt und später durch eine eindrucksvolle Schlucht (► Murnau) zum Ammersee fließt. Die waldreichen, teils felsigen Berge – im Osten der Aufacker (1542 m) und der Laber (1686 m) mit dem markanten »Spitz« **Ettaler Manndl** (1633 m), im Süden bzw. Westen der Kofel (1342 m) und die Kette, die sich vom Vorderen Rappenkopf (1408 m) zur Großen Klammspitz (1924 m) zieht – ist Rahmen für ein sanftes Land mit Wiesen und Mooren. Oberammergau, Ettal und Linderhof ziehen im Sommer riesige Besuchermengen an, doch sonst ist die Gegend trotz der Nähe Münchens wenig beansprucht; im Sommer lassen sich sehr schöne Wanderungen unternehmen, im Winter kann man an Laber (der Nordhang gilt als **eine der anspruchsvollsten Pisten Deutschlands**), Kolben und Hörnle Ski fahren oder im Tal langlaufen.

Geschichte

Der Ammergau, ursprünglich welfischer Besitz, kam 1192 an die Hohenstaufen und 1269 an die bayerischen Herzöge. Bis zur Mitte des 16. Jh.s war Oberammergau ein wichtiger Umschlagplatz (Stapelmonopol 1332) an der Handelsstraße von Augsburg über Mittenwald nach Venedig. Die seit Anfang des 16. Jh.s dokumentierte Bildschnitzerei (»Herrgottsschnitzer«), die vor allem Devotionalien für die Wallfahrt von Ettal herstellten, war europaweit geschätzt und wurde durch den 1775 gegründeten »Verlag« der Familie Lang kräftig gefördert. In Oberammergau leben heute etwa 60 Holzbildhauer, und eine Berufsfachschule bildet den Nachwuchs aus.

## OBERAMMERGAU ERLEBEN

### AUSKUNFT

Tourist Information Oberammergau
Eugen-Papst-Str. 9 a
82487 Oberammergau
Tel. (0 88 22) 9 22 74-0
www.ammergauer-alpen.de

### PASSIONSSPIELHAUS

Nächstes Spieljahr ist 2020. Bis dahin finden auf der Freilichtbühne hochkarätige Konzerte, Theateraufführungen etc. statt (z. B. die Geschichte vom »Brandner Kaspar«); Karten unter Tel. (0 88 22) 9 45 88 88. Ein Blick ins Haus ist im Eintritt für das Oberammergau-Museum enthalten.

### SCHLOSS LINDERHOF

Geöffnet tägl. April – Mitte Okt. 9.00 – 18.00, sonst 10.00 – 16.00 Uhr. Das Schloss ist ganzjährig zugänglich, die Parkbauten nur im Sommerhalbjahr. Wasserspiele im Sommerhalbjahr, Fontäne zu jeder halben Stunde. Kartenbestellung unter Tel. (0 88 22) 92 03-0, www.linderhof.de

### FESTE & VERANSTALTUNGEN

1. Febr.-Wochenende, Oberammergau: König-Ludwig-Lauf. Fronleichnam, Oberammergau: Prozession. 24./25. Aug.: Fest zur Erinnerung an Ludwig II. (Geburtstag 25. Aug.) mit »Ludwigsfeuern« auf den Gipfeln um Oberammergau. Letzter Okt.-So.: Leonhardi-Ritt von Unterammergau zur »Kappel« Hl. Blut.

### ESSEN

**► Preiswert**

***Ettaler Mühle***
82488 Ettal, Tel. (0 88 22) 64 22
Urgemütlicher Gasthof mit guter Küche, »die« Einkehr für Radler, Langläufer etc. genau zwischen Ettal, Oberammergau und Graswang.
Kein Ruhetag.

***Forsthaus Unternogg***
Unternogg 1, 82442 Altenau
Tel. (0 88 45) 87 72, Mo. geschl.
Im (modernisierten) Haus von 1848, wo schon Ludwig II. einkehrte, wird auch heute mächtig aufgetischt. Spezialität ist Wild aus lokaler Jagd.

### ÜBERNACHTEN

**► Komfortabel**

***Hotel Ludwig der Bayer***
Kaiser-Ludwig-Platz 10, 82488 Ettal
Tel. (0 88 22) 9 15-0
Aus der alten Klosterherberge entstand ein großes modernes Haus mit allem neuzeitlichen Komfort. Schönes Bräustüberl.

**► Günstig**

① ***Zum Kirchenbauer***
Schnitzlergasse 16, Oberammergau
Tel. (0 88 22) 92 35 97
www.zum-kirchenbauer.de
Bauernhaus von 1634 gegenüber der Kirche, mit Lüftmalerei, ländlichen Gästezimmern und einer Weinstube mit Kachelofen – ein Zuhause.

*Alte und neue Lüftlmalereien unter dem beherrschenden Kofel*

## ★★ Oberammergau

**Passionsspiele**

Im Pestjahr 1633 gelobten die Einwohner, alle zehn Jahre die **Leidensgeschichte Christi** darzustellen, wenn die Seuche aufhörte. 1634 fand die Aufführung zum ersten Mal statt, das nächste Mal wird 2020 sein. Im Jahr 2010 kamen etwa 500 000 Zuschauer aus aller Welt; besonders in den USA ist Oberammergau berühmt. Fast der halbe Ort – **über 1500 Erwachsene und 500 Kinder** – ist in irgendeiner Form beteiligt, von den (doppelt besetzten) Hauptrollen bis zum Platzanweiser. Der älteste Text beruht auf zwei Augsburger Passionsspielen: eines aus dem Kloster St. Ulrich und Afra (15. Jh.), das andere schuf der Meistersinger Wild im 16. Jahrhundert. Die Grundlage des heutigen Texts entstand Anfang des 19. Jh.s und wurde 1860/70 von dem Pfarrer Joseph Daisenberger neu gestaltet; die letzte Revision nahmen Christian Stückl und Otto Huber für die Aufführung 2010 vor. Die Musik schrieb der aus Oberammergau gebürtige Lehrer und Komponist Rochus Dedler (1779 – 1822), der im Kloster Polling und in München ausgebildet wurde. Das 1900 eingeweihte **Passionsspielhaus** am nördlichen Ortsrand hat eine Zuschauerhalle mit 4720 Sitzplätzen und ein offenes Bühnenhaus mit der Landschaft des Ammertals als Hintergrund (bei Regen mit Glasdach).

**Sehenswertes**

Das besondere Bild des Luftkurorts (5300 Einw.) verdankt sich den prächtig bemalten Fassaden, der »Lüftlmalerei« (►Special S. 302). Im **Pilatushaus**, einem der berühmtsten, ist außer dem Standesamt eine

## *Oberammergau* *Orientierung*

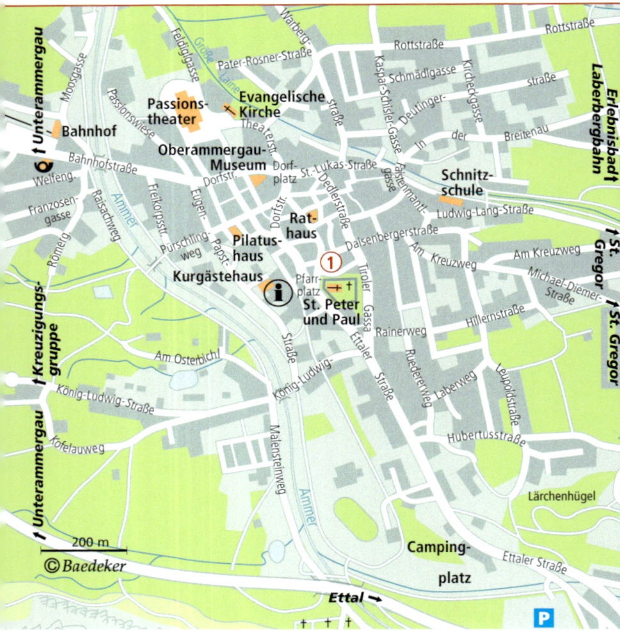


**Übernachten**

① Zum Kirchenbauer

»Lebende Werkstatt« untergebracht, in der man Kunsthandwerkern zusehen kann (geöffnet wie Oberammergaumuseum, jedoch nur 15.00 – 17.00 Uhr). Im Haus Dorfstr. 20 wurde 1867 Ludwig Thoma geboren (► Berühmte Persönlichkeiten). Im nahen **Oberammergaumuseum** lernt man die heimische Schnitzkunst in ihrer ganzen Pracht kennen (geöffnet April – Anf. Nov., Ende Nov. – Dez. Di. – So. 10.00 – 17.00 Uhr). Glanzpunkt ist die Krippe aus der Oberammergauer Kirche (18. Jh.) mit ca. 120 großen bekleideten Figuren.

**✱ St. Peter und Paul**

Die Pfarrkirche ist das Werk eines berühmten Teams: Der Wessobrunner Joseph Schmuzer errichtete den Bau, der als sein reifster gilt, 1736 – 1742; den Stuck schuf er mit seinem Sohn Franz Xaver. Die Deckenfresken malte Matthäus Günther: in der Hauptkuppel (1741) Martyrium und Verklärung von Petrus und Paulus, mit Selbstporträt als der Pilger auf der Treppe; im Chor (1761) Maria als Rosenkranzkönigin. Von Günther stammen auch das Bild im Hauptaltar (F. X. Schmädl) und das Fresko über der Orgel. F. S. Zwinck malte die alttestamentlichen Szenen an der Westempore. Im rechten Seitenaltar steht das Kreuz, vor dem der Überlieferung nach 1633 das Passionsspielgelübde abgelegt wurde

## Umgebung von Oberammergau

Laber

Eine Kabinenbahn bringt 866 m höher auf den Oberammergauer Aussichtsberg. Vom Gipfel (1686 m) braucht man 30 Min. zum Felszapfen des Ettaler Manndls. Absteigen kann man nach Ettal (ca. 1,5 Std.) oder über die Soila-Alm zum Bärenbad, dann auf einer Waldstraße oder durch das Laine-Tal nach Oberammergau (2 – 2,5 Std.).

Unterammergau

Unterammergau (1400 Einw., 837 m) empfiehlt sich als ruhiger Ferienstandort. Schöne Häuser sind auch hier zu bewundern, etwa das **Schulmeisterhaus** (Dorfstraße), 1780 von F. S. Zwinck bemalt. 2 km nordwestlich kann man eine rekonstruierte **Schleifmühle** besuchen (mit stimmungsvollem Gasthaus); früher stellten in der Gegend etwa 30 Schleifmühlen Wetzsteine her. Durchs Tal der Schleifmühlenlaine geht man in 2 – 2.30 Std. zum August-Schuster-Haus am **Pürschling** (1565 m); im Winter kann man die 6 km hinunterrodeln.

## ✶✶ Kloster Ettal

Geschichte

König Ludwig IV., der sich 1328 in Rom vom Gegenpapst zum Kaiser krönen ließ, gelobte, ein Kloster zu gründen, wenn er mit seinem Heer wohlbehalten heimkehren würde – saß der legitime Papst doch in Avignon, der Ludwig folgerichtig zum Ketzer erklärte. 1330 rief er abseits jeder Siedlung das Benediktinerkloster und ein Ritterstift ins Leben. In der Säkularisation 1803 wurde es aufgehoben, ein Teil der Bauten abgerissen. 1900 übergab man es wieder den Benediktinern, die landwirtschaftliche Betriebe, ein Gymnasium mit Internat, einen Kunstverlag, eine Destillerie und eine Brauerei führen.

✶✶ Klosterkirche

Mit einer ebenso heiteren wie würdigen Fassade, in deren Arkaden Apostelfiguren stehen, öffnet sich das Münster »Unserer Lieben Frau zu Ettal« zum Klosterhof (Bild ► S. 124 / 125). Beherrschend ist der **zentrale Rundbau**. Dass das Ganze einen italienischen Eindruck macht, ist Enrico Zuccalli (► München, Theatinerkirche) zu verdanken, der die mittelalterliche Kirche 1709 – 1726 umgestaltete. Der runde Hauptraum ist also gotischen Ursprungs (1370 geweiht); Zuccalli entfernte den Mittelpfeiler aus dem Zwölfeck mit 25 m Durchmesser (!) und wölbte es ein. Nach einem Brand 1744 vollendete der Wessobrunner Joseph Schmuzer um 1750 den Bau. Erhalten sind der Glockenturm von 1563 und das gotische Portal (um 1350); im Tympanon der Gekreuzigte mit Maria und Johannes, flankiert von Ludwig dem Bayern und seiner Gattin Margaretha von Holland.

Inneres

Im **Hauptraum** beeindruckt das riesige, virtuose Kuppelfresko, ein Hauptwerk von Johann Jakob Zeiller aus Reutte in Tirol (1746). Der üppige Rocaille-Stuck – in Gold vor weißen Wandflächen – kommt aus der Hand der Wessobrunner F. X. Schmuzer und J. G. Üblher, die sechs prächtigen Rokoko-Altäre fertigte J. B. Straub (um 1760).

*Über 400 Figuren bevölkern das Kuppelfresko der Klosterkirche (»Glorie des Benediktinerordens«).*

Weitere Glanzlichter sind die Empore von J. Schmuzer mit einer Orgel von J. G. Hörterich (1753), die Kanzel von J. B. Straub sowie vier geschnitzte Beichtstühle. Ein anderes Bild zeigt der querelliptische **Chorraum** in klassizistischem Louis-Seize (um 1780). Das Deckenfresko von M. Knoller (1769) zeigt Christus mit alttestamentlichen Gestalten, seine Mutter empfangend. Im Hochaltar (unter dem Altarbild »Mariä Himmelfahrt« von Knoller) das **Gnadenbild**: eine 33 cm große Madonna aus Carrara-Marmor, die nach 1300 in Pisa entstand und von Kaiser Ludwig dem Bayern mitgebracht worden war. Die Reliefs am Hochaltar und an den Chorwänden wurden von R. A. Boos gestaltet.

! *Baedeker* TIPP

**Ettaler Genüsse**

Nach Art der Grande Chartreuse gibt das Kloster Ettal seinen Kräuterlikören unterschiedliche Farben: herber ist grün, süßer gelb, der Magenbitter braun und der »Geist« klar. Sie schmecken auch nach einem Besuch der Ettaler Schaukäserei (Mandlweg 1, Mo. geschl.) mit Brotzeitstüberl und Verkauf.

**Graswang-Tal**

Sommers wie winters lohnt der Gang durchs Graswang-Tal, nicht zufällig hat sich Ludwig II. hier ein Schloss bauen lassen (von Ettal und Oberammergau ca. 2.30 Std. über Graswang bis Linderhof).

## ✶✶ Schloss Linderhof

**Öffnungszeiten** **s. S. 296**

Im idyllischen, abgeschiedenen Graswang-Tal, 10 km von Ettal entfernt, schuf sich Ludwig II. ein Schloss, das mit seinen Gartenanlagen zum eindrucksvollsten der oberbayerischen Landschaft zählt. Das Tal war Ludwig II. als Jagdgebiet seines Vaters vertraut, der sich dort ein »Königshäuschen« aus Holz hatte bauen lassen (es wurde auf einen Platz westlich des Schlosses versetzt). Der Hausarchitekt Ludwigs II., Georg Dollmann, erbaute Linderhof – wie gewohnt mit mehreren Planänderungen – zwischen 1874 und 1879. Ludwig ließ ein Werk verschwenderischster Rokoko-Architektur erstehen; der Zuschnitt des Schlosses entspricht jedoch mehr einer großbürgerlichen Villa. Vor dem Schloss beeindruckt das Bassin mit einer vergoldeten **»Flora« und 30 m hoher Fontäne**. Eine monumentale Treppenanlage führt zum Monopteros gegenüber dem Schloss; von dem Venustempel hat man die beste Übersicht über die Anlage. Den großen, nahtlos in die freie Landschaft übergehenden englischen Park entwarf der Hofgartendirektor Karl Effner.

**Innenräume**

Die prunkvoll ausgestatteten Räume sind ganz aus der Bewunderung für den französischen König Ludwig XIV. gestaltet. Den Mittelpunkt bilden das kostbar ausgestattete Schlafzimmer und das ovale Speisezimmer mit dem berühmten **»Tischlein-deck-dich«**. Dazu gibt es einen Spiegelsaal, Gobelinzimmer, Kabinette (Gelbes, Rosa und Blaues Kabinett) und ein Audienzzimmer.

*Schloss Linderhof, eine verspielte »königliche Villa«*

*Der einstige Gasthof Post in Wallgau – heute Teil des gleichnamigen Hotels – wurde von Franz Karner gestaltet. Das Meisterwerk seines berühmteren Kollegen Franz Zwinck ist das Pilatushaus in Oberammergau (rechts).*

# »ICH ZIER MEIN HAUS …«

**Im barocken Bayern, sagt man, wollte man den Himmel auf Erden schaffen. Die prachtvoll bemalten Hausfassaden im Oberland jedenfalls lassen ein wenig vom Paradies ahnen.**

In Bayern bemalte man die Kirchen im Mittelalter gern mit Heiligenfiguren, z. B. dem hl. Christophorus. In Gollenshausen nördlich des Chiemsees ist ein Jüngstes Gericht von 1430 erhalten; in Füssen zeigt das Hohe Schloss illusionistische Bemalung (um 1499), die Ritter am Wasserburger Brucktor entstanden 1568, die skurrilen »Affenfresken« am Berchtesgadener Hirschenhaus um 1610.

## Besitzerstolz

Die eigentliche, ländliche Lüftlmalerei ist ein echtes Kind des Barocks. Ihre hohe Zeit hatte sie in der zweiten Hälfte des 18. Jh.s, als die Verwüstungen durch die Erbfolgekriege behoben und wieder Wohlstand eingekehrt war, bei den Bauern ebenso wie bei den Fuhrunternehmern, die am lebhaften Handelsverkehr auf den Straßen und Flüssen gut verdienten. Meist sind die Motive religiöser Art, mit Szenen aus der Bibel oder mit Heiligen, unter deren Schutz sich der Eigentümer begab; man stellte Szenen aus dem Alltagsleben der Bauern und Bürger dar und tat auch gern Sinnreiches kund, wie »Ich haw gebaut nach meinem sin / dems nit gefält, der geh dahin«. Das Ganze verbunden mit schmückenden oder illusionistischen Elementen wie Rocaille-Rahmen für die Fenster.

## Namen und Häuser

Drei große Schaffenskreise lassen sich ausmachen, die auch mit bestimmten Namen verbunden sind. Zwischen Oberammergau und Garmisch wirkte der berühmteste Vertreter der Zunft, der (angeblich aus Oberammergau stammende) **Franz Seraph Zwinck** (1748 – 1792). Er nannte sich nach dem Namen seines Hauses »der Lüftl«, womit er der Zunft den Namen gab; mit dem Malen an der Luft hat er also nichts zu tun. Zwinck war bekannt für seine schnelle Arbeitsweise, einen hl. Johann Nepomuk soll er in einem Zug während des Vesperläutens gemalt haben. Sein (etwas extravagantes) Meisterstück in Oberammergau ist das Pilatushaus von 1784; in Unterammergau schuf er am Schulmeisterhaus eine »Marienkrönung«. Zwischen Mittenwald und Tölz war **Franz Karner** (1737 bis 1817) tätig, der nach seinem aus der

Familie angestammten Beruf der »Rußer« hieß. Außer seinen prachtvollen Werken im heimatlichen Mittenwald sind das Gasthaus zur Post in Wallgau (1763), der Luitpolderhof in der Jachenau (1793) und die Mühle in Vorderriss (1794) zu nennen. Schließlich ist da noch die Gegend zwischen Schliersee und Inn, Revier der Maler **G. Gail** aus Aibling sowie **Michael und Johann Böhamb** (Behamb) aus Glonn. Letzterer schmückte 1786 den großen Jodlbauernhof in Hagnberg bei Fischbachau, der auch die für ihn typischen ganzfigurigen Heiligen zeigt.

## Handwerkliches

Die Lüftlmaler arbeiteten wie die barocken Kirchenmaler in der **Freskotechnik**. Zügiges Arbeiten ist dabei unabdingbar: Auf die Fläche, die bemalt werden soll, wird frischer Kalkmörtel – daher der Begriff »al fresco« – in dünner Schicht aufgetragen und anschließend mit wässrigen Mineralfarben bemalt, solange der Mörtel noch feucht ist. Mörtel und Farbe verbinden sich beim Trocknen zu einer dünnen, glasigen Schicht, die die Farben vor Witterungseinflüssen schützt. Von hoher Bedeutung war die Qualität des Kalks, der gipsfrei sein musste; als bester galt der mit Holzkohle hergestellte, der mindestens zwei Jahre in frostfreien Gruben eingesumpft wurde und reifte – ein Metier, das viel Wissen und Erfahrung erforderte.

## Neues Leben

Gegen Ende des 19. Jh.s. wurde die Fassadenmalerei neu entdeckt, wozu die Förderung der Heimatkunst den Anstoß gab. Viele alte Bemalungen wurden restauriert, einige Künstler wagten sich an Neuschöpfungen im alten Stil. Um 1912 bemalte man in Starnberg – aus Anlass der Stadterhebung – das Haus Obermayer (Am Fuchsengraben 3) neu. Heute geben sich v. a. Hotels und Gasthäuser große Mühe, um ihre Fassaden originell zu gestalten, allerdings meist in der Secco-Technik. Einer der letzten, die noch nach alter Manier arbeiten, ist der in Garmisch ansässige Gerhard Ester, der mit einer fast expressionistischen Farbpalette aufwartet.

**Weitere Bauten**

Der **Maurische Kiosk**, um 1850 für die Pariser Weltausstellung erbaut, ist ein Glanzstück der Gartenanlage. Der aus Eisen konstruierte Kiosk stand ursprünglich in Schloss Zbirow in Böhmen. Bunte Glasfenster und ein Lüster mit farbigen Lampen tauchen den Marmorbrunnen und den berühmten Pfauenthron in Schummerlicht; die Pfauen aus farbig emailliertem Metallguss sind mit geschliffenen böhmischen Glassteinen verziert. In der **Venusgrotte** aus Gips und Zement, ebenfalls am Hang des Hennenkopfs, träumte sich der König in die Welt des »Tannhäusers«. In einem vergoldeten Muschelkahn ließ sich Ludwig II. auf dem künstlichen See fahren. Wasserfall, See und Beleuchtung versetzen auch heute noch in die Märchenwelt Ludwigs. 1876 ließ Ludwig II. 20 Min. vom Schloss, am Fuß der Kreuzspitze, die **Hundinghütte** errichten. Als Vorbild diente ein Bühnenmodell zum ersten Aufzug der »Walküre« in Wagners »Ring des Nibelungen«. Das **Marokkanische Haus** wurde 1878/79 errichtet und 1886 verkauft. Die Bayerische Schlösserverwaltung konnte es 1980 erwerben; heute steht es westlich des Schlosses im Wald.

# Oberstaufen

D 8

**Landkreis:** Oberallgäu
**Einwohnerzahl:** 7100
**Höhe:** 791 m ü. d. M.

**Nach Oberstaufen, das zwischen sanften grünen Hängen vor der einprägsamen Kulisse des Hochgrats liegt, kommt man vor allem der Gesundheit wegen, zum Wandern und zum Wintersport.**

**Modern kuren**

Neben dem heilkräftigen Klima und der schönen Berglandschaft ist es die besondere Kur, die der Fuhrknecht **Johann Schroth** um 1820 entwickelte, die den Ruf Oberstaufens als Urlaubsziel ausmacht. Eine basisch-vegetarische, salzfreie Diät, Ganzkörperwickel sowie Ruhe und Bewegung sollen den Stoffwechsel wieder ins Lot bringen. Heute ist Oberstaufen ähnlich gut besucht wie Bad Wörishofen, aus einem bäuerlichen Markt wurde ein netter, behäbiger Kurort. Im Ortszentrum um die Kirche – mit hübschen schindelverkleideten Häusern und Gasthöfen – kann man »shoppen«, vom Bergkäse bis zur teuren Uhr, und das »Nightlife« ist relativ intensiv. Am Angebot zu sportlicher Betätigung fehlt nichts, bis zu den zwei 18-Loch-Golfplätzen in Steibis und dem öffentlichen 9-Loch-Platz in Buflings, 100 km Loipen und den langen Abfahrten am Hochgrat.

**Was man sich ansehen kann**

In der neogotischen Pfarrkirche St. Peter und Paul (1863) beherrscht eine Frührenaissance-Kreuzigungsgruppe (um 1500) den Hochaltar. Das Heimatmuseum »Beim Strumpfar« ist ein Bauernhaus von 1788, in dem auch Strümpfe gewirkt wurden (Jugetweg 10, geöffnet Mitte Dez. – Mitte Nov. Mi., Fr. 15.00 – 17.00, So. 10.00 – 12.00 Uhr).

*Oberstaufen vor der Nagelfluhkette mit dem Hochgrat*

## Umgebung von Oberstaufen

Ein Juwel ist die schlichte spätgotische Kirche St. Stephan (1495) in Genhofen 3 km nördlich von Oberstaufen: mit drei hervorragenden Flügelaltären (um 1520), rätselhafter naiver Ausmalung von Ende des 16. Jh.s und einer mit Hufeisen beschlagenen Sakristeitür. Auch die unscheinbare Kirche St. Bartholomäus in Zell östlich der Bahntrasse stammt aus gotischer Zeit (1353) und birgt großartige Kunstschätze: einen Flügel-Hochaltar von Hans Strigel d. Ä. (1442), Strigel werden auch die Fresken im Chor zugeschrieben. In **Knechtenhofen** gewinnt man in einem Bauernhaus des 17. Jh.s Einblick in früheres Landleben (Mai – Okt. Mi. 14.00 – 17.00, So. 10.00 – 12.00 Uhr).

✶✶ **Genhofen**

✶ **Zell**

◄ Bauernhausmuseum

**Steibis**

Vom höhergelegenen Steibis aus erschließt eine Seilbahn zum Imberghaus (1248 m) ein schönes Wandergebiet im größten Alpgebiet Deutschlands (120 km², ca. 160 Alpen). Auch der markante **Hochgrat** (1832 m), der höchste Gipfel der Nagelfluhkette, ist mit einer Gondelbahn zu erreichen (Bergstation 1708 m); er eröffnet ein großartiges Panorama von der Zugspitze bis zum Säntis.

✶ **Nagelfluhkette**

Den Bergzug, der das westliche Oberallgäu im Süden abschließt, sollte man zu Fuß erobern. Eine Runde von der Talstation der Hochgrat-Bahn über die Brunnenauscharte zum Hochgrat-Gipfel und zurück über die Schilpere-Alpe dauert ca. 5.30 Std.; natürlich kann man auch mit Hilfe der Hochgratbahn feine Touren unternehmen. Für die Überquerung des Kamms von der Hochgratbahn-Bergstation über **Rindalphorn** (1821 m) und Stuiben (1749 m) bis zum Mittagberg (1451 m, ►Immenstadt) braucht man 6 bis 7 Stunden.

✶ **Paradies**

Wo die Deutsche Alpenstraße (B 308) westlich von Oberstaufen die scharfe Kehre macht, öffnet sich ein herrlicher Blick über das Westallgäu zu den Schweizer Bergen.

## OBERSTAUFEN ERLEBEN

### AUSKUNFT

Haus des Gastes
Hugo-von-Königsegg-Str. 8
87534 Oberstaufen
Tel. (0 83 86) 93 00-0
www.oberstaufen.de

### FESTE & VERANSTALTUNGEN

Fasnachtsdienstag: »Fasnatziestag« mit dem »Butz«. 9. Sept.: Viehscheid. Ende Sept./Anf. Okt.: »Kulturtupfer«.

### ESSEN

**► Fein & teuer**

***Posttürmle***
Bahnhofsplatz 4, Tel. (0 83 86) 74 12
Mittags nur auf Bestellung; Di. geschl.
Winziges Gourmetrestaurant (15 Plätze), gute Weinauswahl.

**► Preiswert / Erschwinglich**

***Altstaufner Einkehr***
Bahnhofstraße 4 , Tel. (0 83 86) 71 93
Außen und innen schönes altes Allgäuer Haus, gute bodenständige Köstlichkeiten ohne Schnickschnack. Feine Brotzeiten und Tageskarte.

### ÜBERNACHTEN

**► Komfortabel**

***Löwen***
Kirchplatz 8, 87534 Oberstaufen
Tel. (0 83 86) 494-0
300 Jahre altes Haus in der Ortsmitte, großzügige Zimmer, mit Kur + Wellness. Restaurant in schöner Bauernstube, allgäuschwäbische Küche.

***Traube***
Kirchdorfer Str. 12
87534 Oberstaufen-Thalkirchdorf
Tel. (0 83 25) 92 00
Gediegenes, dennoch familiäres Hotel in denkmalgeschütztem Haus von 1638 (ohne Pseudofolklore). Mit gutem Restaurant und Kurangebot.

# ** Oberstdorf

E 9

**Landkreis:** Oberallgäu
**Einwohnerzahl:** 9800
**Höhe:** 813 m ü. d. M.

**Im südlichsten Süden Deutschlands und vor der imposanten Kulisse der höchsten Gipfel der Allgäuer Alpen breitet sich einer der bekanntesten und beliebtesten Urlaubsorte des Landes aus.**

**Oberstdorf gestern und heute**

»Entdeckt« wurde der Marktflecken durch Prinz Luitpold – ab 1886 Prinzregent –, der 1851 die Gemeindejagd pachtete und viel für Oberstdorf tat, besonders nach dem Brand 1865, der die Hälfte des Orts einäscherte. Im weiten Tal, zwischen Stillach und Trettach, die sich weiter nördlich mit der Breitach zur Iller vereinigen, gab es wohl schon zur Karolingerzeit ein Dorf; 1495 verlieh ihm Kaiser Maximilian das Marktrecht. Der Bahnanschluss 1888 machte den Weg frei für die Entwicklung zum Ferienort, der seit 1937 das Prädikat »Heilklimatischer Kurort« trägt und seit 1964 auch Kneippkurort ist. Mit 17 000 Gästebetten und 2,4 Mio. Übernachtungen im Jahr gehört er zu den größten Magneten in Deutschland. Mit 230 km² Fläche ist die Gemeinde nach München die zweitgrößte in Bayern, ca. 75 % ihres Gebiets stehen unter Landschafts- oder Naturschutz.

*Winterferien in Oberstdorf*

Das ganze Jahr über kann man kuren – nach Kneipp, Schroth, Ayurveda etc. – bzw. sich pflegen lassen. Renommiert sind die Oberstdorfer Musikwochen, und die Volksmusik hat hier eine hervorragende Tradition. 200 km Wander- und MTB-Wege, ein 9-Loch-Golfplatz und Moorbadeseen bilden die Basis sommerlicher Betätigung. Vom Nebelhorn (2224 m), dem höchsten Allgäuer Skiberg, führt die längste Abfahrt Deutschlands zu Tal (7,5 km); mit den Bahnen an Fellhorn und Kanzelwand verfügt der Verbund Oberstdorf-Kleinwalsertal über gut 120 km Pisten. Das Eisstadion ist Bundesleistungszentrum für Eiskunstlauf und Curling-Zentrum. 80 km Loipen, lange Rodelbahnen (Seealpe, Reichenbach-Gaisalpe) und 140 km gebahnte Winterwanderwege komplettieren das Angebot. Am 28./29. Dez. findet auf der Schattenbergschanze (Erdinger Arena) das Auftaktspringen der Vierschanzentournee statt.

**Was man sich ansehen kann**

In der neogotischen Pfarrkirche St. Johannes der Täufer, nach dem großen Brand errichtet (1867), ist u. a. eine »Geburt Christi« des Klassizisten A. R. Mengs (um 1770) interessant. Gegenüber die Seelenkapelle (Ende 15. Jh.) mit Außenfresken von Mitte des 16. Jh.s. Im **Heimatmuseum** (geöffnet Di. – Sa. 10.00 – 12.00, 14.00 – 17.30 Uhr, bei Regenwetter auch So./Fei.) taucht man in ländliches Leben ein; zu sehen ist auch der größte Schuh der Welt (Größe 480), gefertigt 1950 von Josef Schratt, einem Nachfahren des Haferlschuh-Erfinders. Im Stillachtal ragt die **Heini-Klopfer-Skiflugschanze** kühn in den Himmel; nach der Fahrt mit dem Schrägaufzug atemberaubender Blick von oben ... Schöne Badeanstalt am moorigen **Freibergsee**. Sehr lohnend ist der Spaziergang zu den drei **Loreto-Kapellen** an der Straße nach Birgsau: Die Appach-Kapelle (1493) besitzt spätgotische Fresken, St. Maria Loreto (1657) einen Rokoko-Altar (mit Gnadenbild) von Anton Sturm und ein Deckengemälde des Oberstdorfers Claudius Schraudolph (1877). Er schuf auch die Altäre der Kapelle

## ? WUSSTEN SIE SCHON ...?

- Erfinder des »oberbayerischen« Haferlschuhs war im 19. Jh. der Oberstdorfer – mithin Allgäuer – Franz Schratt. Den Namen prägten britische Touristen, die hohe Schuhe gewöhnt waren und von »half shoes« sprachen.

St. Joseph (1671), in der ein Palmesel von F. X. Schmädl zu sehen ist, dem 1705 in Oberstdorf geborenen Bildhauer, der v. a. im Pfaffenwinkel hervorragende Arbeiten hinterließ. Anschließend hinauf zum Gasthof Alpenrose und dem Moorweiher mit altmodischem Bad.

**Ausflüge in die Umgebung** Das harte Leben vergangener Zeiten ist im verlassenen, schön gelegenen Bergdorf **Gerstruben** nachzuvollziehen (gut 1.30 Std.). Die erste Alpenetappe des berühmten Fernwanderwegs E 5 führt im idyllischen Trettachtal nach **Spielmannsau** und hinauf zur Kemptner Hütte (1846 m, 5 Std.). **Einödsbach** im Stillach-Tal, die südlichste Siedlung Deutschlands, ist vom Parkplatz der Fellhornbahn in 1 Std. zu erreichen. In **Tiefenbach** nordwestlich von Oberstdorf ist die Kirche St. Barbara (1458) mit Wandmalereien von Hans Strigel d. J. (1477)

## OBERSTDORF ERLEBEN

### AUSKUNFT

Touristeninformation
Prinzregentenplatz 1, 87561 Oberstdorf
Tel. (0 83 22) 700-0
www.oberstdorf.de

### FESTE & VERANSTALTUNGEN

Juli/Aug.: Musiksommer (Karten Tel. 0 83 22 / 7 00-447, www.oberstdorfer-musiksommer.de). Um Jakobi (25. Juli): Berglar-Kirbe auf dem Fellhorn, mit Alphornbläsern aus fünf Ländern. Wilde-Männdle-Tanz (Juli – Sept, alle 5 Jahre, wieder 2015). Viehscheid in Schöllang (12. 9.) und Oberstdorf (13.9.). 4. Dez.: Klausen-Bärbele. 6. Dez.: Wilde Klausen.

### ÜBERNACHTEN

#### ► Komfortabel / Luxus

***Geldernhaus***
Lorettostr. 16, 87561 Oberstdorf
Tel. (0 83 22) 9 77 57-0
1911 erbaute, im Laura-Ashley-Stil ausgestattete Villa am südlichen Ortsrand, private Atmosphäre. Pool und Wellness etc. im Parkhotel Frank.

#### ► Günstig

***Berggasthof Laiter***
Laiter 5, 87561 Oberstdorf
Tel. (0 83 22) 48 60, www.laiter.de
450 Jahre alter Gasthof südlich des Freibergsees bei Schwand. Einfache Zimmer, z. T. mit herrlichem Bergpanorama; urige Allgäuer Stube.

***Landhaus Spielmannsau***
Spielmannsau, 87561 Oberstdorf
Tel. (0 83 22) 3015
Moderner Gasthof mit eigener Landwirtschaft im idyllischen Trettachtal (Zufahrtsgenehmigung für Gäste). Schöne alte Stube mit Kachelofen.

### ESSEN

#### ► Fein & teuer

***Königliches Jagdhaus***
Ludwigstr. 13, 87561 Oberstdorf
Tel. (0 83 22) 9 87 38-0
Im Jagdhaus, das sich Prinz Luitpold 1856 erstellen ließ, wird auf Allgäuer Basis leicht und modern gekocht. Mit angenehmem Biergarten. Stube Mo. geschlossen, Ess-Atelier Mo./Di.

sehenswert, in **Rohrmoos** im schönen Starzlachtal (ca. 6 km westlich) die Holzkapelle St. Anna aus der Spätrenaissance mit volkstümlichen Fresken und Flügelaltar. Südwestlich von Oberstdorf hat sich die Breitach 100 m tief in die Schrattenkalke des Engenkopfs gesägt. Eine Durchquerung ist auch im Winter ein Erlebnis (Einlass im Sommer 8.00 – 17.00, im Winter 9.00 – 16.00 Uhr). Vom Gasthaus Walserschanz (► Kleinwalsertal) hoch über dem oberen Ende der Klamm kann man mit dem Bus zurückfahren.

★ ◄ Breitachklamm

★★ **Bergtouren**

Die Allgäuer Alpen sind berühmt für ihre schier unerschöpfliche Auswahl an den unterschiedlichsten und schönsten Bergwanderungen und Klettertouren, sei es im **Allgäuer Hauptkamm** im Südosten mit ihren wild gezackten Hauptdolomitgipfeln, in den vorgelagerten steilen Grasbergen, in der sanften Hörnergruppe im Westen oder in den Karrenfeldern am Hohen Ifen (► Kleinwalsertal). Die Bahnen zum **Nebelhorn** (2224 m) – das Panorama dort soll 400 Gipfel umfassen – und zum Fellhorn erleichtern einige Anstiege. Hier nur ein paar Leckerbissen, meist für erfahrene Berggänger: **Hindelanger Klettersteig** vom Nebelhorn zum Daumen; vom Edmund-Probst-Haus zum **Laufbacher Eck** (2179 m, ggf. weiter zum Prinz-Luitpold-Haus); Krumbacher Höhenweg von der Kanzelwand über Fiderepasshütte zur Mindelheimer Hütte (ggf. über den **Mindelheimer Klettersteig**), kombinierbar mit dem Kammweg vom Söllereck über das Fellhorn oder im Süden mit der Umrundung des Großen Widdersteins; und schließlich der berühmte **Heilbronner Weg** von der Rappenseehütte zum Waltenberger Haus bzw. zur Kemptner Hütte.

*In Gerstruben unterhalb der Höfats*

**Fischen**

In dem angenehmen Luftkurort nördlich von Oberstdorf ist – neben der Kirche St. Verena mit Apostelfiguren von M. Eberhard (1759) – die **Frauenkapelle** in Kreuzform mit hoher Zwiebelkuppel interessant, ein Werk des Vorarlbergers Michael Beer (1667), Erbauer der Stiftskirche Kempten. Südlich von Obermaiselstein verspricht die **Sturmannshöhle**, ein tiefes, großes Loch im Karst, kleine Abenteuer.

**Balderschwanger Tal**

Radsportler und Motorbiker schätzen den Riedbergpass (1420 m) westlich von Fischen, Deutschlands höchster Pass und mit bis 16 % Steigung einer der steilsten. Kurz vor der Grenze liegt in einem bekannten »Schneeloch« Balderschwang (220 Einw., 1044 m) mit kleinem Skigebiet am Gelbhansekopf; im Sommer ideal für Familienferien, in der weitgehend geschützten Umgebung lassen sich schöne Alpwanderungen unternehmen. Um den 15. Sept. ist Viehscheid.

# Pfronten

G 8

**Landkreis:** Ostallgäu
**Einwohnerzahl:** 7300
**Höhe:** Steinach 850 m ü. d. M.

**Ein beliebtes Ferienrevier ist das romantisch bucklige, seenreiche Vorgebirgsland zwischen Füssen und dem Grünten.**

**Erlebenswertes in Pfronten**

Pfronten, der größte Kur- und Wintersportort des Ostallgäus, besteht aus 13 Orten – Steinach, Dorf, Berg etc. In Berg steht das Wahrzeichen, die Pfarrkirche St. Nikolaus (1692) mit ihrem schönen Turm (1749) und klassizistischer Ausmalung von J. A. Keller (1780). Über Steinach thront 1267 m hoch die Ruine **Falkenstein**, Rest einer Burg des 11. Jh.s, die später dem Augsburger Hochstift gehörte. König Ludwig II. war von dem Platz begeistert und wollte eine neue Burg bauen; Straße und Wasserleitung wurden angelegt, doch sein Tod 1886 beendete den Traum. In einer Stunde geht man hinauf (für Gäste des Burghotels freie Zufahrt) und genießt das Panorama.

**Nesselwang**

Von weitem wird der Luftkurort (3500 Einw.) vom Zwiebelturm der Kirche St. Andreas angekündigt. Ihre barocke Pracht entstand jedoch erst 1904 – 1906; die Ausmalung des Innenraums mit ungewöhnli-

*Über den Wolken … thront man auf dem Falkenstein.*

## PFRONTEN ERLEBEN

### AUSKUNFT

Pfronten Tourismus
Vilstalstr. 2, 87459 Pfronten
Tel. (0 83 63) 6 98-88
www.pfronten.de

### FESTE

Anf. März: Hörnerschlittenrennen in Pfronten. Viehscheid: 2. Sept.-Sa. in Pfronten, 16. Sept. in Nesselwang.

### ÜBERNACHTEN / ESSEN

**► Luxus**

***Burghotel Falkenstein***
87459 Pfronten-Obermeilingen
Tel. (0 83 63) 91 45 40
http://burghotel-falkenstein.de
Unübertrefflich ist die Lage auf dem Falkenstein, die Gestaltung der Gästezimmer jedoch Geschmackssache. Hier oben wird feine regionale Küche serviert. Im tiefer gelegenen Hotel Schlossanger-Alp (Tel. 0 83 63 / 91 45 50, dieselbe Kategorie) kocht Barbara Schlachter-Ebert, eine der besten ihrer Zunft.

**► Komfortabel**

***Hotel Post***
Hauptstr. 25, 87484 Nesselwang
Tel. (0 83 61) 30 91-0
Familiärer Traditionsgasthof mit Brauerei. In den gediegenen Stuben genießt man Allgäuer Küche zu moderaten Preisen, manchmal gibt's Musik und anderen Zeitvertreib.

***Schloss Hopferau***
Schlossstr. 9, 87659 Hopferau
Tel. (0 83 64) 9 84 89-0
Im ältesten Schloss des Ostallgäus (1468) wohnt man fürstlich, jedoch nicht teuer. Mit feinem Restaurant Vesper-Gewölbe und Wirtsgarten. Ab und zu Konzerte.

**► Günstig**

***Oberer Wirt***
Kirchsteige 10, Pfronten-Berg
Tel. (0 83 63) 4 51
Schlichter, gemütlicher Gasthof, im Ortsteil Berg bei der markanten Kirche gelegen. Ordentliche Küche.

cher Deckenlösung übernahm W. Kolmsperger. Vom Ortszentrum, das unter dem Durchgangsverkehr leidet, geht man in ca. 45 Min. zur Wallfahrtskirche **Maria Trost** (um 1660/1710) in 1122 m Höhe. Nördlich von Nesselwang prunkt die spätgotische Wallfahrtskirche **Maria Rain** (1497) mit einer unglaublich reichen Rokoko-Ausstattung (um 1760); im Hochaltar sind Teile eines spätgotischen Altars eingebaut, der Hans Kels d. Ä. zugeschrieben wird (1519). Die **Postbrauerei** informiert über die lokale Brautradition und veranstaltet Besichtigungen (Fr. 17.00 Uhr). Die Badeseen der Umgebung, besonders der **Grüntensee**, sind auch schöne Ziele für Radtouren.

**✶ Breitenberg Aggenstein**

Familientauglich ist die Besteigung des Breitenbergs (1838 m), auf den von Pfronten-Steinach eine Seilbahn fährt (kleines Skigebiet). Der Aggenstein (1987 m), der markante Pfrontener Hausberg, verlangt Trittsicherheit und Schwindelfreiheit (Gehzeit Steinach und zurück 6.30 Std., bei Auffahrt mit der Breitenbergbahn 4 Std.).

**Eisenberg** Ein wenig Ritterromantik lassen die Burgruinen Hohenfreyberg und Eisenberg nordöstlich von Pfronten spüren; in Zell vermittelt ein Burgenmuseum Wissenswertes über diese Zeit (geöffnet sommers Sa., So. 14.00 – 17.00 Uhr). In **Speiden** sind die Gnadenkapelle Maria Hilf (1636) und die gleichnamige Wallfahrtskirche (geweiht 1678) mit schöner Ausstattung sehenswert; nach gut bayerischem Brauch gibt's nebenan eine Brauerei mit beliebtem Wirtshaus (Mo. geschl.).

**Seeg** Das hübsch gelegene Seeg verfügt mit der Pfarrkirche **St. Ulrich**, erbaut 1700 – 1711 von dem Füssener J. J. Herkomer, über ein Rokoko-Kleinod; beeindruckend das große Deckenfresko mit der Schlacht von Lepanto (J. B. Enderle, 1769). Das Heimatmuseum gibt Einblick in die reiche Allgäuer Kultur. Schöne Wanderungen (auch im Winter) zum Schwaltenweiher und zur **Alpe Beichelstein** (952 m, Mai bis Okt. Mi. ab 17.00 geschl., sonst Mi.; herrliches Bergpanorama), beides mit gemütlicher Einkehr. Viehscheid am 2. Sept.-Samstag.

# Rosenheim

Q 6

**Höhe:** 451 m ü. d. M. **Einwohnerzahl:** 60 100

**Die wirtschaftliche und kulturelle Metropole des Landes südöstlich von München ist zwar kein Urlausbsort im eigentlichen Sinn, mit ihrer lebhaften Atmosphäre und der sehr schönen Altstadt im Inn-Salzach-Stil immer einen Ausflug wert.**

**Rosenheim gestern und heute** Das kreisfreie Rosenheim, an der Mündung der Mangfall in den Inn gelegen, ist nach München und Ingolstadt die drittgrößte Stadt Oberbayerns. 1234 wird eine Burg der Grafen von Wasserburg – deren Rosenwappen sorgte für den Namen – urkundlich erwähnt. Das rasche Wachstum und die Blüte im 15. Jh. verdankte Rosenheim der Lage am Übergang einer Salzstraße über den Inn, den wichtigsten Wasserverkehrsweg für den Italienhandel. Rosenheim war früher ein Zentrum des Holzhandels, heute gibt es hier mehrere international renommierte **Schulen für Holzberufe** (Fachhochschule, Staatliche Fachschule für Holztechnik etc.). An der 1857 eröffneten Bahnlinie München – Salzburg und der ein Jahr jüngeren Strecke nach Kufstein war Rosenheim ein wichtiger Stützpunkt. Davon zeugt noch der prächtige **Lokschuppen**, heute ein bedeutender Veranstaltungsort für interessante Ausstellungen, Messen, Konzerte, Kabarett und Theater (www.lokschuppen.de).

## ? WUSSTEN SIE SCHON ...?

- Rosenheim ist die Heimat der legendären Faltboote von Klepper (der Regenmantel wurde durch Outdoor-Kleidung ersetzt). Das Museum in der Klepperstr. 18 macht die bewegte Geschichte des einst größten Arbeitgebers der Stadt anschaulich. Geöffnet Mi. – Fr. 13.00 – 17.00, Sa. 10.00 – 14.00 Uhr.

## Sehenswertes in Rosenheim

Mittelpunkt der Altstadt ist der Max-Josefs-Platz, der von malerischen **Häusern im Inn-Salzach-Stil** mit Laubengängen gesäumt wird. Nach dem großen Brand 1641 wurden schmale Bauten des 14./15. Jh.s zu stattlichen Patrizierhäusern zusammengefasst. Einige hervorragende Häuser: Fortnerhaus (Nr. 20, Weinstube Zum Santa) mit herrlicher Rokoko-Fassade (1745), der Stockhammerbräu (Nr. 13), das Bergmeister-Haus (Nr. 15) mit dreigeschossigem Eckerker, Nr. 22, von 1641 bis 1878 das Rathaus. Im Ellmaierhaus (Nr. 4) lädt das **Holztechnische Museum** zum näheren Kennenlernen des Werkstoffs Holz ein (geöffnet Di. – Sa. 10.00 bis 17.00 Uhr, 2. u. 4. Sonntag im Monat 13.00 – 17.00 Uhr). Im Nordosten wird der Platz vom Mittertor abgeschlossen, dem einzigen erhaltenen Stadttor (1. Hälfte 14. Jh.) mit dem interessanten **Städtischen Museum** (geöffnet Di. – Sa. 10.00 – 17.00 Uhr sowie 1., 3., 5. So. im Monat 13.00 – 17.00 Uhr). Zwischen Max-Josefs-Platz und Ludwigsplatz steht die Pfarrkirche **St. Nikolaus**, die auf einen Vorgängerbau von 1488 zurückgeht und ihn heutiges Bild v. a. 1642 – 1657 (Chor, Zwiebelturm) sowie 1880/1881 erhielt. Unter der spärlichen Ausstattung sind das zweiseitig bemalte Holztafelbild der Schutzmantelmadonna (um 1515) und ein Epitaph für den Bürgermeister Wolfgang Scherr hervorzuheben (M. Zürn d. J., 1693).

✶ **Max-Josefs-Platz**

*Das Herz von Rosenheim ist der Max-Josefs-Platz mit dem Mittertor*

**Spitalkirche St. Josef**

Zum Bürgerspital gehörte die Kirche St. Josef aus der Spätrenaissance des 17. Jh.s mit Schlierseer Stuck. Interessant sind vor allem der Hochaltar (1755), ein Votivbild mit einer Ansicht von Rosenheim und der Rotmarmor-Grabstein des Stifters Simon Peer.

**Rathaus**

Goldene Eisenbahnzeit: Der Komplex gegenüber dem Lokschuppen, heute Rathaus, war 1858 – 1878 **Bahnhof**. Die nahe Städtische Galerie am Max-Bram-Platz, die aus einer Stiftung des Sammlers M. J. Bram hervorging, zeigt außer Wechselausstellungen Werke Chiemgauer und Münchner Künstler des 19./20. Jh.s, u. a. Leibl, Defregger und Trübner (geöffnet Di. – Fr. 10.00 – 17.00, Sa., So. 13.00 – 17.00 Uhr).

**Kultur- und Kongresszentrum** Das moderne Kultur- und Kongresszentrum steht auf historischem Boden: Ab 1604 stand hier ein Kapuzinerkloster, das 1803 aufgelöst und mitsamt der Kirche abgerissen wurde; von 1810 bis 1958 verarbeitete eine **Saline** die Sole von Reichenhall, die mit einer 110 km langen hölzernen Pipeline hierher geleitet wurde – einer der Grundsteine für die Industrialisierung Rosenheims.

**Innmuseum** In dem Museum, das zünftig im Bruckbaustadel an der Innbrücke untergebracht ist, geben Objekte über das Leben auf dem Inn, über Flößerei und Schifffahrt, Brückenbau und Treidelwesen Aufschluss (geöffnet April – Okt. Fr. 9.00 – 12.00, Sa., So. 10.00 – 16.00 Uhr).

## Umgebung von Rosenheim

★ **Hl. Blut am Wasen** Südlich von Rosenheim begegnet ein idyllisches Bild: die Wallfahrtskirche Hl. Blut am Wasen vor der Kulisse des Mangfallgebirges. Auf dem »Wasen«, den Resten des Weidelandes zwischen den Innauen und dem Aiblinger Moor, steht das kunsthistorisch bedeutende Kircherl östlich der zur Autobahn führenden B 15. Der spätgotische Bau (1508) wurde 1686/1687 durch den Graubündner Giulio Zuccalli barockisiert; im Hochaltar der **»Gnadenstuhl«** (um 1520), dem Meister von Rabenden zugeschrieben. Zu beachten ist auch der Seitenaltar des hl. Sebastian, der mit dem riesigen Epitaph (1624) des Rosenheimer Bürgermeisters Andreas Weidacher verbunden wurde.

*Rosenheim Orientierung*

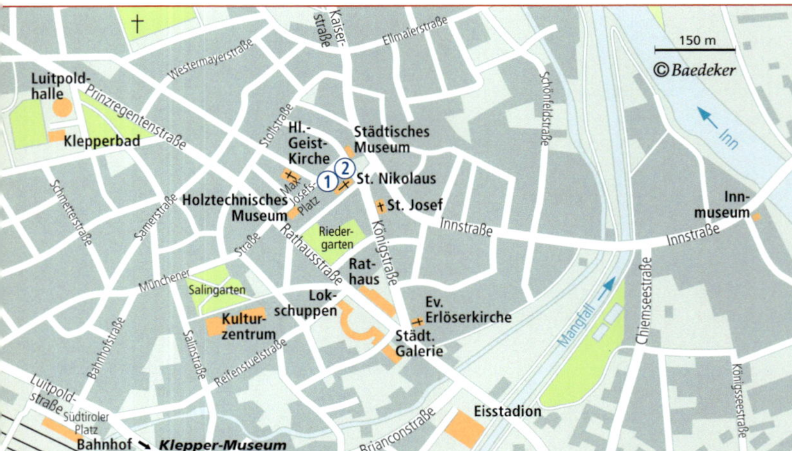


**Essen**
① Gasthof Stockhammer
② Zum Santa

Sehr ungewöhnlich ist die Wallfahrtskirche Hl. Kreuz (1668) in Westerndorf westlich von Pang, die von einer **riesigen Zwiebelhaube** gekrönt wird. Entworfen hat den Zentralbau über Vierpass-Grundriss Constantin Pader, Baumeister war der Schlierseer G. Zwerger, der auch für den schönen frühbarocken »Miesbacher Stuck« sorgte. **Westerndorf**

Knapp 10 km südlich von Rosenheim liegt rechts des Inns der Luftkurort Neubeuern (4200 Einw., 480 m), der einmal zum **»schönsten Dorf Deutschlands«** erkoren wurde. Gabriel von Seidl (► Bad Tölz, Marktstraße) gestaltete das Ortsbild neu, allerdings hat er etwas zuviel des Guten getan. Den von Torbauten begrenzten **Marktplatz** zieren stattliche Bürgerhäuser mit Erkern und Lüftlmalerei. Am Gasthof Stangenreiter illustriert ein Gemälde Flößerei und Schiffahrt auf dem Inn, im Haus des Verkehrsamts ist das Museum der Schiffleutbruderschaft sehenswert. Das über dem Ort thronende **Schloss** mit Bergfried aus dem 12. Jh. hat Gabriel von Seidl zum Neorenaissance-Herrensitz aufgehübscht (Internatsschule; Konzerte www.k-s-n.de). **✶ Neubeuern**

Zwischen Söchtenau und Bad Endorf findet unter dem früheren Opernsänger Ludwig Baumann in zauberhafter Umgebung ein renommiertes Operfestival statt (Spielzeit Mitte Juni – Anf. Aug.). Info und Karten Tel. (0 80 55) 90 34-0, www.gut-immling.de. **Gut Immling**

## ROSENHEIM ERLEBEN

### AUSKUNFT

Touristeninformation
Kufsteiner Str. 4, 83022 Rosenheim
Tel. (0 80 31) 3 65 90 61
www.touristinfo-rosenheim.de

### FESTE & VERANSTALTUNGEN

Neubeuern, gerade Jahre: »Großer Fasching« mit Hofstaat und Umzug. Rosenheim, letzter Aug.-Sa.: Beginn des 16-tägigen Herbstfests.

### ESSEN

#### ► Preiswert / Erschwinglich

① *Gasthof Stockhammer*
Max-Josefs-Platz 13, Rosenheim
Tel. (0 80 31) 4 09 99 71
Gediegenes altes Wirtshaus am schönen Stadtplatz, in dem man sich bei einer zünftigen Brotzeit oder deftigen Schmankerln stärkt. Tägl. geöffnet, So. in der Saison.

② *Zum Santa*
Max-Josefs-Platz 20, Rosenheim
Tel. (0 80 31) 3 41 21
In der Weinstube mit gotischem Gewölbe wird alpenländische Küche mit italienischem Einschlag serviert.

### ÜBERNACHTEN

#### ► Günstig / Komfortabel

*Hotel Burgdacherl*
Marktplatz 23, 83115 Neubeuern
Tel. (0 80 35) 24 56
Gut ausgestattete Zimmer. Frühstück auf der Dachterrasse mit herrlichem Blick auf Dorf, Tal und Berge.

*Zur Post*
Salzburger Str. 1, 83134 Prutting
Tel. (0 80 36) 3 08 80, Mo. geschl.
Stattlicher Gasthof im Itaker-Stil mit traditioneller Küche. Liebevoll gestaltete, sehr preiswerte Zimmer.

# Ruhpolding

T 7

**Landkreis:** Traunstein
**Einwohnerzahl:** 6300
**Höhe:** 691 m ü. d. M.

**In Ruhpolding begann die Geschichte Oberbayerns als Ziel des Massentourismus, und auch heute kann der Ort im weiten, von bewaldeten Bergen umrahmten Tal der Weißen Traun mit allem aufwarten, was Ferien im bayerischen Alpenvorland ausmacht.**

Zwar kamen schon im 19. Jh. höhere Beamte zur Sommerfrische in das arme Holzknechtedorf, die Initialzündung für den großen Tourismus gaben jedoch die Auslands-Reisebeschränkungen, die die NS-Regierung 1933 erließ. Nach dem Zweiten Weltkrieg, 1949, nahm man den Faden wieder auf, und 1967 konnte die »Zeit« schreiben: »Für viele hunderttausend Bundesbürger ist Ruhpolding der Inbegriff Bayerns geworden …« (mit all der üblichen Pseudo-Folklore). Für Jahrhunderte, besonders nach der Eröffnung der Traunsteiner Saline 1619, war der Holzeinschlag und -handel der bedeutendste Wirtschaftszweig, im 16./17. Jh. blühte auch der Bergbau an Rauschberg und Unternberg. Das Angebot zur Urlaubsgestaltung ist umfassend, vom Wellen- und Freibad bis zum 9-Loch-Golfplatz und zum Paragliding am Unternberg. Ende Febr./Anf. März sind die **Biathlon-Weltmeisterschaften** ein großer Magnet. Ein Mussziel ist die »Windbeutelgräfin« (Brandner Str. 23) mit ihren Riesen-Windbeuteln.

*Winterspaß für die ganze Familie in Ruhpolding*

# RUHPOLDING ERLEBEN

## AUSKUNFT

Touristeninformation
Hauptstr. 60, 83321 Ruhpolding
Tel. (0 86 63) 88 06-0
www.ruhpolding.de

Inzeller Touristik
Rathausplatz 5, 83334 Inzell
Tel. (0 86 65) 98 85-0, www.inzell.de

## FESTE & VERANSTALTUNGEN

Ende Jan.: Ballonwoche Inzell. Fronleichnam: Prozession in Ruhpolding. Ende Juli: Dorffest in Inzell. 1. Sept.-So.: Georgiritt Ruhpolding. 4. Sept.-So.: Michaeliritt in Inzell.

## ESSEN

### ► Preiswert / Erschwinglich

*Binderhäusl*
Bichlstraße 43, 83334 Inzell, Tel. (0 86 65) 4 61, www.familie-keller.de
Der Rahmen ist bayerisch-rustikal, die Küche jedoch bayerisch-japanisch: fein und leicht (Mi. geschl., reservieren) zu sehr angenehmen Preisen. Herrliche Restaurantterrasse. Mit komfortablen Zimmern.

## ÜBERNACHTEN

### ► Komfortabel

*Hotel zur Post*
Hauptstr. 35, 83324 Ruhpolding
Tel. (0 86 63) 543-0
www.hotel-post-ruhpolding.de
Schon 1424 wird die »Taferne« erwähnt, seit 1845 ist der stattliche Gasthof in Familienbesitz. Moderner Komfort, mit Hallenbad, Sauna etc.

### ► Günstig

*Hotel Almhof*
Maiergschwendter Str. 5, 83324 Ruhpolding, Tel. (0 86 63) 8 85 80
www.hotel-almhof.de
Modernes Haus wenige Minuten vom Zentrum. Sehr schöne Zimmer, einige sind ganz mit altem Holz gestaltet

## Sehenswertes in Ruhpolding

**Pfarrkirche St. Georg**

Das Wahrzeichen Ruhpoldings thront über dem Ort: St. Georg, eine der **schönsten Dorfkirchen** Oberbayerns. Der 40 m lange Wandpfeilerbau entstand 1738 – 1757 nach Plänen des Hofbaumeisters Johann Gunezrhainer. Überbordendes Rokoko (Kanzel!) ist der Rahmen für die **»Ruhpoldinger Madonna«** im rechten Seitenaltar (um 1230).

**Museen**

Im Jagdschloss, 1587 für Herzog Wilhelm V. erbaut und neogotisch überformt, zeigt das **Bartholomäus-Schmucker-Heimatmuseum** eine der wertvollsten Sammlungen alpenländischer Volkskunst, dazu den vorletzten in Bayern geschossenen Bären (geöffnet Ende Dez. – Okt. Mi. – Sa. 14.00 – 17.00 Uhr). Europas größte Sammlung von Paramenten und Brokatstoffen sowie kostbare Reliquien birgt das **Museum für bäuerliche und sakrale Kunst** (geöffnet Di. – Sa. 9.30 bis 12.00, 14.00 – 16.00, So. 9.30 – 12.00 Uhr, 25. Okt. – 25. Dez. geschl.). Im **Schnauferlstall** sind Motorräder der Jahre 1924 – 1960 zu sehen (geöffnet tägl. 10.00 – 12.00, 13.00 – 16.00 Uhr).

**Glockenschmiede** In Vorderbrand-Haßlberg ist die Glockenschmiede von 1646 an ihrem ursprünglichen Standort erhalten. Hier wurden Werkzeuge wie Sensen, Schaufeln und Torfmesser hergestellt. Außer der alten Technik sind zahlreiche Zeugnisse der Schmiedekunst zu bewundern (geöffnet Mitte Mai – Ende Okt. Di. – Fr. 10.00 – 12.00, 14.00 – 16.00, Mitte Juli – Aug. Di. – Fr., So. 10.00 – 16.00 Uhr).

## Umgebung von Ruhpolding

**Wintersport** Die Ruhpoldinger Skigebiete liegen an Unternberg (1425 m) und Rauschberg (1648 m), nicht weit ist es zur Winklmoosalm-Steinplatte bei Reit im Winkl (► S. 211). Das Naturschutzgebiet »Drei Seen« zwischen Ruhpolding und Reit im Winkl bietet zahlreiche schöne Loipen. Mit dem Skiwanderweg nach Inzell lassen sie sich zur 40 km langen **Chiemgau-Marathonloipe** verbinden.

**Holzknecht-museum** In Ruhpolding-Laubau dokumentiert das Holzknechtmuseum den einst bedeutendsten Wirtschaftszweig der Region. Im Gelände sind originale und nachgebaute Hütten aufgestellt, u. a. ein Rindenkobel und ein Almkaser. Im Haupthaus, im Stil einer Salinenverwaltung erbaut, wird das mühevolle und gefährliche Handwerk vor Augen geführt. Geöffnet Mai – Okt. Di. – So. 13.00 – 17.00, Mitte Jan. bis Mitte März nur Mi. 10.00 – 17.00, in den Ferien tägl. ab 13.00 Uhr.

**Inzell** Der hübsche Ferienort (4300 Einw., 692 m), 8 km östlich von Ruhpolding im Tal der Roten Traun gelegen, ist bekannt als **Eisschnelllaufzentrum**. Die 400-Meter-Bahn beim Zwingsee, auf der auch Speedway-Rennen ausgetragen werden, steht den Gästen zum Eislaufen, Eisstockschießen etc. offen. In frühen Zeiten lebten die Einwohner v. a. vom Salz- und Holztransport im Zusammenhang mit dem Reichenhaller Salinenwesen. In der Pfarrkirche **St. Michael** (1727) ist das Triumphkreuz zu beachten, das Gottvater und die Taube des Heiligen Geistes zeigt. Der Gasthof »Zur Post«, das 2007 einem Feuer zum Opfer fiel, gehörte einst dem Kloster St. Zeno und besitzt einen schönen Arkadenhof. Südlich des Zwingsees (Freibad) liegt ein **Gletschergarten** mit eiszeitlichen Gletschermühlen. Dort beginnt beim Café Zwing der interessante **Salinen-Rundwanderweg** (3.30 Std.), an dem Reste der Soleleitung von Reichenhall nach Traunstein zu sehen sind, u. a. ein Hochbehälter mit »Himmelsleiter«.

### ? WUSSTEN SIE SCHON ...?

- Anton Cajetan Adlgasser (1729 – 1777), Sohn eines Inzeller Lehrers und Organisten, war ein angesehener Musiker und mit der Familie Mozart verbunden. Sein Geburtshaus ist heute der angenehme Gasthof Neimoar (Schmelzer Str. 40, Tel. 0 86 65 / 73 22).

**Frillensee St. Nikolaus** Ein beliebtes Ausflugsziel ist der 6 km östlich von Inzell gelegene Frillensee, einer der kältesten Seen Deutschlands. Unterwegs ist die schöne spätgotische Kirche **St. Nikolaus** mit Netzgewölben, einem

*Das Nikolauskircherl in Inzell-Adlgaß*

Triumphbogenkreuz und Glasgemälden aus dem 15. Jh. sehenswert. Das letzte Stück vom Forsthaus Adlgaß (Mitglied von Slowfood, Tel. 0 86 65 / 483 – ein schöner Stützpunkt für Wanderer und Rodler) bis zum See ist als **Bergwald-Erlebnispfad** eingerichtet. Sehr lohnend ist, vom Forsthaus Adlgaß aus, die Besteigung des **Zwiesels** (1782 m) mit Übergang zum Gamsknogel (1750 m); Gesamtgehzeit ca. 6 Std., Trittsicherheit ist notwendig.

# Rupertiwinkel

U/V 5–7

**Im Rupertiwinkel – dem schönen, sanften Land im Osten Oberbayerns, das sich entlang der Salzach zwischen Tittmoning, dem Waginger See und Freilassing erstreckt – orientiert man sich eher nach dem nahen Salzburg als nach München.**

**Altes Salzburger Land**

Der heilige Rupert, im Jahr 718 verstorben und im Salzburger Dom bestattet, war Patron des Salzburger Landes (Fürstbistum Salzburg), zu dem auch die Bezirke Teisendorf, Waging, Laufen und Tittmoning gehörten. Erst nach 1810 wurden diese bayerisch, und seit 1816 verläuft die deutsch-österreichische Grenze in den Flüssen Salzach und Saalach. Der hl. Rupert gilt als Schutzpatron des Bergbaus; meist wird er als Bischof mit einem Salzfass dargestellt, denn im Besitz des Bischofs befanden sich ein Drittel der Reichenhaller Salzquellen.

*Blick vom österreichischen Oberndorf auf Laufen mit der großen Stiftskirche*

## Laufen

**Aus der Stadtgeschichte**

Laufen (6600 Einw.) liegt höchst malerisch in einer **Schleife der Salzach**, die – neben dem Salztransport von Reichenhall – für die einstige Bedeutung des Städtchens sorgte. Den regen Schiffsverkehr behinderten die Stromschnellen im Flussbogen; oberhalb mussten die Schiffe entladen werden, unterhalb kam die Fracht auf größere Schiffe. Im Zug der politischen Neuordnung kam Laufen 1816 zu Bayern, die Vorstädte rechts der Salzach blieben bei Salzburg.

**Sehenswertes in Laufen**

Das Stadtbild Laufens wird beherrscht von dem **Schloss** (16. Jh.) im Süden und der mächtigen Stiftskirche **Mariä Himmelfahrt** im Norden (Mitte 14. Jh.), einem frühgotischen Hallenbau unter riesigem Satteldach. Vom romanischen Vorgängerbau ist der Turm erhalten. Das Gemälde (1690) im rechten Seitenaltar, dem Rupertus- oder Schifferaltar, stammt von dem berühmten Barockmaler Michael Rottmayr, der aus Laufen stammte. Beachtenswert sind auch die Grabdenkmäler. Um die Kirche zieht sich ein romanischer Bogengang mit zwei Portallöwen. Zu beachten ist auch der **Dekanshof** nördlich der Kirche (1625), in dem Teile der gotischen Ausstattung der Stiftskirche aufbewahrt werden. Die Hauptachse der Stadt, die schmale Rottmayrstraße mit Bürgerhäusern des 16. – 18. Jh.s, führt zum Marienplatz mit Bauten im Inn-Salzach-Stil. Die Verbindung mit Österreich stellt eine 165 m lange, beeindruckende, in dieser monumentalen Form seltene **Eisenbrücke** von 1903 her.

! *Baedeker* TIPP

### Weihnachten in Oberndorf

Am 24. Dezember (17.00 Uhr) nehmen Tausende Menschen aus aller Herren Länder an der Gedenkfeier für F. X. Gruber und J. Mohr teil. Ein Sonderpostamt ist im Stille-Nacht-Museum von 8. bis 23. Dez. tägl. 10.00 – 16.00 Uhr, am 24. Dez. 9.00 – 12.00 Uhr geöffnet.

## Umgebung von Laufen

**Oberndorf**

Jenseits der Salzach liegt der berühmte Markt Oberndorf: Hier erklang an Heiligabend 1818 das Lied **»Stille Nacht, heilige Nacht«** zum ersten Mal. Den Text schrieb der Vikar Josef Mohr, die Musik der Lehrer Franz Gruber. Das Heimatmuseum (geöffnet März–Jan. tägl. 9.00–16.00 Uhr) dokumentiert die Geschichte; die Kirche St. Nikolai, Ort der Uraufführung, wurde 1899 durch Hochwasser zerstört, 1937 wurde an ihrer Stelle eine Gedächtniskapelle geweiht. Im Dezember findet auf dem Stille-Nacht-Platz und in der Salzachhalle Laufen das Historienspiel »Hirten erst kundgemacht« statt.

**Abtsdorfer See**

Ca. 4 km südwestlich liegt der schöne Abtsdorfer See mit warmem, moorhaltigem Wasser und der kleinen bewaldeten Insel Burgstall. In

## RUPERTIWINKEL ERLEBEN

### AUSKUNFT

Touristeninformation
Rathausplatz 1, 83410 Laufen
Tel. (0 86 82) 89 87-49
www.stadtlaufen.de
www.berchtesgadener-land.com

Touristeninformation
Stadtplatz 1, 84529 Tittmoning
Tel. (0 86 83) 70 07-10
www.tittmoning.eu
www.wagingersee-salzachtal.de

### FESTE & VERANSTALTUNGEN

Laufen, Fronleichnam: Prozession mit »Himmelbrotschutzen« in der Salzach. Laufen/Oberndorf, So. um dem 15. Aug.: Schifferstechen. 6. Nov.: Leonhardiritt auf dem Wonneberg.

### PLÄTTEN

Von Tittmoning kann man Mai–Sept. (So. 14.00 Uhr) mit »Plätten« auf der Salzach nach ►Burghausen fahren. Abfahrt nahe dem Grenzübergang.

### ESSEN

**► Erschwinglich / Fein**

***Landhaus Tanner***
Aglassing 1, 83329 Waging am See
Tel. (0 86 81) 69 75-0, Di. geschl.
In geschmackvoll modernem Ambiente genießt man bayerisch-mediterrane Küche, von ländlich bis edel. Appartements für 2–4 Personen. Gutes Preis-Leistungs-Verhältnis.

**► Preiswert**

***Braugasthof***
Stadtplatz 35, 84529 Tittmoning
Tel. (0 86 83) 89 09 59, Mi. geschl.
Gediegenes altes Stadtwirtshaus mit schöner Atmosphäre und dem üblichen bayerischen Angebot.

***Gasthaus Eder St. Leonhard***
83379 St. Leonhard am Wonneberg
Tel. (0 86 81) 5 51
Stattlicher alter Gasthof gleich bei der Kirche, gute bodenständige Kost.

### ÜBERNACHTEN / ESSEN

**► Günstig**

***Gasthof Seehaus***
Seehaus 3, 83367 Petting
Tel. (0 86 86) 98 81-0
www.gasthof-seehaus.de
Familiärer Gasthof am idyllischen Weidsee, mit schönen Zimmern. Man isst gut und preiswert.

**Abtsdorf**, das sein altes Bild eindrucksvoll bewahrt hat, sind in der Kirche St. Jakobus (um 1466) Reste gotischer Fresken, im Hochaltar ein hervorragender hl. Florian von J. M. Rottmayr und ein hl. Jakobus aus Holz (um 1500) zu sehen. An der Dorfstraße prachtvolle Häuser, u. a. ein Gasthaus salzburgischen Typs neben der Kirche.

**Waginger See**

Der Waginger See und der durch einen Straßendamm abgetrennte Tachinger See sind mit sommerlichen Temperaturen um 26 °C als Bade- und Campingferienseen beliebt. Der im Sommer recht lebhafte Luftkurort **Waging** (6300 Einw., mit Promenade und Badestrand) wurde schon um 740 erwähnt; sehenwert hier die Kirche St. Martin (1611 / 1722). Ganz zauberhaft liegt am Nordende des Tachinger Sees die gotische Kapelle **St. Koloman** mit einem großartigen gotischen Flügelaltar (1515), dem einzigen ganz erhaltenen aus der Werkstatt des Laufeners Gordian Guckh. Einen Guckh-Altar von 1513 gibt's auch in **St. Leonhard am Wonneberg** (südwestlich von Waging) zu sehen, dazu eine frühbarocke Ausmalung durch Salzburger Künstler (1633); die Kirche von 1496 hat einen Turm mit Dreifach-Zwiebel.

## ✶ Tittmoning

**Aus der Geschichte**

Tittmoning (6100 Einw.) hat durch den wirtschaftlichen Niedergang im 19. Jh. wie kaum eine andere Stadt in Ostbayern ihr historisches Bild bewahrt. Im 13. Jh. als Stadt erstmals genannt, war es nördliche Grenzfestung des erzbischöflich-salzburgischen Herrschaftsbereichs. Bedeutung hatte der Ort als Umschlagplatz für das Salz, das die Salzach hinuntertransportiert wurde. Joseph Ratzinger – Papst Benedikt XVI. – verbrachte von 1929 bis 1932 Kinderjahre in der Stadt.

*In der Tittmoninger Burg ist das Heimathaus des Rupertiwinkels untergebracht.*

Die mächtige, das Stadtbild beherrschende **Burg**, erbaut im 13./16. Jh., wurde nach der Belagerung 1611 als Jagdschloss neu errichtet. In der Schlosskapelle ein dramatisches Altargemälde (Hl. Michael) von dem berühmten Johann Michael Rottmayr (1697). In der Burg sind drei Museen ansässig: Das **Heimathaus Rupertiwinkel** besitzt eine große Sammlung bayerischer Schützenscheiben von 1600 bis 1930, Grabkreuze, Votiv- und Hinterglasbilder, Keramik und Salzburger Fayencen (Führungen Mai – Sept. Fr. – Mi. 14.00 Uhr). Die **Heimatstube der Sudetendeutschen** dokumentiert die Vertreibung, zu sehen sind außerdem böhmische Gläser und Gablonzer Schmuck. Das **Gerbereimuseum** ist der einst bedeutenden Lederindustrie der Stadt gewidmet (geöffnet Mai – Sept. tägl. 13.00 – 16.00 Uhr). Die Mitte der Bürgerstadt nimmt der 350 lange **Stadtplatz** in schönstem Inn-Salzach-Stil ein (ohne die Laubengänge, wie es sie z. B. in Rosenheim gibt), mit Floriansbrunnen (1706), Nepomuksäule (1701) und hoher Immaculata-Säule (1758). Das Rathaus (um 1580; Nr. 1) und das gräflich-khuenburgische Palais (Nr. 40) besitzen schöne Stuckfassaden des 18. Jh.s, das Gasthaus »Zur Post« ein herrliches Wirtshausschild. Die **Befestigung** ist z. T. erhalten: Von Norden betritt man die Stadt durch das Burghauser Tor, im Süden durch das Salzburger Tor. Die Pfarrkirche **St. Laurentius** wurde 1514 vollendet, 1815 durch einen Brand vernichtet und bis 1820 wiederhergestellt. Einen Blick wert ist die **Allerheiligenkirche** (1683), deren Inneres im Stil des Salzburger Barocks – in Gold und Schwarz – gehalten ist.

Sehenswertes in Tittmoning

# Schliersee

P 7

**Landkreis:** Miesbach **Mittl. Wasserspiegel:** 777 m ü. d. M.

**Als kleiner, ländlicher Bruder des »feineren« Tegernsees gilt der östlich von diesem gelegene Schliersee. Mit dem gleichnamigen Kurort am Nordufer ist er Mittelpunkt eines sommers wie winters beliebten Ausflugs- und Urlaubsgebiets.**

**See**

Der durch Moränen aufgestaute Schliersee am Nordrand der Schlierseer Berge ist 2,6 km lang, 1 km breit und 40 m tief; auf einem 7 km langen Weg kann man ihn umrunden. Im See liegt die Insel Wörth.

**Schliersee (Ort)**

Der hübsch hergerichtete Ort (783 m, 6400 Einw.) verfügt mit der **VitalWelt** an den Kuranlagen über ein attraktives Bade- und Wellnesszentrum. Schliersee entstand um ein für 779 bezeugtes Kloster. Die barocke Pfarrkirche **St. Sixtus** (1714) besitzt schöne Stukkaturen und Fresken, frühe Werke von J. B. Zimmermann (im Chor Darstellung des hl. Sixtus); Zimmermann entwarf auch den Hochaltar aus Nußbaumholz. Erasmus Grasser wird der »Gnadenstuhl« (1480) zugeschrieben, Jan Polack die Schutzmantelmadonna. Das **Schredlhaus**

*Festumzug beim Schlierseer Kirchtag*

(14./15. Jh.) in der Lautererstraße ist heute Heimatmuseum (geöffnet Mitte Mai – Ende Okt. Di. – Fr. 15.00 – 17.00, Sa./So. 10.00 – 12.00 Uhr); zu sehen sind Zeugnisse bäuerlicher Wohnkultur und volkstümlicher Frömmigkeit, interessant auch die Küche aus dem 15. Jh. Das berühmte **Schlierseer Bauerntheater** wurde 1892 von den Münchner Schauspielern Konrad Dreher und Xaver Terofal (eigentlich François X. Laforêt) gegründet; Spielort ist das Seehaus, das damals von Emanuel von Seidl, dem Architekten der Münchner Bierhallen, umgebaut wurde. Der berühmte Wildschütz Georg Jennerwein ist auf dem Friedhof von **St. Martin** (18. Jh.) in Westenhofen – unter dem originalen Grabkreuz von 1877 – begraben. Vom Kurzentrum bringt ein Boot zur **Insel Wörth**, dort kann man baden und im modernen Wirtshaus fürs leibliche Wohl sorgen lassen (im Aug. tägl. geöffnet, Mai – Okt. Mi. bzw. Do. bis So.; www.wirtshaus-im-see.de). Das schöne Strandbad liegt am südöstlichen Ortsrand.

! *Baedeker* TIPP

**Der Geist des Enzians**

und anderer »Früchte« wird bei Lantenhammer in großartige Destillate gebannt (Ladengeschäft Urtlbachstr. 1 a). In jüngerer Zeit machte Lantenhammer mit dem Whisky »Slyrs« Furore, der in einer eigenen Destille entsteht (Bayrischzeller Str. 13; Führungen, Verkauf). Info unter www.lantenhammer.de.

## Umgebung von Schliersee

**St. Georg** Einen schönen Blick auf den See hat man von der St.-Georgs-Kirche am Weinberg oberhalb des Orts. Sie wurde im 14. Jh. errichtet und besitzt einen ungewöhnlichen Hochaltar (1624) mit dem hl. Georg. Gute Aussicht bietet sich auch von der Schliersbergalm (1064 m) am Schliersberg (1265 m), zu der eine Kabinenbahn hinaufbringt.

**Hohenwaldeck** In 2 Std. wandert man zur Ruine der Burg Hohenwaldeck (12. Jh.) südöstlich des Sees – ein Aussichtsbalkon in 980 m Höhe.

**Wanderungen zum Tegernsee**

Vom Schliersee lohnen zwei Wege westwärts zum ►Tegernsee: nördlich über den Auer Berg und die Gindelalmschneid, südlich über die Baumgartenschneid (1448 m) und den Riederstein (6 Std.).

**Fischhausen / Neuhaus**

Fischhausen und Neuhaus sind idyllische Ferienorte südlich des Sees. In Fischhausen steht die barocke Wallfahrtskirche **St. Leonhard**, ein um 1670 errichteter Zentralbau, den Dominikus Zimmermann zum Vorbild für die Wieskirche genommen haben soll. Der Ski-Olympiasiegers Markus Wasmeier richtete am Brunnbichl ein interessantes **Bauernhofmuseum** ein (geöffnet April – Anf. Nov. Di. – So. 9.00 bis 17.00 Uhr). Lohnend ist ein Ausflug von Neuhaus zu den Josefsthal-Wasserfällen (45 Min.). Neuhaus ist auch Ausgangspunkt für die Eroberung des Brecherspitz (1685 m), der den See im Süden beherrscht: Vom Bahnhof zur Ankelalm (1311 m), dort rechts zur Freudenreich-Kapelle und zum Gipfel, in nördlicher Richtung wieder zurück (Gesamtgehzeit 4.30 – 5 Std.).

◄ Brecherspitz

**Spitzingsee**

Der ca. 1 km lange Spitzingsee (1084 m) ist Mittelpunkt einer beliebten Wander- und Wintersportregion an Stümpfling und Taubenstein. Vom **Spitzingsattel** (1128 m) nördlich des Sees hat man einen guten Blick über den Schliersee. Von der Oberen Firstalm westlich des Sees (1369 m) Rodelbahn zum Spitzingsattel (2,5 km). Die Straße in die **Valepp** ist für Kfz gesperrt (Linienbus); Weiteres ►S. 357.

**Leitzach-Tal**

Östlich des Schliersees breitet sich im Leitzach-Tal zwischen ►Miesbach, Bad Feilnbach (►Bad Aibling) und ►Bayrischzell ein hübsches Ländchen aus, das man unbedingt einmal per Fahrrad erleben sollte. Sein Hauptort Fischbachau (5500 Einw., 778 m) besitzt schöne alte Bauernhöfe und zwei bemerkenswerte Sakralbauten. Im 11. Jh. ließen sich hier Hirsauer Benediktiner nieder, die eine Ansiedlung in Bayrischzell versucht hatten, es dort aber zu unwirtlich fanden. Die **Klosterkirche** (Pfarrkirche St. Martin), eine dreischiffige romanische Basilika, blieb erhalten; ihren Turm erhielt sie um 1700, die herrliche Barock-Rokoko-Ausstattung im 18. Jh. Im Hochaltar ein Gemälde von J. B. Deyrer (1766): »Gräfin Haziga von Scheyern, die Stifterin, vertraut ihre Gründung dem hl. Martin an.« Zu beachten sind das original erhaltene Kirchengestühl (1738), die Kanzel, der spätgotische Taufstein und die barocke Mondsichel-Muttergottes im rechten Seitenaltar. Eine Kostbarkeit ist auch die benachbarte Friedhofskirche **Mariä Schutz**, das älteste Bauwerk des Leitzach-Tals (geweiht 1087, um 1495 und 1635 umgestaltet), mit spätgotischen Fresken. Im Hochaltar zwei schöne Schnitzwerke, eine farbig gefasste Schutzmantelmadonna (1500) sowie in der Predella ein Marientod-Relief. Von Karfreitag bis Ostermontag ist hier eine einzigartige **Heilig-Grab-Anlage** (1787) aufgebaut. Nach so viel Kultur kann man im modern gestalteten Klosterstüberl mit seinem Biergarten und/oder im moorigen **Wolfsee** am Fuß der Steinmauer (südlich, zwischen Fischbachau und Hammer) ein Päuschen einlegen.

★

◄ Fischbachau

**Birkenstein** ✶ Das zu Fuß 30 Min. östlich gelegene Birkenstein ist Ziel vieler Wallfahrten, besonders schön die Trachtenwallfahrt zu Christi Himmelfahrt. Die doppelgeschossige **Kirche Mariä Himmelfahrt** wurde um 1710 nach dem Vorbild der Santa Casa im italienischen Loreto errichtet; die Gnadenkapelle im Obergeschoß, 1760 in üppigem Rokoko ausgestattet, birgt das Marienbild aus dem 15. Jh. Interessant ist in Birkenstein die historische Gebirgsmühle im Miniaturformat, sehr lohnend die Besteigung des **Breitensteins** (1622 m, gesamt 4 Std.). Danach schmecken die hausgemachten Kuchen im Café Seidl.

**Elbach** In dem Dorf nördlich von Fischbachau signalisiert ein schöner Doppelzwiebelturm die Kirche **St. Andreas** von 1689, von unbekannter

## SCHLIERSEE ERLEBEN

### AUSKUNFT

Gäste-Information
Perfallstr. 4
83727 Schliersee-Neuhaus
Tel. (0 80 26) 60 65-0
www.schliersee.de

Tourismusbüro
Kirchplatz 10, 83730 Fischbachau
Tel. (0 80 28) 8 76
www.fischbachau.de

### FESTE & VERANSTALTUNGEN

1. Jan.-So.: Pferdeschlittenrennen, Elbach. Anf. Aug.: Seefest in Schliersee. Birkenstein: Wallfahrten, u. a. Christi Himmelfahrt, Fronleichnam, Mariä Himmelfahrt. So. um 7. Aug.: »Kleiner Kirchtag« mit Bootsprozession von Fischhausen nach Schliersee. Um den 20. Aug.: Seefest, Spitzingsee. 6. Nov.: Leonhardifahrten in Schliersee (nach Fischhausen) und in Hundham.

### ESSEN

#### ► Preiswert / Erschwinglich

***Stögeralm***
Stögeralm 1, 83727 Schliersee
Tel. (0 80 26) 21 73
www.stoegeralm.de, Di./Mi. geschl.
Hoch über dem Schliersee gibt's zur guten bayerischen Küche (Spezialitäten: gegrillte Ente, Kaiserschmarrn) eine wunderbare Aussicht. Biergarten.

#### ► Preiswert

***Café Milchhäusl***
Kurweg 3, 83727 Schliersee
Tel. (0 80 26) 46 76, tägl. geöffnet
Herzhafte und süße Schmankerl gibt's beim Kurpark am See, in der schönen alten Stube und auf der Terrasse.

### ÜBERNACHTEN

#### ► Luxus

***Alpenhotel ArabellaSheraton***
Seeweg 7, 83727 Spitzingsee
Tel. (0 80 26) 79 80
www.sheraton.com/alpenhotel
Exklusives Hotel unmittelbar am Bergsee, geschmackvolle Zimmer im Landhausstil. Bayerisches und italienisches Restaurant, umfassendes Angebot an Lifestyle und Wellness.

#### ► Günstig

***Alte Bergmühle***
Birkensteinstr. 60, 83730 Fischbachau
Tel. (0 80 28) 732
www.bergmuehle.info
Ruhig gelegenes, kinderfreundliches Haus jüngeren Datums zwischen Fischbachau und Birkenstein. Mit Weinstube und Restaurant.

Hand stammt die Ausstattung von 1722 (Deckenmalerei mit Szenen aus dem Andreas- und Marienleben, am Chorbogen die 14 Nothelfer). Ein Kleinod ist die barocke Weihnachtskrippe. Die Friedhofskapelle **Hl. Blut**, erbaut und stuckiert um 1670 durch Georg Zwerger, ist ein herrliches Beispiel des üppigen Miesbach-Schlierseer Stucks.

# Schongau

J 7

**Landkreis:** Weilheim-Schongau
**Einwohnerzahl:** 12 600
**Höhe:** 710 m ü. d. M.

**Schongau, am Westufer des Lechs gelegen, gehört politisch noch zu Oberbayern – das Stadtbild allerdings ist schon ebenso unverkennbar schwäbisch wie das hier gesprochene Idiom.**

Auch die Lage der lebhaften Stadt ist speziell: auf einem Hügel, der einst vom Lech umflossen wurde. Fast vollständig erhalten ist die Befestigung des 14. – 17. Jh.s mit hölzernem Wehrgang, Toren und Türmen. Um 1235 von Kaiser Friedrich II. gegründet, verdankte die Stadt ihren Aufschwung der günstigen Lage als Umschlagplatz am Lechübergang, den schon die römische Via Claudia Augusta nützte.

## Sehenswertes in Schongau

**Stadtzentrum**

Die Hauptachse der staufischen Stadtanlage ist zweigeteilt: im Norden die von behäbigen Giebelhäusern gesäumte Münzstraße, im Süden der Marienplatz. Getrennt werden sie von der Pfarrkirche **Mariä Himmelfahrt** (17./18. Jh.) mit Wessobrunner Stuck (teils von Domi-

## SCHONGAU ERLEBEN

### AUSKUNFT

Touristeninformation
Münzstraße 1 – 3, 86956 Schongau
Tel. (0 88 61) 2 14-1 81
www.schongau.de

### FESTE & VERANSTALTUNGEN

1. Aug.-Wochenende: Fischerfest am Deutensee. Aug.: Schongauer Sommer. Anf. Sept.: Kaltblutfohlenmarkt in Rottenbuch (der größte Deutschlands). 2. Sept.-So.: Rosstag in Burggen mit über 300 Pferden. So. um 6. Nov.: Leonhardiritt in Rottenbuch.

### ESSEN

► **Preiswert**

***Gasthof Blaue Traube***
Münzstr. 10, 86956 Schongau
Tel. (0 88 61) 9 03 29
Gemütliches Restaurant in mächtigem altem Haus an der Hauptstraße. Großzügige moderne Zimmer.

***Zum Koch***
Klosterhof 26, 82401 Rottenbuch
Tel. (0 88 67) 92 11 95
Schlichter Landgasthof mit Wirtsgarten. Nov. – April Mo./Di. geschl.

nikus Zimmermann) und Deckenfresken von Matthäus Günther. Den prunkvollen Hochaltar (1760) schuf F. X. Schmädl nach einem Entwurf von Ignaz Günther; in der Mitte die Himmelfahrt Mariens (um 1620), seitlich die hll. Mauritius und Martin. Auf dem Marienplatz das spätgotische **Ballenhaus** (Lager- und Ratsgebäude, 1515 erweitert) mit Treppengiebeln und schöner Balkendecke im Ratssaal.

**Stadtmuseum**

Das Stadtmuseum in der einstigen Spitalkirche St. Erasmus (geöffnet Mi., Sa., So. 14.00 – 17.00 Uhr) zeigt römische und mittelalterliche Funde sowie sakrale Kunst; bedeutend der kleine **Rokoko-Altar**, vermutlich von A. Häringer, einem Schwiegersohn Ignaz Günthers.

## Umgebung von Schongau

**** Altenstadt**

Die **bedeutendste romanische Kirche Oberbayerns** steht 3 km nordwestlich von Schongau in Altenstadt (heute katholische Pfarrkirche St. Michael). Um 1180 – 1200 wurde die dreischiffige Basilika mit mächtigen Osttürmen aus Tuffstein erbaut. Auf dem Lettnerbalken steht das kostbarste Ausstattungsstück: ein romanischer Kruzifixus, der **Große Gott von Altenstadt** (nach 1220): kein Leidender, sondern der majestätische Sieger über Tod und Hölle. Zu seinen Seiten Maria und Johannes, Kopien mittelalterlicher Plastiken (Originale im Bayerischen Nationalmuseum München). Die Fresken im Chor stammen aus dem 14. Jh., aus der Bauzeit der riesige Christophorus an der

*Ein seltenes Bild in Oberbayern: überwältigende Romanik in Altenstadt*

West-Innenwand. Ebenso alt ist der romanische Taufstein, der zu den schönsten in Deutschland zählt. Zu beachten sind auch die unterschiedlich gestalteten Würfelkapitelle.

Peiting

Peiting (12 000 Einw.) liegt jenseits des Lechs 3 km südöstlich von Schongau im Pfaffenwinkel. Seit 1055 gab es hier eine Burg der Welfen, von der noch Wälle vorhanden sind. Von 1920 bis 1968 wurde Pechkohle abgebaut. Die Pfarrkirche St. Michael (1785) besitzt Altäre von F. X. Schmädl und vom romanischen Vorgängerbau noch den Turm (11. Jh.) und die Krypta (um 1200). Zu beachten ist auch **Wallfahrtskirche Maria Egg** auf dem Friedhof; ihr Langhaus datiert von 1655, der Chor wurde 1737 von Joseph Schmuzer neu erbaut. Nördlich von Peiting sollte man das »Diakoniedorf« **Herzogsägmühle** besuchen, in dem Behinderte und anders Benachteiligte beschützt leben (Tel. 0 88 61 / 219-0, www.herzogsaegmuehle.de); es gibt eine Cafeteria, einen Laden mit Handgefertigtem, Bäckerei und Metzgerei. Vom Kalvarienberg westlich von Peiting und vom **Eschenbühl** 6 km südlich hat man einen großartigen Blick auf die Alpen; von Peiting geht man in gut 2 Std. auf den Peißenberg (►Weilheim).

Burggen

In dem Dorf 7 km südwestlich von Schongau sind die Kirchen St. Stephan (1682) und St. Anna (gotisch, nach 1612 umgestaltet) interessant, beide mit Altarfiguren des Füsseners Anton Sturm (um 1735), letztere auch mit bemalter Holzkassettendecke (1674). Wunderschönes Naturschutzgebiet im Bereich der **Litzauer Lechschleife**.

✶✶ Rottenbuch

Überbordendes Rokoko ist in Rottenbuch (1800 Einw., 763 m) zu bewundern, das 15 km südöstlich von Peiting malerisch über der tief eingeschnittenen Ammer liegt. Der Ort wird geprägt durch das ehemalige Augustiner-Chorherrenstift, 1073 von Herzog Welf IV. gegründet und 1803 aufgehoben. Ihr Mittelpunkt ist die **Kirche Mariä Geburt** mit freistehendem Turm (1439). Die im 15. Jh. erbaute gotische Basilika erhielt 1737 – 1742 durch Joseph Schmuzer und seinen Sohn Franz Xaver ein glanzvolles Gewand. Matthäus Günther schuf die Deckenfresken mit Szenen aus dem Leben des hl. Augustinus; am Hochaltar von F. X. Schmädl ist die Geburt Mariens dargestellt. Die Muttergottes auf dem letzten Altar der Nordseite schuf Erasmus Grasser (1483). Wunderschön sind auch das geschnitzte Chorgestühl, die Kanzel, der Orgelprospekt und …

*… die musizierenden Putten.*

✶ **Echelsbacher Brücke** Etwa 3 km südlich von Rottenbuch überspannt die Echelsbacher Brücke in einem kühnen Eisenbetonbogen von 130 m Weite das Ammertal, das hier 76 m tief eingeschnitten ist. Sie wurde 1929 nach dem System Melan-Spangenberg erbaut und ist die einzige in dieser Konstruktion errichtete Großbrücke.

# ✶ Schwangau

H 8

**Landkreis:** Ostallgäu
**Einwohnerzahl:** 3400
**Höhe:** 796 m ü. d. M.

**Wo Oberbayern und das Allgäu zusammentreffen, entfalten sie – im Verein mit den weltberühmten Königsschlössern Neuschwanstein und Hohenschwangau – ihre größte Schönheit.**

Über 1,3 Mio. Besucher zählt man im Jahr auf Schloss Neuschwanstein, womit es das meistbesuchte Schloss Bayerns ist (und das einzige, das dem Freistaat mehr einbringt, als der Unterhalt kostet). Doch es profitiert auch der heilklimatische Kurort Schwangau bei ►Füssen. Dabei hätte er »Nachhilfe« kaum nötig: Vor den Ammergauer Alpen am Forggensee gelegen, bietet er alle Möglichkeiten für einen erholsamen Urlaub in schönster Landschaft. Unvermeidlich, dass das einstige Dorf zu einer Inszenierung bayerischer »Gemütlichkeit« und einem Souvenirbasar für amerikanische, japanische etc. Touristen geworden ist. Man sollte aber auf eine Schwangauer Besonderheit achten, die **Laubenhäuser** meist aus dem 17. Jh., deren Ursprung man in einem Haustyp des Bregenzer Walds vermutet.

✶ **St. Coloman** Ein großartiges Bild vor der Bergkulisse: Nordöstlich außerhalb des Orts steht auf freiem Feld diese Wallfahrtskirche, ein Werk des Wessobrunners **Johann Schmuzer** (1673 – 1678) und eine der schönsten frühbarocken Kirchen Bayerns. Sie birgt bemerkenswerte spätgotische Schnitzfiguren (um 1510), darunter St. Coloman und Apollonia sowie eine Muttergottesgruppe. Zugänglich ca. 25. Mai bis zum Colomansfest tägl. ca. 14.30 – 16.30 Uhr.

**Seen** Von besonderem Reiz ist der von Wald umgebene blaugrüne **Alpsee**, eindrucksvoller Hintergrund für Schloss Hohenschwangau, am Fuß des schroffen Pilgerschrofens (1760 m). Man kann ihn umwandern und drin baden (ebenso ist es mit dem benachbarten, zauberhaften **Schwansee**). Der wärmere **Bannwaldsee** ist Naturschutzgebiet mit Freibädern und Campingplatz, der **Forggensee** (►Füssen) das große Freizeit- und Wassersportrevier.

**Königliche Kristall-Therme** Wohltuendes Wasser in jeder Form genießt man im Thermalsolbad, in einer Saunalandschaft und in einer Edelstein-Meditationsgrotte.

**Wanderungen und Bergtouren**

Auf den Tegelberg (2087 m) führt von Schwangau eine Kabinenbahn (bei der Talstation wurden Reste eines römischen Badehauses freigelegt). Viel schöner allerdings ist der Aufstieg durch die **Pöllatschlucht** zur Marienbrücke, die die Schlucht in 92 m Höhe überspannt und einen atemberaubenden Blick auf Schloss Neuschwanstein gewährt (in der Nähe auch der Aussichtspunkt »Jugend«); dann weiter über den Grat zur Bergstation (gesamt ca. 3 Std.). Sehr schön auch der Gang von der Marienbrücke zum ehemaligen königlichen Jagdhaus **Bleckenau** (ca. 1 Std.), wo man Brotzeit machen kann. Ein echter Leckerbissen für geübte, trittsichere Bergwanderer ist der **Säuling**, der markante »Hausberg« der Königsschlösser (von Schwangau und zurück 6 – 7 Std.).

✶ ✶

◄ Marienbrücke

✶

**Schloss Hohenschwangau**

In leuchtendem Ocker thront Schloss Hohenschwangau dort, wo im 12. Jh. die Hohenstaufenburg Schwanstein (12. Jh.) stand. Sie war ein Zentrum des Minnesangs; einer der ersten Ritter von Schwangau, Hiltpolt, wird als Minnesänger in der Heidelberger Liederhandschrift erwähnt. 1538 – 1547 wurde die Burg von der Augsburger Familie Paumgartner erneuert, später verfiel sie. Kronprinz Maximilian, später König Max II., erwarb die Ruine 1832 und ließ sie bis 1837 nach Plänen von Domenico Quaglio aufbauen. Sein Sohn Ludwig II. verbrachte hier einen Großteil seiner Kindheit; Richard Wagner war hier zu Gast. Heute gehört das Schloss dem Wittelsbacher Ausgleichsfonds. Es ist mit Mobiliar aus der Bauzeit ausgestattet und mit Fresken geschmückt, für die Moritz von Schwind und Wilhelm Lindenschmitt die Zeichnungen lieferten. Im Schlosspark steht ein Schwanenbrunnen von Ludwig Schwanthaler.

*Schloss Hohenschwangau, Lieblingssitz König Maximilians II.*

## ✶✶ Schloss Neuschwanstein

Am Platz der Reste der Burg Vorderschwangau wurde das »Traumschloss« (►3 D S. 334) 1869 – 1886 errichtet, und zwar nach Entwürfen des Theatermalers (!) Christian Jank. Bauleiter waren Georg Dollmann und Julius Hofmann. Aus der Idee einer kleinen Ritterburg, die Szenerien aus Richard Wagners Opern in Stein verwirklichen sollte, wurde – inspiriert von den Burgen der Ile-de-France und der Sage der Gralsburg Montsalvat – eine monumentale neogotische Anlage. Beim Tod des Königs war der Bau nicht vollendet: Bergfried und Kapelle wurden nicht mehr ausgeführt, nur die Kemenate kam

## SCHWANGAU ERLEBEN

### AUSKUNFT

Tourist Information
Münchener Str. 2, 87645 Schwangau
Tel. (0 83 62) 8198-0
www.schwangau.de

### SCHLÖSSER

Öffnungszeiten für Hohenschwangau und Neuschwanstein:
tägl. April – Sept. 9.00 – 18.00,
Okt.– März 10.00 – 16.00 Uhr.
Karten für beide Schlösser im Ticketcenter in Hohenschwangau:
Ticketcenter
Alpseestr. 12, 87645 Hohenschwangau
Tel. (0 83 62) 9 30 83-0
www.neuschwanstein.de
www.hohenschwangau.de
Kassenzeiten: für Neuschwanstein tägl. April – Sept. 8.00 – 17.00, Okt. – März 9.00 – 15.00 Uhr; für Hohenschwangau jeweils 30 Min. länger. Karten können telefonisch und über Internet reserviert werden.

### FESTE UND EVENTS

Mai – Sept., Mo. 20.00 Uhr: Alphornblasen am Alpsee. Fronleichnam: Prozession St. Coloman. 2. Okt.-So.: Colomansfest mit prächtigen Pferden. Mitte – Ende September: Konzerte im Schloss Neuschwanstein (Karten werden nur an einem (!) Tag Anfang Februar verkauft. Info unter Tel. 0 83 62 / 81 98-31, www.schwangau.de).

### ESSEN

**► Preiswert / Erschwinglich**

***Drehhütte***
87645 Schwangau, Tel. (0 83 62) 85 85
Im Kesselgraben am Tegelberg gelegener Stützpunkt für Wanderer (ca. 1 St. vom Parkplatz) und Rodler. Gemütliches Holzhaus, bekannt für gute Wildgerichte. Mo./Di. geschl.

### ÜBERNACHTEN / ESSEN

**► Komfortabel / Luxus**

***Schlosshotel Lisl & Jägerhaus***
Neuschwansteinstr. 1 – 3
87645 Hohenschwangau
Tel. (0 83 62) 88 70, www.lisl.de
Mehr oder weniger königlich wohnt man direkt unterhalb der Schlösser im »Lisl« (besonders schön die Eckzimmer) oder in der etwas teureren »Villa Jägerhaus« gegenüber. Vorzügliches Restaurant.

***Rübezahl***
Am Ehberg 31, 87645 Schwangau-Horn. Tel. 0 83 62) 88 88
Zwei moderne, im Alpinstil gestaltete Häuser, mit Blick auf die Schlösser … Feine Regionalküche, großes Wellness-Angebot mit römischer Therme.

noch hinzu. Insgesamt hielt sich Ludwig II. hier 172 Tage auf. Hier verkündete man ihm 12. Juni 1886, dass er entmündigt sei, und brachte ihn nach Schloss Berg am Starnberger See; einen Tag später fand er dort im See den Tod. Schon am 29. Juli 1886 wurden die Schlösser der Öffentlichkeit freigegeben.

**Besichtigung**

Pro Tag werden bis zu 10 000 Besucher in 25-minütigen Führungen durchs Schloss geschleust. Das bedeutet, dass man in der Hauptsaison viel Geduld aufbringen muss, erst im Stau auf den Zufahrten zu den riesigen Parkplätzen, dann beim Anstehen, das schon einmal Stunden dauern kann. Die Eintrittskarten lauten auf eine bestimmte Zeit, die genau einzuhalten ist. Von den Parkplätzen geht man in ca. 40 Min. zum 200 m höher liegenden Neuschwanstein hinauf – am schönsten durch die Pöllatschlucht –, zum Schloss Hohenschwangau in 20 Min.; man kann auch mit Kutsche oder Bus hinauffahren.

# Seeon

S 6

**Landkreis:** Traunstein **Höhe:** 538 m ü. d. M.

**Wenige Kilometer nördlich des Chiemsees liegen einige kleine Seen sehr reizvoll zwischen Hügeln und Wäldern. Perfekt wird die Idylle durch das ehemalige Benediktinerkloster St. Lambertus auf der Insel im Seeoner Klostersee. Und auch sonst wartet der nördliche Chiemgau mit einigen Schmankerln auf.**

## ✶ Kloster Seeon

**Seeon gestern und heute**

Um 920 ist auf der Insel eine Siedlung dokumentiert; 994 wurde das Kloster gegründet, das über Jahrhunderte kultureller Mittelpunkt des Chiemgaus war. Die Mönche unterhielten eine bedeutende Schreibschule und machten das Land urbar. So verbanden sie, heute noch sichtbar, die Seen durch ein geschicktes Kanalsystem. Nach der Säkularisation 1803 diente das Kloster u. a. als Brauerei, Heilbad, Möbelfabrik und Sitz der russisch-bayerischen Fürstenfamilie Romanow-Leuchtenberg. Seit 1993 ist es **Kultur- und Bildungszentrum** des Bezirks Oberbayern, das ein vielfältiges Programm an Kursen und Veranstaltungen bietet, u. a. Musik (z. B. Sommerserenaden, Volksmusik), Anfang Okt. ein Weinfest mit Kirta-Tanz im Alten Wirt.

**Pfarrkirche St. Lambert**

Die Klosterkirche (Pfarrkirche St. Lambert) mit trutzigen Zwiebeltürmen ist im Kern eine romanische Säulenbasilika des 11./12. Jh.s; das heutige Bild mit prächtigen Netz- und Sterngewölben ist durch den Umbau um 1430 geprägt. Am Hochaltar ist die »Seeoner Madonna« zu sehen (Kopie, Original im Bayerischen Nationalmuseum in München). Beachtenswert ist auch der weitere plastische

# SCHLOSS NEUSCHWANSTEIN

**★★ Auf hohem Felsrücken, 200 m über dem Tal, thront in unvergleichlicher Position dieses Schloss, ein im Wortsinn »fantastischer« Prachtbau – wie Linderhof und Herrenchiemsee verdankt er seine Entstehung den romantischen Träumereien König Ludwigs II. von Bayern.**

Öffnungszeiten und Eintrittskarten:
siehe S. 332

### ① Palas

Das vierstöckige Hauptgebäude enthielt im Erdgeschoß die Wirtschaftsräume und im 1. Stock die Wohnräume der Bediensteten. Im 76 m hohen Hauptturm steigt man hinauf zur prunkvollen Königswohnung im 3 Stock. Ihre Räume sind mit Gemälden mit Themen aus der mittelalterlichen Dichtung geschmückt. Den Baldachin des Himmelbetts im Schlafzimmer bildet ein Wald aus geschnitzten Säulen, Fialen und Maßwerk.

### ② Thronsaal

Der repräsentative Thronsaal im Stil einer byzantinischen Kirche nimmt zwei Stockwerke im Hauptgebäude ein. Stufen aus weißem Carrara-Marmor führen zu einem Podest, auf dem einmal der Thron stehen sollte – in einer Kirche der Platz des Altars. Die prachtvollen »Mosaiken« sind nur gemalt, die Säulen bestehen aus Stuckmarmor. Vom Söller (Aussichtsplattform) hat man einen tollen Blick auf Schloss Hohenschwangau, Alpsee, Schwansee und Tannheimer Berge.

### ③ Sängersaal

Der Sängersaal im vierten Stock des Palas, nach dem Thronsaal der größte und prächtigste Raum, stand im Mittelpunkt der Planung. Sein Name bezieht sich auf den Wettstreit zwischen den Minnesängern im Mittelalter, der auch Thema von Richard Wagners Oper »Tannhäuser« (1845) war. Geschmückt ist er, anders als sein Vorbild, mit Darstellungen aus der Parzival-Dichtung, geschaffen von den Malern August Spieß, Joseph Munsch und Ferdinand Piloty.

### ④ Oberer Hof

Im weiten Oberen Hof sollten die Kapelle und der Bergfried erstehen. Mit hellen Steinplatten ist der Grundriss der Kapelle markiert. Der Bergfried hätte den mächtigen Treppenturm an der Nordseite des Palas noch überragt.

## *Schloss Neuschwanstein Orientierung*

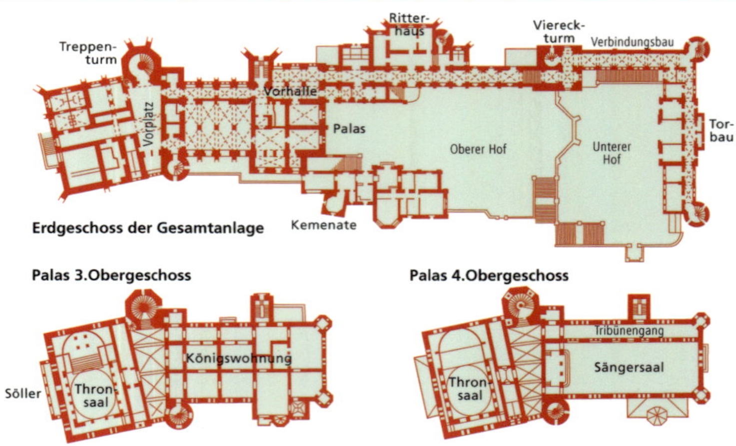

*Di*
*der*
*In*
*wu*
*Lo*
*vo*
*Sc*

Schmuck, v. a. das Hochgrab für den Klosterstifter Pfalzgraf Aribo (H. Haider, 1395) und das Grabmal für den Abt H. Kolb (1637).

**St. Walburgis** Einen Blick wert ist auch die restaurierte gotische Nebenkirche am Westufer des Klostersees mit ihrer qualitätvollen Ausmalung des 16./17. Jh.s (man bemerke die barbusige Frau) und den russisch-orthodoxen Grabmälern der Romanow-Leuchtenbergs.

## Umgebung von Seeon

**Pittenhart-Niederbrunn** In Pittenhart-Niederbrunn steht der Hilgerhof (um 1724) mit prachtvollem Bundwerkstadel, der zum Kloster Seeon gehörte. Heute sind hier alte bäuerliche Geräte ausgestellt (geöffnet Mitte April–Mitte Okt. Sa. 14.00 – 17.30 Uhr), sonst gibt's hier Volks-, Jazz- und andere Musik (www.hilgerhof.de).

**Obing** In Obing am kleinen Obinger See sollte man die Pfarrkirche St. Laurentius besuchen: Im neogotischen Hochaltar stehen drei wertvolle Schnitzfiguren – Maria, Laurentius und Jakobus –, hervorragende Arbeiten des Meisters von Rabenden, geschaffen um 1515.

**✶ Rabenden** Das herrliche Hauptwerk des unbekannten **Meisters von Rabenden** ist östlich von Obing in Rabenden zu sehen: der Flügelaltar (um 1510) in der 1458 geweihten Jakobskirche. Sind die beidseitig bemalten Flügel geöffnet, sieht man die meisterhaft geschnitzten Apostelfiguren Simon, Jakobus d. Ä. und Judas Thaddäus. Auch der südliche Seitenaltar wird dem Meister zugeschrieben. Im Friedhof schmiedeeiserne Grabkreuze des 18./19. Jh.s.

**Altenmarkt** Altenmarkt zwängt sich an der Mündung der Traun in die Alz ins enge Tal. Südwestlich thront über der Stadt das einstige Augustiner-Chorherrenstift Baumburg. Seine Kirche St. Margaretha, der prächtigste barocke Sakralbau des Chiemgaus, wurde über romanischen Resten 1745 – 1756 erstellt; die Westtürme aus romanischer Zeit tragen barocke Helme. Das Innere der Wandpfeilerhalle glänzt mit festlichem Wessobrunner Rokokostuck. Das Deckenfresko im Langhaus, das der Hofmaler und Asam-Schüler F. A. Scheffler 1756 schuf, zeigt Szenen aus dem Leben des hl. Augustinus.

✶ Baumburg ►

**Stein an der Traun** In Stein an der Traun, 3 km südlich von Altenmarkt, klebt eine mittelalterliche Höhlenburg an der steilen Nagelfluhwand. Sie ist mit dem Hochschloss und dem Unteren Schloss verbunden. Dieser Festungskomplex der Herren von Stein bzw. Toerring, entstanden im 12.–15. Jh., gilt als besterhaltener seiner Art in Deutschland.

**✶ Trostberg** Trostberg (11 600 Einw.), einige Kilometer nördlich von Altenmarkt, präsentiert sich mit den Süddeutschen Kalkstickstoffwerken als Industriestadt; das »Bayerische Chemiedreieck« zwischen Tö-

# SEEON ERLEBEN

## AUSKUNFT

Tourist-Information
Am Anger 1, 83358 Seebruck
Tel. (07 00) 73 32 78 25
www.seeon-seebruck.de

Kultur- und Bildungszentrum
Klosterweg 1, 83370 Seeon
Tel. (0 86 24) 897-0
www.kloster-seeon.de

## ESSEN

### ► Preiswert / Erschwinglich

*Alter Wirt*
Altenmarkter Str. 10, 83370 Seeon
Tel. (0 86 24) 15 67
Eine echte Trutzburg bayerischer Gastlichkeit! Altes Gewölbe, solide regionale Küche mit mediterranen Ausflügen. Mi. geschlossen.

*Bräustübl Baumburg*
Baumburg 12, 83352 Altenmarkt
Tel. (0 86 21) 51 55
Gemütliche Beiz im Klosterbezirk – ein Baedeker-Stern extra für die würdige Einrichtung ohne »Folklore« und die gute Küche. Schöne Terrasse zum Fluss hin. Kein Ruhetag.

## ÜBERNACHTEN

### ► Günstig / Komfortabel

*Gasthof Pfaubräu*
Hauptstr. 2, 83308 Trostberg
Tel. (0 86 21) 98 29-0
www.pfaubraeu.de
Eine der schönsten Stadtwirtschaften weit und breit, mit schlichten Zimmern (z. T. mit Balkon) und lauschigem Biergarten. Gute bayerische Küche, kein Ruhetag.

*Kloster Seeon, ein beliebtes Ausflugsziel und Kulturzentrum*

ging und ► Burghausen kündigt sich hier an. Für den Besucher ist die **Altstadt** wichtig, die den Inn-Salzach-Stil großartig repräsentiert. Am steilen Hang zwischen Alz und Burgberg entwickelt sich entlang der Hauptachse der Ort, der ab dem 13. Jh. ein wichtiger Grenzübergang zwischen Bayern und Salzburg war. Am Flussufer hat man die malerische **»Trostberger Orgel«** vor sich, die Rückseiten der schmalen Häuser mit weit vorspringenden Dächern und Holzlauben. Die Pfarrkirche St. Andreas mit schönem Doppelzwiebelturm stammt aus dem 15./16. Jh. (spätgotischer Taufstein). Der stattliche Pfaubräu (► S. 337) aus dem 15./16. Jh. besitzt eine prächtige Gaststube mit Kreuzrippengewölbe. Das **Heimatmuseum** (Schedling 7, Führungen März – Nov. So. 14.00 Uhr) illustriert bürgerliche Wohnkultur von der Spätrenaissance bis in die 1950er-Jahre; außerdem zu sehen sind sakrale Kunst, Gemälde, Schützenscheiben und Handwerksgeräte.

# Sonthofen

E 8

**Landkreis:** Oberallgäu
**Einwohnerzahl:** 21 200
**Höhe:** 743 m ü. d. M.

**Zusammen mit ► Immenstadt ist Sonthofen, Luftkurort am Ausgang des Illertals und südlichste Stadt Deutschlands, Mittelzentrum des Oberallgäus mit Verwaltung, Schulen und Gewerbe. Seine Umgebung ist reich an landschaftlichen und kulturellen Schätzen.**

**Aus der Geschichte**

Die hübsch ins Illertal gebettete Stadt wird von einem düsteren Bauwerk überragt, der **Ordensburg**, in der ab 1936 der Führungsnachwuchs der NSDAP ausgebildet wurde (später Adolf-Hitler-Schule). Sie ist heute Kaserne, die Bundeswehr ein wichtiger Arbeitgeber. Im 15. Jh. baute man am Grünten Eisenerz ab, bedeutend waren auch der Anbau von Flachs und die Verarbeitung zu Leinen. Im 19. Jh. wurden sie durch Milchwirtschaft und Käserei ersetzt.

**Sehenswertes in Sonthofen**

Die Bombenangriffe 1945 ließen von der alten Bausubstanz wenig übrig, dennoch ist Sonthofen ein hübsches Allgäuer Städtchen. Die in gotische Zeit zurückgehende, um 1740 barockisierte Pfarrkirche St. Michael birgt hervorragende **Kirchenväter-Figuren** von dem Füssener Anton Sturm (1749), die Frauenkapelle nebenan Reliefs von D. Mauch (Hl. Familie, 1520) und aus dem Lederer-Umkreis (Muttergottes, um 1515). Das reich ausgestattete **Heimathaus** wenige Schritte südlich (Sonnenstr. 1) illustriert Geschichte und Kultur des oberen Allgäus (u. a. große Altmummener Krippe; geöffnet Di. – Do., Sa./So. 15.00 – 18.00 Uhr, Nov. geschl.). Die Geschichte der deutschen Gebirgstruppe ist im Gebirgsjägermuseum in der Grüntenkaserne nachzuvollziehen (geöffnet So. 10.00 – 12.00, Personalausweis nötig). Die Ordensburg ist wegen Umbau gegenwärtig nicht zugänglich.

*Ein großes Ereignis ist der Gunzesrieder Viehscheid am 3. September-Samstag.*

## Umgebung von Sonthofen

**Altstädten**

In Altstädten 3 km südlich prunkt die 1733–1754 umgestaltete Pfarrkirche St. Peter und Paul mit Altären und Kanzel von Anton Sturm, die zu seinen Hauptwerken zählen; bemerkenswert auch die Fresken von J. B. Riepp und das Vierzehn-Nothelfer-Relief aus dem Lederer-Umkreis (1510) im Pfarrhof.

★ **Berghofen**

Östlich von Sonthofen liegt das idyllische Berghofen mit der weithin sichtbaren Kapelle St. Leonhard; ihr herrlicher Altar (1438) wird Hans Strigel d. Ä. zugeschrieben. In Winkel weiter nördlich hat man Mai–Okt. Zugang zur wilden, geologisch interessanten **Starzlachklamm**; am Ende der Klamm kann man zur Alpe Topfen und zum Gasthof Alpenblick hinaufgehen (ca. 30 Min.).

★ **Grünten**

Wie ein Bollwerk wacht der 1738 m hohe Grünten (mit 92 m hohem Sendemast) am Eingang zum Illertal. Von allen Seiten führen Wege hinauf, von Kranzegg auch ein Sessellift, dazu Schlepplifte im Winter. Familientauglich ist der Weg von Burgberg (3 Std. Aufstieg; auch mit Starzkachklamm kombinierbar); die **Aussicht** ist schlicht grandios. 1852 erbaute Carl Hirnbein (► S. 73) das 1535 m hoch gelegene **Grüntenhaus**, das erste »Berghotel« des Allgäus.

★ **Gunzesrieder Tal**

Das abseits gelegene Tal zwischen der Nagelfluhkette im Norden und den Flysch-Hörnern im Süden gehört zu den schönsten Hochtälern des Allgäus. hervorragenden Rohmilchkäse macht die Sennerei Gunzesried. Sie wurde 1892 gegründet; 1827 wurde auf der Au-Alpe der

## SONTHOFEN ERLEBEN

### AUSKUNFT

Gästeamt
Rathausplatz 1, 87527 Sonthofen
Tel. (0 83 21) 6 15-2 91
www.sonthofen.de

Gästeinformation
Am Bauernmarkt 1, 87541 Bad Hindelang, Tel. (0 83 24) 8 92-0
www.bad-hindelang.info

### FESTE & VERANSTALTUNGEN

Fastnachtssonntag: Egga-Spiel (alle drei Jahre, wieder 2012). Mitte Sept.: Viehscheid, u. a. Hindelang und Gunzesried. 5./6. Dez.: Klausentreiben.

### ESSEN

**► Erschwinglich / Fein & teuer**

***Obere Mühle***
Ostrachstr. 40, Bad Oberdorf
Tel. (0 83 24) 28 57
www.obere-muehle.de
Abends geöffnet, Di. geschl.
Die alte Mühle – Stuben mit 500 Jahre alten Holzdecken – ist »die« Essadresse der Hindelanger Region. Die Küche vereint Allgäuer Bodenständigkeit mit mediterraner bzw. französischer Eleganz. Mit Gästehaus.

**► Preiswert / Erschwinglich**

***Brauereigasthof Hirsch***
Grüntenstr. 7, Sonthofen
Tel. (0 83 21) 67 28-0, Di. geschl.
Alteingesessener Gasthof, mächtig neorustikal aufgebrezelt, mit guter Allgäu-Bayern-Küche und Biergarten. Preisgünstige moderne Zimmer.

***Goldenes Kreuz***
Talstr. 71, 87544 Gunzesried
Tel. (0 83 21) 25 60, Di. geschl.
Altes, stattliches Gasthaus, das soziale Zentrum des Gunzesrieder Tals. Hier ist die höchstgelegene Kleinbühne Deutschlands ansässig. Mit Zimmern.

### ÜBERNACHTEN

**► Komfortabel**

***Landhaus Waibelhof***
Talstr. 74, 87544 Gunzesried
Tel. (0 83 21) 45 80
www.waibelhof.de
Liebevoll gepflegter, 300 Jahre alter Hof. Mit moderner Dependance.

erste Allgäuer Emmentaler hergestellt, womit das Gunzesrieder Tal die Wiege der Hartkäseproduktion in Deutschland ist.

**Imberg** In Imberg südöstlich von Sonthofen lohnt ein Blick in die Kapelle St. Katharina: Ihr neogotischer Altar enthält feine Figuren eines unbekannten Meisters aus dem Umkreis von Hans Multscher (um 1470). Am Sonntag um den 20. Aug. wird auf dem Strausbergsattel eine große Älplermesse gefeiert. Vom Imberger Horn (1656 m) hat man einen herrlichen Blick auf den Daumen und ins Kleinwalsertal.

**Bad Hindelang** Ein beliebtes Ferienziel ist Bad Hindelang (4800 Einw., 820 m) im schönen Ostrachtal östlich von Sonthofen. Das heilkräftige Klima und die Schwefel-Moor-Bäder werden bei Herz-Kreislauf-Krankheiten, Allergien und rheumatischen Beschwerden geschätzt. In früheren Zeiten brachten der Erzbergbau im Hintersteiner Tal und der Salzhandel auf der Jochstraße Wohlstand. Wert legt man heute auf die Verbindung von sanftem Tourismus und ökologischer Landwirtschaft (mit Grenzen: Für das Alpine Trainingszentrum in Oberjoch wurden Hänge planiert und Schneekanonen montiert). Als Rathaus dient das **Schloss** der Augsburger Fürstbischöfe (1660). In Bad Oberdorf sind einige große Kunstschätze zu finden, und zwar in der »gotischen« Kapelle von 1938: ein **Schnitzaltar von Jörg Lederer** (Marienkrönung, 1519), eine Madonna von Hans Holbein d. Ä. (1493) und ein Palmesel mit Christus (1470). Sehenswert ist sind die alten Sachen in der Oberen Mühle (►S. 340). Wintersportler finden Reviere in **Oberjoch** mit Pisten am **Iseler**, im Ostrachtal mit 45 km Loipen und mehreren 3,5 km langen Rodelbahnen am Imberger Horn (Gondelbahn).

! *Baedeker* TIPP

**Prinze-Gumpe**

Das alemannische Wort »gumpe« bedeutet sowohl »Wasserloch« wie »springen«: Die Prinze-Gumpe in Hinterstein ist also eine schöne altmodische Badeanstalt, in der schon Prinzregent Luitpold ins Wasser hüpfte.

**Jungholz**

Von der B 310 zum Grüntensee hat man Zugang zum 1054 m hoch gelegenen österreichischen Luftkurort Jungholz, der nur 350 Einwohner hat, aber drei Banken: Als deutsches Zollanschlussgebiet mit deutscher Banken- und Börseninfrastruktur profitiert er von den österreichischen Banken- und Steuergesetzen.

# ★ Starnberger See

L/M 6/7

**Landkreise:** Starnberg, Weilheim **Mittl. Wasserspiegel:** 584 m ü. d. M.

**Starnberg und sein See, etwa 25 km südwestlich der Landeshauptstadt gelegen, sind Inbegriff für den Münchner »Speckgürtel«: Hier registriert man die höchste Millionärsdichte in Bayern.**

Mit bewaldeten, von Landhäusern, Villen und kleinen Orten unterbrochenen Ufern, mit Segelbooten und weißen Ausflugsschiffen vor der Kulisse der Alpen bietet der zweitgrößte See Oberbayerns ein malerisches Bild. Er füllt eine von sanften Moränenhügeln umgebene, 21 km lange, 2–5 km breite und 127 m tiefe eiszeitliche Gletscherrinne. Bis 1965 hieß er offiziell Würmsee (Würm heißt immer noch der Fluss, der ihn bei Percha im Norden verlässt).

## Starnberg

**Hauptort am See**

Starnberg (618 m, 24 800 Einw.), das am Nordwestende des Sees terrassenförmig ansteigt, entwickelte sich früh zum Villenvorort Mün-

*Wozu in die Karibik fahren? Am Starnberger See hat man (fast) alles …*

chens. Ein sehenswerter Stadtkern existiert jedoch nicht, der Stau auf der Durchgangsstraße ist eine Dauereinrichtung. Man ergeht sich an der Uferpromenade, im legendären **Seerestaurant Undosa** (bzw. auf dessen Terrasse) schwingt man das Tanzbein.

**Schloss**

Das stattliche Gebäude westlich über der Stadt ist das Schloss, das sich die Wittelsbacher Herzöge im 16. Jh. als Sommersitz erbauten (heute Finanzamt, Schlossbergstr. 12). Hier stand das 1244 erwähnte »Castrum Starnberch« der Grafen von Andechs-Meranien.

★ **Josephskirche**

Die Josephskirche (1766) am Rand des Schlossgrabens besitzt einen schlanken, mit einer Doppelzwiebel gekrönten Turm und eine vorzügliche **Rokoko-Ausstattung**: Stuck von Franz Xaver Feichtmayr, Deckenfresken von Christian Wink, Hochaltar von Ignaz Günther; auch die Kanzel wird Günther zugeschrieben.

★ **Museum Starnberger See**

Im 2008 eröffneten Neuen Haus und im Lochmann-Hof (16. Jh.) wird mit Gerät, Mobiliar, Gemälden etc. die Geschichte des Sees erfahrbar gemacht. Ein Höhepunkt ist die **Hl. Magdalena von Ignaz Günther** (1755). Geöffnet Di. – So. 10.00 – 17.00 Uhr; vom S-Bahnhof auf der Seepromenade in wenigen Minuten zu erreichen.

**Maisinger Schlucht**

Schattiges Grün umfängt auf der Wanderung durch die idyllische Maisinger Schlucht westlich von Starnberg nach **Maising** (ca. 1 Std.). Der gleichnamige See ist eine beliebte »Badewanne« mit dem Gasthof »Seehof« (im Winter geschl.). Dann geht es vom See hinunter nach Pöcking und Possenhofen (ca. 45 Min; S-Bahn).

## Das Ostufer des Starnberger Sees

Percha

Östlich von Starnberg, im Bereich seiner Nordspitze, ist der See teilweise verschilft; hier liegen der **Wasserpark** (Frei- und Hallenbad) und ein großer Bootshafen. Sehr schön und beliebt ist der öffentliche **Badestrand** im Park zwischen Percha und Kempfenhausen. Von Kempfenhausen führt eine kleine Straße nach Berg (623 m, 8200 Einw.), das für das **Schloss** der bayerischen Herrscher bekannt ist: Hierher wurde Ludwig II. gebracht, nachdem er auf Schloss Neuschwanstein für geisteskrank erklärt worden war; am nächsten Tag, dem 13. Juni 1886, fand er im flachen Wasser mit dem Arzt Dr. Gudden den Tod – die Umstände sind wohl nie mehr zu klären. Die Stelle im Wasser, wo die Leichen gefunden wurden, ist durch ein Kreuz bezeichnet, am Ufer steht die neogotische Votivkapelle (1900). Das Schloss mit Park ist in Wittelsbacher Besitz und nicht zugänglich. Von Berg sollte man nach **Aufkirchen** hinaufgehen (ca. 45 Min.), wegen des schönen Ausblicks und der spätgotischen, im 17. Jh. barockisierten Wallfahrtskirche Mariä Himmelfahrt, auf deren Friedhof **Heinz Rühmann** seine letzte Ruhestätte gefunden hat.

◄ Berg

Leoni

Wo heute das Seehotel Leoni steht, hatte der Hofopernsänger Giuseppe Leoni seine Pension (1824); der Ort, der damals Assenbuch hieß, bekam allmählich seinen heutigen Namen. Das Ostufer des Sees südlich von Leoni ist besonders reizvoll. Vom Landesteg in Leoni steigt man über die **Rottmannshöhe** in 40 Min. zum dräuenden **Bismarckturm** (1899) auf, um die Aussicht zu genießen.

Ammerland

In der Mitte des Ostufers liegt der Villenort Ammerland mit einem Schloss, das 1685 für den Freisinger Fürstbischof erbaut wurde. 1842 kam der von Zwiebeltürmen flankierte Bau in den Besitz König Ludwigs I., der ihn seinem aus Viterbo stammenden General **Franz Graf Pocci** schenkte, dem Vater des gleichnamigen und ebenfalls in königlichen Diensten stehenden Erfinders des Kasperltheaters.

Buchscharn

Hier gibt's ein großes Erholungsgelände mit langem Badestrand. Idyllisch liegt dort ein Tiroler Kleinhäuslerhof, der neorustikal aufgedonnerte »Seewirt« mit ehrgeiziger Karte und gehobenen Preisen.

Seeshaupt

In Seeshaupt (600 m, 2800 Einw.) am flachen, lieblichen Südende des Sees sollte man im **Seerestaurant Lido** Pause machen, das 1923 als stilvolles Strandbad entstand. Die Kirche St. Michael, auf romanischen Resten errichtet, wurde von Kaspar Feichtmayr stuckiert.

## Das Westufer der Starnberger Sees

Pöcking

Am See in Niederpöcking wurde ein großes Gelände mit alten Bäumen zum herrlichen **Erholungspark mit Badestrand** (wenig Parkmöglichkeiten). Im **Schloss Possenhofen** verbrachte Elisabeth (»Si-

## STARNBERGER SEE ERLEBEN

### AUSKUNFT

Tourismusverband
Starnberger Fünf-Seen-Land
Wittelsbacherstr. 2 c, 82319 Starnberg
Tel. (0 81 51) 90 60-0, www.sta5.de

### SCHIFFSVERKEHR

Schifffahrt Starnberger See
Dampfschiffstr. 5, 82319 Starnberg
Tel. (0 81 51) 1 20 23 und 80 61
www.seenschifffahrt.de

### FESTE & VERANSTALTUNGEN

Mai: Starnberger Musiktage. Juni bis Aug.: Serenaden auf der Roseninsel. Juli: mehrere Oldtimer-Segelregatten. 13. Juni: Gedenkfeier zum Tod Ludwigs II. in Berg. Anf. Juli (alle 5 Jahre, wieder 2016): Fischer- und Bauernhochzeit in Tutzing.

### ESSEN

**► Erschwinglich**

***Zum Fischmeister***
Seeuferstr. 31, 82541 Ambach
Tel. 081 77 533, Mo./Di. geschl.
Sehr »in« ist das Haus am Landesteg mit seiner feineren bayerisch-italienischen Küche. Tipp: Einkehr nach einem Uferspaziergang im Winter.

***Fischerrosl***
Beuerberger Str. 18
2541 Münsing - St. Heinrich
Tel. (0 88 01) 7 46
Dem alten Fischeranwesen entspricht die vielseitige feine Fischküche, von bayerisch bis ungewöhnlich und international. Schöne Gaststuben.

**► Preiswert / Erschwinglich**

***Gasthof Limm***
Hauptstr. 29, 82541 Münsing
Tel. (0 81 77) 4 11
Mo.mittag, Mi., So.abend geschl.
Im schönen Gasthof mit getäfelter Stube pflegt man eine ausgezeichnete, gehobene Regionalküche.

***Tutzinger Biergarten***
Midgardstr. 3 – 5, 82327 Tutzing
Tel. (0 81 58) 12 16
Das schöne Midgardhaus von 1853 am See hat heute einen »echten« Biergarten unter großen alten Bäumen, mit herrlichem Ausblick.

### ÜBERNACHTEN

**► Luxus**

***Schlossgut Oberambach***
82541 Münsing, Tel. (0 81 77) 93 23
www.schlossgut.de
Hier setzt man ganz auf Ökologie, sowohl in der Einrichtung wie in der Küche. Der dezente Luxus entspricht der atemberaubenden Lage der alten Villa im eigenen Park über dem See.

***Hotel Kaiserin Elisabeth***
82340 Feldafing, Tel. (0 81 57) 93 09-0
www.kaiserin-elisabeth.de
Viele Jahre war Elisabeth in diesem Hotel Gast, das ins Jahr 1856 zurückgeht. Wer nicht in einem der 65 fürstlichen Zimmer nächtigt, sollte wenigstens einmal auf der wunderbaren Terrasse Kaffee trinken oder speisen.

**► Günstig / Komfortabel**

***Hoisl-Bräu***
Promberg 1 , 82377 Penzberg
Tel. (0 88 56) 9 01 73 30
Abgeschiedene Idylle nordöstlich von Iffeldorf: Ein alter Hof wurde zum »Landhotel«. Schöne Terrasse.

**► Günstig**

***Hotel Villa Kefer***
Hindenburgstr. 12, 82343 Pöcking
Tel. (0 81 57) 9 31 70
Ruhig im Grünen gelegenes, sehr nett eingerichtetes Hotel garni.

si«), Tochter des Herzogs Max in Bayern und später Kaiserin von Österreich, ihre Kindheit. Ab 1669 war es Sommersitz der Kurfürsten, ab 1860 bekam es seine Ecktürme und Zinnen, in den 1980er-Jahren wurde es zum Domizil mit Eigentumswohnungen umgebaut. Im Königssalon des 1865 erbauten **Bahnhofs Possenhofen** wird eine Sisi-Ausstellung gezeigt (Mai – Mitte Okt. Fr. – So. 14.00 – 18.00 Uhr) .

**Feldafing**

Feldafing (4300 Einw.) entwickelte sich ab Mitte des 19. Jh.s im Umfeld der Schlösser Possenhofen und Garatshausen zum Villenort. Schon historischen Charme hat das **Strandbad** aus den 1950er-Jahren. Im alten Dorf steht die Pfarrkirche St. Peter und Paul (1401, Ende 19. Jh. neu gestaltet), früher Grablege der Herren von Garatshausen. Der herrliche 18-Loch-**Golfplatz** unterhalb der Tutzinger Straße – ein öffentlicher Weg führt hindurch – geht auf den englischen Park zurück, der 1855 – 1863 vom preußischen Gartenbaudirektor P. J. von Lenné geplant wurde. Zur romantischen Roseninsel kann man sich per Elektroboot hinüberschippern lassen. König Maximilian II. erwarb die Insel und ließ 1851/1852 ein Casino im pompejanischen Stil bauen (Führungen: Mai – Mitte Okt. Di. – So. 12.00 – 18.00 Uhr), der zauberhafte Rosengarten wurde nach Plänen von Lenné gestaltet.

★ ◄ Roseninsel

**Tutzing**

Tutzing (612 m, 9500 Einw.) ist der zweitgrößte Ort am See. Im 19. Jh., v. a. nach dem Anschluss an die Starnberger Bahn 1865, bauten hier begüterte Menschen schöne Landhäuser, das Geistesleben folgten. Der reiche Stuttgarter Verleger Eduard Hallberger kaufte 1869 das klassizistische Schloss, das heute die renommierte **Evangelische Akademie** beherbergt. Johannes Brahms komponierte 1873 in der Villa Amtmann (heute Brahms-Haus) u. a. seine Haydn-Variationen, im November finden die Konzerte der **Brahms-Tage** statt. Südlich des Orts liegt am Ufer der schöne, um 1870 angelegte Kustermann-Park; vom Johannishügel oberhalb schöner Ausblick.

*In Tutzing trifft man sich gern im schönen Biergarten am »Midgardhaus«.*

*Die berühmte Aussicht von der Ilkahöhe*

★★ **Ilkahöhe** Ein herrliches Ausflugsziel ist die 728 m hohe Ilkahöhe bei Tutzing. Die Wiese auf dem Bergrücken ist ideal zum Picknicken und zum Drachensteigenlassen. Beim St.-Nikolaus-Kircherl (16. Jh.) lockt das **Forsthaus Ilkahöhe** mit gehobener Küche (Mi. – So. mittags geöffnet; reservieren, Tel. 0 81 58 / 82 42) und Biergarten.

★ **Bernried** Die Häuser von Bernried (633 m, 2100 Einw.) liegen in idyllischen Gärten und Parks verstreut. Beherrscht wird der Ort vom barocken Gebäude (1653) des 1120 gegründeten Augustiner-Chorherrenstifts. In der von Kaspar Feichtmayr umgebauten Stiftskirche (Weihe 1663) sind die Altarblätter von F. Kirzinger (Ende 18. Jh.) und ein **gotischer Flügelaltar** (um 1510) zu beachten. Sehr hübsch ist die benachbarte, ab 1689 barockisierte **Hofmarkskirche**; im Hochaltar das Gnadenbild, eine geschnitzte Pietà, zu deren Ehren an Mariä Himmelfahrt (15. Aug.) eine Lichterprozession veranstaltet wird. Nördlich und südlich des Orts dehnt sich der **Bernrieder Park** aus, von 1911 bis 1950 im Besitz von Wilhelmina Busch-Woods aus der amerikanischen Bierdynastie Anheuser-Busch. Im Nordteil des Geländes steht die große Kunstattraktion des Sees, das Museum Buchheim mit weltbekannten Grafiken und Gemälden **deutscher Expressionisten** aus der Sammlung von Lothar-Günther Buchheim (geöffnet April – Okt. Di. – So. 10.00 – 18.00, sonst bis 17.00 Uhr).

★★ Museum Buchheim ►

**! *Baedeker* TIPP**

**Ferien im Schloss**

Distinguierter kann man am Starnberger See wohl kaum urlauben als im Tutzinger Schloss, während der tagungsfreien Zeit Mitte Juli bis Anfang September. Informationen Tel. (0 81 58) 2 51-0, http://web.ev-akademie-tutzing.de.

Südlich des Starnberger Sees liegen die Osterseen, eine Gruppe von 21 malerischen kleinen **Moorseen** (Naturschutzgebiet). Ein beliebter Rundweg (ca. 2.30 Std.) beginnt in **Iffeldorf**: Von der Kirche St. Vitus nordwestlich zum Großen Ostersee, den man, sich am Ufer haltend, im Uhrzeigersinn umrundet, durch Ried, Wiesen und Mischwald. Am Nordwestufer liegt ein schöner Badeplatz. Iffeldorf selbst wurde im neuen Heimatstil aufgebrezelt; immerhin bezaubert die Pfarrkirche **St. Vitus** mit schönstem Rokoko: Wessobrunner Stuck und Deckenfresken von J. J. Zeiller (um 1750). Ein wunderbarer Platz ist die Wallfahrtskapelle **Maria Heuwinkl** östlich des Orts, zu der eine Kastanienallee hinaufführt; den Zentralbau mit herrlichem Wessobrunner Stuck errichtete und gestaltete Johann Schmuzer von 1698 bis 1701 (am ehesten So. zugänglich; Auskunft 0 88 56 / 26 29).

✶ **Osterseen**

# Steingaden · Wieskirche

J 7

**Landkreis:** Weilheim-Schongau
**Einwohnerzahl:** 2800
**Höhe:** 763 m ü. d. M.

**Nach Steingaden, im oberbayerischen Alpenvorland südlich von Schongau gelegen, kommen Gäste aus aller Welt. Mit dem Welfenmünster besitzt es eine der bedeutendsten Kirchen des Pfaffenwinkels, vor allem aber gehört auch die wunderbarste Schöpfung des deutschen Rokokos zur Gemeinde: die berühmte Wieskirche.**

**Prämonstratenserstift**

Das Stift wurde 1147 von Markgraf Welf VI., dem Onkel Heinrichs des Löwen, bevor er auf den Kreuzzug ging, als »eingädiges Haus von Stein« gegründet und 1803 in der Säkularisation aufgelöst. Erhalten blieben das 1176 geweihte Münster (Pfarrkirche St. Johann Baptist), der romanische Kreuzgang und die Johanneskapelle am Torwärterhaus, ein Zentralbau mit Bogenfeld und Löwenrelief.

✶ **Welfenmünster**

Das Westwerk des Münsters, das den Marktplatz mit dem Gasthof zur Post überragt, ist Zeuge aus romanischer Zeit. Die Netzgewölbe in der Vorhalle verweisen auf die Umgestaltung der Kirche in der Spätgotik. Im Chor (1663 – 1673) herrschen die frühen, symmetrisch strengen Wessobrunner Stuckformen vor; im Langhaus der Pfeilerbasilika, das um 1740 von Franz Xaver Schmuzer umgestaltet wurde, ist dagegen der ganze Überschwang des Rokokos zu bewundern. Die virtuosen Deckenfresken von J. G. Beorg Bergmüller (1750) stellen Szenen aus der Legende des hl. Norbert das, dessen Wirken eng mit der Geschichte des Klosters verbunden ist. Bei einer Übernachtung in Steingaden hatte er eine Vision vom künftigen Kloster. Unter der Orgelempore ist eine »Enthauptung Johannes des Täufers« zu sehen. In der Renaissance entstanden das Chorgestühl (1534) und die Epitaphe für Welf VI. und seinen Sohn an den Pfeilern des Hauptschiffs.

*Münster Steingaden mit dem Marktplatz*

**Weitere Kirchen** In der Umgebung Steingadens ist außer St. Maria Magdalena in Urspring und Heiligkreuz auf dem Kreuzberg v. a. die Wallfahrskirche Mariä Heimsuchung (1676) in Ilgen interessant, erbaut und stuckiert im frühen Wessobrunner Stil von Johann Schmuzer.

## ★★ Wieskirche

Von Steingaden führen mehrere Wege, u. a. ein Teil des Prälaten-Wegs (1.15 Std.), zur »Wies« 5 km südöstlich von Steingaden. Das 1746 – 1754 erbaute Gotteshaus (Abb. ►S. 54) ist das Hauptwerk des genialen Baumeisters Dominikus Zimmermann; 1685 in Wessobrunn geboren, wohnte er bis zu seinem Tod 1766 in dem Haus neben der Wieskirche, das er sich 1746 gebaut hatte (heute Gasthof Schweiger, Tel. 0 88 62 / 5 00). Fürs leibliche Wohl sorgt auch der benachbarte Gasthof Moser (Tel. 0 88 62 / 5 03). Den Rückweg nimmt man am schönsten durchs Moor: südlich bis zum Gehöft Resle, dann westlich nach Fronreiten und nördlich nach Steingaden (ca. 2 Std.).

**Ein wenig Geschichte** Im Jahr 1738 hatte die Bäuerin Maria Lory vom Kloster Steingaden eine schlichte Statue des Gegeißelten Heilands erworben, die dort verstaubte. Nachdem ein Wunder geschehen war – das Ehepaar Lory sah Tränen in den Augen des Gegeißelten –, wurde sie in einer winzigen Kapelle nördlich der heutigen Kirche aufgestellt. Die Kunde von Gebetserhörungen ließ rasch eine große Wallfahrt entstehen, so dass schon fünf Jahre später erste Entwürfe für eine neue Kirche vorlagen. Bis heute ist die Wies ein bedeutendes Wallfahrtsziel, insgesamt kommen im Jahr etwa 1 Mio. Menschen hierher.

**Außenbau**

Die Kirche mit ihren rhythmisch gruppierten Fenstern ist durch einen Haubenturm von den Priesterwohnungen und der Sommerresidenz der Äbte von Steingaden abgesetzt. Das steile Dach ist mansardenartig aufgestockt; der westliche Abschluß hat die Form eines Halbkreises mit Säulen und Portalen.

**Innenraum**

In der Wies entfaltet sich eine wahre Symphonie an schwingender Architektur und festlichem Rocaille-Stuck. Stuck und Deckenfresken schuf Johann Baptist Zimmermann, der Bruder des Architekten.

Das **Deckenfresko** im Langhaus hat den auferstandenen Christus zum Zentrum, auf einem Regenbogen thronend, dem Symbol der Versöhnung; über dem Hauptaltar der zum Weltgericht bereitstehende Thron (in den Farben Rot und Blau, Symbol für Opfer und Gnade), gegenüber das noch verschlossene Tor zur Ewigkeit (mit Symbolen für das Ende der Zeit: über dem Tor der Schlangenring, rechts unten ist Chronos zusammengebrochen, links unten kommt der Engel mit dem Buch, in dem alles verzeichnet ist). In den Grisaille-Medaillons über den Pfeilerpaaren verkörpern Putti die acht Seligpreisungen der Bergpredigt. Im **Chordeckenfresko** tragen Engel die Leidenswerkzeuge vor Gottvater.

Wie viele Wallfahrtskirchen besitzt die Wies einen **Chorumgang**, damit die Gläubigen das Gnadenbild umschreiten können; die Deckenfresken dort zeigen Jesus als den Messias, den der Prophet Jesajas verkündet hat. Auf den Fresken im Umgang des Hauptraums sind Szenen aus dem Alten und dem Neuen Testament dargestellt. Auch die **weitere Ausstattung** – Altäre, Kanzel, Skulpturen und Orgel – ist meisterhaft. Unter den Skulpturen sind die vier Evangelisten am Hochaltar (Ägidius Verhelst, 1748) und die vier Kirchenväter (Anton Sturm aus Füssen, 1754) vor den Doppelpfeilern des Hauptraums hervorzuheben, alles weiß und golden gefasste Schnitzfiguren.

## STEINGADEN UND WIES ERLEBEN

### AUSKUNFT

Verkehrsamt
Krankenhausstr. 1, 86989 Steingaden
Tel. (0 88 62) 200
www.steingaden.de

### FESTE & VERANSTALTUNGEN

Pfingstmontag: Trachtenwallfahrt von der Landvolkshochschule zur Wieskirche. So. nach dem 4. Juli: St.-Ulrichs-Ritt zum Kreuzberg.
Konzerte im Welfenmünster und in der Wieskirche ►S. 93.
Wichtige Festtage in der Wieskirche: 19. März: Patrozinium St. Joseph. Sa./So. nach dem 14. Juni: Tränen Christi. 1. Sept.-Sonntag: Kirchweih. 2. Okt.-Sonntag: Bruderschaftsfest.

### ESSEN / ÜBERNACHTEN

**► Günstig**

*Gasthof Graf*
Schongauer Str. 15, 86989 Steingaden
Tel. (0 88 62) 2 46
Gediegener Gasthof mit hübschen Zimmern. Man isst hier gut und sehr preiswert, der Biergarten gilt als einer der schönsten im Pfaffenwinkel.

# DIE KIRCHE »IN DER WIES«

★★ **Der ganze Zauber des bayerischen Alpenvorlands scheint sich in der Wieskirche zu vereinen. Auf einer abgelegenen Wiese – vor der Kulisse des Hohen Trauchbergs, umgeben von Wald und Mooren – steht der wunderbare Bau aus dem Rokoko, der zum Weltkulturerbe der UNESCO gehört.**

Zur Besichtigung zugänglich:
tägl. 8.00 – 19.00, während der Winterzeit nur bis 17.00 Uhr (nicht während der Gottesdienste)
Führungen: Pfarramt, Tel. (0 88 62) 93 2 93-0
www.wieskirche.de

### ① Chor

Höchst eindrucksvoll ist der schmale Chor mit dem Gnadenbild: Über dem Erdgeschoss durch blaue Stuckmarmorsäulen von den Außenmauern abgesetzt, bildet er ein eigenes »Haus«, wobei sog. Oculi (Fenster) zum Chorgewölbe überleiten. Durch sie sieht man wie durch kartuschenartige Rahmen auf die Fresken im Chorumgang.

### ② Langhausdecke

Das 28 × 18 m große Gewölbe wäre in gemauerter Ausführung nicht mit solch filigranen Pfeilern und großen Außenfenstern zu realisieren gewesen. Zimmermann hängte daher eine bis auf die Hohlkehlen flache Holzdecke am Dachstuhl auf. Der Eindruck einer Wölbung ist der Kunst des Freskanten zu verdanken.

### ③ Hauptaltar

Die roten Säulen des Altars korrespondieren mit den blauen des Chorraums: die Farben von Opfer und Gnade wie im Richterthron des Deckenfreskos. Das Altarbild mit der Heiligen Familie schuf 1753 / 1754 der Münchner Hofmaler Balthasar Albrecht (1685 –1765). Das Jesuskind hat, auf seinen Tod vorausdeutend, die Arme kreuzartig ausgebreitet; der Engel über der Szene trägt den roten Königsmantel, wie ihn Jesus mit der Dornenkrone tragen wird. Das Untergeschoss des Hauptaltars bildet den kostbaren Rahmen für die ländlich-einfache Figur des Gegeißelten.

## *Wieskirche Orientierung*

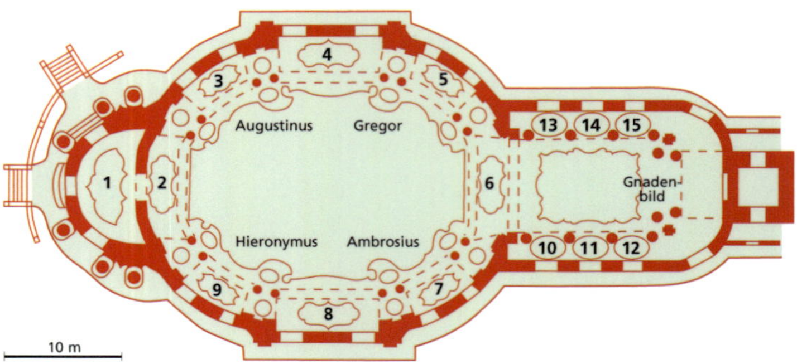


**Fresken im Langhausumgang**

**1** Der Prophet Nathan vor König David
**2** Jesus und die Ehebrecherin
**3** Berufung des Zöllners Matthäus
**4** Petrus verleugnet Jesus
**5** Jesus und die Samariterin
**6** Jesus und die Sünderin
**7** Jesus und Zachäus
**8** Jesus und der Schächer
**9** Gleichnis vom Feigenbaum

**Fresken im Chorumgang**

**10** Heilung eines Gelähmten
**11** Auferweckung des Lazarus
**12** Heilung zweier Blinder
**13** Heilung eines Kranken
**14** Dämonenaustreibung
**15** Jesus verkündet Armen die Frohe Botschaft

# ★★ Tegernsee

07

**Landkreis:** Miesbach

**Mittl. Wasserspiegel:** 726 m ü. d. M.

**Unter den vielen reizvollen Seen Oberbayerns nimmt der Tegernsee eine bevorzugte Stellung ein. Mit renommierten Ferienorten – Gmund, Tegernsee, Rottach-Egern und Bad Wiessee – ist er seit langem einer der Hauptanziehungspunkte des Landes.**

Der anmutige See – 6,5 km lang, 2,5 km breit und 72 m tief – ist in das Mangfallgebirge eingesenkt, dessen sanft geformte Alm- und Waldberge etwa 1100 bis 1300 m hoch aufsteigen. Im Süden bilden Wallberg (1722 m) und Risserkogel (1826 m) den Hintergrund der prächtigen Szenerie, die schon Anfang des 19. Jh. als königliche Sommerfrische entdeckt wurde und später Touristen, Künstler und betuchte oder bedeutende Leute anzog (etwa den Wirtschaftswunder-Minister und Bundeskanzler Ludwig Erhard); außerhalb der Ferienzentren hat sich dennoch ein gewisses Maß Ursprünglichkeit bewahrt. Da das Ufer zu großen Teilen in Privatbesitz ist, kann man fast nur in den Strandbädern schwimmen gehen; die Wasserqualität ist dafür ausgezeichnet.

## Gmund am Tegernsee

»Tor zum Tegernsee«

In der ländlichen Gemeinde Gmund (735 m, 5900 Einw.) am Nordende des Sees stand die »Wiege« des oberbayerischen **Fleckviehs**: Der Gmunder Viehhändler Max Obermayr ließ eigene Kühe von einem Stier aus dem Schweizer Simmental decken. Die hübsche Pfarrkirche **St. Ägidius** (geweiht 1693), errichtet von dem Graubündner Lorenzo Sciasca (► München, Theatinerkirche), besitzt im Hochaltar ein Gemälde von Hans Georg Asam (1692), außerdem ein Holzrelief von Ignaz Günther (»Barmherziger Samariter«) und drei Holzreliefs von 1520. Auf dem Bergfriedhof ruht der zweite deutsche Bundeskanzler Ludwig Erhard (1897 – 1977). Den schönsten Blick über den See hat man im Biergarten des Guts Kaltenbrunn, zu Fuß auf dem Uferweg in 20 Min. zu erreichen. Gut 2 km südlich von Gmund steht nahe dem Ufer die **St.-Quirin-Kapelle**, erbaut 1450 nach der Entdeckung einer petroleumhaltigen Quelle, der Heilwirkung zugeschrieben wurde.

★ Gut Kaltenbrunn ►

## ★ Tegernsee (Ort)

Als »Sonnenterrasse des Tegernseer Tals« gilt der ansprechende heilklimatische Kurort Tegernsee (730 m, 3900 Einw.). In der Ortsmitte liegt das Kurzentrum Aqua-Vital mit Hallenbad, das Moorkuren und die ganze Wellness-Palette bietet.

*Fröhliche Fahrt mit der Ruderfähre zwischen Tegernsee-Point und Egern*

★ Kloster

Den Ort prägt das mächtige Kloster Tegernsee am Seeufer. Er ging aus einer 746 gegründeten **Benediktinerabtei** hervor, das als kulturelles und wirtschaftliches Zentrum des Umlands wirkte; seit 804 beherbergt es die Reliquien des hl. Quirin. Zu den bemerkenswertesten Leistungen der Mönche gehört die erste deutsche Übersetzung eines angelsächsischen Gedichts, auch das Epos »Ruodlieb« wurde hier verfasst (11. Jh.). In der Säkularisation 1803 an einen Spekulanten verscherbelt, wurde das »Schloss« später teuer von König Max I. Joseph zurückgekauft und bis 1824 durch Leo von Klenze zur Sommerresidenz umgebaut. Die einstige **Klosterkirche St. Quirin** hat eine stattliche Doppelturmfassade; Türme und Krypta stammen noch aus dem 11. Jh., Chor und Langhaus aus dem 15. Jahrhundert. Ab 1678 wurde sie von Enrico Zuccalli (► München, Theatinerkirche) barockisiert, 1820 gestaltete Leo von Klenze das Äußere klassizistisch um. Die meisterhaften Fresken schuf Hans Georg Asam um 1690. Erlebenswert ist auch das berühmte **Bräustüberl** des Herzoglich Bayerischen Brauhauses Tegernsee neben der Kirche (tägl. geöffnet).

Museum Tegernseer Tal

Kultur und Geschichte des Tegernseer Tals und des Klosters illustriert das Museum nahe dem Schloss mit vielen schönen Exponaten (Seestr. 17, Mitte Mai – Anf. Okt. Di. – So. 14.00 – 17.00 Uhr).

★ Gulbransson-Museum

Tegernsee war ab 1929 Wahlheimat des des norwegischen Zeichners und Malers Olaf Gulbransson (1873 – 1958), der v. a. durch seine Karikaturen im »Simplicissimus« und die Illustrationen für die

## TEGERNSEE ERLEBEN

### AUSKUNFT

Tegernseer Tal Tourismus
Hauptstr. 2, 83684 Tegernsee
Tel. (0 80 22) 9 27 38-0
www.tegernsee.com

### SCHIFFSVERKEHR

Schifffahrt Tegernsee
Seestr. 70, 83684 Tegernsee
Tel. (0 80 22) 9 33 11
www.seenschifffahrt.de
Die Schiffe fahren ganzjährig, im Winter eingeschränkter Fahrplan.

### FESTE & VERANSTALTUNGEN

Ende Jan., Bad Wiessee: Montgolfiade. Ende Mai, Rottach-Egern: Kunst- und Kulturtage. Anf. Juli: Oleg-Kagan-Musikfest, Wildbad Kreuth; »Night of the Alps« (Voixmusik-Festival) Tegernsee-Point. Juli/Aug.: Seefeste mit Feuerwerk in Tegernsee, Rottach-Egern, Bad Wiessee. Ende Aug.: Ross-Tag, Rottach-Egern. Ende Sept.: Brauchtums- und Kulturwoche Tegernsee. Um den 20. Okt.: Internat. Bergfilm-Festival Tegernsee. 6. Nov.: Leonhardi-Fahrt in Kreuth. Um den 12. Nov.: Leonhardi-Ritt in Gmund.

### ESSEN

#### ► Erschwinglich / Fein & teuer

***Freihaus Brenner***
Freihaus 4, 83707 Bad Wiessee
Tel. (0 80 22) 86 56-0
www.freihaus-brenner.de
Die Lage und die Aussicht von der Terrasse gehören zu den schönsten am See, das Innere und die echt feine bayerisch-mediterrane Küche stehen dem nicht nach. Tägl. geöffnet.

#### ► Preiswert

***Hagrainer Stuben (»Zotzn-Hof«)***
Wolfsgrubstraße 6, Rottach-Egern
Tel. (0 80 22) 29 99
Handfeste bayerische Küche gibt's im liebevoll restaurierten Bauernhaus aus dem 15. Jh. nahe dem Thoma-Haus. Mit Ferienwohnungen. Mo. (wenn Feiertag, am Di.) geschlossen.

### ÜBERNACHTEN

#### ► Luxus

***Seehotel Übeerfahrt***
83700 Rottach-Egern
Tel. (0 80 22) 669-0
www.seehotel-ueberfahrt.com
Haus der Spitzenklasse, mit Beauty & Spa-Areal. Feine Restaurants: bayerisch, italienisch, Gourmetküche unter Sternekoch Christian Jürgens.

***Villa am See***
Schwaighofstr. 53, 83684 Tegernsee
Tel. (0 80 22) 18 77 00
www.villa-am-see.de
An der Egerner Bucht gelegenes kleines, elegantes Haus, Zimmer mit Ausblick. Hervorragendes Restaurant mit herrlicher Terrasse), gemütliches Bistro, eigener Badestrand.

#### ► Günstig / Komfortabel

***Gästehaus Ludwig Thoma***
Ludwig-Thoma-Weg 19 – 21
83684 Tegernsee
Tel. (0 80 22) 9 21 50
www.gaestehaus-ludwig-thoma.de
Haus im Bauernhofstil, ruhig in den Wiesen nahe dem Thoma-Haus gelegen. Mit großen Ferienwohnungen.

#### ► Günstig

***Steinbrecherhof***
Dorfplatz 7, 83707 Bad Wiessee
Tel. (0 80 22) 8 11 46
Familiengeführtes Gästehaus (komfortable Zimmer und FeWos), mit traumhaftem Blick unmittelbar am See gelegen, mit eigenem Badestrand. Kostenloser Fahrradverleih.

»Lausbubengeschichten« von Ludwig Thoma berühmt wurde. Das Museum im Kurgarten zeigt eine Auswahl seinem Werk und interessante Sonderausstellungen (geöffnet Di. – So. 10.00 – 17.00 Uhr).

**Ludwig-Thoma-Haus**

Außer dem Heimatdichter Karl Stieler, dem Erzähler Ludwig Ganghofer, der Romanschriftstellerin Hedwig Courths-Mahler u. a. hatte sich in Tegernsee Ludwig Thoma niedergelassen (► Berühmte Persönlichkeiten). Bis zu seinem Tod 1921 lebte er in dem Haus Auf der Tuften, das als einziges Haus auf dem »Literatenberg« zugänglich ist (südöstlich der Egerner Bucht; Führung Anm. Tel. 0 80 22 / 53 82).

**✶ Saliter-Hof**

Nahe dem Thoma-Haus (Ludwig-Thoma-Weg 8) steht der Saliter-Hof von 1775, eines der schönsten Bauernhäuser des Oberlands. Der Name ist vom Salpeter abgeleitet, der für Schießpulver und die Glasherstellung im Kloster Tegernsee verwendet wurde.

## Umgebung von Tegernsee

**Spazierwege**

Vom Rathaus führt ein Spaziergang in 30 Min. am Ufer entlang südlich zum **Kleinen Paraplui** (Point, von hier Ruderfähre nach Rottach-Egern), ein anderer in 45 Min. durch Lärchenwald auf den **Großen Paraplui** (800 m), beide lohnen mit schöner Aussicht. Fast schon mit Tegernsee zusammengewachsen ist Rottach-Egern, das über den **Leeberg-Höhenweg** zu erreichen ist (1.30 Std.); in Schwaighof kann man den Abstecher zum Saliterhof machen.

**Wanderungen**

Die Berge östlich von Tegernsee bieten eine Reihe leichter Wanderungen, die wegen der prächtigen Aussicht geschätzt werden. Mehrere Wege führen in ca. 1.30 Std. nordöstlich auf die **Neureuth** (Ostiner Berg, 1264 m; Gasthaus), den besten Aussichtsbalkon über dem See. Von hier kann man zur **Gindelalmschneid** weitergehen (45 Min.), wo man wählt: entweder über den Auer Berg und den Huberspitz nach ► Schliersee oder über die Kreuzbergalm und den Prinzenweg zurück nach Tegernsee (jeweils ca. 2.30 Std). Zur pittoresk auf dem Felsen thronenden Kapelle auf dem **Riederstein** (1207 m) gelangt man von Tegernsee in 2.00 Std., am Pfliegeleck entlang oder in steilem Anstieg über diesen, und vorbei am Gasthaus Galaun. Weitere 1.30 Std. braucht man dann zur **Baumgartenschneid** (1444 m), wo man einen herrlichen Rundblick auf Tegernsee und Schliersee hat. Abstieg nach Norden ins Alpbachtal und zurück nach Tegernsee.

**! *Baedeker* TIPP**

**Aus der Vogelschau**

Man sollte es sich nicht entgehen lassen, die Pracht der Seen und Berge mal von oben anzuschauen, geruhsam von Heißluftballon aus oder etwas adrenalinintensiver am Gleitschirm hängend. Ballooning Tegernsee, Tel. (0 80 29) 12 21, www.ballooning-tegernsee.de; Ballooning Reichart, www.ballooning-reichart.de, Tel. (0 80 41) 7 71 55; Drachen-Tandemflüge: Passagierflug Wallberg, Tel. (0 80 26) 9 20 98 20, www.doppelsitzerflug.de.

## Rottach-Egern

**Zwischen See und Wallberg**

Der heilklimatische Kurort Rottach-Egern (740 m, 5200 Einw.) liegt malerisch am Südende des Sees zwischen den Mündungen von Rottach und Weißach. Der alte Kern von **Egern**, das sich um die Egerner Bucht gruppiert (Rottach liegt südöstlich, in Richtung Enterrottach), wird von der Pfarrkirche **St. Laurentius** dominiert (1466, 1672 barockisiert). 1690 schuf Hans Georg Asam das Altarblatt; zu beachten sind auch die Votivtafeln, u. a. mit der Sendlinger Bauernschlacht 1705. Auf dem Friedhof mit einer Pestkapelle von 1508 liest man bekannte Namen wie Ludwig Thoma, Ludwig Ganghofer, Leo Slezak und Olaf Gulbransson. Im Kursaal führt die Ludwig-Thoma-Bühne Stücke von – eben – Ludwig Thoma auf. Im **Gsotthaberhof** (Feldstraße) sind alte Pferdekutschen und -schlitten zu bewundern. Schöne Wanderwege führen entlang der Rottach nach Enterrottach sowie an der Weißach entlang nach Kreuth. Im Westen liegt malerisch auf einem Ausläufer des Ringbergs das mächtige **Schloss Ringberg** (erbaut ab 1912, Tagungsstätte der Max-Planck-Gesellschaft).

**★ Wallberg**

Haus- und Skiberg des Tegernsees ist der Wallberg (1722 m) südöstlich von Rottach-Egern. Von Oberach bringt eine Seilschwebebahn zum Panoramarestaurant und zum Wallbergkircherl in 1620 m Höhe: herrlicher Blick auf den Tegernsee und die Alpen (der markante Zacken vor der Zugspitze ist der Buchstein). Zum Gipfel sind es

*Der Wallberg mit seinem Kircherl, ein überaus beliebtes Ausflugsziel*

noch 30 Minuten. Die ca. 4 km lange **Wallberg-Autostraße** (mautpflichtig) zählt zu den schönsten Bergstrecken, im Winter ist sie Teil der 6,5 km langen **Rodelbahn** (Höhendifferenz 825 m). Die Straße beginnt bei der Wallbergbahn-Talstation und führt zur **Moosalm** in 1100 m Höhe (Blick über das Tegernseer Tal). Zu Fuß erreicht man in 50 Min. das Wallberghaus (1512 m, weitere 45 Min. zum Gipfel). Gute Kondition, Trittsicherheit und Schwindelfreiheit verlangt die klassische Bergwanderung von der Bergstation auf dem Alpenlehrpfad über den Setzberg (1706 m) zum **Risserkogel** (1826 m, 3 Std.); Abstieg nordöstlich zur Sutten und nach Enterrottach in 2 Stunden.

✶ Hirschberg

Auch der Hirschberg (1670 m) südwestlich von Rottach-Egern eröffnet dank seiner isolierten Lage ein weites Panorama. Von Scharling ist das Hirschberghaus (1545 m) in gut 2 Std. zu erreichen, zum Gipfel sind es weitere 30 Minuten.

Valepp

Eine für Radfahrer interessante Mautstraße (bis 12 %, Scheitelpunkt 1031 m) führt von Enterrottach zum **Forsthaus Valepp** (Gasthof, geöffnet Weihnachten – Okt., Tel. 0 8 26 / 7 12 81), das in einer malerischen Talweitung liegt. Von der Moni-Alm (984 m) bringt eine Seilbahn auf den **Stümpfling** (1506 m). Von der Valepp ist in 3 Std. der **Schinder** (1808 m) zu erklimmen, eine lohnende mittelschwere Tour. Die Straße zum Spitzingsee (►Schliersee) ist für Kfz gesperrt.

## ✶ Bad Wiessee

Kurbad am Tegernsee

Bad Wiessee (735 m, 4300 Einw.), das sich am Westufer ohne ein eigentliches Ortszentrum ausbreitet, ist das einzige **Heilbad** am Tegernsee. Seit 1441 kommen Menschen auf der Suche nach die Heilung hierher: Tegernseer Mönche hatten das St.-Quirinus-Öl entdeckt – wie sich viel später herausstellte, war es Petroleum. 1909 stieß der holländische Bergingenieur Adrian Stoop bei der Suche nach Erdöl auf eine **Jod-Schwefel-Kochsalz-Therme**, die bei Erkrankungen von Herz und Kreislauf, rheumatischen Beschwerden, Erkrankungen der Atmungsorgane und der Haut angewendet wird. Das **Kurzentrum** mit Bad, Wandelhalle und Inhalatorium liegt in Wiessee-Nord; in Wiessee-Süd mit Alt-Wiessee (Kirche Maria Himmelfahrt, 1926) stehen noch hübsche alte Häuser. Nördlich außerhalb findet man die moderne **Spielbank**. Dahinter erstreckt sich der sehr schön gelegene 18-Loch-Platz des Tegernseer Golf-Clubs. Auf der beliebten **Seepromenade** geht man vom Strandbad südlich bis nach Abwinkl.

Wanderungen

✶ ◄ Bauer in der Au

Vom Rathaus führt ein kleiner Spaziergang durch das Zeiselbachtal zur **Prinzenruhe** mit herrlicher Aussicht. In einem wunderbaren, abgeschiedenen kleinen Hochtal liegt der Bauer in der Au (904 m) mit einer kleinen Jausenstation. Hier stand der schönste und mit 61 m Länge größte Bauernhof des Oberlands, ab 1825 im Besitz des Königshauses und 1971 abgebrannt. Man erreicht den Platz zu Fuß in knapp 1 Std. über den Gasthof Söllbachklause, zurück geht man über Buch (unterwegs schöner Ausblick über den See). Vom Bauer in der Au kann man den **Hirschberg** besteigen (2.30 Std., ►Rottach-Egern). Die andere klassische Bergtour von Wiessee führt auf den **Fockenstein** (1564 m, 3 Std.); auch die Wanderung nur bis zur bewirtschafteten Auer-Alm (1269 m, 1.30 Std.) ist sehr beliebt.

## Kreuth

**Ort des hl. Leonhard**

Am Südende des Tegernseer Tals, vor den Blaubergen und am Fuß des markanten Leonhardsteins, liegt der Kurort Kreuth (812 m, 3800 Einw.) mit seinen Freizeiteinrichtungen; im Winter locken 50 km Loipen und lange Rodelbahnen. Die Kirche **St. Leonhard** ist das älteste Leonhard-Heiligtum in Bayern; schon im 12. Jh. erbaute das Kloster Tegernsee eine Kirche zu Ehren des Heiligen, 1529 ist das Weißachtal als »Leonhardswinkel« genannt. Die Kirche wurde 1491 geweiht, 1776 vergrößert und barockisiert; über dem Altar u. a. eine gotische Holzfigur »Thronender hl. Leonhard« (16. Jh.). Am 6. Nov. begeht man die überaus prächtige **Leonhardifahrt**.

### ? WUSSTEN SIE SCHON ...?

- In Wildbad Kreuth war der Kiem Pauli (1882 – 1960) ansässig, der sich um den Fortbestand der oberbayerischen Volksmusik verdient gemacht hat. Jahrzehntelang sammelte er alles, was die Menschen an Musik und Liedern im Kopf hatten, und sorgte für deren Weiterleben. Am letzten Adventssonntag findet in der Kreuther Kirche das Kiem-Pauli-Singen statt.

## Umgebung von Kreuth

**Wildbad Kreuth**

Der Name des Fleckens ist bundesweit bekannt, findet hier doch im Januar die **Klausurtagung der CSU** statt. Seit dem 16. Jh. sind eisenhaltige Schwefelquellen bekannt, Anfang des 19. Jh.s ließ König Maximilian I. die »Molken- und Badeanstalt« errichten, in der sich der Hochadel zur Kur traf. Heute gehört das Haus der Hanns-Seidel-Stiftung der CSU und dient als Seminarort. Ein zauberhaftes Bild bietet das Alte Badehaus (gute Gaststätte) mit der angebauten Hl.-Kreuz-Kirche, beide von 1696 (vom Parkplatz 10 Min. zu Fuß).

**Wanderungen und Bergtouren**

In 15 Minuten geht man westlich zum **Kreuther Wasserfall**. Nach Gusto kann man sich einen Ausflug ins **Sagenbachtal** südöstlich von Kreuth einrichten, entweder bis zur Langenau (Schwarzes Kreuz, 1.30 Std.) oder bis zur **Bayr-Alm** (knapp 3 Std., jeweils eine Strecke). In gut 1 Std. erklimmt man den **Leonhardstein** (1450 m). Etwa 1.30 Std. braucht man von Wildbad Kreuth (Schießstätte) durch wildromantisches Gelände zur **Königsalm** (1115 m), der mächtigen Almhütte von König Max I. Joseph; zurück über die Straße, deren unterer Teil im Winter als Rodelbahn dient, und durch die »Klamm«. Von der Königsalm kann man in 1 Std. den **Schildenstein** (1613 m) besteigen. Gut 1000 m Höhe überwindet man hinauf zum aussichts-

reichen Grubereck und zum **Risserkogel** (1826 m, gesamt 5 Std.). Für die Tour vom Risserkogel zum Wallberg ►S. 357.
Eine der schönsten Touren führt südwestlich zum **Rossstein** (1698 m) und **Buchstein** (1701 m). Am besten steigt man vom Gasthaus Bayerwald an der B 307 (Bushaltestelle) auf, über die Sonnbergalm (Niederleger und Hochleger), später über eine drahtseilgesicherte Felsstelle zur **Tegernseer Hütte**. Abstieg nördlich in das Schwarzenbachtal und über den Sattel am Leonhardstein nach Kreuth. Gesamtgehzeit ca. 6 Stunden.

*Absolut bilderbuchmäßig liegt die Tegernseer Hütte am Buchstein.*

# Traunstein

T 6

**Landkreis:** Traunstein
**Einwohnerzahl:** 18 300
**Höhe:** 600 m ü. d. M.

**Auf einer Terrasse über der Traun, zwischen Chiemsee, Rupertiwinkel und den Chiemgauer Bergen, liegt die alte Salzstadt Traunstein. Ihre Altstadt gibt vor dem Hochfelln ein hübsches Bild ab.**

**Ein wenig Geschichte**

Der strategisch günstige Platz über dem Fluss war schon früh besiedelt, die Römerstraße Augsburg – Salzburg überwand hier die Traun. Bis ins 20. Jh. waren Salzproduktion und -handel bestimmend: 1611 – 1619 wurde die Soleleitung von Reichenhall nach Traunstein gebaut, und bis 1912 war die Saline in der Au in Betrieb. Verheerende Stadtbrände 1704 und 1851 zerstörten einen Großteil der alten Bausubstanz. Gebäude aus Historismus und Jugendstil, die nach dem Brand von 1852 entstanden, prägen das Stadtbild.

## Sehenswertes in Traunstein

**Stadtplatz**

Kern der schönen altbayerischen Anlage ist der 250 × 85 m messende Stadtplatz. Im Westen beherrscht ihn die Stadtpfarrkirche **St. Oswald**, erbaut 1675 – 1690 durch Lorenzo Sciascia (► Weyarn) nach Plänen von Kaspar Zuccalli, der auch die Stiftskirche in Gars im Inn konzipierte. Ihre Stuckierung ging in den Stadtbränden verloren und wurde neobarock ersetzt. Zur Stadtbefestigung gehörte der **Brothausturm** (westlich gegenüber St. Oswald) mit dem Heimatmuseum (geöffnet April – Okt. Mo. – Sa. 10.00 – 15.00, So. 10.00 – 16.00 Uhr).

*Hübscher Platz am Traunsteiner Brothausturm.*

Vor der Apsis von St. Oswald der »Liendlbrunnen« mit einer Ritterfigur von 1526. Der nach des Stadtbränden abgerissene **Jacklturm** im Osten des Platzes wurde bis 1999 wieder rekonstruiert.

**Au** Steile Treppen führen südlich hinunter in die Au. Wo bis 1922 das Salzsiedehaus stand, parken heute auf dem Karl-Theodor-Platz Autos; einige Bauten der Saline sind am Platz noch erhalten, darunter die beeindruckende **Salinenkapelle St. Rupertus und Maximilian**, erbaut 1630 nach Plänen von Isaak Bader, ein hervorragendes Werk des Frühbarocks in Bayern. Beachtlich das Gemälde mit Rupert und Maximilian im Choraltar (Ulrich Loth, 1631).

**Ettendorf** Ziel des Traunsteiner Georgiritts ist die Kirche St. Vitus und Anna in Ettendorf jenseits der Traun, ein spätgotischer Bau mit schönen Gewölben, prunkvollen Barockaltären, Fresken des 16. /18. Jh.s und volkstümlich bemalter Empore (1514).

**Hochberg** Wanderwege und eine Straße führen südlich auf den Hausberg der Stadt, den Hochberg (774 m), der eine schöne Aussicht bietet (und einen Gasthof mit Biergarten und Zimmern, Tel. 08 61 / 42 02).

**Siegsdorf** In der Voralpenlandschaft südlich von Traunstein liegt der Luftkurort Siegsdorf (8200 Einw., 615 m) im Tal der Weißen Traun. Bekannt ist er für seine Mineralquellen, einmal die Petrusquelle, zum andern die Primusquelle von **Bad Adelholzen**. Letztere ist seit 1907 im Besitz der Barmherzigen Schwestern von München, die den Abfüllbetrieb zu einem der größten Deutschlands gemacht haben. Alles über das köstliche Nass erfährt man in der **Adelholzener Wasserwelt** (geöffnet Mo. – Do. 8.00 – 16.00, Fr. 8.00 bis 12.00 Uhr). In den 1970er-Jahren wurden in der Umgebung von Siegsdorf die 40 000 Jahre alten Knochen eines Mammuts und anderer Tiere der Eiszeit gefunden, zu sehen im **Mammut-Museum** (geöffnet Ostern – Okt. Di. – So., Nov. – 23. Dez. nur So., sonst Mi., Sa., So., 10.00 – 17.00 Uhr).

! *Baedeker* TIPP

**Papststadt**

In Traunstein verbrachten Joseph Ratzinger und sein Bruder Georg, später Leiter der Regensburger Domspatzen, ihre Jugend, in St. Oswald feierten beide ihre Primiz. Auch heute sind Stadt und Papst herzlich miteinander verbunden. Das Tourismusbüro hält eine Broschüre zum »Traunsteiner Benediktweg« bereit.

## Umgebung von Traunstein

**Wastlbauernhof**

Der Wastlbauernhof bei Siegsdorf-Hammer (Mauer 5) ist ein typisches »Traunsteiner Gebirgshaus« aus dem Jahr 1762 (nicht zugänglich) mit reichem Bauschmuck und Fresken außen und innen; sie zeigen u. a. die Heiligen Florian, Sebastian, Leonhard und Michael.

*** Wallfahrtskirche Maria Eck**

Der ganze Chiemgau liegt einem bei der überaus beliebten Wallfahrtskirche Maria Eck zu Füßen (5 km südwestlich von Siegsdorf), die von Franziskaner-Minoriten betreut wird. Die Kirche aus dem 17. Jh. mit (nach Art des Salzburger Doms) **kleeblattförmigem Chor** besitzt einen prächtigen Hochaltar (1691) mit dem Gnadenbild, einer Kopie der berühmten Madonna von S. Maria Maggiore in Rom.

**Bergener Moos**

Westlich von Bergen (4800 Einw.) dehnt sich das reizvolle Bergener Moos aus, ein Naturschutzgebiet mit seltenen Pflanzen und Tieren. Nach einem Gang durchs Moor kann man sich auf dem **Schellenberg** im gleichnamigen Gasthof bzw. seinem Biergarten rekreieren.

**Maxhütte**

Größere wirtschaftliche Bedeutung hatte Bergen ab dem 16. Jh., als am Zusammenfluss von Weißer und Schwarzer Achen die Maximilianshütte (»Maxhütte«) das **Eisenerz** vom Kressenberg verarbeitete; als sich das nicht mehr lohnte, stellte man auf Guss und Maschinenbau um. 1932 wurde das Werk geschlossen. Seine Gebäude – u. a. ein 30 m hoher Kamin und die Hüttenschenke – bieten noch ein eindrucksvolles Bild. In der Gießerei ist ein Museum eingerichtet (geöffnet Mai – Anf. Okt. Di. – So. 10.00 – 16.00 Uhr).

*** Hochfelln**

Der Hochfelln (1671 m) ist berühmt für seinen Rundumblick und daher ein beliebtes Ausflugsziel. Von der Bergstation der Kabinenbahn erreicht man in wenigen Minuten die **Tabor-Kapelle** und den Gipfel. Skifahrer finden schöne Hänge oberhalb der Mittelstation. Von der Maxhütte steigt man in 4 Std. über das Bründlinghaus (1160 m) und die Hochfellnscharte zum Gipfel auf, umgekehrt braucht man vom Gipfel zur Talstation knapp 3 Stunden.

## TRAUNSTEIN ERLEBEN

### AUSKUNFT

Touristeninformation
Haywards-Heath-Weg 1
83278 Traunstein
Tel. (08 61) 9 86 95-23
www.traunstein.de

### FESTE & VERANSTALTUNGEN

Ostermontag: Prächtiger Georgiritt von Traunstein nach Ettendorf. 3. Mai-So.: Große Trachtenwallfahrt von Siegsdorf nach Maria Eck. Ende Mai: Chiemgauer Musikfrühling. Mitte Juli: Altstadtfest in Traunstein.

### ESSEN

**► Preiswert**

*Mesnerwirt*
83313 Siegsdorf - St. Johann
Tel. (0 86 62) 74 30, Mi. geschl.
Uriges, 400 Jahre altes Wirtshaus mit handfester Küche – auf der Basis von Bratkartoffeln.

### ÜBERNACHTEN

**► Komfortabel**

*Parkhotel Traunsteiner Hof*
Bahnhofstr. 11, 83278 Traunstein
Tel. (08 61) 9 88 8-0
Großzügige Gastzimmer und Restaurant in antikem Landhaus-Stil. Ein Wellnessbereich gehört dazu.

**► Günstig**

*Klostergasthof Maria Eck*
Maria-Eck-Str. 3, 83313 Siegsdorf
Tel. (0 86 62) 93 96, Mo. geschl.
Eine gediegene Insel der Ruhe in 882 m Höhe. Sehr schöne, mit viel Holz gestaltete Zimmer.

# ★ Wangen im Allgäu

B 7

**Landkreis:** Ravensburg
**Einwohnerzahl:** 26 800
**Höhe:** 525 – 709 m ü. d. M.

**Einst Freie Reichsstadt, heute Hauptort des württembergischen Allgäus und Luftkurort: Mit seiner schönen, unter Denkmalschutz stehenden Altstadt und der sanfthügeligen Umgebung des Westallgäus ist Wangen ein lohnendes Ausflugsziel.**

**Wangen gestern und heute**

Erstmals wird Wangen in einer Urkunde des Klosters St. Gallen, damals der größte Grundbesitzer der Gegend, im Jahr 815 als Stiftgut erwähnt; gemäß einer Urkunde Kaiser Friedrichs II. von 1217 muß es Stadt gewesen sein, und 1268 bestätigte Rudolf I. von Habsburg den Status als Freie Reichsstadt. Bis ins 15. Jh. dauerte die eine Blüte durch die Leinenweberei und das Schmiedehandwerk (Sensen), die ihre Produkte bis nach Italien verkauften. 1539 fiel fast die ganze Oberstadt einem Feuer zum Opfer, 1793 und 1858 traf es die Unterstadt. Nach kurzer bayerischer Episode ab 1802 wurde die Stadt 1810 württembergisch. Heute ist Wangen Zentrum der Milchwirtschaft und Käseindustrie im württembergischen Allgäu.

## Sehenswertes in Wangen

★ **Marktplatz**

Am malerischen Platz (Mi. vormittags schöner großer Markt) steht das 1719 – 1721 größtenteils neu erbaute **Rathaus** mit seiner prächtigen Fassade; zur Unterstadt hin ist noch Bausubstanz aus dem 15. Jh. erhalten. Der getäfelte Ratssaal enthält eine historische Kostbarkeit, eine Stadtansicht von 1611 (bei Stadtführungen zu sehen).

Das markante **Hinderofenhaus** aus der Renaissance (1542, hübscher Innenhof) beherbergt Stadtverwaltung und Volkshochschule.

Die romanisch-spätgotische Kirche **St. Martin** wurde 1684 barockisiert; Altar- und Deckengemälde wurden erst im 19. Jh. angefertigt.

Vom Marktplatz geht die **Herrenstraße** ab, wohl eine der schönsten Straßen in Deutschland. Teilweise ist noch das spätgotische Bild mit Treppengiebeln erhalten, die meisten Häuser entstanden nach dem Stadtbrand 1539. Bemerkenswert sind auch die **Wirtshausschilder** des 19. Jh.s. Den Abschluss der Straße bildet das herrliche **Frauentor** (Ravensburger Tor), das seine Renaissance-Form 1608 erhielt.

Von der Südwestseite des Markts führt die reizvolle **Paradiesstraße** zum St.-Martins-Tor, das ebenfalls im Jahr 1608 neu gestaltet wurde. Es hat seinen gotischen Charakter allerdings noch stärker bewahrt; im Tordurchgang sind Reste der gotischen Bemalung zu sehen.

*Die Herrenstraße mit dem Frauentor*

**Rochuskapelle**

Nordwestlich jenseits des St.-Martins-Tors dehnt sich der nach italienischem Vorbild angelegte Alte Friedhof aus, heute Stadtpark. Die Rochuskapelle (1593) besitzt eine originelle bemalte Holzdecke (»Bilderbibel«) von 1598. Beachtenswert sind auch die aus dem Hochaltar von St. Martin stammenden **Rosenkranzmedaillons** (1622), bedeutende Werke aus der Waldseer Bildhauerwerkstatt Zürn. Zugänglich in Führungen (Anm. im Gästeamt).

**Postplatz**

Durch den Pfaffenturm am Marktplatz gelangt man zum malerischen Postplatz, dem Hauptplatz der Unterstadt, mit dem **Kornhaus** (1600 – 1602, Stadtbücherei).

**Museen** In der ehemaligen Eselmühle (1568) sind einige Museen ansässig. Das **Heimatmuseum** gibt einen Überblick über die Stadtgeschichte inkl. Leinwandherstellung; in einem Obergeschoß sind Drehorgeln, Spieldosen und andere mechanische Musikinstrumente aus dem 19./20. Jh. sehen. Das **Käsereimuseum** widmet sich der Geschichte der Milchwirtschaft und der Käseherstellung. Über den Wehrgang erreicht man das **Deutsche Eichendorff-Museum** mit Briefen und Manuskripten des romantischen Dichters Joseph Freiherr von Eichendorff (1788 – 1857) und zum **Gustav-Freytag-Museum** mit Erinnerungen an den Schriftsteller Gustav Freytag (1816 – 1895). Im übernächsten Gebäude ist eine **Museumsdruckerei** mit alten Druckmaschinen eingerichtet.

Am Ende des Komplexes liegt die **Badstube** von 1589, eine besondere Kostbarkeit, die an mittelalterliche Badefreuden erinnert. Geöffnet sind die Museen Apr. – Okt. Di. – Fr. 14.00 – 17.00, Sa. 11.00 – 17.00, So. 14.00 – 17.00 Uhr; Führungen in der Eselmühle und in der Badstube Nov. bis März Di. 15.30 Uhr.

! *Baedeker* TIPP

**Allgäuer Seele**

Zu den besten Allgäuer Genüssen gehören die »Seelen«. Was das ist, können Sie in jeder Bäckerei herausfinden – z. B. beim Fidelisbäck, der auch für seinen ofenfrischen Leberkäse berühmt ist (gemütliche Vesperwirtschaft in der Paradiesstr. 3).

## *Wangen* Orientierung

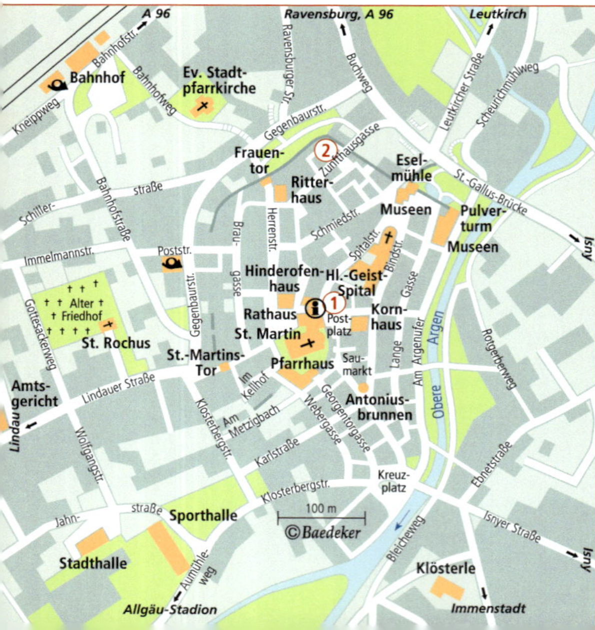


**Übernachten**
① Alte Post
② Blaue Traube

## WANGEN ERLEBEN

### AUSKUNFT

Gästeamt
Bindstr. 10, 88239 Wangen
Tel. (0 75 22) 74-2 11
www.wangen.de

### FESTE

Um den 20. Juli: Kinder-/Altstadtfest.

### ESSEN

**► Erschwinglich / Fein & teuer**

*Gasthof Adler*
Obere Dorfstr. 4, 88239 Wangen
Tel. (0 75 22) 70 74 77, Di. geschl.
Modernisierter alter Gasthof in Deuchelried, ländlich-raffinierte Küche.

**► Preiswert / Erschwinglich**

*Gasthof Sattel*
Sattel 2, 88239 Wangen
Tel. (0 75 22) 70 70 70, Mo. geschl.
Im einstigen Siechenhaus – mit seiner Kapelle ein hübsches Ensemble an der B 18 nach Lindau – isst man gut, von allgäuerisch bis leicht gehoben.

### ÜBERNACHTEN

**► Komfortabel**

① *Alte Post*
Postplatz 2, 88239 Wangen
Tel. (0 75 22) 97 56-0
www.hotel-alte-post-wangen.de
Gediegenes Romantikhotel in einem Haus von 1409, zentral und doch ruhig gelegen. Romantische Zimmer mit modernem Komfort.

② *Blaue Traube*
Zunfthausgasse 10, 88239 Wangen
Tel. (0 75 22) 66 27
Gepflegtes Gasthaus mit ruhigen Zimmern und Fahrradgarage. Im Restaurant Schwäbisches auf der Basis regionaler Produkte (Di. geschl.).

# ★★ Wasserburg am Inn

R 5

**Landkreis:** Rosenheim
**Einwohnerzahl:** 12 300
**Höhe:** 427 m ü. d. M.

**Die einzigartige Topografie macht Wasserburg zu einer der interessantesten Städte Bayerns: Hier bildet der Inn eine dramatisch enge Schleife, in der der alte Ort fast wie auf einer Insel liegt.**

**Aus der Geschichte**

Im Jahr 1137 verlegte Hallgraf Engelbert seinen Sitz von der »Lintburc« bei Attel (► S. 369) in die fast uneinnehmbare »Wasserburg«. Im Mittelalter war der Inn Teil des Transportwegs zwischen Adria und Donau, den hier die Salzstraße von Reichenhall nach München überquerte. Ihre Blütezeit hatte die Stadt nach Verleihung des Salzstapelrechts durch Kaiser Ludwig den Bayern 1332, der sie auch nach dem Stadtbrand 1339 förderte; 1504 entzog Herzog Albrecht IV. Wasserburg dieses Recht, womit der wirtschaftliche Niedergang einsetzte. Mit dem Bau der Saline Rosenheim 1810 kam der Salzhandel zum Erliegen, und 1865 fuhr das letzte Dampfschiff auf dem Inn.

## *Wasserburg* *Orientierung*

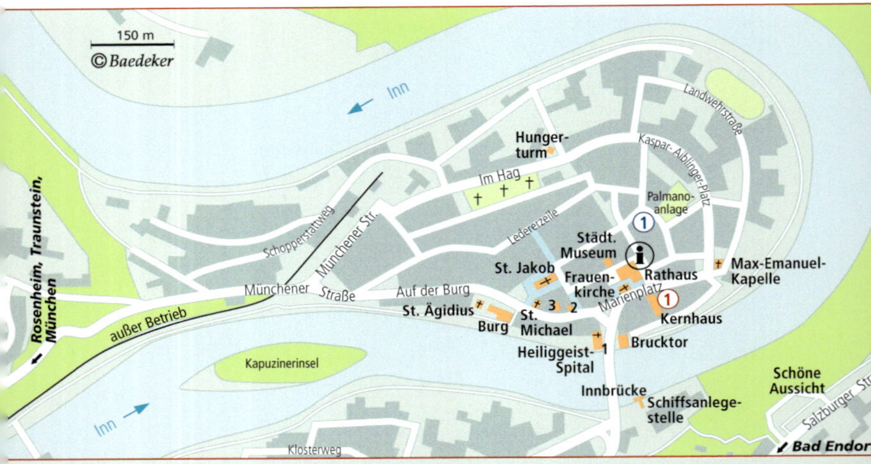


**Essen**
① Hotel Fletzinger

**Übernachten**
① Hotel Paulanerstuben

**1** Erstes Imaginäres Museum

**2** Altes Mauthaus Neues Mauthaus

**3** Ganserhaus

## Sehenswertes in Wasserburg

**Stadtanlage** Als **Innstadt** besitzt Wasserburg langgestreckte Plätze mit überwölbten Laubengängen. Vorschussmauern schließen die bunten Fassaden waagerecht ab. Besonders hübsch mit ihren Wirtshaus- und Gewerbeschildern sind die Schmidzeile, die Ledererzeile und die Nagelschmidgasse. An der Straße »An der Stadtmauer« sind Reste der Befestigung erhalten, auch der **Rote Turm** (15. Jh.) gehörte dazu.

**Hl.-Geist-Spital** Das Hl.-Geist-Spital und seine Kirche existieren seit dem 14. Jahrhundert. Heute ist hier das **Imaginäre Museum** ansässig, das 500 Repliken berühmter Kunstwerke zeigt; die Palette reicht vom romanischen Fresko bis zu Malern des 20. Jh.s. Der Maler Günter Dietz entwickelte das aufwendige Reproduktionsverfahren im Siebdruck.
Geöffnet Mai – Sept. Di. – So. 13.00 – 17.00, sonst bis 16.00 Uhr.

**Marienplatz** Am Westende des großen Marienplatzes liegen **Altes und Neues Mauthaus** (ersteres 16. Jh. mit Renaissance-Erker, letzteres mit einer Engelsfigur von Wolfgang Leb, 1497). Im Osten sind die weiteren Funktionsträger der Stadt versammelt: Frauenkirche und Rathaus. Die **Frauenkirche**, geweiht 1386, ist eine dreischiffige Staffelhalle (1753 barock umgestaltet). Zu beachten die »Schöne Madonna« (um 1425) im Hochaltar; in dessen Altarblatt ist die Stadt abgebildet. Im »zweifachen« **Rathaus** (1459) ist die Ratsstube mit geschnitzter Balkendecke von 1564 sehenswert (Führungen Di.–So.). Im »Tanzhaus«, dem Großen Rathaussaal, finden Konzerte statt (Karten Tel. 0 80 71 / 1 05-12, www.rathauskonzerte.de).

**Kernhaus**

Gegenüber dem Rathaus eine fantastische Rokokofassade: Das Kernhaus, ein altes Patrizierhaus mit spätmittelalterlichen Lauben, wurde 1738–1740 von Johann Baptist Zimmermann umgestaltet. Hinter der Fassade ist alles neu: Im linken Teil sind Justizbehörden, im rechten ist das Hotel Paulanerstuben ansässig.

**★ Museum Wasserburg**

In einem spätgotischen Bürgerhaus präsentieren die reichhaltigen, interessanten kulturhistorischen Sammlungen der Stadt Volkskunst, altes Handwerk, Mobiliar und sakrale Plastik von der Spätgotik bis zum 19. Jh. (geöffnet Di.–So., Mai–Sept. 13.00–17.00, Okt.–Dez. und Febr.–April 13.00–16.00 Uhr).

**St. Jakob**

Die stadtbildbeherrschende Pfarrkirche St. Jakob, eine spätgotische Hallenkirche, wurde 1410–1478 von Hans von Burghausen, Hans Stethaimer (beide die Baumeister von St. Martin in Landshut) sowie Stephan Krumenauer erbaut. Das bedeutendste Ausstattungsstück ist die prachtvolle **Renaissance-Kanzel** (1638) der Brüder Martin und Michael Zürn aus dem schwäbischen Waldsee. Außen am Chor eine große volkstümliche Darstellung von Erbschuld und Erlösung als Lebensbaum (um 1460).

## WASSERBURG ERLEBEN

### AUSKUNFT

Gäste-Information
Marienplatz 2, 83512 Wasserburg
Tel. (0 80 71) 1 05-22
www.wasserburg.de

### FESTE & VERANSTALTUNGEN

1. Febr.-So.: Großer Taubenmarkt. Fünf Jahrmärkte (So.): Mittfasten-, Benno-, Georgi-, Michaeli- und Kathreinmarkt. Letzter Juli-Sa.: Weinfest. Rathauskonzerte.

### ESSEN

**► Erschwinglich**

***Fischerstüberl***
Attel-Elend 1, 83512 Wasserburg
Tel. (0 80 71) 25 98, Di. geschl.
»Bayerische Villa« unterhalb des Klosters mit ambitionierter Küche, v. a. Fisch; »orientalisches« Bistro.

**► Preiswert / Erschwinglich**

① ***Hotel Fletzinger***
Fletzingergasse 1, 83512 Wasserburg
Tel. (0 80 71) 90 89-0
In gediegen-gutbürgerlichem Ambiente isst man sehr ordentlich. Schön die große Auswahl an kleinen Gerichten und Brotzeiten. Moderne, geschmackvoll eingerichtete Zimmer.

### ÜBERNACHTEN

**► Günstig**

① ***Hotel Paulanerstuben***
Marienplatz 9, 83512 Wasserburg
Tel. (0 80 71) 39 03
Hinter der herrlichen Rokokofassade wohnt man in angenehm schlichten, aber modern eingerichteten Zimmern. Hübsche Gaststube und Terrasse zum Inn; die Speisekarte bietet jedoch keine Höhenflüge.

*Wasserburg, die »Geliebte des Inns« – fast ganz vom Fluss umschlungen*

**Burg** Auf einer Erhebung an der Südseite der Landzunge erbauten die Hallgrafen im 12. Jh. ihr Bollwerk, von dem Reste erhalten sind. 1531 – 1537 gestaltete Herzog Wilhelm IV. die Burg zum Schloss mit schmucken Treppengiebeln (heute Kloster und Altenheim).

**»Schöne Aussicht«** Der beste Blick über die Altstadt bietet sich von diesem Platz an der Salzburger Straße. Von der Innbrücke 15 Min. zu Fuß.

**Brucktor** Das massige Brucktor (14. Jh., mehrfach umgebaut) gewährt Zugang zur Altstadt. Eine Wandmalerei an der Innfront von 1568 zeigt Geharnischte mit dem bayerischen und dem Wasserburger Banner.

**Wegmacher-Museum** An der Straße nach Rosenheim (rechts des Inns, Herderstr. 1) kommen Technikfans auf ihre Kosten: Das Wegmacher-Museum dokumentiert mit ca. 1500 Exponaten die Geschichte des Straßenbaus (geöffnet Mo. – Do. 8.00 – 11.30, 13.00 – 15.00, Fr. 8.00 – 11.30 Uhr).

! *Baedeker* TIPP

### Kunst in Wasserburg

Die lebhafte Kunstszene Wasserburgs hat ein Zentrum im Ganserhaus aus dem 16. Jh., in dem der Arbeitskreis 68 ansässig ist (Ausstellungen). Am Skulpturenweg in der Inn-Schleife sind Werke Wasserburger Künstler aufgestellt.

## Von Wasserburg innaufwärts

Südlich von Wasserburg erstreckt sich über 8 km bis Attel der **Innstausee** (Naturschutzgebiet), ein Paradies für Natur- und Vogelfreunde; nachgewiesen wurden hier bisher 180 Vogelarten.

Attel

Am linken Hochufer des Inns liegt das ehemalige Kloster Attel (17./ 18. Jh.) mit der äußerlich schlichten Klosterkirche St. Michael. Im glanzvollen Inneren verbinden sich Bauernbarock und kunstvolles Rokoko; den weißen Stuck schuf der Miesbacher N. Liechtenfurtner (1715). Im Kreuzaltar von C. Pader (1665), der vom Vorgängerbau erhalten blieb, ein hochverehrter **Kruzifixus** aus dem 13. Jh.; interessant ist auch das Stifterhochgrab für Graf Engelbrecht von Limburg von dem Wasserburger Bildhauer Wolfgang Leb (1509).

Altenhohenau

Das Kloster Altenhohenau am rechten Inn-Ufer, eines der ersten deutschen Frauenklöster, wurde um 1230 gestiftet. Die romanische Kirche St. Peter und Paul, bis 1670 barock umgebaut und um 1765 in prachtvollem Rokoko gestaltet, besitzt einen **seltenen Astkreuz-Kruzifixus** (um 1340). Hochaltar – mit Muttergottes (17. Jh.) – und Seitenaltäre sind mit den Schnitzfiguren das Werk von Ignaz Günther (1761), die Fresken im Altarraum schuf Matthäus Günther (1771). Die Wallfahrt zum »Altenhohenauer Jesuskind«, einer in Stoff gekleideten Schnitzfigur, hatte das Kloster im 18. Jh. bedeutend gemacht.

✶✶ Rott am Inn

Aus Rott am Inn (3600 Einw.), zwischen Wasserburg und Rosenheim gelegen, stammte die Mutter von **Franz Josef Strauß** (► Berühmte Persönlichkeiten), der hier auch zeitweise bestattet war; sein Grabmal ist so etwas wie eine Pilgerziel. Berühmt ist die Kirche der einstigen Benediktinerabtei, ein **Hauptwerk des bayerischen Rokokos** (Foto S. 370). Pfalzgraf Kuno von Rott stiftete das Kloster zum Gedenken an seinen Sohn, der 1081 in der Schlacht bei Höchstädt gefallen war. Johann Michael Fischer erbaute die Kirche St. Marinus und Anianus auf der Terrasse über dem Inn 1758 – 1763 unter Einbeziehung der romanischen Osttürme. Innen vereinen sich kühne Raumgestaltung – als Kombination von Längs- und Zentralbau, eine Lieblingsidee Fischers – und kunstvolle Ausstattung zu einem Meisterwerk. Dazu trugen die besten Künstler bei: der Freskant Matthäus Günther, der Stuckateur Franz Xaver Feichtmayr sowie die Bildhauer Ignaz Günther und Josef Götsch. Das fantastische runde Fresko über dem achteckigen Zentralraum stellt die Verherrlichung der Heiligen des Benediktinerordens dar; in den anschließenden Kuppeln die Verbrennung und Verklärung des hl. Marinus bzw. der Tod des hl. Anianus in seiner Wilpartinger Klause (► Miesbach). Ignaz Günther gestaltete den Hochaltar und weitere Altäre, außerdem die meisten Statuen. In der Vorhalle das prunkvolle **Grabmal des Klosterstifters** aus Adneter Marmor (F. Sickinger, 1485): Die Deckplatte zeigt den Pfalzgrafen und seinen Sohn, das Modell der romanischen Basilika in Händen.

## Von Wasserburg innabwärts

Gars am Inn

Etwa 17 km nordöstlich von Wasserburg steht in Gars die ehemalige Augustinerstiftskirche Mariä Himmelfahrt, die auf eine Gründung des 8. Jh.s zurückgeht und 1661/1662 in der Art der Münchner Michaelskirche barock umgestaltet wurde. Das Hochaltarblatt stellt die Himmelfahrt Mariens dar. Sehenswert sind eine große Kreuzigungsgruppe von C. Jorhan (1762), die Kanzel von 1691 sowie Grabmäler mehrerer Pröpste, insbesondere das für Jakob Hinterkircher († 1420) mit einer ausdrucksstarken Darstellung des Totengesichts.

* **Au**

Am windungsreichen Inn entlang kann man die schöne (Rad-)Wanderung nach Au machen. Idyllisch in einer Flussschleife liegt das ehemalige Augustiner-Chorherrenstift, eine eindrucksvolle Anlage mit doppeltürmiger Kirche. Im 8. Jh. entstand hier eine Mönchszelle der Benediktiner, Anfang des 12. Jh.s gründeten Chorherren ein Kloster. Nach einem Brand 1686 entstand die Anlage bis etwa 1737 neu. Die Klosterkirche St. Maria weist eine ungewöhnliche Architektur auf: An das Langhaus als Wandpfeilerraum mit Emporen schließt ein fast vollrunder Chor an. Innen überwältigt goldener und farbiger Überschwang; in der Kuppel ein »Engelskonzert« von F. Mareis (um 1720). Schön sind auch die Kanzel und Grabdenkmäler für die Auer Pröpste des 15. – 18. Jh.s. Im Biergarten oder im urigen Bräustüberl kann man sich die Produkte des Klosterbräus schmecken lassen.

*Die Stiftskirche in Rott am Inn, ein Meisterwerk von Johann Michael Fischer*

# Weilheim

K 6

**Landkreis:** Weilheim-Schongau **Höhe:** 565 m ü. d. M.
**Einwohnerzahl:** 20 500

**Weilheim, im oberbayerischen Alpenvorland westlich des Starnberger Sees gelegen, ist Zentrum des berühmten Pfaffenwinkels. In der zauberhaften Umgebung gibt es eine ganze Reihe großartiger Sehenswürdigkeiten, insbesondere Kirchen und Klöster.**

**Weilheim gestern und heute**

Seit 1176 ist hier ein Markt nachweisbar, der von Herzog Otto II. 1236 zur Stadt erhoben wurde. Berühmt war am Übergang vom 16. zum 17. Jh. die »Weilheimer Bildhauerschule« (v. a. Hans Krumper, Hans Degler, Bartholomäus Steinle). Heute dient die Oberlandausstellung (in ungeraden Jahren, Mitte Sept.) als Verbrauchermesse und Schaufenster für die Wirtschaftskraft der Region.

## Sehenswertes in Weilheim

**Marienplatz**

Weilheim war mit dem benachbarten Wessobrunn im 16.–18. Jh. ein bedeutendes Zentrum des Kunsthandwerks. Noch heute ist das am »Herz« Weilheims ablesbar, dem Marienplatz mit seiner Mariensäule (17. Jh.). Beherrscht wird der Platz von der Stadtpfarrkirche **Mariä**

## WEILHEIM ERLEBEN

### AUSKUNFT

Touristinfo
Admiral-Hipper-Str. 20
82362 Weilheim
Tel. (08 81) 6 82-5 32
www.weilheim.de

Kloster Wessobrunn
Tel. (0 88 09) 92 11-0
www.kloster-wessobrunn.de

### FESTE & VERANSTALTUNGEN

Fronleichnam: Große Prozession in Weilheim mit der Wurzel-Jesse-Monstranz, der größten Barockmonstranz Deutschlands. 6. Nov.: Leonhardiritt in St. Leonhard im Forst. Konzerte in der Klosterbibliothek Polling (Konzertdirektion Hörtnagel, Tel. 0 89 / 98 29 28-0, www.hoertnagel.de).

### ESSEN

**► Preiswert / Fein & teuer**

***Oberbräu***
Obere Stadt 31, 82362 Weilheim
Tel. (08 81) 23 16, Di. geschl.
Im Oberbräu gibt's eine gemütliche Wirtschaft und ein feines Restaurant mit bayerisch-mediterraner Küche.

### ÜBERNACHTEN

**► Günstig**

***Zur Post***
Zöpfstr. 2, 82405 Wessobrunn
Tel. (0 88 09) 2 08
www.gasthof-wessobrunn.de
Gediegener Dorfgasthof mit großen, gut ausgestatteten Zimmern. Bayerische Küche mit Südtiroler Einschlag. Die Decke im Festsaal stammt aus dem Theatersaal des Klosters.

**Himmelfahrt**. Das Untergeschoss ihres Turms ist gotisch (um 1300), Langhaus und Chor wurden 1624 – 1631 nach Plänen von Hans Krumper errichtet und von Jörg Schmuzer mit frühem Wessobrunner Stuck versehen. Die Deckenbilder (Medaillons) des Weilheimers J. Greither gelten als **früheste barocke Kirchenfresken in Oberbayern**. Von der qualitätvollen Ausstattung sind das gotische Astkreuz (1350), der Christi-Rast-Altar (F. X. Schmädl, 1760) und das Altarbild »Beweinung Christi« (M. Knoller, 1790) hervorzuheben.

**Museum des Pfaffenwinkels**

Das alte Rathaus (1790) neben der Kirche beherbergt dieses bedeutende Heimatmuseum (geöffnet Di. – Fr. und So. 10.00 – 12.00, 14.00 bis 17.00, Sa. 10.00 – 13.00 Uhr). Im Mittelpunkt stehen Weilheimer Künstler von der Spätgotik bis zum Rokoko. Neben dem Engelsrelief von Hans Krumper (um 1620) ist die Skulptur eines Schmerzensmanns des Landshuters Hans Leinberger hervorzuheben (1527, für Polling geschaffen). Hier wird auch der einzige bekannte Entwurf für den Stuck im Chor der Wieskirche aufbewahrt.

## Polling

**✶ Klosterkirche**

In Polling (3200 Einw.) 3 km südlich von Weilheim wurde um das Jahr 750 ein Kloster gegründet, der Überlieferung nach vom letzten Agilolfinger, Herzog Tassilo III.; um 1100 nahm es die Regel der Augustiner-Chorherren an. Die Stiftskirche Hl. Kreuz entstand 1414 bis 1420, das Portal (mit dem Original des berühmten Begriffs »Liberali-

*Die Stiftskirche in Polling vereint gotische Architektur und frühbarocke Gestaltung.*

tas Bavarica«, der Dank des Propstes für die Freigebigkeit der bayerischen Herrscher) und der massige Turm gehören der Renaissance an (1607). In den 1620er-Jahren bekamen der Chor einen Umgang und die Kirche ihr heutiges Bild, wobei gotische Raumhülle und frühbarocke Ausstattung eine »besonders geglückte Synthese« (Dehio) eingehen. Der in zarten Farben gehaltene Stuck von Jörg Schmuzer ist ein gutes Beispiel für die frühe Wessobrunner Schule. Bei der Ausstattung ragen der mächtige Hochaltar des Weilheimers Bartholomäus Steinle (1623) und das **Pollinger Kreuz** heraus, ein Holzkreuz aus der Zeit um 900, Anfang 13. Jh. mit Pferdepergament überzogen und bemalt. Die Thronende Madonna rechts gegenüber der Kanzel ist ein Hauptwerk von Hans Leinberger (1526). Die Kirche ist zu den Messen Sa. 18.00 und So. 10.30 Uhr zugänglich, sonst nur durch ein Gitter zu bewundern (Pfarramt Tel. 08 81 / 92 54 38 83). Im Prälatenflügel lag die **Bibliothek**, mit über 100 000 Bänden einst die größte deutsche Klosterbibliothek. Heute finden im grandiosen Bibliothekssaal Konzerte statt (www.bibliotheksaal.de; Führung Tel. 08 81 / 6 13 16). Alte Klosterwirtschaft mit schönem Biergarten.

## Peißenberg

Der Ort Peißenberg (12 600 Einw.) 8 km südwestlich von Weilheim war vom 17. Jh. bis 1971 Zentrum eines Kohlenreviers. Das **Bergbaumuseum** gibt Einblick in die harte Arbeit (geöffnet 15. Mai – 15. Sept. Mi. 14.00 – 16.00 Uhr, sonst 1.+3. So. im Monat 14.00 – 16.00 Uhr). Die Tiefstollenhalle dient als Kulturzentrum (www.kulturverein-peissenberg.de). Beachtenswert ist die Pfarrkirche **St. Johannes** (16. Jh.); vom frühmittelalterlichen Vorgängerbau ist der Taufstein von 1377 erhalten, die Deckenfresken in Chor und Vierung stammen von dem Münchner A. Ranzinger (1904 – 1910). Die **St.-Georgs-Kapelle** am Südosthang des Peißenbergs (12. Jh., 1497 vergrößert) besitzt Reste eines hervorragenden Freskenzyklus (um 1410) mit der Georgslegende; da auf dem Codex Gallicanus fußend, zeigen sie den Drachenkampf nicht, der erst im 12. Jh. »erfunden« wurde. Die Wallfahrtskirche **Maria Aich**, nahe der Straße Richtung Weilheim gelegen, gilt als Werk des Wessobrunners Joseph Schmuzer (1734), die Deckengemälde schuf Matthias Günther. Im Hauptaltar das spätgotische Gnadenbild einer Mondsichelmadonna.

★★ Peißenberg

Der Peißenberg (988 m, auch Hoher Peißenberg), der 400 m über die Moränenlandschaft ragt, bietet die allerschönste Aussicht in Oberbayern. Sie reicht bei gutem Wetter vom Hochstaufen bei Bad Reichenhall bis zum Grünten bei Sonthofen; im Süden das 40 km entfernte Zugspitzmassiv, halblinks erkennt man die Pyramide des 120 km entfernten Großvenedigers. Reizvoll ist auch die Sicht nach Norden auf das Vorland mit seinen Seen. 1772 wurde auf dem Berg eine Sternwarte und 1781 das erste meteorologische Observatorium Bayerns errichtet; heute unterhält der Deutsche Wetterdienst hier

*Start am Peißenberg, mit der Zugspitze im Blickfeld*

moderne Anlagen (Infopavillon). Die **Wallfahrtskirche Mariä Himmelfahrt** (1619) mit geometrischem Stuck besitzt einen monumentalen Hochaltar aus der Bauzeit (Altarbild 1717). Im Chor stellen Holzreliefs von B. Steinle Moses und David dar. Die angebaute **Gnadenkapelle** (1514) wurde durch eine wundertätige Madonna ein Wallfahrtsziel; 1747 wurde sie erweitert und 1748 von Matthäus Günther freskiert und von Joseph Schmuzer stuckiert. Den Hochaltar mit dem Gnadenbild gestaltete F. X. Schmädl.

## Wessobrunn

Wessobrunn (2000 Einw., 701 m) gut 10 km nordwestlich von Weilheim ist einer der großen Orte der deutschen Kulturgeschichte. Sein 753 gegründetes Kloster war im Besitz des vor 814 aufgezeichneten **Wessobrunner Gebets**, eines der ältesten deutschen Sprachdenkmäler, das in Stabreimen die Schöpfungsgeschichte beschreibt (heute in der Bayerischen Staatsbibliothek in München). Die **Wessobrunner Schule** von Baumeistern, Stuckatoren und Malern – etwa 600 Künstler rechnet man dazu – prägte ab 1680 die oberschwäbisch-bayerisch-tirolische Landschaft des Sakralbaus. Ihr Begründer war Johann Schmuzer (1642 – 1701), berühmte Vertreter kamen auch aus den Familien Feichtmayr und Zimmermann.

**Geschichte** Der Legende nach geht die Gründung des Klosters auf einen Traum zurück, den Herzog Tassilo III. auf der Jagd hatte. Ihm erschien eine Himmelsleiter, an deren Fuß ein Brunnen aus drei kreuzförmig zusammenfließenden Quellen lag. Tassilos Jäger Wezzo entdeckte am folgenden Tag die Quellen, wo dann das Kloster errichtet wurde. Die Quellen sind im Brunnenhaus (1735) nordöstlich der Klostermauer gefasst. Das Kloster wurde im 11. Jh. zerstört und ab 1285 neu errichtet. Zwischen 1673 und 1759 kamen weitere Bauten hinzu. Nach Abbruch einiger Gebäude 1810 – ein barbarischer Akt erster Güte – ist nur noch ein Viertel der Anlage erhalten; von der romanischen Klosterkirche existiert noch der freistehende Wehr- und Glockenturm von 1260 (»Grauer Herzog«). Heute führen hier die Tutzinger Missionsbenediktinerinnen ein Jugend- und Bildungshaus.

**✶✶ Klostergebäude**

Von der von Johann Schmuzer entworfenen barocken Klosteranlage wurden nur der Konvent und der Gäste- oder Fürstentrakt ausgeführt. Vor allem das Treppenhaus des Gästetrakts, der 88 m lange Gang des Gästetrakts und der daranstoßende Gang des Prälaturflügels wurden von Schmuzer in wunderbarem Variantenreichtum stuckiert, eine **unvergleichliche Symphonie** von Muscheln, Engelsköpfen, Akanthusranken und anderen Ornamentformen. Ebenso schön und meisterhaft ist die Gestaltung des Tassilosaals in verspielten, farbenfrohen Stuckformen mit Blumen und Jagdszenen, die auf die Gründungslegende des Klosters Bezug nehmen. Führungen März bis Okt. Di. – Sa. 10.00, 15.00, 16.00, So. 15.00, 16.00 Uhr, sonst Di. – Sa. 15.00, So. 15.00, 16.00 Uhr.

*Gang im Fürstentrakt des Klosters Wessobrunn*

Die Pfarrkirche **St. Johannes**, die den Klosterhof im Norden abschließt, wurde um 1758 von der Familie Schmuzer errichtet; Johann Bader schuf die Deckenfresken mit Szenen aus dem Leben Johannes des Täufers. Beachtenswert sind der Taufstein (12. Jh.) und der lebensgroße romanische **Holzkruzifixus** (1250). Südöstlich außerhalb der Klostermauern steht die 800 Jahre alte **Tassilolinde** mit 13 m Stammumfang, ein beeindruckendes Naturdenkmal.

**Paterzell**

Einst waren Eiben im ganzen Alpenraum verbreitet; ihr elastisches Holz war für die Herstellung von Bögen begehrt, so dass sie selten geworden sind. Ca. 4 km südlich von Wessobrunn, nahe dem Zellsee, liegt der **Eibenwald** von Paterzell, ein 21 ha großes Naturschutzgebiet, in dem Hunderte bis zu 500 Jahre alter Eiben stehen, hohe düstere Baumriesen (Achtung, Rinde, Nadeln und Samen sind giftig). Besonders schön im Oktober, wenn die Früchte rot leuchten.

**St. Leonhard im Forst** Südlich von Wessobrunn lohnt ein Abstecher nach St. Leonhard im Forst mit der hübschen Wallfahrtskirche, die 1724 – 1735 vom Kloster Wessobrunn errichtet wurde. Das eindrucksvolle Fresko der Leonhardslegende im Langhaus schuf Matthäus Günther 1761. Am Hochaltar das Gnadenbild des hl. Leonhard.

# Wolfratshausen

M 6

**Landkreis:** Bad Tölz-Wolfratshausen **Höhe:** 577 m ü. d. M.
**Einwohnerzahl:** 17 400

**Das Städtchen an der Loisach – südlich vor den Toren Münchens – ist bekannt als Ausgangsort der feucht-fröhlichen Floßfahrten nach München. In der Umgebung sind die Isarauen und das barocke Kloster Schäftlarn schöne Ausflugsziele.**

Der bereits für 1003 bezeugte Flößerort, der im Jahr 1312 das Marktrecht erhielt, zwängt sich auf einem schmalen Streifen Lands zwischen Loisach und Wolfratshauser Höhe. Östlich, zwischen Loisach und Isar, dehnen sich die großen neuen Wohngebiete aus – mit dem S-Bahn-Anschluss ist Wolfratshausen bevorzugter Wohnvorort für das knapp 30 km entfernte München. 2002 fand hier das denkwürdige Frühstück des damaligen Ministerpräsidenten Edmund Stoiber, der hier zu Hause ist, mit Angela Merkel statt.

**Floßfahrten** Die Flößerei auf der Isar diente v. a. der Versorgung Münchens mit Holz und anderen Wirtschaftsgütern. Heute sind Floßfahrten beliebte feucht-fröhliche Vergnügungen mit Blasmusik oder Jazz, mit Brotzeit und Bier. Die Flöße, die aus 15 – 20 Fichtenstämmen zusammengebaut sind, fahren von Wolfratshausen-Weidach nach München-

## WOLFRATSHAUSEN ERLEBEN

### AUSKUNFT

Tourist-Info
Marienplatz 1, 82515 Wolfratshausen
Tel. (0 81 71) 214-0
www.wolfratshausen.de

### ESSEN / ÜBERNACHTEN

► **Preiswert / Erschwinglich**

***Humplbräu***
Obermarkt 2, 82515 Wolfratshausen
Tel. (0 81 71) 4 83 29-0, Mo. geschl.
Das älteste Gasthaus Wolfratshausens, zentral gelegen, mit schönen Gewölbestuben und hübschen Zimmern. Man kocht gut bayerisch.

***Landgasthof Berg***
Schmiedberg 2, 82547 Berg
Tel. (0 81 79) 16 61
Einstiges Bauernhaus auf dem »Berg« westlich von Eurasburg, gemütliche Wohnzimmeratmosphäre. Das Panorama ist wunderbar, die Karte eher schlicht. Mo./Di. geschl.

*Ein unschlagbarer Sommerspaß ist die Floßfahrt auf der Isar.*

Thalkirchen. Auf ein Floß passen etwa 60 Leute. Die Fahrten dauern – je nach Wasserführung – fünf bis sieben Stunden. Den größten Spaß machen die sieben Rutschen. Die erste, beim Mühltaler Wehr, ist 360 m lang und überwindet einen Höhenunterschied von 18 m – das Floß wird dabei etwa 40 km/h schnell, und wenn es ins Unterwasser schießt, gibt's eine mächtige Dusche. Buchung ►S. 103.

## Sehenswertes in Wolfratshausen

**Marktstraße**

Die Achse des alten Orts, Oberer und Unterer Markt mit dem Marienplatz dazwischen, dient dem Durchgangsverkehr. Etliche der typischen oberbayerischen Giebelhäuser, teils bemalt, stammen aus dem 17./18. Jahrhundert. Die Stadtpfarrkirche **St. Andreas** entstand 1621 – 1626 auf den Resten gotischen Kirche. Der Hochaltar ist ein Werk des einheimischen Schreiners Lukas Herle (1661); die Gemälde an der unteren Brüstung der Empore stammten von Kaspar Albrecht, ebenfalls aus Wolfratshausen (um 1680). Das sehenswerte **Heimatmuseum** illustriert mit Gemälden, Interieurs, Geräten und Trachten Geschichte und Kultur der Gegend (Untermarkt 10, geöffnet Do. und So. 14.00 – 18.00, Sa. 14.00 – 17.00 Uhr).

**Kalvarienberg**

Von der Frauenkapelle (1643) im Norden der Altstadt führt ein Kreuzweg (gusseiserne Kreuzigungsgruppe von 1858) hinauf zur Dreifaltigkeitskapelle von 1716.

**Nantwein**

Der östliche Ortsteil Nantwein ist nach Conrad Nantovinus benannt, einem Rompilger, der 1286 hier unschuldig verbrannt und 1297 als Märtyrer heiliggesprochen wurde. Die Wallfahrtskirche St. Nantwein, geweiht 1610, ist ein Kleinod frühbarocker Architektur und Kunst.

## Umgebung von Wolfratshausen

**Eurasburg**

Auf der Höhe über Eurasburg 7 km südlich von Wolfratshausen bietet die **Sprengenöder Alm** (tägl. geöffnet) außer guter Küche einen Biergarten mit herrlichem Blick auf Wettersteinmassiv, Heimgarten und Herzogstand. In Beuerberg (614 m, 3000 Einw.) 3 km weiter südlich lohnt die kunsthistorisch bedeutende Kirche des einstigen, 1121 gegründeten Augustiner-Chorherrenstifts einen Besuch. Die **frühbarocke Kirche** wurde 1630 – 1635 von einem nicht sicher dokumentierten Baumeister als Wandpfeilerkirche errichtet, die früheste ihrer Art nach St. Michael in München.

Beuerberg ►

**Münsing**

Im zauberhaft gelegenen Ort Münsing (3 km vom ►Starnberger See) ist das Gasthaus Limm (Tel. 0 81 77 / 411) eine bewährte Adresse für gute Küche. Ca. 2 km nördlich von Münsing lockt der **Buchsee** zum Bad, ein kleiner Moorsee in ländlicher Idylle; ein riesengroßer Wiesenhang dient hier als Liegewiese. Würstl und Bier holt man sich am Küchenfenster.

✶ **Pupplinger Au**

Östlich von Wolfratshausen mäandert die Isar durch ein breites Schotterbett. Schon 1912 wurde die Pupplinger Au unter Naturschutz gestellt, in deren Kiefernwäldern Orchideen und andere interessante Flora zu finden ist, auf den Kiesinseln brüten Flussseeschwalben und Regenpfeifer. Von der Isarbrücke bei Puppling kann man auf verschiedenen Wegen am Fluss entlang ca. 7 km nach Norden zum Gasthaus **Bruckenfischer** (Tel. 0 81 78 / 36 35) beim Kloster Schäftlarn gehen oder radeln, mit seinem Biergarten Etappe an der traumhaften Strecke entlang der Isar. Es sei erwähnt, dass die Kiesbänke auch bei FKKlern und Schwulen beliebt sind.

**Schäftlarn**

Schäftlarn (5400 Einw.) ca. 9 km nördlich von Wolfratshausen, ist zweigeteilt: auf der Höhe (690 m) das Dorf Hohenschäftlarn, im Isartal 140 m tiefer das berühmte Kloster, Mussziel bzw. Zwischenstopp auf Wanderungen und Radtouren, nicht zuletzt aufgrund des Klosterbräustüberls mit seinem Biergarten (tägl. geöffnet). Bereits um das Jahr 760 ließen sich Benediktiner am hochwassersicheren Westrand des Tals nieder. Das Klosterrichterhaus gegenüber der Kirche datiert aus der Mitte des 17. Jh.s. Der heute existierende Klosterkomplex wurde 1702 – 1706 nach Plänen des Münchner Hofbaumeisters G. A. Viscardi errichtet, der auch die Klosterkirche in Fürstenfeld entwarf. Nach der Aufhebung des Klosters 1803 übergab König Ludwig I. 1866 das Anwesen den Benediktinern, die hier ein Gymnasium mit Internat führen; seit 1910 ist Schäftlarn wieder Abtei. Die den Heiligen Dionysius und Juliana geweihte Kirche gilt als ein **Hauptwerk des bayerischen Rokokos**, an dem die besten Künstler der Zeit – alle mit bedeutenden Bauten in München vertreten – mitwirkten. François Cuvilliés begann den Bau 1733, vollendet wurde er 1751 – 1754 von Johann Michael Fischer nach Plänen von J. B.

✶ ✶ Klosterkirche ►

Gunezrhainer. Der langgestreckte, durch Wandpfeiler und Gurtbögen gegliederte Saalbau erhielt seine lichte, vornehme Gestaltung mit Stuck und Deckenfresken um 1755 durch **Johann Baptist Zimmermann**, wesentlich beteiligt war auch Martin Heigl (Chorfresko). Themen der Fresken sind die Klostergründung, Heilige des Prämonstratenserordens und die Auferstehung Christi. Ein großer Teil der Ausstattung stammt aus der Werkstatt von **J. B. Straub**, so der Haupt- und die Seitenaltäre, die Kanzel und die Statuen von Dionysius und Juliana. Im Hauptaltar hat **Balthasar Albrecht** die Himmelfahrt Marias dargestellt.

**Entlang der Isar**

Vom Gasthaus »Bruckenfischer« an der Isar (► S. 378) geht oder radelt man 2,5 km flussabwärts zum Wirtshaus »Zur Mühle« (Tel. 0 81 78 / 36 30, Mo. geschl., keine Autozufahrt) beim Kraftwerk Mühltal mit der **längsten Floßrutsche der Welt** (350 m). Um zu erleben, wie die »Flößer« nass werden, sollte man so etwa ab 11.30 Uhr hier sein. Der ca. 7 km lange Weg entlang der Isar nach Grünwald (► München), vorbei an der Felsenge mit dem Georgenstein, gehört zu den schönsten weit und breit.

**Deininger Weiher**

Südlich von Großdingharting (7 km östlich des Klosters Schäftlarn) versteckt sich im Wald ein idyllischer Moor-und Badesee, seine südliche Hälfte steht unter Naturschutz. Beim Eingang das Restaurant Waldhaus Deininger Weiher (Tel. 0 81 70 / 9 24 50).

# ★★ Zugspitze

J 9

**Talort:** Garmisch-Partenkirchen **Gipfel:** 2962 m ü. d. M.

**Der höchste Berg Deutschlands, an der Grenze zu Tirol gelegen, ist das beliebteste Ausflugsziel im Werdenfelser Land und ein ideales Wintersportgebiet. Bei gutem Wetter reicht der Blick bis zu den Dolomiten, den Schweizer Alpen (Säntis) und dem Böhmerwald.**

Die Zugspitze, erstmals 1590 als »der Zugspiz« erwähnt, liegt südwestlich von ► Garmisch-Partenkirchen im Wettersteingebirge. Der

## ZUGSPITZE ERLEBEN

**BAYERISCHE ZUGSPITZBAHNEN**

Olympiastr. 27
82467 Garmisch-Partenkirchen
Tel. (0 88 21) 797-0
www.zugspitze.de

**ÜBERNACHTEN**

**► Preiswert**

Münchner Haus des DAV
30 Schlafplätze, bewirtschaftet von Anf. Mai bis Mitte Oktober
Tel. (0 88 21) 29 01

*Das Münchner Haus mit Wetterstation, Restaurant und Aussichtsterrasse*

bayerische Leutnant Karl Naus erreichte 1820 bei Vermessungsarbeiten den Gipfel zum ersten Mal. 1897 entstand neben dem Westgipfel (2962 m) das Münchner Haus mit einer Wetterstation, 1930 wurde nach 2-jähriger Bauzeit die bayerische Zugspitzbahn eingeweiht. Außerdem gibt es hier ein Tagungszentrum und Deutschlands höchstgelegene Postfiliale. Auf dem 1 m niedrigeren Ostgipfel steht ein vergoldetes Eisenkreuz (Foto ► S. 78/79). Nach den letzten Messungen ist die Zugspitze 2962,06 m hoch, nach deutscher Messung jedenfalls: In Österreich, das anstatt nach dem Amsterdamer Pegel nach dem Triester Pegel misst, ist sie 27 cm niedriger.

**Bergbahnen** Von Garmisch-Partenkirchen (westlich des DB-Bahnhofs) fährt die **Bayerische Zugspitzbahn**, eine elektrische Zahnradbahn, 11,5 km (davon 4,8 km im Tunnel) in 75 Min. zum Zugspitzplatt (2600 m) hinauf. Sie passiert dabei die Talstationen von Hausberg-, Kreuzeck- und Alpspitzbahn. Die Verbindung zum Gipfel besorgt die **Gletscherbahn** (Kabinenbahn, 360 m Höhenunterschied).

Vom Eibsee überwindet die **Eibsee-Seilbahn** in 9 Min. atemberaubende 2000 m Höhenunterschied direkt zum Gipfel. In der Bergstation ist eine interessante Ausstellung zur Geschichte der Zugspitzbahn zu sehen. Ein Erlebnis ist die **Rundreise** mit allen drei Bahnen: mit der Zahnradbahn zum Zugspitzplatt und mit der Gletscherbahn zum Gipfel; Talfahrt mit der Seilbahn zum Eibsee und mit der Zahnradbahn zurück nach Garmisch-Partenkirchen.

Vom österreichischen Ehrwald-Obermoos (von Garmisch 23 km) fährt die **Tiroler Zugspitzbahn** in knapp 10 Min. zum Zugspitzgipfel.

Die Bergstation der Gletscherbahn liegt neben dem Ostgipfel, die Dachterrasse wenige Meter unter dem höchsten Punkt (2954 m). Eine **großartige Rundsicht** bietet sich von der Gipfelstation der Eibseebahn auf dem nahen Ostgipfel.

**Zugspitzplatt**

Das Zugspitzplatt ist eine 7,5 km² große, mäßig geneigte Felswanne mit dem Schneeferner im oberen Teil. Deutschlands höchstgelegenes und schneesicherstes Skigebiet hat etwa von November bis Mai Saison; mehrere Lifte erschließen Abfahrten von leicht bis mittelschwer, am längsten sind »Super G« und »Aspen Run«. Am Schneefernerkopf liegt ein Steilhang. Und damit man nicht überrascht ist, auch diese Nachricht: Etwa ab Mitte August, 50 Tage vor dem Münchner Oktoberfest, sollen sich »fesche Mädels und Burschen« auf der Terrasse und in der Gaststube des SonnAlpin am Zugspitzplatt schon mit Bier vom Fass etc. einstimmen können.

**Tour auf die Zugspitze**

Sehr lang (8 – 9 Std.), aber auch sehr schön ist die Tour von Partenkirchen durch das Reintal. Erste Station hinter der Partnachklamm ist die Bockhütte (1052 m); weiter zur Reintalangerhütte (1369 m), dann über den Oberen Anger auf steilem Zickzackweg zur Knorrhütte (2051 m) und zum Schneefernerhaus; mit der Seilbahn zum Münchner Haus und zum Gipfel. In Anbetracht der Länge übernachtet man am besten im Münchner Haus; die letzten Talfahrten gehen um 16.30 Uhr ab.

**Alpspitz- und Kreuzeckbahn**

Etwa 50 m über der Bergstation der Alpspitzbahn ragt der **AlpspiX** über den Abgrund: Von der auf Stahlträgern montierten Aussichtsplattform sieht man fast 1000 m tief ins Höllental. Auf dem »Gipfel-Erlebnisweg«, einem 700 m langen Rundkurs, kann man sich Flora, Fauna und Geologie der Umgebung erklären lassen. Von der Bergstation der Alpspitzbahn geht man den bequemen »Genuss-Erlebnisweg« zur Bergstation der Kreuzeckbahn (Animationen für Kinder).

# REGISTER

## a



## b



## c



## d

## s



## t



## u



## v

## i atmosfair

# BILDNACHWEIS

Abend S. 9 unten, 17, 87 unten, 90, 184, 193, 254, 268, 276, 283, 339, 359
Schloss Amerang S. 123 links, 131
akg-images S. 37, 44, 73, 76, 77
akg-images / AP S. 74
akg-images / Heine S. 300
akg-images / Lessing S. 209, 329
www.alpenwelt-karwendel.de/Rudolf Pohlmann S. 252
Bäck S. 4, 25, 102, 117 rechts, 246 oben, 291, 303
Bayrische Landesamt für Denkmalpflege/ Karl Gröber S. 50
Bayerisches Nationalmuseum S. 34
Bayerische Schlösserverwaltung S. 16, 61, 70, 335 li. u., 335 re. o., 335 re. u.
Bezirk Oberbayern S. 28 oben
Bezirk Schwaben S. 28 unten
DuMont Bildarchiv / Heimbach S. 16, 20, 213, 214, 218, 310, 363
DuMont Bildarchiv / Kiedrowski S. 114, 238, 7, 265 ganz links, 267, 271, 288
DuMont Bildarchiv / Krewitt S. 14, 15, 55, 59, 115 links, 135, 302, 324, 375
DuMont Bildarchiv / Neidhardt S. 335 links oben
DuMont Bildarchiv / Spitta S. 65, 119 links, 119 rechts, 137, 139, 145, 179, 181 links unten, 181 rechts oben, 207, 313
DuMont Bildarchiv / Widmann S. 192
Frei S. 1, 10, 13, 30 oben, 31, 79, 87 oben, 101, 113, 210, 227, 249, 257, 272, 275, 278, 282, 286, 342, 353, 374
Haus der Bayerischen Geschichte (G. Voithenberg) S. 38, 40
Heine S. 127
Huber S. 42, 115 rechts, 157, 202, 203
Huber / Alfeld S. 11, 266, 368
Huber / Gräfenhain 161, 171, 235, 305
Huber / Hennies S. 80
Huber / M. Mayer S. 9 oben, 110
Huber / Radelt S. 18
Huber / E. Reiter S. 116 rechts, 309
Huber / Römmelt S. 293
Huber / R. Schmid S. 3, 8 unten, 15, 16, 23, 33, 84, 85, 112 / 113, 117 links, 118 rechts, 124 / 125, 147, 153, 164, 166, 181 links oben, 181 rechts unten, 182, 195, 199, 206, 215, 217, 226, 231, 239, 246 unten, 297, 301, 319, 331, 336, 348, 360, Umschlagklappe hinten
Huber / Schmidt S. 265 2. von rechts
Huber / Stadler S. 204
Interfoto / Weidner S. 71
Kienberger S. 121 unten, 351 links, 351 rechts oben, 351 rechts unten und Klappe
Kleinwalsertal Tourismus S. 225
laif / Celentano S. 176
laif / Moschetti S. 30 unten
laif / Zahn S. 175
LOOK-foto / Fleisher S. 116 links, 236
LOOK-foto / Werner S. 229, Umschlag hinten außen
Mauritius / age fotostock S. 187
Mauritius / Beck S. 12 / 13, 63
Mauritius / Hahn Littlefair S. 125
Mauritius / Higuchi S. 46
Mauritius / Kolley S. 118 links, 155, 159, 372, Umschlag vorne innen
Mauritius / Römmelt S. 8 oben, 121 oben, 132
Mauritius / Schröter S. 307
Mauritius / Schubert S. 133
Mauritius / Siepmann S. 32, 69, 150
Mauritius / v. d. Ropp S. 142
Mauritius / Vidler S. 54
Mauritius / Waldkirch S. 345
Mauritius / Weinhäupl S. 320, 322
Mauritius / Ypps S. 377
Mielke S. 22, 89, 328
Kurverwaltung Scheidegg S. 242
Staatliche Gemäldesammlungen / Artothek S. 53
Staatliche Museen und Sammlungen S. 265 links oben
Stadtmuseum München S. 58
Wagner S. 5, 6, 49, 56, 66, 78/79, 106, 109, 123 rechts, 162, 174, 316, 337, 346, 356, 370, 380
Wendelsteinbahn S. 168
Widmann S. 265 oben Mitte, 265 rechts unten

Titelbild: LOOK-foto/K. Wothe

# VERZEICHNIS DER KARTEN & GRAFISCHEN DARSTELLUNGEN



# IMPRESSUM

**Ausstattung:**
223 Abbildungen, 34 Karten und grafische Darstellungen, eine große Reisekarte
**Text:**
Dr. Bernhard Abend, Dr. Dagmar Zimdars
Mit Beiträgen von Julius Desing (Die Wittelsbacher), Dr. Martin Hirsch (Kunstgeschichte), Dorothee Kaltenbacher (Ein ewig Rätsel), Ernst Schusser (Volksmusik und -tanz), Ulla-Britta Vollhardt (Geschichte)
**Bearbeitung:**
Baedeker Redaktion (Dr. Bernhard Abend)
**Kartografie:**
Christoph Gallus, Hohberg; Franz Huber, München; MAIRDUMONT, Ostfildern (Reisekarte)
**3D-Illustrationen:**
jangled nerves, Stuttgart
**Gestalterisches Konzept:**
independent Medien-Design, München (Kathrin Schemel)
**Chefredaktion:**
Rainer Eisenschmid, Baedeker Ostfildern

8. Auflage 2012

**Urheberschaft:**
Karl Baedeker Verlag, Ostfildern

**Nutzungsrecht:**
MAIRDUMONT GmbH & Co KG, Ostfildern


Printed in China
Gedruckt auf 100 % chlorfrei gebleichtem Papier

# BAEDEKER VERLAGSPROGRAMM

- Ägypten
- Algarve
- Allgäu
- Amsterdam
- Andalusien
- Argentinien
- Athen
- Australien
- Australien • Osten
- Bali
- Baltikum
- Barcelona
- Bayerischer Wald
- Belgien
- Berlin • Potsdam

- Bodensee
- Brasilien
- Bretagne
- Brüssel
- Budapest
- Bulgarien
- Burgund
- Chicago • Große Seen
- China
- Costa Blanca
- Costa Brava
- Dänemark
- Deutsche Nordseeküste
- Deutschland
- Deutschland • Osten
- Djerba • Südtunesien
- Dominik. Republik
- Dresden
- Dubai • VAE
- Elba
- Elsass • Vogesen
- Finnland
- Florenz
- Florida
- Franken
- Frankfurt am Main
- Frankreich
- Frankreich • Norden
- Fuerteventura
- Gardasee
- Golf von Neapel
- Gomera
- Gran Canaria
- Griechenland
- Griechische Inseln
- Großbritannien
- Hamburg
- Harz
- Hongkong • Macao
- Indien
- Irland
- Island
- Israel
- Istanbul
- Istrien • Kvarner Bucht
- Italien
- Italien • Norden
- Italien • Süden
- Italienische Adria
- Italienische Riviera
- Japan
- Jordanien
- Kalifornien
- Kanada • Osten
- Kanada • Westen
- Kanalinseln
- Kapstadt • Garden Route
- Kenia
- Köln
- Kopenhagen
- Korfu • Ionische Inseln
- Korsika
- Kos
- Kreta
- Kroatische Adriaküste • Dalmatien
- Kuba
- La Palma
- Lanzarote
- Leipzig • Halle
- Lissabon
- Loire
- London
- Madeira
- Madrid
- Malediven
- Mallorca
- Malta • Gozo • Comino
- Marokko
- Mecklenburg-Vorpommern
- Menorca
- Mexiko
- Moskau
- München
- Namibia
- Neuseeland
- New York

- Niederlande
- Norwegen
- Oberbayern
- Oberital. Seen • Lombardei • Mailand
- Österreich
- Paris
- Peking
- Piemont
- Polen
- Polnische Ostseeküste • Danzig • Masuren
- Portugal
- Prag
- Provence • Côte d'Azur
- Rhodos
- Rom
- Rügen • Hiddensee
- Ruhrgebiet
- Rumänien
- Russland (Europäischer Teil)
- Sachsen
- Salzburger Land
- St. Petersburg
- Sardinien
- Schottland
- Schwäbische Alb
- Schwarzwald
- Schweden
- Schweiz
- Sizilien
- Skandinavien
- Slowenien
- Spanien
- Spanien • Norden • Jakobsweg
- Sri Lanka
- Stuttgart
- Südafrika
- Südengland
- Südschweden • Stockholm
- Südtirol
- Sylt
- Teneriffa
- Tessin
- Thailand
- Thüringen
- Toskana
- Tschechien
- Tunesien
- Türkei
- Türkische Mittelmeerküste
- Umbrien
- Ungarn
- USA
- USA • Nordosten
- USA • Nordwesten
- USA • Südwesten
- Usedom
- Venedig
- Vietnam
- Weimar
- Wien
- Zürich
- Zypern

## BAEDEKER ENGLISH

- Andalusia
- Australia
- Austria
- Bali
- Barcelona
- Berlin
- Brazil
- Budapest
- Cape Town • Garden Route
- China
- Dresden
- Dubai
- Egypt
- Florence
- Florida
- France
- Gran Canaria
- Greece
- GreeK Islands
- Iceland
- India
- Ireland
- Italian Lakes
- Italy
- Japan
- London
- Madeira
- Mexico
- Morocco
- Naples, Capri & Amalfi Coast
- New York
- New Zealand
- Norway
- Paris
- Portugal
- Prague
- Rome
- South Africa
- Spain
- Sri Lanka
- Thailand
- Turkish Coast
- Tuscany
- Venice
- Vienna
- Vietnam

# LIEBE LESERINNEN, LIEBE LESER,

**ein herzliches Dankeschön, dass Sie sich für einen Baedeker Allianz Reiseführer entschieden haben. Er wird Sie zuverlässig auf Ihrer Reise begleiten und Sie nicht im Stich lassen.**
**Natürlich beschreibt er die wichtigen Sehenswürdigkeiten, aber er empfiehlt auch die nettesten Kneipen und Bars, dazu Hotels für den großen und kleinen Geldbeutel, gibt Tipps für Restaurants, Shopping und für vieles mehr, was eine Reise zum Erlebnis macht. Dafür haben Dr. Bernhard Abend und die anderen Autoren Sorge getragen. Sie sind für Sie regelmäßig nach Oberbayern gereist und haben all ihre Erfahrungen und Kenntnisse in diesen Reiseführer gepackt.**

Trotzdem: Die Erfahrung zeigt, dass Fehler und Änderungen nach Drucklegung, für die der Verlag keine Haftung übernehmen kann, nicht ausgeschlossen werden können. Für Kritik, Berichtigungen und Verbesserungsvorschläge sind wir Ihnen außerordentlich dankbar. Schreiben Sie uns, mailen Sie uns oder rufen Sie an:

▶ **Verlag Karl Baedeker GmbH**
Redaktion
Postfach 3162
D-73751 Ostfildern
Tel. (0711) 4502-262, Fax -343
E-Mail: info@baedeker.com

Besuchen Sie uns auch im Internet unter www. baedeker.com. Hier finden Sie jeden Monat den aktuellen Reisetipp der Redaktion und das gesamte Verlagsprogramm. Hier können Sie auch lesen, wer Karl Baedeker war und wie er seinen ersten Reiseführer geschrieben hat. Mit seinen über 180 Jahren ist der Karl Baedeker Verlag der älteste Reiseführer-Verlag der Welt.

**www.baedeker.com**

## ZU GEWINNEN: STADTREISE NACH LONDON

**Unter allen Einsendungen verlost der Verlag am Jahresende – unter Ausschluss des Rechtswegs – eine Städtekurzreise für zwei Personen nach London.**
**Freuen Sie sich auf ein spannendes Wochenende in London. Natürlich ist ein Baedeker Allianz Reiseführer London auch dabei!**